Spiritual Culture
青心文化

在阅读中疗愈·在疗愈中成长
READING & HEALING & GROWING

扫码获取《荣耀生命》专业音频讲解,
加入阅读陪伴社群,实现高效精读!

荣耀生命

瑜伽科学先驱库瓦拉亚南达传

BIOGRAPHY OF SWAMI KUVALAYANANDA

YOGA & SCIENTIST

[印] 卡瓦拉亚达瀚慕瑜伽学院 著

邓育渠 译

中国青年出版社

推荐序
习练瑜伽,为内心带来深刻的幸福感

中国人主张"和而不同",用包容去联结万事万物背后共通的部分。瑜伽与中国的太极一样,是一门天人合一的学问,它通过对自身的锻炼,将人的内在和外在稳定地连接在一起,并由持续的练习为内心带来深刻的幸福感。

近年来,瑜伽作为一种健康生活方式备受关注和推崇,而习练瑜伽的主要的人群是青年人。对于青年人来说,运用一种古老而易于掌握的技巧,达于身体、心灵与精神和谐统一,是适应现代社会节奏和挑战的重要能力。

悠季瑜伽在瑜伽领域深耕多年,为中国瑜伽行业带来纯粹且深具传承的印度瑜伽智慧,也为中印文化交流打开了一扇窗。更重要的是,他们和瑜伽发源地印度的瑜伽大师们有着直接而深厚的联系,引导人们溯本求源,关注本源的典籍、经典的原貌,以保证学习教育不偏样、不走形——这是一种极富远见且可持续的文化交流。

中国青年出版社作为一个已经有着七十年历史的文化出版

机构，一直关注着每一代青年人的变化与成长。尤其是当今天中国人的物质生活越来越丰富的时候，我们也开始越来越关注青年人如何拓展自己的精神世界。时代在发展，受众在变化，经典也要用与时俱进的方式被传承，中国青年出版社与悠季瑜伽在传播经典的同时，也都在探索用新时代青年人喜欢的方式，来吸收和传习历史文化中的高品质成果。

相信这套《悠季丛书》的出版，会让瑜伽文明的本源知识种子在当下形成脉络，完整开花；相信每一个愿意深入其中的青年人，都会体会到人与自然相适应的内在平衡，进而弥散到个人的生活环境中，结出快乐、美丽而真诚的社会之果。

中国青年出版总社党委书记、社长　皮钧

2020 年 1 月

瑜伽之路的灯塔

——《悠季丛书》介绍

2003年的春天,带着"我是谁?"的寻找,一个人印度之行,在瑞诗凯诗发现瑜伽。跟随默瀚老师的7天习练,快乐不期而至,从此种下心念:分享传播这个"启动内在之光,用另一种眼光看世界,用另一个思维看生活"的纯粹瑜伽,让更多人与此结缘,走进生命的美好。于是邀请默默瀚老师共同创办悠季瑜伽。悠季瑜伽的诞生是一个心愿的分享:"以最纯粹的瑜伽 光耀生命"。在这个分享之路上,悠季瑜伽持之以恒坚守本源瑜伽理念,打造整体瑜伽教师培训体系及会员习练体系;在这个践行之路上,悠季瑜伽从70平米的北京日坛公园钟楼出发,成长为今天以学院、会馆、出版为三大核心的瑜伽集团平台。其中,分布在北京、杭州、广州、成都的悠季瑜伽学院培养出数以万计的瑜伽教师及瑜伽从业人员,被赋有瑜伽界"黄埔军校"的美誉。

作为纯粹瑜伽最大的基石"传统瑜伽智慧"的分享是以《悠季丛书》形式达成的。

《悠季丛书》创办于2004年,是中国青年出版社与悠季瑜伽学院共同出版的瑜伽经典图书系列。本着"传统 传承 传授"的原则,《悠季丛书》分为典藏,历史,应用三大类。第一类是没有经过任何稀释的传统瑜伽典籍。它将我们带到瑜伽的源头，明晰瑜伽的核心要义；第二类是瑜伽重要流派及蜚声世界的瑜伽大师著说或传记。大师们终其一生探索的实践及智慧，犹如身边的恩师，照亮了习练者的瑜伽之路；第三类是与现代科学及生活相结合的应用著作。此类书展示瑜伽在当代的发展，帮助习练者将瑜伽纳入生活，是不可或缺的瑜伽学习伴侣。

《荣耀生命》是一本融合瑜伽圣哲及瑜伽历史的罕见之作。库瓦拉亚南达大师究其一生在瑜伽科学化领域进行探索，被誉为瑜伽科学第一人。他是第一个将瑜伽习练方法带进实验室，用仪器验证其作用的瑜伽士；同时也是一个时代的瑜伽坚守者，践行者及推广者。由他创办的印度卡瓦拉达汉姆学院至今仍然在他的教义下坚持传统与科学的结合，在当今的瑜伽发展中起着非凡的作用。库瓦拉亚南达大师的传记不仅向我们展示了一位瑜伽圣者的风貌，更是通过其生平及书信，我们得以了解他的思想及其对整个瑜伽与社会的并进发展的看法及作为，本书是一部名副其实充满瑜伽现代史画卷的著作。

感谢欧·彼·缇瓦瑞大师，在《悠季丛书》选择、版权过程中给予的支持。感谢中国青年出版社社长皮钧先生，促进中国青年出版社与《悠季丛书》的战略出版计划；感谢默瀚老师，在《悠季丛书》版权合作、专业翻译解答等中做出的专业贡献和桥梁作用；感谢中国青年出版社主编吕娜女士，在她主持下的出版无可替代的保障了《悠季丛书》的出版品质；最后感谢所有的读者，因为你们在瑜伽中的精进求索，让《悠季丛书》绽放它的存在意义。

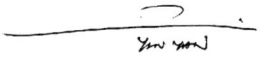

《悠季丛书》主编　尹岩

2020 年 夏

推荐序

中国悠季瑜伽学院组织出版库瓦拉亚南达大师的传记,我很高兴为中文版作序。该项工作是在尹岩女士的直接指导下完成的。在此,我非常高兴用几句话介绍一下我的老师库瓦拉亚南达大师。实事求是地讲,库瓦拉亚南达大师是一位具有独创精神的人。在1920年,除了他以外,没有人会想到在科学实验室对瑜伽进行研究,也没有人会想到用现代仪器对瑜伽练习者进行测试。

库瓦拉亚南达大师致力于证明传统事物的科学性。世界会永远将他作为瑜伽士和瑜伽科学家铭记于史。他发表在瑜伽科学杂志《瑜伽弥曼沙》(《YOGA MIMAMSA》)上的文章也将作为瑜伽研究的里程碑永远被人们铭记。

我记得1966年4月18日,库瓦拉亚南达大师在弥留之际拉着我的手说:"缇瓦瑞,我把这个机构从无到有建立起来,如果有一天,它关闭了,我也不会在意,但是,瑜伽绝对不能被稀释。"这就是他的品格。

他所撰写的《瑜伽体位法》和《瑜伽呼吸控制法》体现了他的科学思想。除了这两本书外,我相信这本库瓦拉亚南达大师传记也能反映他对人类的独特贡献。正如他曾经说过:"瑜伽向人类传递了一套完整的信息,能够促进人类身、心、灵的福祉。我希望年轻人积极地在印度传递这个信息,并将它传递到世界的每一个角落。"库瓦拉亚南达大师是在 1924 年写下这段话的。今天,我们看到他预言成真,全世界都在练习瑜伽。

我们在这本传记中尽力全面地呈现出他的个性。我请读者自己去阅读它,去了解库瓦拉亚南达大师这个人物并作出你们的评价。

最后,再一次衷心地感谢中国悠季瑜伽学院的尹岩女士和她的团队,让这本书能够以中文的形式呈现在大家面前。

O.P. 缇瓦瑞(Sh. O. P. Tiwari)

印度凯瓦拉亚达玛学院(KaivalyadhamaG.S.)

2020 年 7 月 于 瑞诗凯诗 印度

出版者的话

瑜伽领域的研究专家斯瓦米·库瓦拉亚南达(Swami Kuvalayananda)①是凯瓦拉亚达玛(Kaivalyadhama)②的创始人。他已经去世46年了。在83年的人生旅程中,他成果丰硕、建树颇多。他的贡献包括:创立研究所、组织研究工作,担任瑜伽和体育再教育委员会的职务,出版书籍论文等等,的确是成绩斐然。对这样一位创建者、导师和灵魂人物,凯瓦拉亚达玛如果不能为他编撰一本详尽的传记,实在说不过去。现有的关于他的生平和著述的各种形式的论文,主要是为了怀念这位瑜伽研究的先驱,并向他致敬。多年来,凯瓦拉亚达玛推出了不同的纪念刊物,这些刊物涵盖的丰富资料涉及斯瓦米吉③的生平和著述。也有少量的专著概述了他多姿多彩的性格,并对他独特的研究成果进行了评价。毫不夸张地说,如果不详细介绍斯瓦米·库瓦拉亚南达,瑜伽研究的历史就不完整。俗话说:"宁迟勿缺。"2012年凯瓦拉亚达玛第七届国际会议上,我们很高兴出版了斯瓦米·库瓦拉亚南达的正式传记。我们并不会夸口说这本书涵盖了斯瓦米·库瓦拉亚南达的方方面面,因为他的一生包含了丰富的思想、勤勉的性格和启迪世人的领导能力,是取之不竭的宝库。为简要起见,我们只是择要介绍了他生平和著述的一些突出方面。我们保存了许许多多他的信件，以此作为详细的资料来源，以便大家了解他一生的经历和使命。我们希望至也能将其中一些书信公开，让感兴趣的公众能够阅读。目前，我们只能将这本传记呈现在公众面前，恭谦地表达我们对凯瓦拉亚达玛瑜伽学院创建者的追思，祈愿他继续激励、引领着我们前进。

这本斯瓦米·库瓦拉亚南达的传记资料非常翔实，由罗纳瓦拉镇的凯瓦拉亚达玛出版。为了完成这本传记，我们搜集、校对了许多文档。但是，这并不表示凯瓦拉亚达玛一定会接受书中涉及的所有观点和阐释。我们要感谢斯里·R. K. 伯德（Shri. R. K. Bodhe）为这本传记的出版所做的工作。他梳理了关于斯瓦米·库瓦拉亚南达的大量文献，在书中再现了人物生平事迹的顺序。本书的初稿完全归功于他一人之力。我个人经常渴望有一本由凯瓦拉亚达玛出版的关于斯瓦米吉的传记，所以在斯里·R.K. 伯德从事这项工作的过程中，我很高兴地一直和他进行交流。作为一名研究人员，G. 罗摩克里希纳（G. Ramakrishna）博士曾经与斯瓦米吉亲密共事，并在他手下工作三年。他欣然接受了这本书的主要编辑工作，还在形式、结构和内容上对它进行了详细的编排。因此，我们对 G. 罗摩克里希纳博士的宝贵工作十分感激，并在此表达深深的谢意。还有其他许多人欣然参与这本书的出版工作，我们也谢谢他们。在此必须提到的是斯里·K.P. 塔瓦尔（Shri. K. P. Talwar），他亲近过斯瓦米吉,对此书表示感兴趣,并提供了帮助。同样谢谢斯里·吉里德尔·卡斯尼斯(Shri. Giridhar Khasnis)为本书所做的封面设计。

凯瓦拉亚达玛瑜伽学院的全体员工直接或者间接地推动了这本书的问世,如果不提到他们会显得很失礼。还要感谢G'tech 电脑公司提供的印刷服务,让这本大家期待已久的著作以精美的形式出版。我确信,读者们一定会发现斯瓦米吉人如其言,名副其实:

praptam praptamupasita |

hridayenaparajita ||

[面对人生的各种境遇,始终不屈不挠。]

我们衷心希望这本期待已久的传记能填补瑜伽领域的空白,成为该领域诸多文献中一个有益的补充。希望读者们喜欢这本书。我们也意识到,这本书并非尽善尽美,还有扩充的空间。我们衷心欢迎其他有志之士对凯瓦拉亚达玛瑜伽学院尊敬的创始人斯瓦米·库瓦拉亚南达的生平和著述做进一步的分析和研究。

O.P. 缇瓦瑞

印度罗纳瓦拉镇凯瓦拉亚达玛秘书

① Swami Kuvalayananda：该名称的原义为"莲喜"，是传主成年后自己所起的名字。在本书中经常使用其他名称指代他，例如SK、J.G.古内、斯瓦米吉等。本书所有注释均为译者所注。
② Kaivalyadhama：梵文原义为"解脱处"，在本书中与"静修处"（Ashrama）、"瑜伽学院"（institution, institute）混用，作为库瓦拉亚南达创建的所有机构的统称。
③ 斯瓦米：一般是对过禁欲生活的瑜伽士的称呼；吉：南亚一些国家习惯在人名后加"吉"以表示尊敬。

目 录

001　第一章　古内家族的名人
018　第二章　早期生涯
038　第三章　受教于玛尼克饶教授
078　第四章　短暂的教师生涯
083　第五章　师侍摩达瓦达萨
092　第六章　文化冲突的时代
099　第七章　在静修处系统学习
125　第八章　扩展学习研究领域
202　第九章　甘地的瑜伽缘
233　第十章　筹集资金
256　第十一章　发展瑜伽和体育教育
297　第十二章　圣徒和科学家
312　第十三章　学者中的学者
323　第十四章　七十岁寿诞及其他
377　附录Ia　研究工作介绍
408　附录Ib　研究工作介绍
430　附录II

灵感之源

摩达瓦达萨尊者
(His Holiness Paramahamsa Sriman Madhavadasa Maharaj)

斯瓦米吉在罗纳瓦拉的精舍

儿时的札格纳特·伽内什·古内

33 岁的 J.G. 古内端坐于前

SK 四十年后重返浦那努坦马拉地高中
(Nutan Marathi Vidyalaya High School, Pune)

斯里·项塔兰与牛车(斯瓦米吉的常用交通工具)

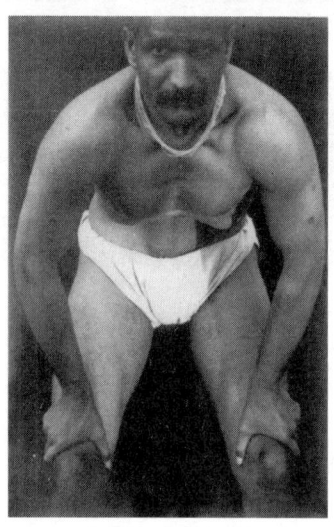

J.G. 古内在示范瑙力(Nauli)

斯瓦米·库瓦拉亚南达在孟买的供龛

担任高中老师的古内

担任大学老师的古内

第一章
古内家族的名人

印度马哈拉施特拉邦古内家族的历史十分有趣。这个家族中,很少有人在自己的本专业上成为脱颖而出的学者。例如果阿(Goa)考古记录办公室的维塔尔·特里姆巴克·古内博士(Dr. Vitthal Tryambak Gune),他的杰出贡献是在印度独立后提供了具有决定性的文献资料,支持印度对达曼(Daman)、达达拉(Dadara)和纳加尔(Nagar)领土提出的正当诉求。纳加尔更为人所熟知的名字是纳加尔·哈维利(Nagar Haveli)。在印度摆脱英国 200 年的殖民统治,获得独立后的第八年,也就是直到 1955 年 12 月,葡萄牙还对这些飞地①和果阿行使殖民权,声称有权越过印度领土进入这些飞地。分割达达拉和纳加尔的是一块长为 12 英里(约 18 公里)的地域。独立之后的印度拒绝给葡萄牙通过印度领土在几个飞地之间来往的权利,结果葡萄牙向国际海牙法庭提交了请愿。海牙法庭花了近 5 年时间,最终在 1960 年 4 月 12 日做出了有利于印度的裁决。但这对葡萄牙而言并不是什么打击,因为这些飞地本身并不属于葡萄牙,虽然葡萄牙一直幻想将这些飞地和果阿作为自己的海外领土。

这样的结果自然让印度人感到欣慰。但是有人会问:"这一切与古内家族又有什么关系呢?"说来话长。葡萄牙人的主张是基于1779年和马拉塔人签订的野蛮条约。只有对近二百多年的大量文件进行梳理,才能拆穿葡萄牙人虚张声势的说法。正是由于 V.T. 古内呕心沥血地对所需文件进行收集,最终驳倒了葡萄牙人虚假的主张。马拉塔时代的档案都尘封在浦那地区的文献室里,其中收藏了佩什瓦时期的文献。印度对外事务部和印度政府将收集所有必需档案的任务指派给孟买地方政府,于是孟买地方政府成立了若干顾问委员会。古内肩负起了查阅马拉塔时代历史档案的任务。但是,许多文档都是以曲折难辨的"莫迪"(modi)字体书写,而古内正是这个领域的专家。此外,早在1944年,古内就用马拉地语完成了一本名为《古内家族史》(Gunye Gharanyacha Itihas)的著作。如果你意识到古内需要从佩什瓦文献室查阅150万份档案,就会惊叹于他巨大的工作量。他提交了一份带有300多条注释的证据,证明在1779年的条约中,马拉塔人并没有将纳加尔和哈维利的统治权拱手相送给葡萄牙人。这件事对印度非常关键。特别是由此葡萄牙迫于压力,结束了在果阿的殖民统治并且撤离。当时印度的司法部部长 M.C. 塞塔尔瓦德(M.C.Setalwad)正向国际法庭请愿,而古内可以随时提交搜集到的证据,用来赢得这场战斗。在《古内家族史》(卷三,165页)中古内提到,当时印度总理贾瓦哈拉尔·尼赫鲁写信给塞塔尔瓦德说:"经过长期的等待,海牙法庭最终做出了裁决。我只知悉裁决的大纲,但是我了到解,从大体上说这个裁决是很让人满意的。对你所做出的努力,我想表达深深的谢意。我也想对你的同事表达感激之情。"

札格纳特·伽内什·古内(J.G.Gune)更广为人知的名字是斯瓦米·库瓦拉亚南达,他是古内家族的另外一个重要人物。V. T. 古内博士实际上是 J. G. 古内的侄子,J. G. 古内碰巧也认识塞塔尔瓦德,并且知道 V. T. 古内与塞塔尔瓦德共事。J. G. 古内向塞塔尔瓦德询问他侄子,于是塞塔尔瓦德亲自告诉他印度的胜利。斯瓦米·库瓦拉亚南达于 1961 年 1 月 2 日回信给塞塔尔瓦德,内容如下:

> 非常感谢你及时回复我上月 26 日写给你的信。你告诉我说古内博士在和葡萄牙的斗争中起到了极为宝贵的作用,我很高兴。
>
> 关于瑜伽医院,我单独给你寄了一本书。书中附了一张活页,介绍了我们关于瑜伽治疗的想法,包括它的范围和局限……
>
> 当你在海牙为这件事抗争,并胜利回到印度的时候,我记得我曾经给你寄送了一封贺信。这真是了不起的成就,作为印度人,我们为你的成功感到自豪。
>
> 时隔这么长,你和塞塔尔瓦德夫人还记得我,你们真是太有心了。我向你们二位致意。

1961年1月9日,在给V. T. 古内博士的父亲T. R. 古内博士的信中,斯瓦米·库瓦拉亚南达写道:

> 最近,我和莫逊拉尔·塞塔尔瓦德先生通信。我们是多年的老相识了。我向他询问在他手下工作的维塔饶(Vitthalrao, 即V.T. 古内),我很高兴地获得他的如下评价,现引用于此,供你参阅。
> "我最近没有见到古内博士。在和葡萄牙的抗争中,他做了相当有价值的工作。你可能已经知道了。凭借他和其他学者的帮助,我们成功地挫败了葡萄牙人借助马拉塔文档所提出的主张。"
> 我祈愿你给我祝福。

V. T. 古内关于古内家族史的著作内容始于16世纪,涵盖了近400年的历史,被誉为是一本具有大量真材实料的著作。其中的资料包括不同时期的英国委任状(sanad)。古内家族的早期栖居地或发源地是马哈拉施特拉邦西海岸孔坎(Konkan)的阿索岱(Asodey),它的历史可以追溯到公元1375年。从1375年到1600年约150年的时间内,没有任何历史文献,而这段时期至少经历了五代人。

公元1600年左右,古内家族似乎从他们早期的定居点迁移至六英里之外一个名为"摩特"(Math)的村庄。这个村庄的名字来自于古内家族所建的寺院（math）。此后，关于古内家族的资料就多了起来。据这些资料记载，古内家族在孔坎的拉特纳吉里（Ratnagiri）区分散到若干村落，而这些家族分支的名字就随着他们定居的村落而命名。因此，除了摩特家族这一支，还有如下的分支：占佩特（Champhet）、阿迪瓦-拉贾瓦迪（Adiwale-Rajwadi）、萨斯瓦-浦那（Saswad-Pune）和史贡-印杜尔（Shirgaon-Indur）。他们并没有在这些村落定居不动。有证据表明，古内家族广泛分布于马哈拉施特拉邦和印度的许多地区。有些人甚至在20世纪移居到其他国家。

J. G. 古内生于1883年，可能是属于古内家谱上的第十代。第一代是大约生活在1600年的克什瓦巴特·古内（Keshavabhat Gune），据说他定居于占佩特。因此斯瓦米·库瓦拉亚南达属于古内家族占佩特这一分支。克什瓦巴特之后的世系如下：克里希那巴特（Krishnambhat）、拉古那特巴特（Raghunathbhat）、摩诃德巴特（Mahadevbhat，1720年）、另一个拉古那特巴特（Raghunathbhat）、扎纳丹·潘特（Janardhan Pant，约1810年）、拉克希曼·潘特（Lakshman Pant，约1845年，SK[①]的祖父）、加纳帕特饶（Ganapatrao，大约死于1890年，SK的父亲）、札格纳特·古内（Jagannath Gune，生于1883年）。从17世纪到英国结束在印度殖民统治，古内家族有几十人在马拉塔统治阶级政府担任高级职务。这些统治者包括：纳纳萨赫布·佩什瓦（Nanasaheb

Peshave)、玛达饶·佩什瓦(Madhavrao Peshave)、巴吉饶二世(Bajirao the second)。其中一些人为那格浦尔的邦斯勒(Bhosla of Nagpur)、瓜廖尔的斯里曼特·萨卡(Shrimant Sarkar of Gwalior)和詹西政府服务,还有一些为达尔邦国服务。他们担任不同的职务。有的担任部长(Diwan),有的担任养马场主管(paga),有的是律师(Vakil),还有的是税官、佃农管理员、村长或者会记。根据记载,1760年佩过筹集一笔大约30万卢比的贷款,帮助佩什瓦军队挽回颓势。讽刺的是,后来佩什瓦并没有偿还大部分的贷款,这导致了古内家的财产全部被没收。另外一个值得一提的古内是克里希那饶·巴万特(Krishnarao Balvant),他曾经担任詹西女王的家庭主管(Karbhari)。他的英勇事迹就是参加1857年印度独立的第一场战争,并且献出了生命。他可能是古内家族唯一的烈士。但是,古内家族有许多人是优秀的医生,例如潘达尔普尔(Pandharpur)的T. R. 古内博士(1827年)、V. T. 古内、扎亚斯里·古内(Jayashri Gune,1948年)和干伽达拉·萨斯特利·古内(Gangadhara Shastri Gune)。T. R. 古内博士因他以人为本的医学实践原则受到各方的称赞。他的一个仰慕者慷慨解囊,捐资启建了伊斯瓦达-楚尼拉瑜伽保健中心(Ishwaradas Chunilal Yogic Health Centre)。这家中心由凯瓦拉亚达玛主办,于1931年4月30日成立。詹斯德·蒙斯博士(Jamshyd Munshiff)是他的另一位仰慕者。《印度时代》杂志在1927年

9月14日刊文对T. R. 古内博士坚持不懈地投身潘达尔普尔抗击霍乱的斗争表示了极大的赞赏。纳加尔的瓦依迪亚·P. G. S. 古内（Vaidya Panchanana Gangadhar Shastri Gune）通过独创性的工作，建立了系统的阿育吠陀教学机构，丰富了阿育吠陀医学。他复兴传统印度科学的热情已经广为人知。1917年，他在纳加尔创立的阿育吠陀学院及其附属医院，几十年来都是同类机构中的样板。这所医院对所有病人免费，他通过1925年创立的阿育吠陀精舍药局（Ayurveda Ashrama Pharmacy）为学院和医院提供资金。这所药局后来转交给"阿育吠陀博爱会"（Ayurveda Seva Sangha）。该学院还出版了名为《医之乐》（Bhishagvilasa）的月刊。因为他是J. G. 古内的侄子，所以他很像他的叔叔，J. G. 古内也创办了一种先锋性质的刊物——《瑜伽弥曼沙》（Yoga Mimamsa）[③]，以此来进行瑜伽推广和研究。

另外一位具有很高声誉的古内族人是P. D. 古内博士，他为浦那举世闻名的班达卡东方研究所（Bhandarkar Oriental Research Institute）工作。P. D. 古内比J. G. 古内晚一年出生，他出生于1884年5月。与他这位年长的族人一样，因为在全邦梵文考试中名列第一，他大学入学时获得著名的"商卡舍特梵文奖学金"（Jagannath Shankarseth Scholarship in Sanskrit）。1910年，他获得印度政府的奖学金前往德国求学，并获得语言学博士学位，后期专攻吠陀文献。V. T. 古内博士在他的著作《古内家族史》（卷三 196-7 页）中详细介绍了 P. D. 古内的成就。班达卡研究所是由几个对东方研究感兴趣的学者发起的。这些人于 1915 年 7 月 6 日聚在一起。在这次聚会中，大家决定成立班达卡东方研究所，当时成立了一个工作委员会来执行这个项目。该工作委员会的秘书由 P. D. 古内、S.K. 贝尔沃克（S.K. Belwalkar）和摩诃薄迦瓦·克图科迪（Mahabhagvat Kurtukoti）三人轮流担任。同年 11 月 5 日至 7 日，P. D. 古内组织了首届"全印度东方大会"。此后，该会议每两年举办一次，目前已经举办了 50 多次。作为班达卡东方研究所的秘书，年轻的 P. D. 古内一直勤勤恳恳地服务，直到他于 1922 年 11 月 25 日去世，年仅 38 岁。他的著作《梨俱吠陀讲座》一直作为吠陀研究的基础读本启迪后人。浦那的弗格森学院（Fergusson College）在年度刊物上曾经刊登了如下悼文：

> 古内博士是天生的学者，他通过后天坚持不懈的努力进一步开发了这种天性。他对梵文和马拉地语的热爱超越一切。他在东方研究领域的成就——如果他能够活着继续进行研究的话——连世界上最著名的学者，即使他已经取得了不俗的成就，也会引以为荣。（V. T. 古内：《古内家族史》，317 页）

另外一位古内家族的名人也丝毫不逊色，她叫玛杜马拉泰（Madhu-malathi），是 P. D. 古内的女儿。作为一名妇科专家，她通过全心全意地服务于"贱民"，赢得了他们的心，因此获得了"达利特之友"（dalit mitra）的称号。她以父亲为荣。用她自己的话说："他没有接受贝拿勒斯大学校长提供的教职，而是加入弗格森学院做了一名讲师，领着每个月 75 卢比的薪水。"（《古内家族史》，卷三，197 页）P. D. 古内是 J. G. 古内的表兄。

更后期的一位古内族人是扎亚斯里·古内博士（Dr. Jayashree Gune，生于 1948 年），是梵文文法领域的研究者。1974 年，她在宾夕法尼亚大学的博士毕业论文是《康迪亚论动词词尾的意义》(*Koundinya on the meaning of verbal endings*)。这是真正高水平的专业性论文！她在美国读博士的时候，教研究生马拉地语。回到印度之后，她在浦那大学教授巴利语，并且在浦那的马哈拉施特拉学院（Maharashtra Vidyapeeth）教授梵文。扎亚斯里是 J. G. 古内的侄女。

毫无疑问，在古内家族的群星之中，J. G. 古内的事迹使他成为一颗耀眼的明星，而且是最珍贵的一分子。如果稍加夸张的话，他几乎就是所有古内家族精英的集大成者，因为他是一位百科全书式的巨人。但是，众所周知，作为一位谦谦君子，他自己不会承认这一点。他的特质是志存高远，并努力实现自己的志向，或许这就是他在古内家族诸多精英中脱颖而出的原因。根据斯瓦米·库瓦拉亚南达的说法，用数学家 G. H. 哈代给人类划分等级的典型方式,包括他自己在内,古内家族里没有任何人达到"布拉德曼等级"(Bradman Class)。其他人可能不会接受他的这种说法,但是库瓦拉亚南达非常肯定地说,以他自己的贡献,"甚至连第二级的边都没碰到"。可见他是一位多么谦逊的人,给自己制定了多么高的标准!

在他1942年7月31日写给侄子V. T. 古内的信中,这一点体现得更加明显。当时V. T. 古内还在上大学。1944年他的《古内家族史》出版之前,他将手稿呈给斯瓦米·库瓦拉亚南达,供其审阅和评论。斯瓦米·库瓦拉亚南达在信中这样写道:

> 我很高兴收到你打印的关于"古内家族"400年历史的文稿。对你辛勤付出所获得的智慧结晶,我以前已经表达了敬意。对于明年夏天拟出版的古内家族文献,我保证会为此书的出版费用略尽绵薄之力。我也会告之甘加达尔·萨斯特利(Gangadhar Shastry),我肯定他也会出一份力。我很少见到亲爱的克夏饶(Keshavrao),我很多年都没见到亲爱的阿南达饶(Anandarao),因此我无法与他们谈及此书的出版事宜。虽然如此,我的想法是:你的父亲不能独自承担此书的全部出版成本,因为这是一本关于整个古内家族的书籍。我肯定,我们家族的其他成员也会欣然分担此书的出版费用。明年夏天请再写信告诉我情况。同时,如果我有机会去浦那,一定会去拜访你。

如果我对古内家族400年历史所做的评价与你在此书中的观点不同,我希望你不要对我产生误解。我觉得古内家族的表现几乎还没有触及第二级的边缘。我认为我们家族还没有哪位族人在全印度获得的声誉能够稳处于第三级。虽然如此,从狭隘的家族立场来看我们的历史,我可能会毫不犹豫地说,我们家族充满第三级的表现。不能因为我作出这样的评价就说我是数典忘祖,对同族人不公正。我知道,不管我成为什么样的人,都要归功于我们家族先人的贡献。但是,这并不妨碍我对我们家族过去和现在的历史做一个不偏不倚的评价。关于我自己,我一直认为我所做的工作甚至连第二级的边都没碰到。我们都是凡夫俗子,勤勤恳恳、体体面面地过日子,在平凡的境遇里各尽其能。

我担心这样的评价会让你沮丧。但是我想,我应该开诚布公地和你谈自己对我们家族的想法。下次见面时,我会和你进一步讨论这个问题。

我们不要有这样的印象,认为库瓦拉亚南达保守地评估了古内家族成员的贡献。例如,他的一个亲戚阿输克·瓦曼·古内(Ashok Vaman Gune)博士要去海外留学,在医学上进一步深造。以下就是库瓦拉亚南达在1959年9月17日写给他的信:

此刻，你一定已经抵达爱丁堡。我对你表示最诚挚的祝福，希望你在海外有光明的前途，将来回到印度有效地为家乡人服务。

你乘船离开孟买若干天后，我收到了亲爱的瓦曼饶写给我的信。他向我道歉，因为在你离开之前他没来见我。我立刻给他写了回信，告诉他不需要道歉，因为他并没有犯错。我宽慰他，现在同样宽慰你。我知道人们在出国前几天是很难抽出时间的，所以我不认为你们没有抽时间见我是失礼之举。

虽然我现在过着隐居的生活，但我对整个古内家族一直有着深沉绵长的感情。对你也不例外。我对你和V. T. 古内博士的未来抱有很高的期待，你们二人将来会在古内家族留下不朽的印迹。

每次听到你们的消息我都很欣慰。

我们还要提及另外一位古内家族的人（在此书的剩余部分，我们就将注意力集中于J. G. 古内），他就是某所大学的英语教授N. P. 古内。他似乎具有写诗的天分，所以他自然而然地着迷于约翰·济慈的《夜莺颂》。济慈这首脍炙人口的诗被这位古内改写成梵文诗歌，然后寄送给斯瓦米·库瓦拉亚南达，请他评论。将济慈的诗歌改写成梵文诗歌，这是令人赞赏的尝试，斯瓦米吉印象颇深。毕竟，斯瓦米吉也具有诗人的气质，并且给后人留下了许多意义非凡的梵文诗歌,我们稍后会进一步介绍。有一件趣事值得一提。当班加罗尔的S.罗摩斯瓦米教授非常偶然地读到这首改写的梵文诗时,他将之重新译回到英文。以下就是19世纪浪漫主义诗人约翰·济慈的诗,经过古内的梵文改译,然后再由罗摩斯瓦米译回英文:

> 听得见的旋律是美妙的,在宁静里追忆。
> 听啊,我的朋友,我的心在召唤。
> 我坐着,白发摇摆,苍白、瘦削,
> 期待一满杯温暖南国班加罗尔的清啤!
> 哦,要是有一口酒,不管是葡萄酒、伏特酒、朗姆或是威士忌,
> 品尝朱克萨酒、苏摩酒、马德拉酒或玛达维酒,
> 饮过之后,我就要悄然离开尘寰,
> 远离尘世的热病、焦躁和哀愁。
> 呜呼!这个世界让人身心俱疲。
> 人们相对而坐,互相悲叹,
> 秃顶的老朽们,厌倦了彼此的唠叨。
> 年轻人,浑然不觉他们将来的命运,多么幸福啊!
> 我,枯枝上的一块破布,奄奄一息的动物,
> 正被佛陀所宣讲的燃烧法门吞没;
> 年轻人并不知道甜蜜歌声中的哀愁。

但是你——夜莺，在狂喜中歌唱！

你是幸运的鸟儿，你的心不会疼痛，也不需要借酒浇愁，

你拍打着轻翅，欢乐地飞翔，你是多么幸福！

而衰迈伴随着我，如狗尾般形影不离。

我怎么能用诗歌这无形的羽翼翱翔！

哦，请抬头看天空。月光如白昼般闪耀，

微风追逐着变幻无常的云朵。

天上星月在闪耀，

人间的明星纸醉金迷，

鸟儿和蜜蜂在林间唱着欢乐的歌曲。

我的学术生涯毫无成果，让我深陷泥潭。

我只是惊叹于马韦尔绿荫下的绿色之思，

寻找他花园里的绿荫给我的庇护。

哦，鸟儿啊，听不见的旋律更加美妙。

我用我的心灵之耳，一遍又一遍聆听你的无声之歌。

鸟儿啊，你永远不是无声宇宙的预言者。

你的名字是什么？你的名字是死亡。

我几乎爱上了静谧的死亡，死亡将我带至永恒。

请随着温馨的幽暗，把我的一息散入空茫。

请夜莺变为云雀，用轻盈的翅膀将我带至新生，

你这只极乐世界的鸟儿，注定要永远歌唱。

死亡啊，你不要骄傲；大鹏金翅鸟是不死的。

> 即便沉思以致泪珠滴落，谜底仍未揭开，
> 悉妲的泪水已经湿润了丹达卡之林，
> 让罗摩继续。我在黑暗中聆听。

回到 17 世纪和 18 世纪的古内家族，我们发现 J. G. 古内的先人生活在孔坎的占佩特，他们拥有数目可观的田产（田产过去称为 Vatan）。1720 年左右，这一族系的摩诃德巴特离开占佩特前往萨塔拉（Satara）并定居。他被认为是一位真正的吠陀学者。但是，他的儿子拉古那特巴特中断了传承，参加了纳纳萨赫布·佩什瓦的军队。他的儿子扎那丹·古内（Janardan Gune）也选择了相同的道路，他们都在萨达尔·卡纳德手下负责管理佩什瓦的养马场。这样导致他们从萨塔拉迁居到纳加尔地区的艾斯文（Ashvi）。大约是 1819 年之后的某个时期，他们就失势了，证据就是他们在巴吉饶二世统治时期失去了养马场的管理工作。这也意味着他们失去了一些村落的土地，只能掌控更少的村落。他们的生活陷入窘迫，手头拮据，其结果是，罗摩阐德拉·潘特（Ramachandra Pant）的长子扎纳丹·古内离开艾斯文，前往戈尔哈布尔（Kolhapur）为自己和家里的五个孩子谋生计。但是，扎纳丹·古内的第二个儿子拉克希曼·潘特决定继续待在艾斯文。他的两个儿子是维那亚卡饶（Vinayakarao）和加纳帕特饶。生于 1883 年的 J. G. 古内是加纳帕特饶的儿子。

实际上，V.T.古内博士因为与葡萄牙的诉讼离开印度前往海牙之前，原本计划和斯瓦米·库瓦拉亚南达见面。斯瓦米·库瓦拉亚南达1959年10月13日给V.T.古内博士的信中写得很清楚：

> 我很高兴在十多天之前收到了你于上月27日的来信。我要为两件事表示十分的歉意。虽然我知道你在前往海牙之前打算与我在孟买会面，但是我不能在孟买等着你，因为罗纳瓦拉有急事让我回去。这样，在你离开祖国之前，我就失去了与你见面的机会。第二个遗憾是，在十天前收到你的信时，我不能立刻给你回复。我知道对这两件事，你都不会介意。
>
> 这次可能是你第一次坐飞机，坐在飞机上掠过许多美丽的国家，一定让你很激动。
>
> 我很欣慰地知悉，你召集了一群印度人在一起，这样你们就有机会一起讨论并且交流思想。通过这些私下的交流和公务活动，你将为这次诉讼做出巨大的贡献。我希望我们印度最终会赢得这场诉讼。我不知道你是不是经常和M.C.塞塔尔瓦德联系。如果有机会，请代我向他致意。
>
> 关于静修处的事宜，我们的工作进展缓慢，但是我们一直在尽力。我们希望在短期内建造一所拥有24个床位的瑜伽医院，并希望它明年夏天竣工。
>
> 我的健康一直不错。

---

① 飞地(enclave):指在某个国家境内,但主权属于另外一个国家的土地。
② SK:斯瓦米·库瓦拉亚南达(Swami Kuvalayananda)的简称。书中多处使用此简称。
③《瑜伽弥曼沙》(Yoga Mimamsa)意为"瑜伽研究"。"弥曼沙"亦是六派哲学之一,也译成"弥曼差"。

第二章
早期生涯

古内家族史的编撰者 V. T. 古内提到(《古内家族史》23页), J. G. 古内的父亲加纳帕特饶(或称为伽内什)为德波伊(Dabhoi)的巴罗达公国服务。很明显,他后来离开了纳加尔地区的艾斯文,具体出于什么原因我们不得而知。我们有理由推测,是经济上的压力促使他离开艾斯文以便谋求更好的职位。还有一种可能是,他们全家在上一代就已经离开了艾斯文,这样的话,加纳帕特·古内的父亲拉克希曼·古内一定是在德波伊谋得了某个职位。1883 年 8 月 30 日, J. G. 古内就出生在这个要塞之镇——德波伊。德波伊镇创建史可以追溯到公元 6 世纪。它更为人所熟知的历史是 1731 年 4 月川巴克饶·达巴德(Triambakrao Dabhade)将军和巴吉饶·佩什瓦(Bajirao Peshwa)之间的一场战争。该镇的另外一段历史就与本书的传主——出生在此的瑜伽科学研究先驱有关了。巴罗达(现在称为瓦多达拉)曾经被坎德饶·盖瓦德(Khanderao Gaekwad,1828—1870)统治,后来被巴罗达邦国的萨亚吉饶·盖瓦德王公(Maharaja Sayajirao Gaekwad)统治。

J. G. 古内在德波伊接受了四年的初级教育。他的父亲加纳帕特·古内和母亲萨拉斯瓦蒂·古内（Saraswati Gune）在1897年左右相继去世，14岁的J. G. 古内从此成了一名孤儿。幼年的古内为什么入学如此之晚，我们不得而知。但是我们知道，他在1903年通过大学的入学考试时，已经是20岁了。在当时，人们通常在16岁就通过了这种考试。札格纳特·古内学业生涯如此滞后，应该不是家庭经济状况不佳造成的，因为他父亲加纳帕特饶·古内当时为邦国工作。有证据表明，他们家实际上并不贫困。19世纪80年代拍儿童照并不常见，但是我们发现一张J. G. 古内儿时的照片，他穿着珠光宝气的外套。当然，这件外套很可能是借来的。尽管如此，我们有理由推测加纳帕特·古内当时经济状况还不错，这可以从1948年3月11日斯瓦米·库瓦拉亚南达写给艾斯文的R. G. 古内上尉的信中得到佐证。斯瓦米·库瓦拉亚南达在艾斯文有一处田产，但是在1921年他主动放弃了继承权，对此处田产没有任何兴趣。此外，这封信显示了斯瓦米·库瓦拉亚南达道德思考的深刻之处：

很高兴收到你上月29日的信，我昨晚于孟买收到这封信件。请注意，我的地址是："孟买市凯瓦拉亚达玛。"（Kaivalyadhama, Bombay 2）①请不要再添加任何其他信息。

对于你希望获得属于我兄弟萨斯崔布瓦等人在艾斯文的田产，我想让你知道如下事情。

我个人对艾斯文的田产没有任何兴趣，1921年我就主动放弃继承这块田产。从那之后，我就再也没有想过从那块田产获得任何东西。所以，现在那块田产属于我的兄弟 P.G. 古内。

几年前，萨斯崔布瓦想在属于我和潘达日纳特·卡卡（Pandharinath Kak）的部分土地上修建斯里·巴巴萨赫布·古内（Shree Babasaheb Gune）的纪念碑。我写信给我的兄弟，他欣然同意放弃他的土地。我不知道萨斯崔布瓦现在是否还是同样的想法。所以，你最好写信向萨斯崔布瓦询问这件事。如果他放弃修建纪念碑，你就可以再写信给我的兄弟。他的地址是：巴罗达布拉玛朴里市杜尔加－尼瓦斯（Durga Niwas, Brahmapuri, Baroda），P.G. 古内。

至于属于我叔父斯里·维努塔提亚（Shree Vinutatya）的土地，我想你要联系甘加达尔·萨斯特利。实际上，我不知道这块地是属于纳拉衍（Narayan），还是他和他的两个兄弟共同所有。我也不知道我叔父与我父亲是如何分配这块地的。你写信给萨斯崔布瓦，就会清楚地知道一切。

因为我对艾斯文的田产没有任何兴趣，所以我觉得如果按照你所希望的，让我写信给上述人员，这不太合适。如果我写信给他们，好像是从道德上胁迫他们。我放弃这块土地的继承权，是完全正当的。但是我认为我没有任何权利要求萨斯崔布瓦和其他人放弃艾斯文的宅基地。当初我因为斯里·巴巴萨赫布纪念碑的事情劝说我兄弟的时候，那片农田还是归他所有。现在那块农田已经售卖了，我不想利用我的影响力让我兄弟放弃宅基地。

请不要误解我，我对所有古内人都同等对待。我不会厚此薄彼。从我个人角度，我绝对不反对你拥有我兄弟的宅基地，也不反对你拥有萨斯崔布瓦和其他人的宅基地。

同时，我听说你并不那么顺遂。以你目前的境况，应该少忧少虑。我真诚地希望你从农场迁居到村里的计划早点完成。听说人们正打算修建古内楼，我很高兴。我希望有一天我能回去访问，在故乡看到这些宏伟的建筑。请代我向亲爱的玛达瓦那那（Madhavanana）致意。

虽然如此，在父亲去世后，年轻的札格纳特要面对的是窘迫的生活。在当时的情况下，他要自力更生是相当困难的。他必然要寻求别人给他的庇护。浦那的 H. 塔尔沃卡（H. Talwalkar）先生给予他慈父般的照顾，提供食宿为他纾困。年轻的札格纳特具有坚韧不拔的性格特点，这也能够助他渡过难关。1903 年，他在浦那努坦马拉地高中轻松地通过了大学入学考试，以优异的成绩获得梦寐以求的"商卡舍特梵文奖学金"。该奖学金由孟买大学提供。1902 年他生病了，这使得他的大学入学不得不延期。许多年后，成为哲学家和哲学史家的 R. D. 拉那德（R.D. Ranade）教授回忆起 1902 年，他幸运地获得同样的奖学金，他说："古内和我都申请了这个奖学金，我们都很努力。古内比我更有资格获得这个荣誉。我很幸运，因为他不幸在那一年生病了，没有参加考试。如果他身体健康，参加了考试，肯定是他而不是我获得这份荣誉。"结果是，R. D. 拉那德获得1902年的奖学金，后来成为伟大的学者（Gurudev）。而 J. G. 古内获得1903年的奖学金，后来成为瑜伽大师。

H. 塔尔沃卡的恩情让 J. G. 古内永远难以忘怀。在整整五十年后，也就是1953年 H. 塔尔沃卡去世时，他写信安慰他的儿子斯里克里希那（Srikrishna H. Talwalkar），对当初 H. 塔尔沃卡先生对他雪中送炭的善举念念不忘：

> 谢谢你上个月29日的来信。很遗憾我没有及时知悉令尊逝世的噩耗。我读高中的时候与你们一家人住在一起，你父亲对我非常好，而且在学习上给了我极大的帮助。对我而言，与其说他是亲人，不如说是朋友。我将永远带着爱和敬意怀念他。
>
> 如果你有机会来这边，不管是来罗纳瓦拉还是孟买，请来找我。

至于斯瓦米·库瓦拉亚南达在大学入学考试期间住在浦那的什么地方，一直是个谜。有人说年轻的古内当时住在浦那的孤儿院（Anath Vidyarthi Griha）。在询问这家慈善机构的时候,部门主管笑着说当时这家孤儿院还没有成立。

年轻的古内前往浦那的时候,对德波伊怀着什么样的感情?当他在浦那参加完入学考试回到巴罗达时,又是什么样的心情?德波伊的岁月正是他的青春成长期,斯瓦米·库瓦拉亚南达对这段时光充满怀念。在巴罗达的时候,他在玛尼克饶教授门下学习,稍后我们会介绍到。1957年,那什克的摩诃巴尔(K.B. Mahabal of Nashik)撰写了玛尼克饶教授的传记。这本传记是用马拉地语写成,书名是《导师玛尼克饶教授行迹》(Guruvarya Prof. Manikrao's Charitra)。这本书在玛尼克饶教授去世后出版,纪念他博学多才的人格魅力和教书育人的主要贡献。斯瓦米·库瓦拉亚南达也为这本传记撰文,从中可以看到他自己的成长历程。因此,斯瓦米·库瓦拉亚南达于1956年7月29日写的信件就具有某种特别的意义。这封信的完整翻译附在本书第三章《受教于玛尼克饶教授》中供大家参考。在玛尼克饶传记中的那封信的部分内容如下:

> 在儿童时代,我就经常听史诗《般度族的英雄》(Pandava Pratap);我同样着迷于希瓦吉(Shivaraya)的传记,里面充满冒险和英勇的事迹;我每个星期还阅读《狮报》(Kesari)。因此,我心里生起强烈的愿望:我要全身心献给印度,投入灵性的探索。

《般度族的英雄》是包含13397句诗文的史诗。它取材于《摩诃婆罗多》，讲述了般度族的故事，作者是马哈拉施特拉邦索拉普的斯里达拉·斯瓦米吉（Shridhara Swami）。他一生写了很多诗歌，据说总共有58000句。因为他杰出的诗歌才能，沙胡大帝（Shahu Chatrapati Maharaja）对他进行了嘉奖。公元1729年，斯里达拉·斯瓦米吉去世。

《般度族的英雄》分为64章，旨在向后代传播印度文化的各种元素。其中包含了印度古典和民间传统知识，强调了激励人心的社会价值。除了史诗《摩诃婆罗多》外，这本著作的素材来源还包括《圣典薄伽瓦谭》《巴维夏往世书》和《耆米尼婆罗多》。在查土摩斋节（Chaturmas）和沙罗伐拿斋节（Shravanamas）的时候，马哈拉施特拉邦的人民都会按照传统诵读这些文本。

在学生时代，斯瓦米·库瓦拉亚南达将《狮报》作为激励他的另一个源泉。这本周刊的编辑是巴尔·甘格达尔·提拉克（Lokamanya Bal Gangadhar Tilak），他是为争取印度自由而抗争的精神领袖。那时，还没有这么多的新闻工作者有《狮报》编辑这样魄力和眼光。这本杂志对公众的启蒙已经成为历史。我们只能说，对幼时的古内来说，政治和灵性是并肩而行的。

J. G. 古内是在浦那的努坦马拉地高中（Nutan Marathi Vidyalaya）接受的高中教育。在当时，这所高中无疑是"新式的"（nutan），这个名字一直沿用至今。斯瓦米·库瓦拉亚南达一直对他的高中教育给予极高的评价,他认为自己非常幸运,能够受教于一些学者级的老师。例如,斯里·维那亚克饶·阿派特(Sri Vinayakrao Apte)总是通过鼓励的方式促使学生进步。这也没什么特别的,因为每个人都是怀着感恩的心情忆念母校。但是,一个人如果在81岁生日的时候,接受到来自母校热情洋溢的问候,这就有点不同寻常了。这件事发生在1964年。当时,在他的记忆中,早年的人和事一下子都涌现出来。斯瓦米·库瓦拉亚南达十分谦逊,他立刻写了一封回信,寄给母校的校长:

我很高兴,你们在本月4日我81岁生日的那天给我写信,祝我健康长寿。

对任何人来说,被母校怀念都是一件很开心的事情。我很感动,努坦马拉地高中的现任校长还将我视为该校的学生。

我还清楚地记得1898年的岁月,现已去世的维那亚克饶·阿派特老师,当时对我非常好,我心里总是充满感恩。如果不是得到了尊敬的维那亚克饶的鼓励,我不知道我能否取得如今的成绩。

我在体育教育和瑜伽研究方面只是作了微薄的贡献,你如此谬赞,真是太客气了。

年轻的古内并不讨厌学校的任何课程，但是梵语是他的最爱。因为维那亚克饶·阿派特十分擅长教学，古内完全沉浸在他的梵文学习中。在任何时候，获得"商卡舍特梵文奖学金"都不是斯瓦米·库瓦拉亚南达引以为傲的成就。但是他珍视这份奖学金，是因为它是一种激励。他期望进一步学习印度文学、灵修、梵文诗歌、戏剧以及史诗和往世书等等，这奠定了他内心的诗人气质。他不仅是一位杰出的学者，还是瑜伽研究领域的先驱，这一切都得益于在浦那求学时打下的良好基础。

斯瓦米·库瓦拉亚南达从不谈论自己求学的过程和取得的成就。可以说，他具有谦逊的性格。有一些《瑜伽弥曼沙》杂志的读者经常要求获得斯瓦米·库瓦拉亚南达的详细传记资料。然而，只有在为给别人的探索提供指导时，他才告诉别人自己过去的简要经历。这段简历发表在1966年7月的《瑜伽弥曼沙》杂志上（第九卷，No.01）。从1924年开始，为了介绍凯瓦拉亚达玛在他领导下所取得的研究成果，才开始有关于他的经历介绍，稍后我们会叙述更多信息。这个简要的传记是以"编者手记"的形式出现在上述期刊中的，标题是"斯瓦米·库瓦拉亚南达——他的目标和愿景"。斯瓦米吉并没有要求编辑写这样的简历，也没有接受任何采访，更不用说想以此来获得自己的知名度。编辑所做的工作就是利用他朋友过去的记述，从中挑选出一些材料，这些朋友曾成功地让斯瓦米吉亲口讲出一些经历。虽然很简洁，但是至少是本人亲述的真材实料：

我于1883年出生于一个贫穷的家庭，依靠社会或者私人的慈善机构生活，特别是在中学时代。但是，在浦那读初中的时候，我立下了两个誓言：终生保持独身；不在英国殖民政府工作。在这些日子里，我的三个人生理想已经成形：通过中等教育和高等教育培养爱国的年轻一代；掌握印度体系的体育教育，并且将之与通识教育整合；通过瑜伽，借助现代科学，将科学和灵性从身、心、灵三个方面结合起来。

为了实现我的第一个理想，我掌握了梵文，因为梵文是印度文化的源头。我给高中和大学的学生教授梵文，培养他们对印度文化的热爱和对所有其他文化的包容心，这样最终就会产生一种普世的文化。这种教育工作我一直做到1923年。我有实现这个教育理念的特别优势，因为在这个阶段的最后两年，我是坎德什教育协会国立学院的负责人，也是校长。1923年初，我离开了这个协会，因为它已经非国有化了。

为了实现我的第二个理想，我成为巴罗达的玛尼克饶教授的学生。他是本土系统体育教育的大师。从1907到1910年，他花了三年时间非常用心地训练我。在训练期间，我比以前更加清楚地明白，只有将教室和操场结合起来，才能培育出世界公民。

直到1937年，我才将我的体育教育理念付诸实践。

那年,当时孟买省的首席大臣 B.G. 克尔(Shri B.G. Kher)成立了一个委员会,就体育教育事务为政府做咨询。这个委员会选举我为主席。在其他成员的支持下,我坚持让大学毕业的老师接受一年的体育教育培训,然后才能从事体育教学。这个委员会同时还建议成立体育教育委员会,在体育教育事务上为政府做咨询。我有幸连续十二年担任这个委员会的主席,这样我就能够在孟买省推行体育教育运动,使孟买在此领域至今也是首屈一指的。此外,在这十二年期间,我还担任了另一个委员会的主席,他们之所以任命我,是因为上一届委员会在1937年的体育教育工作中产生了亏空,他们想让我去解决这个问题。

1948 年,我被提名为体育教育与休闲中央咨询委员会(Central Advisory Board of Physical Education and Recreation)的委员。在此之后,一直到 1964 年 8 月,我一直获得这样的提名。虽然我只是这个中央咨询委员会负责瑜伽文化的委员,但是对体育教育的一般事务也可以发挥有效的作用,我还多次被要求在这个委员会的分会(其中包括研究分会)任职。在其他委员的合作下,我得以为中学的男生和女生制定分级的瑜伽体育练习课程。作为委员会的成员,我也可以完全代表瑜伽研究机构。

我们已经提前讲述了以后的故事,现在还是先回到巴罗达的岁月。1904年,库瓦拉亚南达轻而易举地考上巴罗达大学,前往巴罗达就读。他的名声在他到达之前就已经传到学校,他本人受到了学校的热烈欢迎。他无疑是腼腆的,但是他内在的质疑精神已经苏醒了。任何思想、观点和课程,如果没有经过认真的审视,他都不会温顺地接受。换言之,对知识的好奇心已经充满了他的内心。巴罗达实际上已经向他敞开了一个崭新的世界,这个世界正等待他来认识或者说征服。在后来的岁月里,那些认识库瓦拉亚南达的人,看到他探索并解释万事万物的无穷热情,都十分震惊。正是在巴罗达的经历雕琢了他的思想,而浦那的经历为他奠定了良好的基础。他几乎是本能地、毫不费力地朝着目标迈进。斯瓦米吉本人讲给G. 罗摩克里希纳博士的一个故事读起来有点意思:

> 在大学的第一堂梵文课上,老师开始教授婆利睹梨诃利(Bhartrihari)的《伦理百颂》(Nitishataka)。其中第一句是这样的:ajnah sukhamaradhyah sukhataramaradhyate vishesajnah; jnanalavadurvidagdham brahmapi naram na ranjayati(满足一个无知的人是容易的,满足一个有学问的人更容易。但是,即使是造物主,也不能取悦一个有一点点知识但又不够聪明的人)。

古内向老师提了他的第一个问题:"先生,为什么这里用的是 sukhataram?从语法上讲,难道不是该用 sukhataraam 吗?"这个问题是关于形容词和副词的用法的。老师对这个问题有点吃惊。他并没有回答这个问题,他说:"你就是那个以前在浦那学习过的古内吧。我很高兴在这里见到你。我猜你自己已经知道答案了,请告诉其他同学。"稍做犹豫之后,这个男孩凭猜测,贸然给出了一个解释。后来,他发现自己的解释是正确的。

——《愿景和智慧:斯瓦米·库瓦拉亚南达书信》,罗纳瓦拉,1999年,第5页

上了大学的古内对政治具有超乎寻常的兴趣。在那个年代,只要双眼没瞎、头脑正常的人,谁能对当时发生的事情无动于衷呢?因此,以古内的洞察力,他自然积极投身反对英国殖民统治的政治斗争去。如果你熟悉德·昆西(De Quincey)在《杂忆》(Reminiscences)中所写的关于他的朋友贝尔博士(Dr.Bell)的故事,你就会了解英国殖民者贪得无厌的性格。这位贝尔博士在马德拉斯(今天的金奈)的东印度公司工作,"存了"125000英镑回英国。在19世纪初,一个人能够通过为某个公司工作而"存下"如此多的钱,真是不可思议。人们可以想象,当时有多少像贝尔这样的人,在马德拉斯和其他印度城市,"存了"多少这样的巨款!19世纪末,巴尔·甘格达

尔·提拉克开始出版《狮报》(1880—1881),对印度人进行思想启蒙。这样,英国殖民者的邪恶面目就赤裸裸地暴露在人们面前。古内当时刚满20岁,对这些事情很敏感,因此做出了实际的响应。提拉克主要宣扬两件事:印度灿烂的历史,以及在当时自力更生的迫切性。根据他的观点,印度的解放需要通过完成四项目标才能实现:联合抵制外国产品(bahishkar)、国民教育(rashtriya shiksha)、自治(swaraj)和自力更生(swadeshi)。在提出四项目标之前,他吹响的独立自治的号角已经触动印度人的心:"自治是我的天赋权利,我必须拥有这项权利。"如果我们如此反思这四项目标,就会沉浸于一种忧国忧民的情绪。因为,虽然这些目标也适用于今日的印度,但它们并没有完全实现。正是由于提拉克的热烈呼吁,才唤醒了印度人的政治觉悟,这是不可否认的。年轻的古内就是积极响应提拉克呼吁的先锋。儿时通过学习《般度族的英雄》而获得的印象,以及青年时阅读提拉克的《狮报》而获得的反思,都激发了古内的思想。他不顾自己的职业生涯,不知不觉地投身实践活动。正因如此,以至于他"在某时期内,不得不隐蔽地进行地下工作,因为他积极参与提拉克追随者在巴罗达和苏拉特(Surat)发起的一系列运动"。在1910年的短暂时期内,"这个年轻人心怀提拉克的思想,在古吉拉特邦四处游走,以传统可尔坦唱诵的方式宣传这些思想,发起自治运动"。(《愿景与智慧》,6页)这种通过唱诵方式巡回宣传的经历,很快给他开辟了一条新的人生道路。但是，他并没有舍弃从政治导师提拉克那里继承的价值观。因为没有文献供参考，我们无从得知他是否与提拉克有过会面，但是他一直在心里将提拉克作为永久的偶像。

巴罗达的玛尼克饶教授，斯瓦米吉的体育教育老师

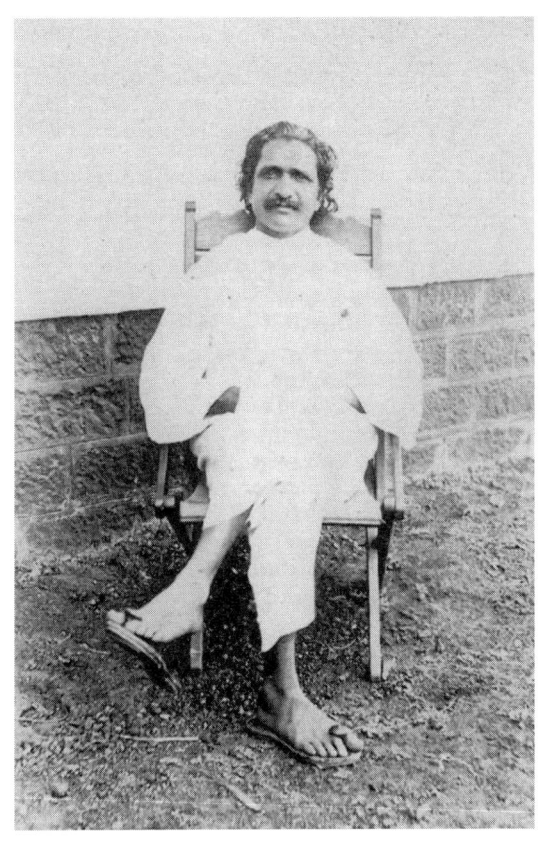

阿默尔内尔时期的大学校长

在找到他的第四位导师之前,古内生命中的前三位导师是在浦那时期的维那亚克饶·阿派特(直至1903年);提拉克(1904—1907),他只是非正式的老师;巴罗达的玛尼克饶教授(1907—1910)。古内的青少年时代跟随这三位导师。他的成年时代,也就是库瓦拉亚南达时代,从受教于摩达瓦达萨尊者开始(Paramahamsa Madhavadasji Maharaj, 1919—1921)。这里有两根主线:一方面,是追求提拉克的政治理念,另一方面就是从事研究工作和走上灵性探索的道路。然而,他觉得将时间耗费在政治活动中,积极地参与印度独立斗争,这并不适合自己。在提拉克拟定的印度独立自治的四项目标中,有一项是"国民教育",古内决定永远地投身于这个领域。这样的话,他必须先重返校园。中断了三年之后,他于1907年6月返回了巴罗达的大学。除了在大学的学术工作外,他还被另外一个领域所吸引,对这个领域的投入后来被证明是极具价值的。他内心依然有一股强烈的愿望,希望投身到为印度独立而斗争的潮流中去。但是如何有效地进行这场斗争,这成了一个问题。要想能够推进这场运动,需要具备怎么样的体格?需要运用什么样的武器?有一段时期内,这个棘手的问题一直困扰着他。他在后来的某个时期曾表达过这种困扰:

当时还没有出现原子弹这种武器,所以迫切需要掌握使用武器的科学知识。全部的困难就是没有任何思路。我环顾四周,以严苛的态度审视,但是徒劳无功。看不到任何完全有效、极度强大和非常卓越的技术。

并不是说当时的古内要寻求一种超级炸弹去轰炸英国殖民者，但是他的内心有一种声音告诉他：有力的斗争方式不仅仅需要强大的意志，还需要切实可行的技术力量。真是无巧不成书，当时就有人在实践古内孜孜以求的东西。这里再次引用他自己的话：

> 在那个不安的时代，我无意间发现了一则新闻。这则新闻介绍玛尼克饶教授熟练使用武器的技巧，也介绍了他在1906年加尔各答国民议会的一次国家级表演。这次表演体现出他炉火纯青的武器操练技术。
>
> 我立刻从内心深处决定，要努力掌握这种技术，哪怕只是掌握一部分。带着这个决心，1907年6月份我重新入读巴罗达大学。7月，我就成了玛尼克饶教授朱玛达达体育教育学院（Shri Jummadada Vyayamshala）的一名学生。
>
> ——《玛尼克饶教授传记》，105页

J. G. 古内开启了人生中的新历程。顺便提一下，经过印度国大党批准，由甘地发起了第一次全印度"不合作"运动，给印度带来巨大觉醒。这次运动在1920年才发生。

斯瓦米·库瓦拉亚南达的体育老师玛尼克饶教授

1954年1月,为古鲁·巴霍(Guru Bhau,即玛尼克饶教授左一)庆祝生日 维那亚克饶·瓦卡斯卡(左二)、拉克斯曼饶·玛尼克(左三)、 斯瓦米·库瓦拉亚南达(左四)

从左到右依次为斯瓦米·库瓦拉亚南达、G.P. 安贝贡卡、玛尼克饶教授、康拉克·古佩特、朱尼拜·帕特尔、维那亚克饶·帕卡、毕塞。

---

① 此处数字"2"是邮编。

第三章
受教于玛尼克饶教授

斯瓦米·库瓦拉亚南达有意选择国民教育作为他奋斗的领域,无疑是受到洛克曼亚·提拉克的影响。但是,除此之外他还立下了另外两个誓言。这两个誓言并非受到任何外在因素的影响,而是他内心的抉择。第一是不婚;第二是不为英国殖民政府做事。第一个抉择只是针对他自己,并没有限制他的合作者和学生,他们可以自由选择是否结婚。根据印度的传统,从事瑜伽事业的人并不一定需要独身,而斯瓦米·库瓦拉亚南达很尊重这种传统。根据古典文本,人生的第一个阶段是梵行(brahmacharya)阶段,有时候可以大致翻译成"独身",但是独身并不意味着"梵行"的全部。梵行的基础更多的是献身于学问。《鹧鸪氏奥义书》特别指出,在梵行结束之后,就要延续家族传承,不要中断了家族的血脉(prajatantum ma vyavacchetsih)。为什么要错误地强调"梵行"就是过不婚的生活呢?不婚不就是让传承中断吗?在某种意义上,"梵行"当然也有独身的意思。但是从整体而言,这并不是"梵行"的内涵。帕坦伽利(Patanjali)在《瑜伽经》里将梵行作为获得元气的辅助方法(第三章第38节:brahmachariya pratishthayam vilyalabhah，意思是"梵行"稳健，即可获得精气）。如果将这里的"梵行"仅仅理解为不婚，未免太死板。按照这种通俗的解释，帕坦伽利就被贬低，成了非理性的思想家。辞书上列出了"viriya"（精气）的另外一些意义。它最常见的意义当然是"精液""种子"，但是这并不是它唯一的意义。莫尼尔·维廉斯（Monier Williams）给出了其他义项，例如力量、权力、能量和生殖力。之所以给出这些义项，是因为在有些语境里，这样解释才有意义。帕坦伽利的意思是：如果一个人想在瑜伽生活中获得最高成就，或在其他行业中取得成就，就必须集中精力。换言之，一个人的精力不能消耗在无数琐碎之事或者次要领域。如果作无谓的消耗，那么就会失去"精气"。用现代语言来讲的话，"梵行"就是能量管理。这里不是指外在的能量，而是指内在的能量。这是积蓄能量的"教诫"（anushasana），是一种重新疏导能量的方法。正是在这种广义的解读下，古内决定将"梵行"的价值作为自己个性的组成部分。他打算过隐士的生活，但不是将自己与世隔绝。他将融入大众中去，为国民教育事业勤奋工作，但不会受到世俗事务的拖累。

1904年到1907年，在古吉拉特邦的这三年时间里，他在各种人群中流浪，这让他变得更加斗志昂扬。这是一段独特的苦行经历。有了这样的历练后，古内觉得自己可以重返大学，专注于学业。同时，他立志增强自己的体魄。为了实现第二个目标，他入读了著名的朱玛达达体育教育学院（Jummadada Gymnastic Institute），当时它的名称是"Sri Jummadada Vyayama Mandir"，负责人是玛尼克饶教授。正是在这个学院，古内热切地希望研读"武器科学"课程。在这里，他看到了"完全有效、极度强大和非常卓越的技术"。现在回顾起来，我们可以有把握地断言，在这个学院求学的经历开启了斯瓦米·库瓦拉亚南达将来作为一个杰出体育教育家的生涯。

1907年7月7日，古内正式成为玛尼克饶教授的学生。玛尼克饶教授是体育教育界名副其实的毗湿摩（Bhishmacharya）。古内决心完成如下目标：促进健康教育、发展体育文化，增强自我防卫的能力，为国家和人类服务。后人做出评价说，斯瓦米·库瓦拉亚南达已经完成了这个崇高的目标。虽然他是少数从事这项事业的人之一，但没有自居其功。玛尼克饶对学生的训练并不局限于体能练习——增强肌肉和神经功能。他的训练还包括摔跤、骑马和武器的使用（shastravidya）。在当时，玛尼克饶教授的名气很大，许多人认为，印度获得独立后他会当上印度军队的总司令。他虽然只接受了六年的正规学校教育，但是人们授予他"教授"的头衔，这显然是实至名归。印度国大党年会于1906年在加尔各答举行，达达拜·瑙罗吉（Dadabhai Naoroji）担任主席。被邀请参加此次会议的嘉宾有提拉克、阿姆劳蒂（Amaravati）的卡帕德（Dadasaheb Khaparde）、凯尔卡尔（Tatyasaheb Kelkar）、巴罗达的王公萨亚吉饶以及其他一些人士。这次会议广泛讨论了各种事项，其中一项就是国际体育竞赛。来自美国、英国、法国和日本的运动员将同台竞技。竞技的项目包括击剑、摔跤和体操。玛尼克饶教授让印度包揽了这三项的冠军。印度当时正在殖民者铁蹄下饱受蹂躏，获得这样的殊荣并非易事。

这让人想起一件曾经轰动整个乌克兰的体育盛事。二战时期，乌克兰是苏联的一部分。当时，希特勒的军队已经攻陷了乌克兰首都基辅。在基辅体育馆，希特勒想在基辅迪纳摩球队（Kiev Dynamo）成千上万球迷的面前羞辱这支战无不胜的球队，于是安排这支球队与法西斯军队的"十一"球队比赛。希特勒在赛前做了手脚，用各种话语威胁迪纳摩球队经理："如果迪纳摩球队有人敢射门进球，就会被枪决。"迪纳摩球队队员知道祖国的荣誉处于危难之中，被羞辱的乌克兰人期待这支球队将纳粹的球队打得丢盔弃甲，让乌克兰人振奋起来。迪纳摩球队被告知，如果他们赢了比赛，他们的生命就会受到威胁，因为这就等于证明了德国的"十一"球队不如苏联的迪纳摩球队。比赛的上半场并没有什么特别，只有一些无关紧要的盘球、带球。中场休息的时候，基辅迪纳摩球队觉得不能让祖国和场外的球迷失望，那些球迷正翘首以待，期待他们痛击法西斯球队。下半场比赛简直是场面壮观！迪纳摩球队轻轻松松地进球，最后以7∶0大获全胜，整个赛场都沸腾起来，乌克兰人倍感骄傲。法西斯部队的军官大发雷霆。气急败坏的法西斯军官当天就枪决了迪纳摩球队的七名球员，整个乌克兰笼罩着惨淡绝望的乌云。如今，在基辅迪纳摩广场的入口处还竖立着纪念碑，纪念这七位英雄。

当然，不管结果怎样，玛尼克饶的生命不会受到任何威胁。但他是用生命在拼搏，最后凯旋。整个印度都沉浸在欢乐中，整个国家都很兴奋。至少暂时获得了信心，认为悲惨的殖民统治最终会结束。玛尼克饶成了众人瞩目的焦点。他的仰慕者向他提出了无穷无尽的问题，这些问题都是关于兵器技术、印度传统的体育练习（vyayama）、医学和兵法之间的关系等等。如同渊博的教授一样，玛尼克饶巧妙地处理所有问题，这给洛克曼亚·提拉克留下了深刻的印象，所以他情不自禁地称呼玛尼克饶为"教授"。后来，人们就称呼他为"玛尼克饶教授"。让提拉克十分振奋的是，玛尼克饶不仅仅是一名一流的运动员，还是一名渊博的学者，对运动学和体操技术都十分精通。入读大学后的古内，就是在这样一位伟大人物的羽翼下成长的。

对上高中的古内而言，1902年是倒霉的一年。实际上，他因为生病而休学一年。他入读巴罗达大学一个月后，也就是1907年7月初次遇到玛尼克饶教授时，他可能又患上了同样的疾病。这对师徒初次见面的情形如何？古内是紧张、害怕或者是神情自若？玛尼克饶传记的作者K. B. 摩诃巴尔做了如下的描述（174页）：

札格纳特·伽内什·古内当时患上了无法忍受的偏头痛。医生警告他要慎重对待这个病症。他的肺也不正常。古内很焦虑。遇到玛尼克饶教授后,教授告诉他,如果经常进行锻炼,一定会彻底痊愈。1907年,他在巴霍(玛尼克饶教授被人亲切地尊称为"巴霍")的监督下进行锻炼,病情很快就有了好转。他渐渐获得了信心,相信自己很快就有机会参加武器学的课程,因为他求学于巴霍门下就是为了学习武器学。后来,他的健康状况恢复了正常。当他觉得身体状况可以适应训练馆的课程时,就开始上课了。巴霍也是抱着相同的期盼。他觉得古内已经发愿"独身",对他未来的事业会有极大的帮助,所以他对古内倾囊相授。

古内期待已久的梦想一步步变成现实。

他的两门课程同时进行:大学课程和体育教育课程。最让他着迷的课程当然是武器使用的训练。古内寄宿在朱玛达达体育教育学院,这多亏了玛尼克饶在体育馆旁边建设的宿舍。古内是宿舍里最早的住户,这样他就能亲近玛尼克饶,协助他做各种事情。古内是个体弱的人,患有一些慢性病,如伤风、咳嗽和偏头痛,他得经常忍受头痛和恶心的折磨。在玛尼克饶教授的指导下,他接受了严格的养生训练。八个月后,他的病情就得到了极大的缓解。起初,他经常怀疑自己的表现不能让人满意,但是很快就发现,一次做一百个俯卧撑对他而言并不是遥不可及的梦想。作为训练的一个项目，每天跑步几英里也不再是枯燥无味的任务。

在体育教育学院，古内和B. K. 摩诃巴尔是两个教育程度相对比较高的学生，玛尼克饶教授可以放心地给他们一些额外的任务。他安排古内负责学院的书信，这项工作让古内获得了很大的利益。他后来成了一流的通讯员，并且很热爱写信。这里有一段当时的插曲，说明当时的古内对感兴趣的事情十分勤勉，并具有永不止息的热情。《阿波罗杂志》(*The Apollo Magazine*)是当时体育教育领域的热门杂志。学院订阅了这本英国出版的杂志。阅读杂志时，古内发现了一篇文章，编辑在里面提出了若干问题，它们涉及印度的传统泥地摔跤（kusti）。这位编辑断言，这些问题在很长一段时间都没有被解答。古内及时将这篇文章呈给他的老师阅读，而他的老师对这些问题的答案了如指掌。但是要想将之行诸文字，简明地表述出来，就得交给古内来完成了，因为古内的文字功底很好。古内直接给这本杂志写了回复，杂志的编辑立刻刊登了他们的通信，并且给他回了一封信说："你给出的回答让我们很满意。我们很高兴地告诉你，因为你出色的回复，我们要给你20英镑作为奖励。"玛尼克饶和古内对这笔奖励倒是没有什么兴趣，他们的兴趣在别的地方。所以他们就给杂志又写了一封信："请免寄奖励，改为给我们邮寄所有关于体育和泥地摔跤方面的书籍。"这样的要求一定给编辑留下了深刻的印象，也让他感到有趣。这位编辑立刻给他们邮寄了一些杂志和其他书籍，还给他们一张 20 英镑的支票。与其说这是一笔意外之财，不如说是一次愉快的经历。这件事带来的结果是，玛尼克饶教授成为这本杂志的名誉会员，也被该杂志授予"印度体育专家"的荣誉头衔。古内对促成这些事情无疑起到了很大的作用，但是他从没有自居其功。

另外一件事情也生动形象地证明了玛尼克饶教授的睿智。当时巴罗达邦国的王公萨亚吉饶（Sayajirao Gaekwad）因为在自己的邦国推行诸多福利措施而闻名。他构想了一个针对这个邦国学校的项目，旨在提高学生的健康水平。他向英国一家名为"人人健康"（Health for All）的机构进行咨询，寻求建议和指导，以便制定出计划。而这个机构碰巧与《阿波罗杂志》有关联，而该杂志也一直在向玛尼克饶咨询各种事情。王公收到了一个简要的回复："在巴罗达邦国，我们有一名名叫玛尼克饶教授的会员。你们最好去向他寻求指导。"王公照做了。玛尼克饶制定了体育训练的方法，还将王公的项目进行了创造性的应用，这让在校学生大为受益。玛尼克饶另外一本传记的作者，马拉地的拉特纳·卡帕特瓦丹（Ratnakar Patwardhan）讲述了玛尼克饶教授因为在复兴印度传统体育教育上所做的无私贡献，被巴罗达邦国的王公授予"王室之宝"（Rajaratna）的头衔的事情。

玛尼克饶的教学内容包括瑜伽和更加传统的印度体育文化，

例如泥地摔跤（kusti）、柱上技巧（malakham）、棍术（Iathi）、矛术（bhala）、拜日式中的身体姿势（suryanamaskara）、骑马、身体按摩、乐贞舞（lezim）等等。在玛尼克饶看来，瑜伽就是将体位系列作为身体训练的一部分。但是他也知道，瑜伽可以治疗古内的偏头痛和慢性咳嗽。最终，古内通过自己的经历很快发现，瑜伽练习的确能够很有效地抑制他的病情。每天目睹病人川流不息地进入玛尼克饶的体育馆（akhada），向其寻求帮助，这也让古内印象深刻。玛尼克饶教授根据不同病人的具体陈述，制定出不同的瑜伽训练（体位）方法。通过亲眼看见的证据，古内开始认可瑜伽，并将之视为一种有效的医学干预方式。根据玛尼克饶年谱记载，一位名为娜吉拉比·赛珂（Najirabi Shaikh）的病人"通过瑜伽练习战胜了疾病"（B.M. 174-5页，MCK, 165页）。这位女士对瑜伽治疗疾病的效果立刻生起了坚定的信心。此后她全身心投入，为玛尼克饶创办的妇女健康服务中心（Kanya Arogya Mandira）工作。1956年5月27日，古内写信给孟买康底瓦里（Kandivali）体育教育培训研究院（TIPE）院长，表达了对导师玛尼克饶教授培育的感激之情。这位院长就是约瑟夫教授。当时，该研究院正举行玛尼克饶教授画像的揭幕仪式。他们自然地邀请了斯瓦米·库瓦拉亚南达出席，但是他没能成行，所以写了一封信表达了自己对玛尼克饶教授的感情。

谢谢你们邀请我参加体育教育培训研究院玛尼克饶教授画像的揭幕仪式。我很高兴巴拉萨赫布·克尔（Balasaheb Kher）欣然同意举办这次揭幕仪式。

众所周知，如果没有巴拉萨赫布·克尔对体育教育的密切关注，没有他对培养综合素质人才的热心，就没有体育教育培训研究院的存在。玛尼克饶教授是我最尊敬的导师。近五十年来，他将协调培训引进该领域，并发起大众运动对体育教育事业作出了巨大的贡献。对此，我们所有人都深怀感激。自不待言，对于他在体育教育领域的非凡贡献，我个人十分敬佩。但是他圣洁的德行对我造成的潜移默化的影响，更是让我感念。玛尼克饶教授为我的瑜伽生涯奠定了基础。

我希望，今后每年来体育教育培训研究院接受培训的老师都能够受到这幅画像的影响，并且得到激励，通过他们的工作表达对玛尼克饶教授的崇敬。

我很抱歉不能参加这次揭幕仪式。我明天早晨要坐飞机前往新德里处理一些紧急的工作。

斯瓦米吉为自己不能参加这次仪式感到非常遗憾，因为正是在他积极的推动下，这个研究院才得以成立。在那天主持这个揭幕式的时候，B. G. 克尔特别强调了斯瓦米吉的贡献。

斯瓦米·库瓦拉亚南达在促成康底瓦里的这个研究院上起到了关键的作用。在其他许多机构的建设中，他也起到类似的作用。在他心里,体育教育对学生综合素质的培养很关键,所以他一心一意从事为体育教育机构建设奠定基础的工作。他内心最重要的两件事就是建设国家和培养高素质的领袖,而正确实施体育教育是达成这两个目标的关键所在。因此,他从来不会错过任何传播体育教育理念的机会。在上述体育教育培训研究院事件发生两年后,斯瓦米·库瓦拉亚南达欣然获悉,印度政府正计划成立体育教育学院。这件事情发生在 1958 年 4 月。最初的打算是规划一所本科学院,通过几年的密集培训,授予学生学士学位。这所学院位于瓜廖尔,后来被称为"拉克希米巴依国立体育学院"(Laxmibai National College of Physical Education)。斯瓦米·库瓦拉亚南达当初规划这所学校的时候,目标不仅是将学生培养成高素质的领袖,还打算在此进行非瑜伽领域的体育培训研究。让他感到彻底沮丧的是,他在报纸上看到一篇报道,他规划建设的这所学校可能暂时会被舍弃,虽然当时人们普遍认为这是个出色的计划。对于自己这个富有创意的梦想,斯瓦米·库瓦拉亚南达不会轻易让其破灭,因此,他决定尽可能地进行干预,让他的规划重新被采用。他立刻给当时印度政府的教育和科学研究部司长 P. N. 克帕尔(P.N. Kirpal)写了一封信,详细解释了他如此规划的重要意义。有人认为体育教育只是纯粹的身体锻炼,并不涉及个性的塑造,他认为这种看法是错误的。他还写了几句语带讽刺的话:"如果放弃这个规划,对国家来说是个很大的损失。检阅场上展现的花拳绣腿或许能够培养某些遵守纪律的品质，但是这永远不能形成公民在生活中的自律，而这种自律对每个国家的国民生活都很重要。"也就是说，以个性塑造为目标，重新设计体育教育课程，并将其纳入这所大学，这是非常有价值的。对斯瓦米·库瓦拉亚南达的请愿，司长回复说："体育教育中央咨询委员在下一次会议时可能会进一步审查你的这个建议。"他们最后的确对这个意见进行了重新审查，并创立了这所学校。

再回到古内在巴罗达跟随玛尼克饶教授学习的岁月，值得一提的是朱玛达达（1794—1904）。他是一位有名的百岁老人，也是玛尼克饶的老师。正是他将瑜伽整合到体育文化中，进而通过玛尼克饶传给后来的学生。朱玛达达是一位传奇人物。他出生于席地（Siddhi），六岁半的时候被诱拐并被遗弃到荒郊野外，后来被宫廷侍卫从树林中捡回来交给皇太后细心抚养。因为他是从树林里捡回来的，所以被称为"姜格里兰"（Jungliram），意思是"丛林里的罗摩"。这个命大的男孩天赋异禀，能轻而易举地学会任何东西。年仅8岁的时候，他就将圣者拉姆达斯（Ramadas）的《诫诸弟子》（*Dasabodha*）和诗人迦比尔（Kabir）的所有作品记诵于心。据说，因为后来听说亲生父母是伊斯兰教徒，所以信仰了伊斯兰教。但是，皈依伊斯兰并没有对他的思考和生活模式产生多少影响。传奇人物朱玛达达晚年的时候常常在体育馆举行壮观的象神节庆祝仪式。朱玛达达在巴罗达王公萨亚吉饶·盖瓦德祖父的资助下，成长为一名强壮、英俊并热衷于摔跤的人。他终生未婚,将所有时间都奉献给他的学生,其中就包括玛尼克饶。大师在92岁的时候,8岁的玛尼克饶才投奔到他门下学习。根据传统,一个人跟随老师学习吠陀的时间是12年。玛尼克饶在朱玛达的指导下学习了12年(1886—1898),受益很大。这段生活既严格又艰苦,但是他也获得了深刻的知识。除了体育训练外,他还学习了正骨法等技术。但是,更大的受益是获得殊胜的机会,学习到宝贵的基本知识,并且将之进行实际应用。后来古内成长为具有极高综合素质的人,这在很大程度上归功于玛尼克饶教授给他树立的目标。

1956年7月,为了给玛尼克饶教授逝世两周年纪念册撰文,斯瓦米·库瓦拉亚南达提供了关于他导师的第一手资料。这些资料详细介绍了玛尼克饶对古内慈母般的爱,当然也体现了学生对老师的深厚感情。以下就是斯瓦米·库瓦拉亚南达撰写的关于玛尼克饶教授的完整文字,体现了教授对他坚定的支持和细心的呵护。

因为我是敬爱的玛尼克饶教授(我们的巴霍)学生中年龄最小的,因此我记得的事情也不是特别多。另外,我没有能力将我内心诚挚的感情诉诸笔墨,所以我只能通过简单的语言将它们写下来。哦,巴霍!我将绘画出关于你的形象,这并不完全是我内心诚挚感情的复制品,我仅能提供一张苍白的图像。尽管如此,我确信你在天国会看到我用文字绘出的关于你的图画，你也会欣然接纳我这样幼稚的文字。这是一定的，因为我的内心知道你一直在天上用最慈祥的目光注视着我。

所以，我在此写下关于你的若干回忆！

儿时印象

在儿童时代，我就经常听史诗《般度族的英雄》。我也着迷于希瓦吉的传记，里面充满冒险和英勇的事迹，每个星期我还阅读《狮报》。因此，我心里生起强烈的愿望，我要全身心献给印度，投入到灵性的探索。

尽管如此，直到1903年我才让自己花时间接受教育，这时候我的心愿才得以实现。但是，接下来的情况是：antariche dhave sahaja baheri | dharitanhi pari dharavena ‖ "内心的激情喷涌而出，虽然尽力抑制，但是却无法成功。"

当时还没有出现原子弹这种武器。所以迫切需要掌握使用武器的科学知识。全部的困难就是没有任何思路。我环顾四周，以严苛的态度审视。但是徒劳无功，看不到任何完全有效、极度强大和非常卓越的技术。

信心

在那个不安的时代，我无意间发现了一则新闻。这则新闻介绍了玛尼克饶教授熟练使用武器的技巧，也介绍了

1906年在加尔各答国民议会的一次国家级表演，这次表演体现出他炉火纯青的武器操练技术。

我立刻从内心深处决定要努力掌握这种技术，哪怕只是掌握一部分。带着这个决心，我在1907年6月份重新入读巴罗达大学，7月，我成了玛尼克饶教授在朱玛达达体育教育学院的一名学生。作为接纳我成为他弟子的象征性仪式，他在我嘴里放了一块奶油派（Pedha）——随着岁月的流逝，这块甜点的味道逐渐变得强烈。半个世纪过去了，它已经变成了甘露的味道。

位于阿默尔内尔名为"凯瓦拉亚达玛"的精舍

康底瓦里的约瑟夫院长

1938年,在罗纳瓦拉与罗摩斯瓦米·艾耶尔商谈

在体育学院的经历是多么美好啊！古鲁巴霍要维护体育学院的各种武器，保持它们良好的状态，每天都劳碌不休。我的各位学长都熟练地操练这些武器。在任何时候、任何地方，同学之间都相互友爱，并保持严明的纪律。每一名学生的每个毛孔里都散发出军人的本色，这种风气一直保持到现在。我的所见所闻甚至让根植于我内心的理性质疑精神遁形。我立刻确信，这就是我期待已久的地方。象神节很快就到来了。巴霍的老师朱玛达尊者本人信仰伊斯兰教，但是一位思想非常开明的人，对任何人都平等对待。正是这位非常圣洁的人，在体育学院发起庆祝象神节的活动。据说，每次活动的时候，我们这位圣洁的老人都会在某个角落里注视着整个庆祝过程。

幸福喜悦之泪

在节日庆典中，巴霍用器械进行了一些炫目的表演。他如狮般的矫健，具有雷霆般的速度。他手无寸铁地与携带武器的人对抗，利用自己娴熟的技术，转眼之间就轻松让对方缴械投降，甚至让其有性命之忧。目睹他的表演，泪水从我脸上滚落。我确信自己终于找到了多年以来孜孜以求的伟大民族性格。这次节日之后，我带着至诚的心匍匐在巴霍的足下。我如此幸运能够获得机会，受教于这样一位"人中之狮"，这种感觉真是太美妙了。

我被震惊了

我当时在上大学。起初,我只是每天晚上去体育学院。但是,随后我开始周六、周日去,甚至在其他时间的下午也去那里。再后来,我就每周常常在那里过夜。因此我就彻底了解到,巴霍对摔跤的各种技术都很娴熟,具有很强的力量。目睹他每日的工作安排,我彻底惊呆了。

他每天几乎只睡5个小时:晚上11点上床睡觉,早晨4点起床。早晨淋浴之后,他总会来到摔跤场(Akhada),对程度好的学生教授武器学的课程。这至少需要一个小时。他总是尽心尽力对待每个学生,直到汗流浃背才罢休。尽管如此,他休息半个小时左右,又开始教摔跤——不仅是理论知识——而且还一对一地和每个学生进行操练。摔跤的时候他只是穿着一条兜裆布(Langot)。这大概要持续两个小时,直到大家都筋疲力尽。这时候大概是早晨8点。然后他就休息一下,汗水干了之后,他再洗一个冷水澡,接着就吃早餐。正骨的工作通常从早晨9点开始,到9:30结束。根据病人的要求,他有时候还会到病人家里看病。所有这些活动结束后,可能就到了中午12点。从学院回家之后一般就是读报、吃中饭、处理每日的信件。下午2点,常常有15到20名士兵会来到摔跤场学习摔跤,巴霍也会在场。这些士兵都很强壮,而且对摔跤比较熟练,巴霍会穿着兜裆布跟他们剧烈地练习三个小时。根据当时的传统,老师的职责就是陪着学生练习,直到每个学生都筋疲力尽。巴霍严格地遵守这个传统。他以自己高超的技艺,带着爱心和呵护,抱着为祖国服务的态度教两个小时。如今,这样精神饱满、严格精准、关怀备至地为国家服务的精神,已经完全消失了,可能再也不会出现了。这样的精神,可能只存在于天上。天真无邪的小孩子从尘世到达天国的时候,巴霍会把自己的技艺传授给他们吧?也会放一块奶油派到他们的嘴里吧?他难道不会慈爱地呵护他们吗?我认为他一定会,因为巴霍就是为这门技艺而生。学院就是他的家,哈奴曼是他唯一的神,为国家和人民服务就是他的宗教。对这样圣洁的人格,我唯有永不止息的崇敬。

上苍对我的考验

我的本性是非常容易动感情的。此外,出于对我无限的慈爱,我的父母不顾条件限制,对我呵护有加。因此,当我在14岁成为孤儿的时候,周围的世界就如同撒哈拉大沙漠,横亘在我面前——同情心和慈悲心完全缺失。因为我渴望他人对我的关爱,这让我精疲力竭。我过去常常问上苍:此生会不会有人带着慈爱来呵护我,用手温柔地擦拭我的泪水,并且呼喊我的小名?有没有人不介意我的所有缺点来关爱我?但是上苍终究还是眷顾了我!上苍用十多年时间考验我,最终让我来到巴霍面前。

获得神圣的爱

我跟随巴霍学习武器的知识。我过去常常想,在这所学院,是否有人具有一颗吟诵迦梨陀娑诗句的心: artatranaya vah shastram na prahartumanagasi(你的武器是用来保护遭受痛苦的人,而不是用来屠戮无辜者)。但是很快我就能体会巴伐婆提的精神法则: vajradapi kathorani mriduni kusumadapi(有谁能了解这杰出人物的心灵: 比金刚更坚硬, 比花瓣更柔软。)而仅仅是因为我过去积累的功德(bahuta sukritachi jodi),我就能产生对巴霍的爱。也仅仅是因为这样的功德,我能够一开始就获得巴霍对我的感情。我从他那里得到的关爱和感情是如此强烈,以至于我觉得我是巴霍最宠爱的学生。对于老师来说,通常所有学生都是一样的。但是,根据迦梨陀娑的描述,罗怙王(Raghu)的臣民都觉得自己是最受国王宠爱的(ahameva mato mahipateriti sarvah prakritishvachintayat)。我的想法也是如此。难道不应是这样吗?在我入读体育学院后还不到四五个月,有一次巴霍把我叫过去说:"古内,用你的姓氏来称呼你,让我觉得好像是在称呼一个陌生人。所以,告诉我你在家里的小名,这样我们大家就可以用那个名字称呼你。"我告诉他,我的小名在公共场合有点说不出口。他说:"好,以后你的名字就是'巴拉·萨赫'(Bala Saheb)。"从此之后,这个名字不仅在体育学院,而且在我的朋友之间都广为人知。即便是在今天,静修处的同事们提到我的时候也是用这个名字。

慕斯泰基金

关于巴霍对我的关心和爱护,我有许许多多的记忆。在此,我选择其中的一些事情来介绍。其中一件发生在1908到1909年之间。当时,因为已经过世的克夏饶·德斯潘德(Keshavarao Deshpande)和其他人的道德感召,人们在巴罗达成立了一所国立学校。

而给这所学校募集慕斯泰基金(Mushthi Fund)的任务是由我们体育学院完成的。同时,巴霍交给我任务,从知名人士那里募集派萨基金(Paisa-Fund)。因此我就去找克夏饶吉(Keshavaraoji)。他不仅对此恶言相向,行为也很不得体。我将此事告诉巴霍。虽然如此,但是克夏饶吉具有伟大的人格,也十分热爱印度。我们对募集慕斯泰基金的心情也是很急切的,但是巴霍对他年轻弟子的爱更强烈,所以他立刻停止了资金的募集。后来克夏饶吉听说这件事之后,他来找巴霍道歉,此外还给派萨基金捐款。因为巴霍是一个光明磊落的人,在我印象中,他很长时间里都担任派萨基金委员会的秘书。慕斯泰基金目前还在运作。

伟大的老师

上大学时,甚至是大学毕业后,我都是住在体育学院外面。但是我也经常在体育学院过夜。生病的时候,我就会日夜待在体育学院。我生病的时候,巴霍经常来看我,坐在我的床边检查我的体温,按摩我的头。他总是慈爱地用手缓解我身体的痛苦。如果病情很严重,他就将我的头放到他的腿上,慈祥地轻轻拍打我。除了我妈妈和大姐外,巴霍是唯一一个将我的头放到他腿上安慰我的人。对这样的慈爱,至少在今生我是无法报答了。

巴霍对学生的爱远远超越了母亲对子女的爱。毕竟,在善良(sattvika)的母爱里,至少有一些激性(rajoguna)。但是巴霍的爱是纯善的。许多优秀学生都在巴霍的有生之年离世。当他们在世的时候,巴霍像爱我一样爱他们。他培养所有学生,不仅关照学生,也关照他们的家人。

当学生去世时,他总是很伤心,甚至比逝者的父母更伤心。他还会照顾去世学生的家人。这就是巴霍的纯善之爱。

这里我应该提一下商卡饶·迪格(Shankarrao Dighe)——巴霍老师的学生,当时在巴罗达担任军官。这两人之间的深情厚谊,让人觉得他们是一个灵魂寄居在两个身体里。巴霍经常谈到他,说他也是单手搏击(Binnot)高手。

爱好瑜伽

到目前为止，我叙述了一些关于巴霍的智慧和慷慨，也叙述了我们之间的感情。但是在1918到1919年之间，人们觉得巴霍可能开始讨厌我了，并且认为我对巴霍的尊敬逐渐消退。人们心里之所以会有这样的想法，是因为我彻底迷恋上瑜伽练习。为此，我全心投入，并追随我的灵性瑜伽老师摩达瓦达萨尊者（Paramahamsa Shri Madhavadasa Maharaja），他住在玛萨尔（Malsar）的纳尔摩达（Narmada）河滨。人们觉得我的忠诚和感情已经从巴霍身上转移到其他地方了。他们说的只是部分事实。因为，这些人对巴霍非同寻常的宽容一无所知。实际情况如下：1918年底，我对瑜伽练习的热爱已经达到顶峰。我最迫切的愿望就是要成为摩达瓦达萨尊者的弟子。摩达瓦达萨尊者是孟加拉人。在巴罗达住着另外一位孟加拉人，他对摩达瓦达萨尊者和巴霍都很熟悉。我常常想，如果这位孟加拉人能够带我去见摩达瓦达萨尊者该多好啊。

当时我在阿默尔内尔，所以我写信给巴霍，请求他安排这位孟加拉人与我在弥亚冈（Miyagam）火车站会面，然后带我去玛萨尔。巴霍很快就根据我的请求做了安排，我就成了摩达瓦达萨尊者的学生，并皈依他。此后，我在巴罗达住了几个月，并且经常访问玛萨尔。但是巴霍对我的爱一直都没有消减。相反，在我的瑜伽练习上，他总是尽力帮助我。因为他本性就具有这样的无私之爱。

成为朋友

此外，我加入摔跤场的时候，不同的摔跤场之间一直存在敌对状态。巴霍严厉地警告我们这些学生，任何人都不能讲其他摔跤场的坏话，也不能讲其他教练和学生的坏话。即使在内心，我们也不会产生对其他类似机构的不满。我记得有一个学生触犯了这个训诫，后来受到了严厉的惩罚。当提到其他摔跤场的负责人时，巴霍的态度总是非常尊敬。后来，巴霍和某个摔跤场的负责人建立起了非常深厚的友谊，以至于那个摔跤场还经常在我们的摔跤场举行拜赞歌（bhajan）和克谭音乐（kirtan）表演。巴霍用爱征服了所有人。

巴霍娴熟的正骨术

许多病人因为脱臼非常痛苦，他们来找巴霍，经过巴霍的处理，他们满意地离开。这是我亲眼看见的。但是对于巴霍来说，这并不是一件什么了不起的事情。真正的技术体现在处理那些碎裂成几块的骨头——将错位的骨头复位，并打上石膏。他是这方面的大师。仅仅通过触摸，他的手就能够很好地感觉到这些被肌肉包裹的骨头的位置。在正骨前和正骨后，他从来不需要借助拍片来进行诊断。他精确无比的手感令人叹服，他能够通过触摸了知骨头的位置，就如同用肉眼观看X光片一样清晰。用贾内希瓦拉的话说："巴霍的双手和双脚都长了眼睛。"他根本不需要借助X射线，他通过触摸就完全实现了眼睛的功能！我这里讲述几件轶事来说明这点：

玛努拜·梅塔（Manubhai Mehta）是巴罗达的一位部长。开始，他对巴霍没什么兴趣，也不怎么尊敬。有一次他从马上摔下来，造成了手部骨折。巴罗达的所有医生竭尽所能，但他的疼痛还是不能消退。所有采用对抗疗法的医生都束手无策。他们说，因为他的手已经固定起来了，所以要到第二天早晨才能进行评估。王公萨亚吉饶通过电话询问部长手部的受伤情况，得知他的手还是很疼，于是他就找到了玛尼克饶。玛努拜将医生的意见告诉了玛尼克饶：医生说因为手已经被固定起来了，要等到第二天才能进行评估。巴霍说："等到第二天的说法没有任何根据。"他补充说："我要让你的疼痛立刻消退。"他完美地为他正骨，疼痛立刻得到缓解。当王公再打电话询问的时候，人们告诉他部长的骨头已经接好了，并且绑上了一块石头。

直到病人睡觉之后，巴霍才回家。对于巴霍来说，在某种意义上，这是在所有医生面前，对他能力的一种测试。巴霍连续一个月为他做按摩，玛努拜被彻底治愈了。这次事件之后，玛努拜先生成了巴霍的崇拜者。

另外一个病人是纳西克高中的一名学生，他的父亲本身就是有名的医生。这个男孩子右大腿骨折，从纳西克医院转院到孟买。经过几次会诊，专家一致认为，截肢似乎是不可避免的选择。病人的家属和巴霍很熟悉。幸运的是，巴霍当时就在孟买。他检查了病人，让父母将他送到巴罗达。听说自己不用截肢，病人非常高兴。他的家人想："至少让我们看看巴霍会不会成功。"男孩被送到了茹格纳博爱院（Rugna Seva Mandir）。巴霍把他当成自己的儿子，全心全意地治疗他，为他正骨。不久之后，病人就开始能够走路了。后来，他完成了巴罗达大学的入学考试，并被录取，然后到孟买学习医学。如今他在纳西克行医，声誉日起。虽然他的腿落下了一点残疾，但是最后还是没有截肢。

有一次，巴罗达一位耆那教大师的手严重骨折，整个耆那教社区都很焦虑。巴霍轻而易举地消除了他们的焦虑。为了表达对他的谢意，耆那教社区决定给巴霍发一枚金质奖章。在这枚奖章上刻了一些梵文，称赞了巴霍高超的技术：

asthisandhana patuta lakshmi vibhramadarpanah ｜

alankarotu vakshaste jaineresha samarpitah ‖

（耆那教徒颁发的此枚奖章并不是用作胸前的饰品，而是作为敬献给天神的镜子。因为在这种正骨技术里，体现的是天神自身的殊胜之美。）除此之外，没有其他方式能够赞美巴霍高超的技术。用诗人迦梨陀娑的话说："这不是赞美，这是一种事实的陈述。"

巴霍的武士本色

巴霍属于刹帝利种姓（武士阶级）。尽管人们可能会说，在巴霍身上充分地展现了婆罗门的真正特性，但是他深深地以自己的刹帝利身份为荣。他总是说："我是一个刹帝利。即使为了这个学院，我也永远不会向人乞讨。"言如其人，他终生也保持了刹帝利的本色。他在讲课时经常说："只有武力才是真实的，其他的力量都是虚假的。"武士的本色——不如说是善良的武士本色——体现在巴霍的每一个细胞里。私人武器收藏对于他来说是无价之宝。他花费很多精力保养它们，这成了他的礼拜仪式。目睹这样的武器收藏，只有瞎子和圣人才不会感到眼花缭乱。

在他的武器馆里，有来自莫卧儿王朝、拉其普特时代的武器，还有来自同时代王室的武器，这些都是他费尽心机收藏起来的。介绍这些武器的历史时，他总会一连几个小时沉浸其中，让其他人也觉得非常有趣。巴霍在普拉塔普王公（Srimanta Pratapa Singh Gaikwad）的拉克西米维拉斯皇宫（Laxmi villas palace）修建的普拉塔普武器博物馆，在整个印度斯坦是独一无二的。从这里可以看到他身上体现出来的武士本色，具有超然灵魂的人必定能够展现出真、善、美。在巴霍的指导下，普拉塔普·辛格王公（Shri Pratapa Singh Maharaja）通过研究出版了一本有关印度武器的书，这本书也被翻译成英文。我希望印度人能认识到这本书的真正价值。

从许多事情上都可以看出巴霍的武士本色。其中让我印象最深刻的是这样事件。

我们两人前往浦那去参观希瓦吉（Shri Shiva Chatrapati）骑马的雕像。巴霍一动不动地站在雕像前待了一会儿。他凝视着这尊雕像，并向他致敬——他是印度之狮——我全身毛发竖立，仿佛和希瓦吉有了直接的感应，充满战胜阿夫柴尔汗（Afajalkhan）的喜悦。我非常高兴。我们面对面，沉默良久，通过心灵进行交流，不需要任何语言。

巴霍为国服务

巴霍从未在政治运动中扮演过领袖的角色，但是他帮助过许多人，他们来自国大党、印度教大会党、罗摩之治党（Ramarajya Parishad）等等。他们经常在我们体育学院举行党员大会。此外，巴霍与这些不同党派的领袖都有很密切的关系。直到1920年以及之后，巴霍都一直对全国性政党和地下运动特别关照。所有的政党领袖都爱戴巴霍，对他非常敬重。提拉克有一次将一名革命者和几名亲信送到巴霍这里，并且附了一张便条让巴霍"保护这个孩子"。巴霍暗暗地照顾这名革命者两个月，没有透露他的身份。在那个混乱的年代，这个使用化名的年轻人经常与我一起就餐。巴霍以种种不同的形式，从容自若地帮助了许多革命者。

让体育运动在卡提瓦德（Kathewad）流行起来的人是普里特维·辛格（Prithvi Singh），他曾经为帕塔尼（Prabhashankara Patani）做过按摩治疗。巴霍也曾秘密保护过他。炸弹在印度出现之后，巴霍随即获得它的制作方法，并且开始计划生产。纳西克的收藏家杰克逊（Jackson）被害后，巴霍公开帮助过一些从纳西克来到巴罗达的人。

该发生的事情还是发生了。虽然学院位于盖克伍德地区，英国的官员还是来进行查探。但是因为巴霍警觉性很高，没有任何证据证实共同官员的猜疑。

此外，王公萨亚吉饶对我们的学院关照有加。当获悉英国人对学院进行监控的时候，他亲自访问学院，起到的作用就是向外保证学院里没有可疑的活动。萨亚吉饶王公从本性上是一位民族主义者。众所周知,在巴罗达的历史上,1905年到1911年这一段时间是民族主义高涨的时期,我知道王公甚至聘用了一名革命者作为他的私人工作人员。

虽然巴霍全心全意为所有的政治人物服务,但是为全国性的体育教育而做出的努力才是他为国家做出的真正贡献。直到1905年,印度的体育活动还局限于个人范围。此后,巴霍以他天才的能力开始催生全民体育运动,这是国民生活中最宝贵的一部分。尽管当时的体育教育实行者对巴霍的事业横加指责,巴霍还是实现了他的目标。

至今仍在印度流行的拉提阅兵式(lathi parade)的先驱就是巴霍。他也是率先在操练时用印地语喊口令的人,甚至在1910年之前他就采用了这样的方式。这一切表明,他是一个有远见的人。如今,在校园和其他机构的体育活动中,这样的口令依然十分流行。这是拉提阅兵式的外在形式。它的实质内容是:目前的拉提练习是拉提(lathi)、拉塔(latha)和巴纳(bana)三种模式的综合。这是应用于体育教育领域的三合一模式。巴霍刻苦钻研棍术学的两种传承,才创造出这种三合一的模式。他的创造力并没有就此止步不前。目前的棍术已经完全融合了棍(lathi)、搏斗（ladhant）、捆绑（bandhish），而此三者又是继承了剑术（baket）和徒手搏击术（binnot）的知识。虽然巴霍从朱玛达达尊者那里一起学习了剑术、徒手搏击、搏斗的技术，但实际上，这三种知识属于不同的传承。1907年我入读体育学堂（Vyayaam Shala）的时候拜他为师，就是为了表示对这些传承的敬重。正是因为成为巴霍的弟子，他才将我引领到武器科学的殿堂。

巴霍编排的棍术很快就席卷了印度。为了这个目标，他的许多学生都非常努力。1912年之前，警察手上拿的警棍通常只有一只手的长度。目前警察携带的棍子——甚至在英国统治时期警察携带的棍子，都是从1912年之后才开始流行的。

警棍之所以变得臭名远扬，是因为警察缺乏对棍术的基本了解。如果印度的警察在使用警棍时对棍术有真正的理解，那么警察就不需要任何形式的"警棍驱离"（lathi charge），他们能轻而易举地驱离暴徒。搏击界有一句名言："精通棍术能够以一敌百。"从这句话可以理解棍术的精妙。

巴霍发明了多种运动方式，例如伏地挺身（danda）、马步（baithaka）、交迪操（jodi）、乐贞舞（lezim）等等。通过对这些动作的系统编排，他组织了若干次检阅。泥地摔跤运动中的陷阱和违规的设计非常巧妙，如果两个资深学员在进行泥地摔跤，人们的视线都禁不住盯着陷阱和违规的地方。

凭借智慧和创造力，巴霍给体育教育界带来了不可思议的彻底变革。他为国家创造了永恒的财富，印度一直受惠于此。这就是他对祖国做出的真正、持久和殊胜的贡献。不幸的是，这种贡献的真正价值目前还不为人所知。

对他的追忆到此结束，我在此引用诗圣图卡拉姆（Tukarama）的诗句向巴霍稽首致敬：

kayavanu ata na pure hi vani |

mastakacharani thevilase ‖

（我要如何来形容您，我口不能言，只能匍匐在您的双脚前。）

现在暂且回到朱玛达达。我们发现，在相当一段时间内，斯瓦米·库瓦拉亚南达一直渴望从某个可靠的人那里获得关于朱玛达达的更多信息。他是哪里人？他是如何达到这样的高度？1933年3月的某一天，库瓦拉亚南达在他最爱的《印度时代》报上发现一则报道，介绍了那格浦尔（Nagpur）的一个摔跤运动员，据说他已经有110岁了。斯瓦米吉觉得看到了希望之光。他立刻写信给那格浦尔的一位熟人——G. K. 摩赫尼（G.K.Mohoni），让他尽可能从这位百岁老人那里获得所有关于朱玛达达的信息。事实上，摩赫尼的名字在报道中出现，让斯瓦米吉觉得可以获得更多关于朱玛达达的情况,进而对他已有的了解进行补充。他于1933年3月2日写信给摩赫尼,表达了他渴望获得朱玛达达的资料的心情:

> 前几天我在读《印度时代》的时候,在一篇介绍那格浦尔老寿星的报道里看到了你的名字。据说这位老人至少已经有110岁了。我对这位老先生很感兴趣,他很可能了解玛尼克饶教授的古鲁——朱玛达达尊者。能不能麻烦你再去拜访那格浦尔的这位老先生,从他那里尽可能多地了解一下朱玛达达尊者。我特别想知道朱玛达达尊者的出生地、他的体育老师、他去世的具体日期,例如是否是在1904年?还有其他这位老先生可能告知的信息。你也知道,我与玛尼克饶教授的关系很亲密。因为他,我与朱玛达达尊者也具有特别的关系。因此,我理应尽可能多地从那格浦尔这位老摔跤运动员身上获得关于他的信息。我肯定他一定知道很多关于朱玛达达尊者的事。
>
> 我听说哈利巴奥先生(Haribhau)进了监狱。哈利巴奥为祖国做出了牺牲,为此,我对他和你,还有他的兄弟们表示慰问。请转达我对达陀潘塔(Dattopanta)和普鲁肖塔玛潘塔(Purushottamapanta)先生的问候。

维内卡博士前往美国前摄于孟买保健中心

位于拉杰果德（Rajkot）的凯瓦拉亚达玛

卡玛特和莫拉尔吉·德赛总理摄于新德里的凯瓦拉亚达玛瑜伽营

斯瓦米吉和马哈拉施特拉邦总督斯里普拉卡什

值得一提的是,作为师生相续的三代传承,体育教育领域的这三位伟人有一些共同点。他们的共同特征如下:都是独身;都认为体育运动从广义上讲不仅仅只包括摔跤;根据实际的经验认为,如果运用得当,体育运动可以治病;他们都认为,不管能起到多少的效果,体育教育可以帮助他人,并为全人类服务。斯瓦米吉真正地将这些理念内化到自己身上,以此来为自己铺平道路,最终成为一名坚定的体育教育家和体育机构创建者。他在这一领域的贡献与他作为瑜伽领域的研究人员所做的开拓性工作相比,同样重要。因此,1906年至1910年,在玛尼克饶教授指导下的训练对古内后来的成就至关重要。他没有放弃任何机遇,努力实现他的崇高理念,这种理念使他成为体育教育事业中的一名虔诚改革家。他曾在一封信里提出体育教育的小宣言。没有这份宣言,这封信不过就是一封稀松平常的信,告诉对方他不能参加某次聚会。虽然他并不是康底瓦里体育教育培训学院的校友,但是他曾经担任过这所学校校友会的主席。这个校友会计划在1944年5月底举办一次聚会,他因为身体抱恙不能参加。5月27日,斯瓦米·库瓦拉亚南给该校友会的秘书萨巴尼斯(T.V.Sabnis)写了一封热情洋溢的信,介绍了他对促进体育教育发展的看法。作为一个投身于此理念的人,他恳求其他人与他并肩而行。在此附上这封值得大家好好阅读的信件:

我非常感谢你和校友会于本月17日给我写的信,邀请我参加29日的校友聚会。对我而言,这原本是件很开心的事。我很荣幸,并希望能够按照你们的要求前往参加。但是不幸的是我上个星期一直生病。我原本希望病很快就会好,这样我就能于29日前往康底瓦里(Kandivlee)。但是我的估计是错误的,虽然现在病情日渐好转,但是我的身体还没有康复。所以,请你们原谅我不能参加校友聚会。作为校友会的主席,我不能履行自己的职责,深感不安。我真诚地希望你们能够体谅我的难处,原谅我不能履行我的职责。

不管是在战争地区还是在中立国家,工业文明都带来了悲剧。种种迹象表明,在当前的世界大战中有可能获胜的大国,仍然会坚持原有的经济价值,而这样的价值只能带来浩劫。我们是下一代的守护者,在这方面具有神圣的责任。世界正处于新文明诞生的阵痛之中。我们作为后代福祉的守卫者,有责任利用我们目前的优势地位,努力推行道德价值观,取代支配所谓文明时代的经济价值观。这是一个千载难逢的机会,我们应该为自己出生在这个时代感到庆幸,这让我们有机会向这个世界介绍新的价值观。然而,我们必须做出不懈的努力,利用这些机会,献身这项使命,将道德价值观引入世界。我坚信,在将经济价值观转变为道德价值观的过程中,体育教育工作者是最有利的人选。愿上帝帮助校友会的成员承担起这项神圣的工作,并使这项工作成为他们生命中的使命!

一个瑜伽练习者坦诚地承认他的身体不太好,这本身就体现了他率真的品格。法西斯试图控制世界而造成的黑暗阴影让充满人文情怀的斯瓦米吉感到战栗,这使他渴望通过积极的干预来阻止这种潮流。他认为这是恢复道德价值的唯一途径,否则这些价值可能会付诸东流。在21世纪的第二个十年里,我们应该认真反思斯瓦米吉等人所珍视并传递给后代的价值。如果我们能够审视过去开拓者心中最珍视的原则,我们就有希望展望更光明的未来。斯瓦米吉为我们提供了一盏明灯,使我们能够满怀信心地朝这个方向前进。1938年4月18日,巴罗达邦教育部某官员邀请他去做讲座。在回信中,他简要地介绍了自己,这很好地证明了他为人谦和的性格。我们很清楚地看到,较之斯瓦米吉谦逊而平凡的声明,一些被认为是拥有"解脱灵魂"的当代著名人物就相形见绌了。

> 尊敬的先生,
> 参考:1938年4月7日,EF.NO. 765/9/37-38
> 参照你本月7日的来信,我将就以下主题作两场讲座:"体育教育理念及其实现。"
> 这个主题很广,要想很好地叙述方方面面的情况,即

使是两场讲座也不太够。所以，我不打算讲两个主题，只讲一个主题。我就将相同的主题分为两场讲座。

关于我的个人简历——

我于1883年出生于德波伊。在浦那接受了高中教育。1903年通过大学入学考试，获得第二届"商卡舍特梵文奖学金"。1907年到1910年，我就读于巴罗达大学，毕业于英语和梵文专业。我在巴罗达的齐玛纳拜高中（Chimanabai High School）担任过三年梵文老师。在巴罗达的三年时间里，我热心地在玛尼克饶门下做一名体育学生。1916年到1923年之间，我担任坎德什教育协会（Khandesh Education Society）的会员。从1921年到1923年，我在位于阿默尔内尔的坎德什教育协会的国立学院担任校长。在担任坎德什教育协会终生会员期间，我主管体育教育。1919年，我对瑜伽产生了强烈的兴趣，开始跟随摩达瓦达萨尊者学习瑜伽经论。1921年，我开始进行瑜伽领域的科学研究，将现代科学和瑜伽文化结合起来。1924年，我创立了凯瓦拉亚达玛，同年开始出版《瑜伽弥曼沙》季刊。1927年到1929年，我被孟买政府任命为体育教育委员会委员。1928年，我接待了联合省政府的代表团，就瑜伽体育文化给他们作咨询。1932年，受联合省政府的邀请，我对一些教师进行瑜伽体育文化的培训。1932年，我在孟买成立了凯瓦拉亚达玛的分支机构。1937年，我被孟买政府任命为体育教育委员会的主席。

瑜伽的科学研究工作不仅在印度,甚至在国外都引起了人们的关注。美国的耶鲁大学曾经派一名研究员到印度,在我们的静修处住了一年,完成他瑜伽方面的博士论文。诸如此类,等等。

关于我所创建并担任负责人的凯瓦拉亚达玛,我给你寄了单独的资料进行详细的介绍。

第四章
短暂的教师生涯

在 J. G. 古内的一生中，几乎没有什么平静的阶段。他 1923 年起的名字"斯瓦米·库瓦拉亚南达"更为世人所熟知。1910 年，他在孟买大学以英语和梵语作为主修专业获得学士学位，但这并不是他"古内生涯"的终结。在玛尼克饶的体育馆，大家亲密地称呼他为"巴拉·萨赫"，这是他导师给他起的昵称。实际上，他身边的人——包括 1924 年后期，也就是凯瓦拉亚达玛成立之后，在罗纳瓦拉静修处工作的人就一直这么称呼他。1910 年到 1919 年可以说是古内生命中的"探索阶段"。在这段日子，他并没有被各种事情和活动所占据。对于古内而言，一切似乎都不确定，他依旧在努力进行抉择，为自己寻找一份职业。这一点在以下事实中得到了很好的证明：从玛尼克饶教授处毕业后近三年，他并没有全身心地投入到独立的工作中去。在这三年中，他继续像从前一样在玛尼克饶门下接受各种训练，同时协助他的老师处理学院里的一些行政工作。例如，专门处理体育教育学院的所有信件就成了他的职责。另外，他还有可能协助教授给加入学院的新生提供培训。他从巴罗达大学毕业的时候，已经 27 岁了。因此，思考自己的职业生涯并为此努力，也是一件理所当然的事情。在古内多姿多彩的一生中，这段日子似乎是他生命中的一段平淡无奇的生涯。当然，这也不是他的休眠期，他并没有改变初心。开始时，他一定曾经幻想过当一名记者或者自由斗士，因为他开始在《狮报》担任记者，这是洛克曼亚·提拉克所创办的刊物，旨在发出振聋发聩的声音来鼓舞印度独立运动。也就是在这个时候，古内暂时投入印度独立斗争，全身心地担任志愿者并进行巡回演出。他以艺术家的名义在巴罗达的各个社区走村串巷，努力进行宣传，要将印度从可怕的殖民统治下解放出来。在这一阶段，古内以作曲、唱歌的形式描绘国家的现状，唤起人民的意识，让他们参与群众运动，争取印度的自由。他对自己的这个角色是否满意我们无从得知，因为在后来的岁月里他很少谈及这段经历，而且实际上也没有留下关于这段时期的任何文字。通过下乡游街唱歌的形式发起自治运动，可能并不是什么有效的方式，所以他从地下活动中抽身而退，再次返回巴罗达，出现在人们的视野中。我们所了解的就是他在玛尼克饶教授门下的全职工作以及偶尔为《狮报》担任记者。重新回到玛尼克饶教授身边，并为他工作的经历没有让他感到后悔。相反，他觉得这本身就是一种快乐。但是，人生轨迹的改变已经近在眼前。

他认为这一切都是他儿时愿望瓜熟蒂落的结果。他在儿时就立志"要全身心献给民族事业"。他曾问自己:"如果教师的职业与自己的性格不相配呢?"但是经常与年轻的学生接触,或许还可以塑造他们,这种机会不应该被浪费。所以他到巴罗达的齐玛纳拜高中担任教师。这所学校以巴罗达邦国王公萨亚吉饶的王妃的名字命名。我们并不知道他在这所学校的生活情况,因为没有发现他的学生追忆这位老师。我们可以有把握地推测,如果参照他后来的个性,作为一名教师,他一定具有很强的教学能力,并且受人尊敬。从1910年到1913年,他在那里做了三年老师。然后,他跟随坎德什教育协会前往阿默尔内尔,并在那里居住了三年。起初是担任普拉塔普高中的老师,后来担任国立学院的校长。1916年,他还成为这个协会的终生会员,直到1923年退出并卸任校长一职为止,他一直享有这份殊荣。这个协会规定,要想永远持有终生会员的资格,至少要为这个协会的下属教育机构服务十年。而古内在离开学院的时候并没有服务到规定的期限。不过,他一生都与该机构保持联系,因为他的许多同事不时就有关该机构的进展问题征求他的意见。

与巴罗达相比,阿默尔内尔为古内老师提供了更广阔的天地,使他能够在年轻人的心中灌输民族主义精神。对于古内而言,加强教育协会的功能也需要多方面的努力,这也成了他为之奋斗终生的事业。很明显,他对自己的工作很有兴趣。1975年,在罗纳瓦拉镇的凯瓦拉亚达玛成立五十周年的庆典上,他在阿默尔内尔的一位老朋友钦格尔（S.M.Chingle）撰文，深情地回忆古内在阿默尔内尔活力四射的日子。这里节录一部分钦格尔当时所说的话：

> 当时正是印度争取民族独立的岁月，像斯瓦米吉这样的爱国者是不会置身事外的。他深受激进的民族主义者阿罗频多（Aurobindo）和洛克曼亚·提拉克的影响，想培养印度年轻人自由和爱国的精神，并使他们在各个方面——身体、心灵和智力上都能适应未来的斗争。为此，阿默尔内尔的坎德什教育协会为他提供了一个合适的领域，这样他就能发挥自己的才干投身于这样的事业。他率先在校园引进包括体育运动在内的各种项目，其中包括本土和外国的体育项目。他对这些事情有极大的兴趣，在给年轻人灌输民族主义精神的同时，也对他们进行军事训练。为此，他创作了一些爱国歌曲和诗歌。这些年轻人以严明的纪律斗志昂扬地伴着这些歌曲大踏步行进，真是一幅壮观的画面！国立学院成立后，他担任负责人并兼任校长，他以此身份向学生提供综合教育。这是印度本土文化的真实写照。

阿默尔内尔另一个优势是，那里的印度哲学研究所拥有自己季刊。古内不仅是该杂志的忠实读者，而且还就印度哲学有关问题与该研究所的成员进行交流。该研究所的季刊名字是《实相认知学苑》(Tattvajnana Mandira)，为他后来创办的刊物《瑜伽弥曼沙》提供了原型。在若干年后，《瑜伽弥曼沙》就在全球掀起了一场风暴。

在阿默尔内尔，古内除了花很多时间进行学术活动外，还开始进行严格而全面的瑜伽练习。他为自己的练习和生活创造了一种特别的环境。钦格尔是这样描述的：

> 他成了瑜伽士，过着隐修的生活。在一片开阔地上，他自己修了一间小屋，四周环绕着一座小花园，花园得到了他精心的维护，他养的两只宠物——一只鹿和一只孔雀在里面悠游。他给鹿起名为维奴（Venu），给孔雀起名为乌达夫（Uddhav）。这处静修所让许多人成为瑜伽爱好者，其中包括以所长普拉塔普·瑟塔（Shrimant Pratap Seth）为首的哲学研究所成员，这位所长热爱瑜伽、哲学和灵修。

这段生涯揭开了他投身瑜伽领域的序幕。从此以后，他成为瑜伽研究和瑜伽机构创建的先驱。

第五章
师侍摩达瓦达萨

正如在印度独立的抗争中有一个转折点,1919年发生的一件事,也标志着J. G. 古内的人生转折点。古内的转折点是启迪人心的,而印度的转折点则肮脏不堪。对古内而言,这件事就是与瑜伽老前辈——摩达瓦达萨的会晤;对于印度而言,则是发生在阿姆利则(Amritsar)札连瓦拉园(Jallianwala Gagh),导致成百上千人丧生的大屠杀。我们回想起来,这两件事都对未来有巨大的影响。作为一位瑜伽领域的杰出教师和研究者,古内的开创性工作掀开了瑜伽历史的新篇章;而发生在札连瓦拉园的那场恐怖屠杀,给印度的独立运动带来了实质性的改变。这两件事都深入古内的心,他当时在为自己的前途徘徊不定,而一条通途大道正向古内敞开,这让他感到十分满意。

在前往阿默尔内尔之前,他继续在玛尼克饶教授的体育教育学院工作,这时候他已经开始密集地进行瑜伽练习了。尽管有传言说,玛尼克饶和古内的关系有点不妙,但是他们之间并没有因为古内对瑜伽产生浓厚的兴趣而出现任何罅隙。他们两人都觉得没有必要发表声明戳穿这样的流言,因为他们是彼此的巴拉·萨赫和巴霍，知道他们之间牢固的师生关系没有那么脆弱，不会仅仅因为学生对瑜伽练习产生兴趣而被摧毁。这并不意味着古内已经完全放弃了体育事业。实际上，恰恰是受到玛尼克饶的影响，古内才开始了瑜伽的学习。尽管如此，古内后来也解释了当时他和玛尼克饶之间的关系。如同我们在第三章所讲，他在把名字改为"斯瓦米·库瓦拉亚南达"很久之后，才对这件事进行了解释。

人们口中所说的巴霍对他的怨恨来自何方呢？玛尼克饶教授不仅没有因巴拉·萨赫（即古内）对瑜伽产生兴趣感到不满，反而帮助他接触摩达瓦达萨尊者。对于古内而言，瑜伽并不意味着隐居避世。他的热情给瑜伽注入了新的活力。古内一方面渴望在瑜伽练习上成为专家；另一方面，他想对瑜伽进行分析研究。他心里明白，只有非常认真地进行研究，才能明确地建立瑜伽科学的可信度。摩达瓦达萨当然不是一位现代意义的瑜伽研究者，但是他鼓励古内通过真实详尽的试验研究，深入探究瑜伽的功效。斯瓦米·库瓦拉亚南达诉诸文字，记录了摩达瓦达萨对他深具启发的指导，这成为他终身参照的准则（《瑜伽弥曼沙》卷九，No.1, x-xii 页）：

> 我最重要的理想就是将科学与灵性结合起来。为了实现这个理想，我于1919年投身古吉拉特邦玛萨尔的摩达瓦达萨尊者门下。这位杰出的瑜伽大师曾经在不同的瑜伽

领域跟随不同的古鲁学习，他还修了近12年的苦行。虽然在古老的传承熏习下成长，但是他也能接受现代科学，完全赞成我将科学和灵性结合起来的理想。在工作上，我从他那里获得了很大的激励。不幸的是，他于1921年离世，我现在只能根据他的遗教来不断前进。尊者的鼓励促使我于1924年在罗纳瓦拉创立凯瓦拉亚达玛，将瑜伽和现代科学结合起来。尽管如此，在这里我还可能要提一下，早在1924年之前，我已经开始对瑜伽进行科学研究，所以在凯瓦拉亚达玛创立的时候，我们就能立刻出版《瑜伽弥曼沙》杂志，对特定的瑜伽练习进行科学的解释。

对古内而言，没有投身于体育教育，而是将瑜伽作为首要任务，这是不是一个正确的选择？历史已经做出了回答。玛尼克饶传记的作者摩诃巴尔认为："如果 SK 能够忍受武器操练之苦，他后来就会以巴霍的弟子 J. G. 古内先生而成名，而不是以斯瓦米·库瓦拉亚南达而出名。"根据摩诃巴尔的表述，我们不能认为 SK 因为不能"忍受武器操练之苦"而放弃体育教育。更确切地说，他并没有抛弃体育教育，这一点从他对体育教育的开创性贡献可以很清楚地看出来。虽然 J. G. 古内的名字并没有斯瓦米·库瓦拉亚南达这个名字这么响亮，但是他还是"巴霍的学生"。然而，在投身瑜伽的时候，他并不是为了追求名声。

于是，继阿派特和玛尼克饶这两个正式的老师，以及提拉克这个非正式的导师之后，摩达瓦达萨尊者成为古内的第四位老师。据说他活了123岁（1798—1921）。有什么文件证明他这么高寿人们不得而知，但是人们知道的是，古内是他在生命最后两年收的弟子。当时古内36岁，具有12年的瑜伽练习经历。导师玛尼克饶教授已经为古内打下了扎实的基本功，加上古内自己坚韧的毅力和勤奋，这使他有资格接受摩达瓦达萨尊者的教导。摩达瓦达萨尊者出生于孟加拉国一个虔诚的毗湿奴派家庭，接受了一些传统的梵文教育，对英语也略知一二。在毗湿奴信仰里有一个乔让迦派（Gauranga），而摩达瓦达萨就是该派巴克提钱德拉达斯（Bhaktichandradas）的学生。在其门下经过长时间的学习之后，摩达瓦达萨尊者前往喜马拉雅某个偏僻的地方，用12年的时间进行苦修。这个日期十分有趣，恰好就是从印度独立的第一场战争开始（1857年）到圣雄甘地出生的那一年（1869年）为止。此后，他前往阿里巴格（Alibag）附近的堪克斯沃（Kanakeshwar）——现在马哈拉施特拉邦的莱迦德区（Raigad），在此地再用12年继续修习瑜伽。可以合理地推测，他按部就班地进入瑜伽之门，然后再经过漫长的实践，最终成长为一位灵性大师。他有一些古怪的个性，据说他在堪克斯沃的时候，大家都普遍称呼他为"美乞巴巴"（Mirchibaba），因为他仅仅依靠吃青椒和酪乳为生。或许值得用一个可靠的试验来检验，看看人是否能以这样的饮食生活12年。但是，对摩达瓦达萨来说这是无害的饮食方式，他的确也是完全健康的。

2011年1月29日至30日，孟买凯瓦拉亚达玛下属的伊斯瓦达－楚尼拉瑜伽保健中心举办了第六届"瑜伽治疗进展"研讨会。在这次会议派发的纪念册中，包括了一篇向摩达瓦达萨尊者致敬的文章。这篇文章的部分内容如下：

> 他是斯瓦米·库瓦拉亚南达的灵性导师。由于他具有的瑜伽能力，他在生前就成为传奇人物。他的独特之处在于——除了在灵修界享有崇高的地位外，他还热心参与灵修在促进社会进步方面所扮演的角色。20世纪初，他担任布日哈特圣者学会（Brihat Sadhu Samaj）的负责人，甚至率先组织这样的圣者学会来研讨相关问题。通过非传统方式的尝试，对灵性领域进行探索，这给斯瓦米·库瓦拉亚南达带来了很大的影响。受此启发，库瓦拉亚南达对瑜伽进行科学研究，让人类更容易从中获得益处。

这对师生之间的关系绝非单向的交流。教学和互动是同时进行的。正如斯瓦米·库瓦拉亚南达在书信选集《愿景与智慧》的前言中所述："除了瑜伽的技巧外，他还向学生介绍了瑜伽内涵和功效的精妙之处。古内是非常理性的，没有经过充分的质疑，他不会接受任何知识。而摩达瓦达萨本人并不反对任何对瑜伽的严谨分析，因为他不认为瑜伽超越任何分析。他不像一些顽固分子，虽然生活在21世纪，但还认为瑜伽超越了所有理性分析。古内和摩达瓦达萨在某种意义上是互补的。随着时间的流逝，他们彼此成就对方。"

我们要知道，在这段时间（1919—1920）里，古内还在阿默尔内尔为坎德什教育协会服务。他要承担相应的学术和行政工作，所以不能在玛萨尔和尊者相处很长的时间。在他师侍尊者的两年内，必须经常往返阿默尔内尔和玛萨尔。每次相处的时间都非常短暂，因此就需要进行密集的指导和交流。根据一些奥义书的记载我们了解到，学生们从老师那里接受指导，然后就会永远离开。在摩达瓦达萨尊者和古内之间没有永远的离开，相反，他们永远紧密地连接在一起。较之于学生从老师那里持续学习到的知识，与老师相处时间长短并不是那么重要。除了古内外，摩达瓦达萨还有其他的学生。其中有一位名字叫斯瓦米·尤根达（Swami Yogendra），他是孟买圣克·鲁斯（Santa Cruz）瑜伽中心的精神导师。同门师兄在梵文里被称为"satirtha"。尤根达和古内就是这样的关系。尤根达有可能与摩达瓦达萨来往更密切，并且能够与尊者相处更长的时间。但实际上，相处时间的长短与亲密程度并没有关系。作为知名大师的弟子，想象自己最受老师宠爱，这很正常，这样想会让他自豪和幸福。但是老师自己并不区别对待学生。这是我们古老传统的一部分。对于老师来说，所有学生一律平等，老师有教无类。至于每个学生从老师那里学到些什么，那又是另外一回事了。巴伐婆提（Uttararamacharita）所写的戏剧《罗摩晚年行迹》（Uttararamacharita）中有一个插曲：因为有天才拉瓦（Lava）与库萨（Kusha）作为同学，一些学生从跋弥（Valmiki）的静修处退学。剧作家在此总结说：对于傻瓜和天才，老师同等对待。学生要充分学习老师所教的内容。

当尤根达黑纸白字地写出来，说他是摩达瓦达萨最宠爱的弟子时，我讲出这个插曲就很有意义了。事实上，尤根达甚至暗示，摩达瓦达萨收他为弟子是想让他来实现自己的理想。因此，大家不用对尤根达的地位表示忌恨。但是历史是最好的裁判。世人清楚地知道谁继承了尊者的衣钵，从而永远保存了他的遗产。斯瓦米·库瓦拉亚南达的著作将摩达瓦达萨的伟大和谦逊栩栩如生地展示出来。

科学家的传记通常充满了关于他们老师的言谈举止和社交轶事。例如费曼和波尔或者爱因斯坦和欧内斯特·卢瑟福之间的关系。在摩达瓦达萨和古内之间，我们几乎找不到任何轶事。当谈到他自己和他的过去经历时，古内有些缄默，但摩达瓦达萨一定是非常乐观和健谈的人。他123岁的高寿本身就是明证。尽管如此，对于古内具体从老师那里学到什么，这里有一个清楚的佐证。可能是他的渴望太强烈，他几乎迫不及待地想品尝到三摩地的滋味。所有瑜伽修行者都将三摩地作为一个宝贵的目标。在1964年的某个时候，斯瓦米·库瓦拉亚南达回

忆了他与摩达瓦达萨尊者的关系。在《愿景与智慧》(13—14页)的前言中,有人进行了如下的介绍:

> 1964年,我们在凯瓦拉亚达玛有一个学习小组。我忘记了我们给这个学习小组取的名字。只要我出席,我就像是它的召集人。1964年我们举行了一个活动,让参加这个小组的所有人——不管是学生还是我们的员工,都发表演讲。这个话题被亲切地称为"瑜伽教会我什么"。我祈请斯瓦米吉也来做演讲。他通过孟买的维杰(Vijay,即Vijayendra Pratap博士)给我带话,同意按照我要求的时间参加这个活动。因为他一丝不苟的性格,在当天或者第二天,他写了一封信确认他让人转达的信息。信是他亲笔所写。这是我现在还保存的唯一一封斯瓦米吉写给我的信(信件编号:121)。
>
> 他在那天的谈话非常诚恳,充满见地。对于没有给这次难忘的谈话录音,我自责不已。听完他的讲话,我们都激动不已。他讲完话以后,大家肃静了好一会儿。在斯瓦米吉演讲后,下一个演讲者原定为伽卡瑞(Sri R.G.Gadkari)。紧接在斯瓦米吉之后进行演讲,对他来说是一个很大的惩罚。维内卡博士适时进行干预,为他救场。维内卡博士说:"斯瓦米吉的演讲是如此深奥,我们都应该花一些时间反思其中的内涵。"斯瓦米吉在演讲开

始时说，他觉得这个活动的主题应该稍微改一下。将主题改为"我从瑜伽学到了什么"，比"瑜伽教会我什么"更好。一个简单的改动，但是有很大的不同。他讲到他早期的求学生涯，后来他成为摩达瓦达萨的学生。斯瓦米吉似乎总是缠着他的老师，不断提出请求："让我拜见一个真正的瑜伽士。"这样请求几次后，摩达瓦达萨有一次带着斯瓦米吉前往纳尔摩达河中的一个小岛，岛上遍地都是灌木林。摩达瓦达萨将斯瓦米吉带到一个人面前，那个人正在将内脏从嘴里掏出来进行清洗。斯瓦米吉十分震惊，什么话也说不出来。摩达瓦达萨也没有讲话。然后他们就回去了。从此之后，斯瓦米吉就没有再向他的老师提出拜访瑜伽士这样的请求，他完全沉浸于自己的瑜伽练习中。

对于有人将内脏从嘴里掏出来进行清洗的可能性，作为一位具有科学精神的人，斯瓦米·库瓦拉亚南达一定会从生理学的角度提出质疑。如果这几乎是不可能的，那么古内被摩达瓦达萨带到小岛上看到的又是什么呢？

"是幻想还是白日梦？或者仅仅是一场幻觉？"

第六章
文化冲突的时代

直到 1961 年,当时的印度总理贾瓦哈拉尔·尼赫鲁仍在悲叹:在包括历史研究在内的各个领域,印度的观点还没有得到明确的表述。同年 12 月 9 日,在新德里举行的亚洲历史大会开幕式上,他呼吁亚洲的历史学家以诚实的方式书写历史,来纠正欧洲历史学家造成的对亚洲历史的曲解。他认为有必要将亚洲历史从窘境中拯救出来。在他看来,这样也会促进亚洲和西方的团结,从而对人类的发展历史有正确的了解。(《印度时报》,1961 年 12 月 10 日)

请注意,尼赫鲁说这段话时,印度已经获得政治独立 17 年了。独立前留下的后遗症仍然弥漫在学术界。在更早的时期,殖民统治者在控制印度知识分子的思想方面所产生的影响是更加强大的。19 世纪早期,像拉姆·莫汉·罗伊(Raja Rammohan Roy)这样的人张开双臂欢迎英语教育。当英国提出在加尔各答建立一所大学时,罗伊甚至敦促殖民政府不要走弯路,不必再去创立一所梵语和吠檀多的大学,只需创立提供"现代英语教育"的大学。英国很快就这样做了。这里不是要讨论所谓的"现代英语教育"对国家有何利弊,也没有必要讨论麦考莱（Macaulay）的理论。麦考菜理论认为，英语教育的主要目标是在印度建立更高的阶级，并让这个阶级的人越来越像英国人。近一个世纪后，甘地对英国人的如意算盘感到厌恶。他在1909年的《印度自治》（Hind Swaraj）中强烈地表达了自己的态度。

斯瓦米吉和萨斯特利、克尔、莫拉尔吉·德赛摄于孟买的凯瓦拉亚达玛

为维内卡博士饯行

斯瓦米吉和莫拉尔吉·德赛

当时有一个新的"精英阶层"正在形成,殖民者希望这个阶层持续润滑英国殖民制度,让它一直运行下去。所有这一切的目的是:殖民地的老爷们不仅占领印度的肉身,而且还深入渗透到作为先进阶级的知识阶层。有一种流传很广的说法:只有在意识形态的战争中获胜,才会赢得战争的最终胜利。意识形态的战斗正在进行,这是对印度全国各地军事战争的延伸。尼赫鲁在1961年所抱怨的,正是殖民战争和殖民统治的阴魂依然不散。这个过程必须被扭转。而印度的知识分子则需要发挥自己的主体作用,并占据上风。这是一场长达一个世纪的战争,印度杰出的知识分子也投入这场争斗中。这是激动人心的故事,我们不在这里详细介绍它的情况。但是,主要矛盾是什么呢?是英国人的殖民统治和被统治的印度人争取解放之间的斗争。这也开启了知识分子抗争的时代。对印度而言,这个问题涉及当前的荣誉和尊严,也涉及维护过去的荣耀,不管这荣耀是不是真的存在。印度全国各行各业的普通人也都各尽所能,武装起来与英国人对抗。这是看得见的战斗的一部分。而作为看得见的战斗的支持,知识分子也在各个领域开展了战斗。甘地的《印度自治》标志着文明的"真正民族主义论述"方式。事实上,这种论述"优先考虑文明议程,而将政治议程放在次要地位"(Sabyasachi Bhattacharya,《驳斥——印度民族主义论述中的文明理念》,牛津大学出版社,新德里,2011年)。换句话说,印度正在经历一场典型的文艺复兴。在甘地之前,以及与甘地同时期,都有人像甘地一样,发出强硬的声音。在达达拜·瑙罗吉(Dadabhai Naoroji)的《印度的贫困和摆脱英国统治》(1901年)和拉拉·拉奇巴·拉依(Lala Lajpat Rai)的《英格兰对印度的债务》(1917年)中,都毫不含糊地批评了英国人对印度残酷的掠夺。简而言之,当时印度处于民族觉醒的氛围中,并且重新自我肯定。在这样的背景下,斯瓦米·库瓦拉亚南达这样的人就挺身而出,高举科学瑜伽的旗帜来捍卫印度的瑜伽文化。

而殖民政权则发起了一场猛烈的运动,诋毁印度的过去,以此来巩固对印度的控制。以英国历史学家詹姆斯·密尔(James Mill, 1820)为首,英国统治当局的几个吹鼓手对任何印度本土的东西都进行恶毒的攻击。例如,密尔将印度人与"美洲的野蛮人"相提并论,认为印度人就像"美洲的野蛮人"一样,也应该被征服和毁灭。这些鼓吹者自称为历史学家,在他们的著作中声称印度是一个"半文明的国家",其建筑和雕塑作品只不过是"野蛮人的艺术"(Vinay Kumar Srivastava 于 2011 年 12 月 6 日在《印度时报》中对巴塔查亚专著的书评)。英国人所写的此类著作比比皆是,需要印度人进行恰当的反驳。因此,19 世纪末 20 世纪初,在知识界开展的各种活动中,印度人对这些诋毁进行了驳斥,并且得出与那些英国人所言相反的结论。

密尔的观点引起了广泛的争议。为了赞美英国强加给印度中央政府的价值观,他坚称,不管是从政权上还是从文化上,印度在历史上从未统一过。他还说,古代印度不知道民主共和为何物,因此,英国的统治对印度是一种恩惠。一些学者,例如贾亚斯瓦尔(K.P.Jayaswal)、戈沙尔(U.N.Ghoshal)和马炯达(R.C.Majumdar)对这种说法进行了激烈的抨击,公布了从古代文献中梳理出来的确凿证据。贾亚斯瓦尔在其 1924 年出版、但是在早年就完成的著述《印度政体》中特别指出,"英国统治者关于印度不适合议会民主制度的说法"是非常荒唐的，古代印度也有共和制度和"自治民主"。1919年3月的《现代评论》对马炯达的《古印度的国民生活》(1919)大加赞赏：

> 对于那些费尽心力、罔顾历史，主张只有西方国家才有自治政体的人，这些证据无疑让他们崩溃。

戈沙尔的《古代印度政治思想史》(1923)进一步加强了这种论证。班达卡（R.G. Bhandarkar）和查特基（Bankimchandra Chatterjee）对此给予全力支持。提拉克的著作《雅利安人的北极家园》和维韦卡南达的著作引发了一场思想运动，包括学术界在内的多个领域进一步团结在一起。还有钱德拉·博斯（Jagadish Chandra Bose），他的科学研究像一剂强心针。博斯的成就远远超越了英国科学家，他也坚定地捍卫印度的尊严，前所未有地鼓舞了人们的士气。从英国回来后，他加入了加尔各答的理科学院，尽管他的学术能力比该学院的一位英国人出色，但因为他是印度人，所以工资低于这位英国人。博斯要求取消对他的这种羞辱，并决定只要这种歧视不消除，他就不再领工资。

不管是历史、科学、体育、考古还是其他领域，印度人都掀起一股新的浪潮，用斗志昂扬的精神和昂首挺胸的姿态向世人展示：只要有机会，印度可以比其他国家做得更好。在未来被称为"斯瓦米·库瓦拉亚南达"的古内，在这种民族激情的大环境下登上了舞台。他的领域是瑜伽，或者按照他自己所称——瑜伽科学。维韦卡南达（Vivekananda）是将印度文化向西方传播的杰出开拓者，而古内将为这项工作锦上添花。他将选择印度文化的一个方面，发掘它、阐释它，并高举这面旗帜。如同贾亚斯瓦尔的印度政体、班达卡的印度宗教、拉奇巴的印度政治经济学，以及博斯的印度科学，斯瓦米·库瓦拉亚南达则是全心投入瑜伽。他要致力于将印度的瑜伽放置在世界的版图上。他是印度文艺复兴的产物，也将巩固和拓展这种文艺复兴。首先他将自己的发现提交给博斯这样的杰出人物进行鉴定，这样做的动机并不是渴望获得某种机构的认证。当民众拿起武器反抗殖民统治者的时候，他则从其他方面对印度的实力进行一种知识上的肯定。站在历史的角度，在为民族尊严、为印度过去文化遗产而战的过程中，斯瓦米·库瓦拉亚南达是不可或缺的一分子。

第七章
在静修处系统学习

古内心中有许多想法，他终于迈出坚定的步伐，永远地退出了坎德什教育协会，以追求其他更高的目标。俗话说，好事多磨。但是对一个义无反顾的人来说，这并非是一条荆棘丛生的道路。当古内和他在阿默尔内尔忠心服务了七年的教育协会分道扬镳的时候，他们彼此都没有任何怨言。尽管他定期访问玛萨尔，但在国立学院里没有人对他有任何不满。对于他的同事和门卫来说，和一个像古内这样和蔼可亲的人说再见一定很痛苦。随后，他面临一件更具挑战性的事情，但是他沉着应对。他打算在退出坎德什教育协会之后，保留他终身会员的身份，继续为这个机构尽自己的一份力。该协会很愿意接受他的这个提议，但是规章制度成了障碍。按照规定，至少要在协会担任十年的教师，才有保留终身会员的特权。古内怀着沉重的心情去遵守了这个制度，他希望非正式的关系不会受到阻碍。虽然协会里有少数人似乎对"局外人"过度关注协会的事务感到不满，但是这种安排持续了很长时间。当对方认为他这样的行为是多管闲事时，他自己也不愿意持续做一个管闲事的人。但是，该协会管理机构的一些成员就各种事务一直求助于古内，他们从来没把古内当外人。对于这样的感情，斯瓦米·库瓦拉亚南达也是投桃报李。

斯瓦米吉书信集的编者在《愿景与智慧》里是这样描述后续事情的（7—8页）：

> 1920年以后，瑜伽成为古内的主要追求，所以他在1923年离开了坎德什教育协会，开始使用斯瓦米·库瓦拉亚南达这个名字。他怀着传教般的热情，投身于弘扬瑜伽的工作中。对他来说，瑜伽是印度哲学和文化的精髓。在他看来，瑜伽最好地彰显了人类的伟大之处，也展现了人类具有向更高的意识和存在形式进化的无限可能性。当然，有些科学家对此表示怀疑，他们断言瑜伽只不过是一些人在主观经验中的感受，因此不适合对其进行理性的探究。这些研究在印度哲学语境里有其原本，弥曼沙派的先驱鸠摩利拉·跋多（Kumarila Bhatta）在《颂释补》（Shlokavartika）里就用这些词汇来阐释瑜伽。然而，斯瓦米吉并没有因这些讥讽而退缩，他坚定不移地扎根于两条道路——瑜伽修习和科学研究，不管值不值得，他不带偏见，也不退缩。正是出于这样的目标，他于1924年创立了凯瓦拉亚达玛。

顺便提一下，古内选择"库瓦拉亚南达"（Kuvalayananda）[①]作为他的新名字，而不是其他的"南达"（ananda），是有特殊原因的。

  他在上大学时学习过一篇梵语文学评论文章，文章名字就是"库瓦拉亚南达"，作者是阿帕亚·蒂诗塔（Appayya Dikshita）。他非常喜欢这篇文章，所以后来就以此作为自己的名字。今天，这个名字在瑜伽界的各个领域已经是家喻户晓了——不管是在灵性修行、科学研究、体育文化，还是在干预治疗领域。

长期的练习让斯瓦米吉明白了一点：瑜伽如果不能被体验到，那么就一文不值。随着时间的流逝，他惊奇地发现他的体验印证了瑜伽典籍中的内容。当时，他对典籍的了解还不是很深入，但是他已经对其精髓有所了解。人们告诉他，只有经过一段时间的精进和认真的定期练习，才会获得某些深不可测的体验，这些体验是前所未有的。这种定心一处的修习结果会带来一种特殊的心理－生理现象，这种体验用其他方法是无法获得的。当他的实际体验与瑜伽典籍描述一致时，就激起了他的好奇心。《瑜伽弥曼沙》期刊在凯瓦拉亚达玛成立的时候即开始发行。在这本杂志第四期第一卷里，斯瓦米吉本人用第三人称叙述了这件事。他开始致力于完整的学习和研究。我们最好还是让他自己来亲自叙述：

当创办人接受高阶的瑜伽练习时,他开始具有了不同寻常的体验。在他的控制下,一般人无法获得的生理和心理体验,慢慢地发生了。这些现象自然而然地引起了他的好奇心,他想知道它们是纯粹的生理现象还是纯粹的心理现象。或者说,在生理学和心理学上是否有与之相应的现象。他拜访瑜伽士,翻阅瑜伽典籍,向一些杰出的医生咨询,阅读心理学和生理学方面的书籍。但是对这些体验,他找不到任何科学的解释。他发现,总体而言,尽管现代科学——特别是生理学已经取得了惊人的进步,但是它们却解释不了这些现象。而瑜伽士又对现代科学一无所知。当然,创办人在东方和西方出版的文献中都能找到关于这些现象的论述。但是,由于这些作者从未进行过任何实验,只是随意地进行猜测,所以他们的解释也不具有科学性。

虽然,从现有科学解释中进行探寻,这给创办人带来了失望,但这又激起了他新的希望。借助他的瑜伽知识和现代科学知识,他可能会明白,现代科学已经充分地发展到某个阶段。如果使用实验室的方法来研究瑜伽现象,就可以解决与瑜伽相关的问题。这样做不仅可以丰富包括物理、生物、生理、解剖、理疗等方面的科学知识,而且也可能会——至少经过几个世纪的努力之后——重新构建这些领域的理论。通过这种研究发现的真理,可以对瑜伽修炼和瑜伽体育文化中所使用的方法进行科学的解释,也可以确定这些方法的价值以及其他类似文化中相关方法的价值。瑜伽文化也有疗愈的作用，它属于自然疗法的体系。瑜伽的科学研究将不仅为这个系统提供科学的基础，而且还可以与这个领域内的其他系统进行比较。

所有这一切似乎都充满了各种可能性，而且如此诱人，以至于创办人为此兴奋难耐。在瑜伽领域进行科学研究的想法日夜萦绕着他。但是，他充分意识到，与他渺小的个人和有限的资源相比，要做的工作是巨大的，这只能让他彷徨无措。如果不是上天对他的召唤，他永远不会冒险走上这条雄心勃勃的道路。他必须服从召唤。最后，他下决心要承担这项任务，提议建立一个致力于这项工作的静修处（Ashrama）！

这读起来像某所瑜伽机构为了其永恒的事业所发表的一个宣言。事实上，它是衡量斯瓦米吉工作的标准，也是衡量凯瓦拉亚玛工作的一个标准。《摩诃婆罗多》里有一章很有名，有一个夜叉（半人神）向坚战（Yudhisthira）搭讪，并提出了一些问题，其中的一个问题就是"博学"的定义。当然，这个概念是无法定量分析的。坚战的回答是："博学的特性就是精确地分析。"（Kim pandit yam paricchedah.）库瓦拉亚南达的瑜伽研究方法就是如此。他一开始就用精确的语言概述了他所使用的科学方法：确定问题、检视现有文献、制定工作计划、确定研究方案的相关性和合理性、陈述假设、实际和客观的研究和实验,以及确认结果。

万里长征迈出了第一步。这一步坚定而鼓舞人心,这是一个好兆头。阿默尔内尔的经历足以让他对实验感到乐观,因为他知道他不会缺少志愿合作的人。他在那里曾经担任体育文化的主管及其他职务。在那里,他曾经向学生们教授传统体育文化和瑜伽文化知识,于是有机会经常与他们交流。他预见到他的这段经历是一笔财富。此外,在玛尼克饶教授门下接受的指导训练使他相信,即使他的行为不一定带来人们由衷的欢呼,但是这场冒险也一定不会是一场灾难。在前述的《瑜伽弥曼沙》期刊中,他详细描述了当时在他脑海里出现过的一些想法(YM. 卷一, No.4, 305—306 页):

> 创办人充分意识到,他将要创建的瑜伽学院在全世界都是一个全新的项目。如果他从事的研究只限于心理-生理学,就不会得到广大公众的认可。即使是科学家也不愿意支持他,因为科学家对瑜伽一无所知,因此他们不认为这种尝试会成功。但是,如果这项研究将试图解决普通人日常生活的一些实际问题,那么就有可能获得科学界和公众的认可。可以先解决瑜伽在体育和治疗两方面的问题,随后再进行心理-生理学研究,这样就会取得既定的目标。所以,他计划在静修处②正式成立之前,先着手这一

领域的工作，先将结果呈现在医学家和公众的面前，确保获得他们的同情。如果事情进展的顺利，在心理－生理研究上已经取得初步进展的情况下，随后再成立静修处。

创办人发现自己并非完全不具备执行这个计划的要求。他的朋友和支持者欣然捐了几卢比，斯里曼·普拉塔舍特（Shreemant Pratapsheth）随后捐了五千卢比。创办人当时与坎德什教育协会的一些教育机构有密切的联系，他是该协会体育文化部的唯一负责人，所以后来能够招到一些学生，并对他们进行体育和瑜伽文化的训练。他可以随意调配他们，让他们作为自己的实验对象。协会的高凯尔教授与创办人有兄弟一般的感情，他可以担任科学顾问。努卡（Nulkar）博士和玛斯卡（Mhaskar）博士当时是这个协会的荣誉成员，随时可以竭其所能，对研究进行指导。巴罗达的巴塔博士（Dr. Bhatta）是印度的放射性专家，欣然参与并主导X射线实验。

创办人在指导瑜伽体育文化与瑜伽治疗研究方面具有独特的优势。他有幸成为印度著名的体育教育家玛尼克饶教授的弟子。这位圣洁的教授带着慈父般的爱，在体育文化方面对创办人进行了培训，使他对该领域产生了持久的兴趣。玛尼克饶具有有效管理这种机构的能力。作为他的学生，创办人也深受影响，具有这样的能力。而他从事研究的灵感就来自他老师的启发。作为坎德什教育协会的体育文化主管，创办人拥有很多机会，不仅可以研究体育文化问题，还可以研究治疗方面的问题——特别是对于慢性病的治疗。

有了以上的准备，首先进行的是关于消化道的实验。在X射线下对瑜伽练习进行研究，揭示许多至今未知的生理现象。气压计被用来解释特定的瑜伽现象。结果非常令人满意，也十分鼓舞人心。研究过程被提交给泰戈尔（Tagore）博士、博斯博士和那德格（Nadgir）博士（孟买）。他们都很高兴，敦促创办人把工作继续开展下去。泰戈尔博士让安德鲁（C.F.Andrews）转交了一封信，表明该工作是"有趣的，值得进一步研究"。那德格博士写信给创办人说"方法是科学的"，并且"目标是值得赞赏的"。博斯博士没有写信，但是在工作结束的时候，口头上表达了他的赞赏，并且鼓励创办人不要放弃他的研究。还有一些人虽然不是那么有名，但对这项工作也很满意，并表示了支持。

这里的泰戈尔博士就是拉宾德拉纳特·泰戈尔（Rabindranath Tagore），博斯博士就是贾格迪什·钱德拉·博斯（Jagadish Chandra Bose），那德格博士来自孟买。在为将来的庞大项目做准备时，库瓦拉亚南达并不打算做一个投机分子。他想确保他的计划并不是一个鲁莽的冒险，而是一个清晰可见的科学项目，他也不指望靠知名人物来增强他研究的可信度。至于他接近泰戈尔和博斯，那是为了确保自己走的路是对的。他们的认可会给人们带来更多的信心，因为他们毕竟是那个时代传统文化和科学领域公认的标志性人物。这也表明，作为科研人员，他很早就交友广泛。他需要这些关系，不是为自己的形象添光加彩，而是为了在这个前人没有涉足的领域获得别人的指导和认证。这些人的反馈让他放下顾虑，并能够心无旁骛地继续下去。这一切都是在阿默尔内尔发生的。回想起来，让人感到有意思的是，坎德什教育协会的一些人知道库瓦拉亚南达正在从事的工作后，都觉得奇怪。他们可能讥讽说古内通过与泰戈尔和博斯这样的人物交往来沽名钓誉。不管怎样，古内很快意识到"除非成立一个完全致力于（研究）这一项目的独立机构，否则就不可能取得实质性进展。幸运的是，创办人获得一个机会，这样他就可以摆脱坎德什教育协会的束缚。他立即前往罗纳瓦拉，在那里开始工作，按计划成立瑜伽学院"。

因此，他结束了与坎德什教育协会长达七年的联系。这也引起了一些误会。那时，人们不能理解，竟然有人可以完全出于利他的目的，充满激情地投入到这样的研究工作中。这样的事情，对这个协会的一些人来说，是根本不可理解的。结果并不令人满意，古内不能以最有利的条件退出这个协会。不过，这只是对他带来一些金钱上的损失——例如人寿保险及公积金。对于一个具有宏图大志，准备建立一个大型研究机构的人来说，这些都是无足轻重的，他并没有遭受一大笔的损失。显然，他名下的保险和公积金数目不是很大。重要的是，在这个过程中闹了一些不愉快。如果他退出的过程能够更加圆满，对双方来说都是件好事。可惜事情并非如此。坎德什教育协会在三十多年后——1954年2月26日才弥补了这次不光彩的行为，在斯瓦米·库瓦拉亚南达庆典委员会秘书致信给该协会主席后才发生的。以下是信件内容：

> 我们知道，斯瓦米·库瓦拉亚南达（即J.G.古内）从1916年至1923年是贵社的终身会员。在此阶段结束时，斯瓦米·库瓦拉亚南达辞职，部分原因是他在教育政策方面与该协会有分歧，另一部分原因则是他觉得有一种召唤，让他不只在世俗领域，还要在灵性领域为整个人类工作。众所周知，在斯瓦米·库瓦拉亚南达辞职后，他无私地投身于瑜伽的工作，并提升了印度文化的声誉。为此，坎德什教育协会亦与有荣焉，因为斯瓦米吉曾是过贵协会7年的终身会员。
>
> 1923年斯瓦米吉辞职时，坎德什教育协会以其没有完成终身会员的服务期限为由，对其进行惩罚，没收了他的人寿保险和公积金。
>
> 但过去的三十年充分证明，斯瓦米·库瓦拉亚南达辞职后，为我们的传统文化做出了令人敬佩的贡献，这并非出于自私的动机。我们认为，贵协会如果释放出善意，撤

销1923年对他的惩罚，并将罚没的资金划拨至"善待协会"（Satkara Samiti）随后为他提供的账户上，这将是很好的事情。此信的附件表明，整个印度是如何支持斯瓦米吉的崇高工作。如果你们能够释放如上所说的善意，印度人将是多么感激你们。

因此，我们热切希望这封信能得到你们善意的考量，并且很快做出一份让我们满意的答复。

斯瓦米·库瓦拉亚南达1924年10月7日在罗纳瓦拉成立凯瓦拉亚达玛（Kaivalyadhama）。"凯瓦拉亚达玛"意思就是"解脱地"。但是这个名字本身是早就存在的，因为他在阿默尔内尔的小屋就用这个名字。这个小屋是他为了持续练习瑜伽而修建的一个小精舍（ashrama）。在他1919年与摩达瓦达萨尊者见面之前，这间小屋就已经存在了。1917年2月1日位于巴罗达的朱玛达达体育学堂发表的诗歌选集可以证明，他在当时已经使用了"库瓦拉亚南达"这个名字。也就是说，即便他离开了巴罗达，他还保持与玛尼克饶教授的联系。这位慈爱的老师也碰巧成了库瓦拉亚南达的第一位出版者。他一定很高兴看到他的弟子精于写诗。另外，为了体现他对这位崭露头角的诗人的热情鼓励，为其出版了《库瓦拉亚南达之歌》（*Kuvalayanandanchi Gane*）。这些诗歌都是古内坐在名为"凯瓦拉亚达玛"的小屋里，用笔名创作的。作为学生，他忠实地将诗集献给老师玛尼克饶教授和他老师的老师朱玛达达。从 J. G. 古内转变成库瓦拉亚南达，再从库瓦拉亚南达变成斯瓦米·库瓦拉亚南达，这中间的过程一目了然。1924 年，阿默尔内尔名为"凯瓦拉亚达玛"的小屋变成了一处规模很大的同名静修处，而阿默尔内尔的诗人库瓦拉亚南达变成了斯瓦米·库瓦拉亚南达——罗纳瓦拉的瑜伽研究者、瑜伽修习者。

阿默尔内尔这间名为"凯瓦拉亚达玛"的小屋也是一个小型实验室，人们在那里开始对瑜伽的某些领域进行初步的科学研究。研究人员从这些研究中得出了某些初步的结论，从而证明了瑜伽的丰富性。库瓦拉亚南达认为，通过进一步的研究将证明，许多典籍所陈述的关于瑜伽的说法是真实不虚的。我们之前提到的 1924 年 6 月《瑜伽弥曼沙》（卷一，No.4）中，斯瓦米·库瓦拉亚南达就指出了瑜伽具有各个层面的可能性。现引述如下：

> 目前为止，研究工作已经得出如下的结论。与体育文化中的其他体系相比，瑜伽体系是非常具有优势的，因为它没有其他体系所具有的缺点。它的目标是通过高效的运动以及极大的脑力开发来获得最长的寿命，特别适合女性。瑜伽作为一种预防性的训练是非常殊胜的，因为它将整个神经和腺体活动机制维持在最健康的状态。即使是作为一种疗愈方法，瑜伽也远远超越了所有其他类型的自然疗法。它具有疗愈慢性病的特殊能力。针对便秘、消化不良、头痛、痔

疮、心脏病、神经痛、肥胖、糖尿病、癔症、消食等多种危险疾病，其效果令人叹为观止。还可以治愈阳痿，也可以轻而易举地消除某些类型的不育症，尤其是女性不育症。在对待手淫不良症方面，没有任何方法可以夸口和瑜伽疗愈相提并论。通过瑜伽疗法，精神障碍也能得到最佳的疗愈。

创办人确信在心理－生理学和灵性文化界的成果将会同样鼓舞人心。他得出的结论是：将已经获得的成果放在包括科学界和普罗大众在内的公众面前，正当其时。他采取的方法就是通过在报刊撰文、发行刊物，同时还在印度不同的地方通过幻灯（magic lantern）举办讲座。对这些事情的安排已经就绪了。

建筑师可拉和巴特与斯瓦米吉在一起

1949年在罗纳瓦拉举行的图书馆动工仪式（Bhumi Puja）

在罗纳瓦拉的凯瓦拉亚达玛与学生和员工在一起

与哲学文献研究部（PLRD）员工在一起。前排从左到右分别为舒克拉博士、玛哈爵·萨海博士和可卡杰·萨斯特利

这种热情在瑜伽的修习者中并不普遍。在20世纪20年代，成立弘扬瑜伽的机构并不是那么流行。像摩达瓦达萨和古内这样的非正式师徒关系更加普遍。即使像玛尼克饶教授所创办的学院那样，将瑜伽作为体育培训的一部分，这样的正规机构也是少之又少。库瓦拉亚南达的构想包含了上述两个方面，然而又超越了它们。他所设想的是一个囊括一切的机构，借此来探索和应用传统瑜伽的所有层面。此外，还要研究、分析和评估传统典籍。这些典籍中所包含的所有关于瑜伽论述的真实性将得到客观的检验。将瑜伽鼓吹为一种超越的灵性体验——这种感性的主张将会被搁置一边。同时将对瑜伽练习进行实验研究，但是也不会忽视瑜伽作为灵性体验的可能性。换言之，库

瓦拉亚南达这种纵览全局的视角是独一无二的。他知道，人们对这种面面俱到的设想的反应不可能总是热烈的，可能会有不赞成的声音。一些人可能会对检验古代宝贵遗产的想法感到愤慨。但是，库瓦拉亚南达所具有的文艺复兴气质促使他毫无保留地施行整个蓝图。毕竟，作为探索者，他自己既非不可知论者，也不是怀疑论者。他是一名瑜伽知识的热心追随者和伟大的捍卫者。他想将瑜伽放置在一个严谨的科学基石上，这样就可以让它更加真实，更能被人接受。如果其中存在一些糟粕，也会被扬弃。凯瓦拉亚达玛正式在罗纳瓦拉创立之前的四个月内，库瓦拉亚南达不仅仅思考过整个项目，还制定了具体的蓝图，以及筹划如何实现这样蓝图。作为核心设计师，以及这些项目的精心设计者，他已经列出了一个框架，如目标、次级目标、工作程序、财务需求，以及项目的正当性。从本质上讲，他的设想就是在某一特定领域融合东西方文化，并希望彼此都能够获益。在对未知领域进行思考的时候，他也清楚地意识到自己的局限性。但是，对于从事这样的项目，他是完全有资格的，所以这一切都没有让他感到胆怯。深入未知领域是一个巨大的冒险，凭借他已经掌握的知识，他本能地觉得对未知领域的探索具有与对已知领域相同的信心。他解释说，热情就是一切。库瓦拉亚南达对此有广泛的叙述（《瑜伽弥曼沙》卷一，No.4，301—303页），我们理应听听他的说法：

从希腊时代的纯粹思辨，到近现代兴起的生物学研究趋势，西方哲学忽略了"人"这一高级生物所具有的高贵灵性体验。在阵阵凯歌中，西方科学回旋的总是唯物主义的曲调，几乎没有闲心去审视灵性主义以及由此产生的奇迹。因此，不管是从哲学上还是从科学上讲，西方的思想都没有从实验上考察人类所具有的最高贵的属性。

虽然印度的哲学建立在人类灵性体验的基础上，但始终是主观的。斯瓦米·维韦卡南达等人确实尝试从现代科学的角度来解释印度哲学的一些原理。但由于他们从来没有进行过实验，所以仍然只是主观的，不能为其增加客观性。

凯瓦拉亚达玛的设想

（1）通过科学地处理人类体验的最高境界，从西方哲学的生物学倾向中得出一个逻辑性结论；

（2）通过西方的实验研究方法，揭示灵性的奇迹；

（3）通过对个人的灵性体验进行实验，展示出印度哲学的客观性质。

因此，凯瓦拉亚达玛的主要目标是综合西方和东方的思想。通过这两种思想的融合，构建出某种让大多数人都满意的哲学。

从伟大的瑜伽知识弘扬者帕坦伽利开始，瑜伽士就知道如何开发出最高的灵性境界。由于客观的科学直到最近才发展起来，因此以前不可能对这些境界进行试验。虽然现代科学取得了惊人的进步，但是科学具有鲜明的物质主义倾向，而瑜伽具有独特的灵性主义倾向，这导致了两种思想流派完全的分离，这是非常遗憾的。凯瓦拉亚达玛急切地想将二者结合起来，通过产生的一些成果，实现上述的理想。

把现代科学应用到瑜伽知识中，会直接丰富心理－生理学的理论，同时也将间接地为许多交叉科学领域提供新的启示，也会对灵性文化和体育文化的实践提供实质性的帮助。

工作

凯瓦拉亚达玛将在罗纳瓦拉镇或其附近创立，因为这个地方拥有理想的气候条件。不管从孟买还是从浦那，都可以通过便利的交通抵达。而孟买和浦那这两个城市都是印度现代文明的大中心，四周的自然环境令人心旷神怡。这样的地理位置为静修处提供了必要的隐居环境，所以人们觉得它非常适合凯瓦拉亚达玛这样的机构。

像其他的研究机构一样，凯瓦拉亚达玛需要满足如下条件：

(1)图书馆、实验室和医院；

(2)研究人员；

(3)实验对象；

(4)其他房屋建筑。

图书馆需要拥有最新的重要文献，应该涉及灵性和科学思想方面的现代问题，这项成本不低于20万卢比。实验室将包括杰出科学家所发明的最先进的仪器。这些仪器尽可能配套齐全，这项成本不低于50万卢比。对于心理－生理学、灵性文化和体育文化等领域，不仅需要进行实验室研究，也要进行临床研究。这样的临床研究涉及大型医院的维护，目前的开支可能要每年2万5千卢比。此外，需要5万卢比的启动资金，用来购置必要的设备。这项研究需要聘用专家，年度的工资开销是5万卢比。就凯瓦拉亚达玛提出的整合现代科学和瑜伽知识的构想，根据其研究工作的性质，所需的实验对象将不会是狗和青蛙，而是受过高度训练的青年，应该有效地储备这样的实验对象。即便按照保守的计算，这将产生至少10万卢比的年度开销。对于房屋建筑，保守计算需要25万卢比。因此，启动资金是100万卢比。再加上每年17万5千卢比的支出，这就是以高效方式创立和维护凯瓦拉亚达玛的费用。这样的理想，必须通过一群渴望真理、热心为人类服务的工作人员，经过多年积极和无私的工作才能实现！

次级目标

在当时的经济压力下,这项庞大的开支似乎是不可能的,这样的工作让人觉得只不过是将钱财浪费在一些只具有学术价值的事情上。但事实并非如此。首先,这些研究机构将对国民生活产生实质性的影响。印度只有大范围地开展这样的研究项目,提升印度的民族特质,才能在国际事务中获得令人尊敬的地位。然而,根据凯瓦拉亚达玛的愿景,它不仅要进行上述的研究,还要创建涵盖社会学、灵性文化和体育文化的高等教育机构。它还打算培养青年,让他们无私地协助建设国家。然而,在静修处绝对不会有实际的政治活动。这些高等教育机构的运作不需要任何额外开支,因为中心机构将有足够的措施来使它们运行。

计划中的最早项目之一是在静修处开办一所名为"瑜伽学院"(Yoga-Vidyalaya)的灵性文化学校。只有通过了大学入学考试的学生才能进入这所学校。这些学生将由静修处有限地提供相关费用。自费的学生也将被允许参加瑜伽学院的学习,前提是他们要遵守相关的规章制度。完整的课程计划为期四年。在此期间,在学院的指导下,除了接受灵修训练,他们还接受其他科目的培训,以便在今后的生活中能够为社会服务。

研究

由于瑜伽学院的学生将在瑜伽文化上得到系统和细致的培训,当他们具有一定的基础之后,就会开始进行心理-生理研究,然后更加积极地开展瑜伽疗法和体育文化方面的研究。除了本机构可能调用的实验室专家外,还将利用孟买和加尔各答的研究资源。

对外界的瑜伽培训

静修处必须履行的最神圣的职责之一,是在瑜伽文化方面对外界进行免费的指导。在不放弃职业的情况下,有许多人渴望在瑜伽方面有所发展。当他们有空的时候,就在静修处附近安排好自己的食宿,然后在学院内接受一些必要的培训。

治疗方面

瑜伽学院不仅会在罗纳瓦拉治疗慢性病人,而且还要在孟买安排这样的治疗。一家小型医院将在罗纳瓦拉创办,接受需要住院治疗的病人。罹患上述疾病的人将得到迅速治疗。他们不仅会获得出色的瑜伽治疗,还会根据医院的其他医疗设施获得相应的诊治。

除这个项目外,库瓦拉亚南达还推出了《瑜伽弥曼沙》,

以此作为信息渠道，随时将他们的工作内容和研究成果向专家和普罗大众通报。这本期刊也能接受各种反馈信息，这也是同类期刊的先驱。此前，除了研究吠檀多的期刊外，并没有类似的专门期刊。当然，一些哲学期刊偶尔也会刊登讨论瑜伽的主题论文，但是一本内容既涵盖科学，又涉及通俗领域的瑜伽期刊是相当独特的。正如人们所期待的，该杂志也有专门分析瑜伽文献的专栏。库瓦拉亚南达早在1924年6月10日就规划了这本期刊，比凯瓦拉亚达玛的创立早了大约四个月。下面就是他当初的规划：

> 对于静修处的研究工作，虽然创办人会经常在印度及国外报纸和期刊上撰文介绍，但静修处有必要成立自己的机构，系统地刊发自己的研究成果。因此，他决定从1924年10月起，在该研究所的主持下，创办《瑜伽弥曼沙》季刊。每期80页，版式采用216×140mm，包括16幅整页插图。内容包括三个专栏：科学专栏，是纯粹的研究内容；半科学专栏，将展示这些研究在灵性文化、体育文化、治疗学等方面的应用，配有丰富的解剖学和生理学的注解。这一专栏的处理无疑是科学的，但文章非常浅近，具有一定通识的读者都能理解；通俗专栏，将尝试对瑜伽文化进行科学的解释，但是并不一定是基于本静修处的研究。因此，《瑜伽弥曼沙》所刊发的内容对科学界和普罗

大众都是非常有价值的。这本期刊的内容都是原创性的，一定会吸引知识分子的注意力，并且获得他们的敬重。

这样的规划旨在让这本期刊雅俗共赏，不管是专家还是外行人都能阅读，并且进行反馈。这本期刊按照计划发行。库瓦拉亚南达是一个严格按照计划行事的人。他有理由感到满意，因为科学界认可了他，并觉得他的工作新颖、有价值。瑟德瑞克·科福（Cedric Kover）是最早将库瓦拉亚南达的工作进行应用，用它来论证自己研究成果的科学家。科福当时在班加罗尔的印度科技学院（Indian Institute of Science）工作，从事与精子相关的研究。这个研究所在当时已经像现在这样，是一所一流的研究机构。他对库瓦拉亚南达在研究"金刚法"（Vajroli）的过程中提出的假设产生了浓厚的兴趣。他想知道这项技术是否可以作为节育的一种手段，因为它涉及"射精后重吸收精液"的做法。他一直在考虑将它作为一种避孕的方法，并将其写入他为纽约全球会议所准备的论文中。因此，他拜访库瓦拉亚南达，要求澄清这一问题。他觉得即使被当面泼了一盆凉水，也不会感到沮丧，因为科学家最欣赏的就是来自同行的坦率。这封信里还涉及一个瑜伽练习者的气质问题，这是库瓦拉亚南达从科福的来信中意识到的。下面这封信就是库瓦拉亚南达于1932年7月3日写给科福的，用来回复科福于同年6月6日写给他的信：

我非常高兴收到你上月6日写给我的信。然而，我并没有及时进行回复。

我应该向你表示感谢，因为你在参加纽约全球会议的论文里参考了我的期刊。

据我所知，瑜伽文献中绝对没有提到避孕。的确，有一种瑜伽练习是用于在射精后重吸收精液，但这种方法并没有被广泛地用于避孕。就我的性学知识而言，我敢肯定，金刚法作为一种瑜伽练习，并不能用于避孕。然而，这并不意味着其他瑜伽练习不能被用于避孕。我的研究工作——有些是用于实践，有些是理论性的——让我相信，有的瑜伽练习可以有效地用于节育，并不需要借助任何药物或机械手段。然而，我必须明确指出，在瑜伽文献中根本没有提及避孕方法。我可以在这里进一步补充一点，不想负责而获得快乐的想法与瑜伽文化是格格不入的。

我不知道这封信件会不会很晚才邮寄到你手上。但是，如果它及时地邮寄到你那里，你可以很自由利用这封信件的内容。

这封信很坦率。对库瓦拉亚南达而言，这封信的延迟回复有些不寻常，但这并不是人们通常认为的那样——他对此信很漠然。他必须深思熟虑地确定他回信的内容，这样随后就不用撤回他的说法了。这是他一贯的作风。

斯瓦米·库瓦拉亚南达(1883—1966)

司法部长迦让朱伽卡阁下欢迎玛尼克饶教授和
萨克雷(受伤者)发表演讲

玛尼克饶教授的骨灰（Asthi）。摄于达达火车站（1954）

---

① Kuvalayananda：这个名字是个梵文复合词，可以拆分为两个部分 kuvalaya（莲花）和 ananda（欢喜），可以简单翻译为"莲喜"。
② 库瓦拉亚南达的静修处实际上在瑜伽学院成立之前已经存在。此处的"静修处"指静修处后来成立的瑜伽学院。本书中"静修处"与"瑜伽学院"经常混用，读者应该根据具体语境进行理解。

第八章
扩展学习研究领域

在凯瓦拉亚达玛的记录和斯瓦米·库瓦拉亚南达年谱中，从1924年到1930年这几年是忙碌而关键的时期。他在心中已经播下了种子，剩下的就是为开花结果做出努力。而这需要巨大的奉献和不懈的工作。事实证明，SK能够胜任这项工作。他将这项任务分成两类：主要的和次要的。实现次要目标是实现主要目标的必要条件。最后，人们发现SK没有脱离既定目标，这让他很欣慰。他为自己确立的主要目标是现代科学和瑜伽的融合。但在与现代科学融合的过程中，要涉及瑜伽的哪些方面？毕竟，瑜伽并不是一个模糊的实体。瑜伽练习者的水平参差不齐。例如，一个人可能会完成某种的瑜伽练习方法，并获得相应的成就，但是这并不代表瑜伽的全部。如帕坦伽利所说，通过"练习"（abhyasa）和"无执"（vairagya）可能达到更高的成就。取得这种成就后的心灵状态也是瑜伽知识的一部分。而在这个过程中，包含了若干其他阶段。实际上，我们可以说瑜伽练习是具有多个阶段的等级系统。每个阶段的成就具有不同的强度和层次。那么，人们可以从哪一方面进行研究，又要如何真实地将之与现代科学进行协作呢?简而言之,科学能够分析和解释的是瑜伽的较低层次还是较高层次,或者两者兼而有之?一个真正修习者从一个层次提升到另一个层次,这些都是实际的体验。从这个角度来看,所有层次的体验都是具体的。但问题是,从科学的角度来看,所有层次的体验都同样可以被研究吗?当然,研究较低层次的瑜伽练习和较高水平的瑜伽练习是有区别的。也就是说,瑜伽和科学在较低层次的协作将是利用现代科学的技术和方法,对瑜伽的健身和治疗效果进行研究,从而对此领域的瑜伽做出一个真正的科学解释;较高层次的协作将涉及瑜伽的形而上学和心理—生理学领域,也将对此做出类似的科学解释。还有另外两个可能的障碍。首先,如何找到愿意接受科学研究的对象,并且评估这些研究对象的修行水平。其次,这些研究的真实性是否会被科学界所承认。

这项工作的难度是非常大的。SK是历史上第一个从事这项工作的人。为了与现代科学协作,首先他选择了较低层次的研究。原因很明显:实验研究的对象是现成的。在瑜伽学院成立六年之后,斯瓦米·库瓦拉亚南达认为向公众介绍他的工作的时候到了,他强调了他的愿景以及已经取得的具体成就。他可以自豪地说,自己一直以来都是严格坚守既定的目标,任何时候都没有偏离。他发表了一长篇回顾,概述了在凯瓦拉亚达玛成立之后的第一个六年里,自己的计划及其执行情况(《瑜伽弥曼沙》卷四，No.1,1930 年 7 月，75—85 页)。这篇评论的标题是"凯瓦拉亚达玛：1924 年 10 月至 1930 年 3 月工作回顾"。今天的读者很幸运，可以通过第一手资料了解他所面临的挑战以及处理这些挑战的方式。我们在此转载了 SK 在 1930 年所做的自我评估，这样大家就可以客观地评价他所取得的成就，以及需要继续密切关注的动态：

创立和目标

在塞迦历的 1847 年十胜节（即公元 1924 年 10 月 7 日）这一天，库瓦拉亚南达在罗纳瓦拉创建了凯瓦拉亚达玛学院，并担任负责人。在此六个月前，计划兴建该瑜伽学院时，创始人就发表了一项声明，其中对该机构的主要目标做了如下阐述：

> 凯瓦拉亚达玛的主要目标是融合东西方的思想。并且希望通过它们的融合，构建出某种可能让大多数人都满意的哲学。

创办人认为，西方思想本质上是现代科学的产物，而东方思想主要是建立在神秘主义者的灵性体验上。因此，他认为现代科学和神秘体验的结合将导致东西方思想的融合。以下一段

摘自上述的声明:

> 从伟大的瑜伽科学提倡者帕坦伽利开始,瑜伽士就知道如何开发出最高的灵性境界。由于客观的科学直到最近才发展起来,因此以前不可能对这些境界进行试验。虽然现代科学取得了惊人的进步,但是科学具有鲜明的物质主义倾向,而瑜伽具有独特的灵性倾向,这导致了两种思想流派完全的分离,这是非常遗憾的。凯瓦拉亚达玛急切地想将二者结合起来,通过产生的一些成果,从而实现上述理想。

除了主要目标外,静修处的次要目标也在同一声明中得到阐述:

> 然而,根据凯瓦拉亚达玛的愿景,它不仅要进行上述的研究,还要创建涵盖社会学、灵性文化和体育文化的高等教育机构。它还打算培养青年,让他们无私地协助建设国家。

在这里需要提到的是,对凯瓦拉亚达玛来说,施行次要目标是实现主要目标的必要条件。这一点需要稍加说明。现代科学与神秘主义的结合意味着在瑜伽领域进行试验研究。

这项研究工作需要两种人来参与，即主导实验等工作的研究专家，以及实验的对象。重要的是，这两类人都要是瑜伽的高阶学生，要具有非常高的智力水平。但是，对实验对象的要求没有研究专家那么高，没有哪所印度的大学在培养这样的毕业生。因此，其中一个次要的目标就是建立一所学院，在那里对学生进行瑜伽训练的同时，也对他们进行知识教育。

另外，研究专家和高阶的瑜伽学员都需要具有非常高的能力。在众多接受培训的学员中，只有少数会成长为研究专家或高阶瑜伽学生，这些高阶瑜伽学生就可以用来作为实验对象。其余的人对研究工作都是没有什么助益的，但是他们在其他灵性工作上，可能会对人类做出很大的贡献。所以，利用他们的服务能力，从整体上提升人类的灵性水平，这也是件好事。这就是静修处的另一个次要目标。

此外，在凯瓦拉亚达玛接受培训的学员中，会有一些人非常聪明，能够从事研究工作，但是从事的不是现代科学领域的研究。他们的瑜伽能力或天生的直觉将使他们能够从灵性的角度研究古代和现代的文明。对这样的人才，也需要给予他们用武之地。所以，对不同文明进行研究的目标也是很好的想法。上述声明并没有清晰地表达研究不同文明的想法，但是在凯瓦拉亚达玛"灵性服务"的宗旨和目标里就有清晰的定义。

此外，在凯瓦拉亚达玛接受培训的学员中，将有大量的青年成为优秀的实验对象。他们所具有的瑜伽知识虽然很有限，但是能够使他们无私地服务人类。根据设想，这些青年将会大大地提升印度农村的灵性水平。所以静修处的另外一个次要目标就是"乡村服务"。

东方人认为，哲学不仅仅是纯粹的理论，还可以用来指导生活。所以，凯瓦拉亚达玛推出的哲学理念是要被付诸实践的。静修处的成员不满足于仅仅自己实践这些原则，他们还有责任让自己的同胞跟他们一起来实践。所以，凯瓦拉亚达玛的另外一个次要目标就是组织积极的服务工作。

以上各段充分表明，就凯瓦拉亚达玛而言，次要目标是其主要目标必然的逻辑结果。创始人很高兴地看到，在过去五年里，他一直严格地遵循这些目标，从未偏离。

研究

静修处的主要目标是现代科学和瑜伽的融合。虽然这种融合的最重要部分将是，并且也应该是指瑜伽文化的高级阶段，但是对于低阶瑜伽过程的科学解释也被认为是一种有价值的工作。负责人也明白，如果先进行低阶的工作，那么也是对高阶工作的一种准备。此外，还有一些外在的情况使得形而上学或生理学的工作在开始的时候不可能进行。凯瓦拉亚达玛的愿景在印度是前所未有的。因此，在它被人普遍接受之前，负责人是没有办法获得必需的人员和资金的。在形而上学或心理－生理学领域的研究不可能吸引印度有钱人的注意力。因此，创办人认为，对瑜伽体育文化和治疗方面的科学解释，将是推广瑜伽高级科学研究的最佳途径。静修处在成立后如此短的时间内，就在印度各地广受欢迎，这可以看出负责人在这方面的计划是相当可靠的。在这一期期刊上出现的大量赞赏之词，就是最好的证明。这就是为什么他决定把瑜伽作为一种体育文化和治疗学的体系来进行科学研究。当然，他们必然会主要进行生理和解剖学的研究。

在过去五年（1924—1930），研究工作取得了令人满意的进展。X射线和其他实验设施得到了大量的应用，并对体位（Asana）、收束法（Bandha）、动作（Kriya）、持咒（Mantra）和调息（Pranayama）等一些瑜伽练习进行了科学的研究。它们具有的体育文化价值和治疗价值得到了严密的检验，得出的结果既有趣又有用。至此，所做的工作不仅吸引了许多印度名人的注意，而且也吸引了若干个邦，甚至两个省政府的注意。凭借这样的实力，静修处有可能将其影响力扩展到印度以外的地区。所有这些陈述都将从下面的介绍中得到证实，它们将试图勾勒出静修处的发展蓝图。

《瑜伽弥曼沙》

静修处是于1924年10月创立的，创办人在此之前就开始了研究工作。因此，在静修处成立的时候，负责人就有足够的材料，可以开始着手期刊的出版，将他的研究成果公布出去。所以，在静修处成立的同时《瑜伽弥曼沙》也就出版了。从开始发行到现在这段短暂时间内，《瑜伽弥曼沙》已经在印度广泛发行，甚至传播到海外。对这份期刊所刊发的内容，各种报纸和杂志、医学工作者和体育文化工作者，以及各领域前沿的名人都表示赞赏。从各种渠道摘录的表扬信就是公众对这份期刊高度赞赏的证明。而负责人则请读者特别将注意力投向以下人士：德国海德堡大学体育文化教授瑞森（Dr. Rissom）、美国明尼苏达州卡尔顿（Carlton）的医学博士克莱尔（Clare）、美国加州考德威尔健康家园的考德威尔（Caldwell）博士、加尔各答的毕萨拉德博士（Dr. A.C.Bisharad）、巴罗达最著名的印度体育文化专家玛尼克饶教授、加尔各答的医学博士伽那那特（Dr.Gananath Sen）、伦敦《探索》（*Quest*）杂志主编米德（Mead）先生，他们的观点在这些媒体中最为典型。桑吉维（Sanjivi）博士表明这项工作是如何得到法国的青睐。联合省卫生部副部长叟萨（A.Sousa）博士的报告摘录以及梅塔（C.V.Mehta）和德赛（Diwan Bahadur Harilal Desai）的意见，都表明了政府高级官员的赞赏。尼赫鲁（Pandit Motilal Nehru）和奈尔（Sir Shankaran Nair）的信件体现出印度杰出领袖的意见。

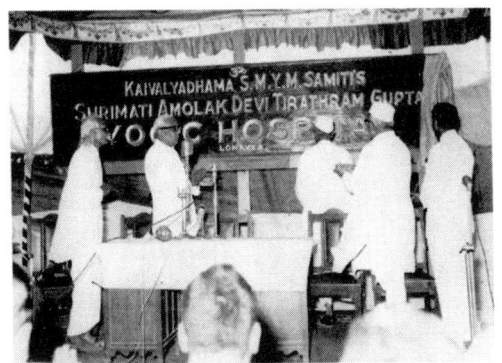

罗纳瓦拉的凯瓦拉亚达玛医院落成典礼

维内卡博士向全印度医药科学学会(AIIMS,新德里)的
阿南博士介绍研究计划

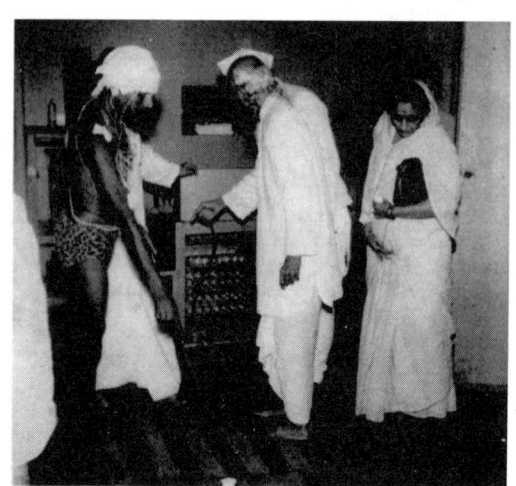

准备进行 pit 实验。实验对象——罗摩南达吉

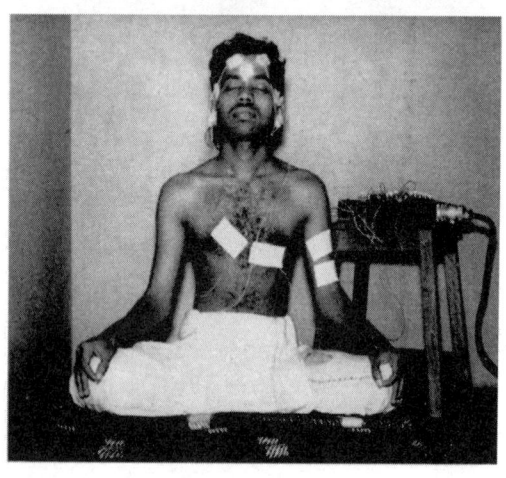

拉亚三摩地（斯里·卡瓦达，Shri Karvadkar）

然而遗憾的是,《瑜伽弥曼沙》的发行在时间上一直很不规律。不过,负责人仍然有信心,相信今后这本刊物会按时出版。

在已经完成的三卷期刊里,涵盖了瑜伽的大多数领域,收腹(Uddiyana)、瑙力(Nauli)、灌肠(Basti)、净胃(Dhauti)、调息(Pranayama)等等已经接受了科学的研究,被证明是非常有价值的体育锻炼和治疗方法。其中也讨论了诸如便秘、自体中毒、阑尾炎、癫痫、甲状腺功能不全等疾病,并且详细说明了瑜伽对这些疾病的疗愈。大多数瑜伽保健方法都得到了详尽的研究和非常精确的解释。对瑜伽练习者而言,这本期刊已经成为可靠的指南。

这本期刊在出版界有很高的地位,这从一些非常有价值的期刊都愿与之进行交换就可以看出来。伦敦的《探索》协会、美国芝加哥的公廷出版社(Open Court Publishing Company)、日本京都的东方佛教社、加尔各答的印度心理学协会、马德拉斯的马德拉斯大学、班加罗尔的神秘学协会、拉贾蒙德里(Rajahmundry)的安得拉历史研究会、孟加拉国桑蒂尼盖登(Santiniketan)的国际大学(Visva-Bharati)、宁巴尔(Nimbal)的哲学宗教学院、阿默尔内尔的印度哲学研究所、孟买的皇家亚洲学会、浦那的班达卡东方研究所、西姆拉的印度考古部、德干海得拉巴的尼扎姆考古部以及印度哲学会,都用自己的期刊交换《瑜伽弥曼沙》。

斯里·娑罗室伐底图书馆

利用《瑜伽弥曼沙》进行图书交换,这引起了热烈的反响。在一年时间内,静修处就收到了数目巨大的期刊文献用于交换《瑜伽弥曼沙》。除了这些通过交换得到的书籍之外,如果再特别订阅一些报纸和期刊,就更令人满意了。这样,所有书放在一起,就构成了一间相当丰富的阅览室。于是,1925年9月27日十胜节时,在静修处成立了一间免费的阅览室。人们也开始筹划建立一所图书馆。这个免费的阅览室和图书馆一起就合称为"斯里·娑罗室伐底图书馆"。免费阅览室利用率非常高,不仅为静修处的工作人员和学生所利用,也为住院和非住院的病人,以及来访者所利用。图书馆还在不断建设中,需要补充大量不同学科的书籍。我们希望通过两年左右的时间,图书馆能形成令人比较满意的规模。

拉那·那塔瓦拉辛格临床实验室

从静修处成立开始,病人就开始向负责人寻求治疗上的帮助。《瑜伽弥曼沙》的传播将印度各地与凯瓦拉亚达玛连接起来了。结果,在很短的时间内,病人的数量开始增加。因此,有必要在一名合格的医学毕业生的管理下,成立一个临床实验室对他们进行检查。1926年初,一名医学毕业生开始担任静修处的驻地医生。他的职责是对病人进行全面的体检,并向负责人提交报告。在凯瓦拉亚达玛的组织下,建立了一所具有普通配置的临床实验室。此时,静修处迎来了幸运的时刻,博尔本德尔(Porbandar)的王公拉那萨赫布(maharaja Ranasaheb)殿下承诺每年提供三千卢比的慷慨援助。出于对王公的感激,负责人请求允许将临床实验室的名称与王室的名字"拉那萨赫布"联系起来。王公同意了他的请求。1926年10月16日(塞迦历十胜节),一所名为"拉那·那塔瓦拉辛格"的临床实验室成立了,并且配备了相当不错的设施。

在实验室运行的三年多时间里,约有一千三百名病人得到主治医生的临床检查。这里的医学检查设施不仅提供给前来接受瑜伽治疗的病人,也提供给那些没有接受治疗的外来者。肯达拉(Khandala)的政府医院、卡拉(Karla)的印度肺结核疗养院,以及其他许多地方的医疗机构都利用拉那·那塔瓦拉辛格临床实验室。所有的检查都是免费的。罗纳瓦拉的当地人,或者周边地区的人,都发现临床实验室给他们提供了很大的便利。从1929年初开始,在学院接受临床指导的实习生开始使用拉那·那塔瓦拉辛格临床实验室接受培训。

茹格纳博爱院

在创立后不到两年半的时间里,凯瓦拉亚达玛就开始大规模吸引印度各地的病人。到1926年底,这些病人与静修处的常住员工住在同一幢楼里。不过,由于病人人数不断增加,大家认为有必要为这些病人建设一座单独的房子。因此静修处租用了一座新的平房,并以此成立名为"茹格纳博爱院"的特别疗养地。这时,负责人发现这座平房完全不能满足他治疗工作的要求。特别是在夏季的时候,住院病人多达二十五人,而提供的床位却只有九张。因此,必须为茹格纳博爱院建造一个特别宽敞的建筑。许多病人待在静修处外面,到负责人那里接受露天治疗。

自从静修处成立之后,包括住院病人和非住院病人在内,大约有两千人接受了治疗。患有便秘、消化不良、自体中毒、神经衰弱、哮喘、痔疮、精子活动力低、心脏病和各种其他疾病的人,都从瑜伽疗法中得到了极大的缓解。

所有病人都可以免费获得住院或非住院的瑜伽治疗。在头两天,住院病人甚至可以获得免费住宿。即使在事后,病人也只需支付实际费用。可以免费为病人进行检查和治疗,这让负责人感到十分高兴。然而,这项慈善工作每天都给静修处带来额外的经济负担。人们有理由担心,除非公众对凯瓦拉亚达玛提供慷慨的资金支持,否则,财政方面的压力可能迫使负责人停止这项工作。

在此要提一下学院培训的实习生。这些实习生会接受瑜伽疗法和其他科目的培训。茹格纳博爱院为这些实习生提供了一个获得临床经验的好机会。作为治疗机构,它对负责人进行临床研究也提供了有益的帮助。由此可见,茹格纳博爱院不仅具有临床价值,而且还有教育和研究的作用。

瑜伽体育文化

凯瓦拉亚达玛的目标之一是发展瑜伽体育文化体系，并采取步骤推广这一体系。从体育文化的角度来看，在瑜伽训练领域进行研究工作，并将研究成果在《瑜伽弥曼沙》上发表，对实现这一目标起到了很大的作用。不同省份的多家机构前来寻求负责人的帮助，希望以瑜伽为基础来规划体育文化课程。静修处在瑜伽体育领域的工作是非常有价值的，因为有两个省的政府希望好好利用负责人具有的瑜伽知识。1927年末，孟买政府指派一个委员会前来咨询体育训练方面的事项。他们请求静修处的负责人库瓦拉亚南达成为此委员会的委员。在该委员会向政府提交的报告中，他们对凯瓦拉亚达玛系统规划的瑜伽体育文化大加赞赏。在报告的结尾可以看到相关的摘要。其他对体育文化中的瑜伽体系感兴趣的省政府是联合省。1928年夏，联合省政府委托卫生局副局长叟萨博士前往静修处。他随后提交了一份报告，论述了在联合省的教育机构中开展瑜伽培训的可能性。这位副局长在静修处待了两个星期，从科学教育的角度对瑜伽练习进行了全面研究，然后向联合省政府提交了一份出色的报告。他强烈推荐这种经过静修处规划的体育文化培训。后来联合省政府印制并出版了叟萨博士的报告。在本次回顾结束时，我们将引述这份报告的内容。

灵性文化

以上报告所概述的只是体育文化和治疗方面的内容。准确地说，瑜伽体育文化和治疗形式只是这个机构的次要目标。如同之前所述，主要目标则是瑜伽的灵性现象和现代科学的融合，从而形成一种或许能够满足大多数人需要的哲学。负责人很高兴地指出，在凯瓦拉亚达玛发展的过程中，大家一直没有忘记这一目标。由于前述的原因，灵性和科学的融合一直延期至今，并且可能不会在近期就开始。但是从静修处成立起，对这项工作的筹划就一直在进行。灵性研究依赖的三个条件是：具有很高灵性成就的实验对象、高级的灵性文化专家作为研究学者，以及一个设备完善的实验室。如果有一笔可观的经费，第三个条件就可以立刻满足。但是，具有很高灵性成就的试验对象和灵性研究专家则需要很长的时间来培养。到目前为止，静修处已经短期规划培养这两种灵性文化工作者。虽然负责人对目前所取得的进展感到满意，但是他认为，恐怕需要至少若干年或者更长的时间，静修处才能培养出所需的合格人才。他一直在努力加快静修处工作人员的灵性发展进度。

每一个被凯瓦拉亚达玛录取的学生，他的人生理想必须是通过瑜伽来获得灵性的进步。任何不珍视这一理想的人都不能成为该机构的一分子。到目前为止，有大概十五名学员正在朝着这个方向努力。每年还会录取若干新生。从本报告可以看出，直至近期，凯瓦拉亚达玛的培训设施才算得上完备。当印度青年了解到这里的设施时，负责人相信会有更多的学生前来接受培训。我们热切地请求读到这篇报告的人，如果他们遇到一些渴望灵性进步的求学者，请将他们介绍到这所静修处来学习。

摩达瓦达萨灵性文化学院

市场上，没有作为试验对象和专家的现成人才供静修处所使用。印度的大学不培养这样的毕业生。在印度的大学里，学生的课程要么是科学，要么是哲学。凯瓦拉亚达玛学院需要有哲学和科学知识兼具的学生。因此，随着瑜伽实践教学的进行，有必要作出安排，对在凯瓦拉亚达玛就读的本科生和研究生提供通识教育。此外，为了使不断加入的员工能够在有序的机构里为研究等工作提供协作，有必要制定相关规章制度。针对学生进行灵性和通识教育而建立的机构叫作"摩达瓦达萨灵性文化学院"（Shriman Madhava Yoga Mandira 或 MadhavadasaAcademy of Spiritual Culture）。作为静修处不可或缺的组成部分，另外一个由灵性文化工作者组成的组织被称为"凯瓦拉亚达玛灵性服务"（Kaivalyadhama Spiritual Service）。首要的事情是建立灵性文化学院。

1929年1月6日，利用纪念负责人导师摩达瓦达萨尊者逝世八周年的机会，静修处成立了摩达瓦达萨灵性文化学院。库瓦拉亚南达自己担任学院的负责人（Kulapati），从孟买政府部门退休的外科医师梅强特博士（V.D. Merchant）担任主管。梅强特博士是一位很有修为的人。退休之后，他便定居罗纳瓦拉，全心以静修处为家。一年多来，在他有力的指导下，文化学院工作取得令人满意的进展。

只有从事高阶灵性工作的学生才能进入这个学院，以实习生的身份接受培训。课程持续四年。他们从灵性、体育、治疗、科学和哲学角度全方面地学习瑜伽知识。在负责人的要求下，这些实习生在完成了课程之后，就必须参加凯瓦拉亚达玛的灵性服务。静修处负责这些实习生的食宿，并承担他们作为受训学生合法享有的经济补贴。

开始的时候，有六名实习生、两名本科生、四名研究生。有一名本科生后来中断了他的学业。在文化学院，除了负责人、主管和主治医生外，另外一个导师是卡克尔博士（B.M. Kadkol, M.B.B.S）。拉古那特巴特（Shriman Raghunatha Shastri Kokaje, Tarkatirtha）也是导师，他负责雅利安哲学的教学（在卷八第 300 页到 304 页可以找到文化学院的详细信息）。

工读生

文化程度不高的年轻人，如果没有办法在学院谋职，那就以工读生的身份就读。这个班的学生将瑜伽作为一种灵性和体育文化系统接受培训。除此之外，对他们没有进一步的教育计划。他们每天要在静修处工作若干小时。这些工读生也是免费食宿，并且享受静修处提供给他们的合法经济补贴（关于工读生的规章制度见卷八第 297 至 298 页）。

对外部人员的瑜伽培训

想要在凯瓦拉亚达玛获得灵性指导，并不必须是学院的一分子。任何人都可以在负责人同意下前往静修处接受指导。临时的访问者也可以接受瑜伽培训。静修处按照访客来对待这些前来学习的外部人士（对于这些人的相关规章见卷八第 310 页）。

如果这些外部人士愿意，他们甚至可以住在罗纳瓦拉的静修处外面，按照负责人的安排接受指导。当然，所有这些灵性指导都是完全免费的。

凯瓦拉亚达玛灵性服务

在前面已经提到，"凯瓦拉亚达玛灵性服务"组织是在摩达瓦达萨尊者逝世八周年纪念日的时候创立的。静修处主要是由这个组织的成员构成。他们应当都是相对高阶的灵性文化工作者。他们的责任是使印度的传统永远传承下去，并且开展凯瓦拉亚达玛的工作。这些人的特点是，在研究工作或其他工作上无私奉献，热情地投身于提升全人类灵性水平的工作。他们只奉献、不索取。他们为别人而活、为别人而工作，甚至要为别人而牺牲。他们将无私地为人类服务作为灵性开发的最佳途径。他们的座右铭是"把自己放在最后"。目前,库瓦拉亚南达是这个服务组织的唯一成员。他自任第一位成员,并且一直坚持到最后。他希望他的继任者与他相比具有更全面的知识和更好的灵性成就,这样他们就能做出更大的贡献。

一旦该学院的实习生完成了他们的训练课程,他们中那些具有资格的人将被吸收到凯瓦拉亚达玛灵性服务组织中。

这个服务组织的实习生中有一人不是静修处的学生。他就是古拉迪(Ramanandaji Gulati)先生,曼彻斯特大学的工程学学士。在加入这个服务组织之前,他实习了两年(关于凯瓦拉亚达玛灵性服务的具体信息参见第八卷第287至293页)。

乡村服务

印度大部分地区属于乡村。凯瓦拉亚达玛灵性服务组织的成员将根据各自的能力在城镇工作。但是,必须从灵性上培养一个更谦逊的团体,让他们去乡村工作,关注乡村居民的灵性需求。负责人计划尽早为此设立一个乡村服务组织。在第三卷第305页叙述了关于这种服务的预定方案。其中显示,只有获得奶业、牧业和农业方面的指导,该方案才能实施。这个项目开支很大,静修处需要大笔捐款。但是,负责人认为,除非能够培养一些深入并扎根乡村的工作人员,去改变乡村人口当前的愚昧状态,否则,就不能说凯瓦拉亚达玛完成了自己的工作。

作为总部的凯瓦拉亚达玛

凯瓦拉亚达玛还处于婴儿阶段。尽管如此，负责人承受着压力，被要求在印度各地设立分支机构。有人愿意提供场所作为分支机构，也有人愿意承担运营的费用。所有这些都是鼓舞人心的。但是，要想在罗纳瓦拉静修处之外像样地开展工作，还需假以时日。

从 SK 于 1930 年亲自撰写的长篇报告中摘选出来的文字可以看到，想法很详细，项目很庞大。要想实现他的计划，需要依靠公众的捐款。回顾过往可以看到，有些计划实现了，并且牢固地扎根；其他计划启动得不错，但是基础不牢；还有一些只是空想。乡村服务和灵性文化学院属于后者。除了人才和经济资源是真正的制约因素外，对 SK 而言，管理自己的时间也是个难题。来自印度各地的热心人士纷纷提出在当地建立凯瓦拉亚达玛的分支机构。如果没有对这些建议进行细致的研究，SK 不能对其置之不理。这些事情很费时间。此外，虽然罗纳瓦拉的凯瓦拉亚达玛只是成立了四五年，而各地发给 SK 的邀请函如潮水一般涌来。他们都提出了相同的请求，所有人都希望 SK 访问那里，不仅要求 SK 在瑜伽疗愈方面给予开示，而且要求他举办讲座，进行瑜伽体育文化方面的演示。SK 有足够的耐心对这些要求进行回复，但是他没有时间满足所有人，虽然他也不愿意让对方失望。有些实业家，如瑟特·J. 贝拉（Seth Jugalkishor Birla）和瑟特·J. 摩迪昌（Seth Jivanlal

Motichand），对瑜伽表现出极大的兴趣，但是并没有特别要求建立凯瓦拉亚达玛的分支机构。大量的请求和支持则来自其他志愿者，他们开始自行建立分支机构。当时的机构设置是如此有限，SK不可能施行所有的提议。另外，如果这些提议得到认真的执行，会有多少产生真正的结果，这是谁也不能肯定的。此外，SK明白，到不同的地方举办讲座演示，比去某地考察设立分支机构的可行性更大。作为一个瑜伽练习者，分享自己的知识和经历如同是走在一条熟知的道路上，而开始一个分支机构必然会要冒险进入未知领域。当然，这两者是有联系的，但是对于这两种任务的准备则是不同的。例如，有一位在加尔各答中央市政府工作的克玛（R.K.Khema）先生请求在加尔各答设立一个凯瓦拉亚达玛的分支机构。他准备提供自己的土地用来建设这个机构，并且也捐出了一笔可观的启动资金。对这项提议和这样的机会，SK颇为踌躇。其他人如果处于他这样的位置，肯定立刻接受这个计划。但是，SK还有其他各种考量。最后他拒绝了这个提议。他礼貌地向克玛先生解释他拒绝接受这个提议的原因，并且说明他更关注质量和有序的管理。以下是1930年7月8日他所写的信函：

> 非常感激你对我上一封信迅速和明确的答复。对于你提出让我在加尔各答开设静修处的分部，并且提供资金和其他形式的帮助，我非常感谢。摩克杰博士（H.G.

Mookerjee）在加尔各答大学担任学院督导。他的办公室应该是在评审公署，地址是：2, Delhi Serampore Road, Entally, Calcutta。在此我要介绍另外两位对我的工作感兴趣的先生：贝拉兄弟公司的瑟特·贝拉，以及瑟特·摩迪昌。他们的地址是：8 Pretoria St., Calcutta。还有其他一些不那么有名的人，我稍后再向你介绍他们的名字。

关于在上封信中提到的我的行程，我希望在政治环境明朗之后再确定。就目前的情况，很难确定具体时间，但是肯定不会早于明年的2月份。如果行程确定下来了，肯定会包括加尔各答，因为你十分热情地想让我在那里开展工作。

如果要开设一个分部，我希望是一个永久性的项目。至于某个分部的年度开销是多少，这取决于在那里要开展什么样的活动。但是就目前而言，开设一个永久性的分部是不可行的。总部还需要发展得更强大。我只有少量的本科生和研究生。还需要再过两年或者更长时间，对他们的培训才能结束。即使他们毕业了，这些数量的学生也只够总部来消化。如果我不能派遣有能力的人在各地代表我进行管理，我就不能建设分部。所以，现在看来，这样的工作可能要延迟几年。至于孟买的分部，我打算自己来管理。

同时，只要当地人能提供必要的合作，我确实希望在其他地方也开始这项工作。我已经收到了来自古吉拉特

邦、安得拉邦和联合省的邀请函。而你的邀请则属于另外的性质。我在这些地方的工作计划如下:

我会在每个地方待一个月左右时间,在那里举办讲座,启发人们对瑜伽文化的兴趣,从而开展我的项目。之后,可能会有一些年轻人志愿参加瑜伽班。录取之后,会在我的指导下进行培训。我想通过三四个星期的时间给他们教授概述性的瑜伽练习课程,这对于普通健康状态的人是有益处的。同时,对于此类项目有兴趣的当地带头人将组建一个委员会。我希望这个委员会在我缺席的情况下继续运作,承担由我发起的项目。如果在开始的时候就有医务人员参与合作,这样项目的开销将不会很大。如果这些瑜伽练习没有合适的临床检查和医疗监督,我就没有信心。所以与医务人员进行合作是绝对关键的。我希望委员会对项目进行统筹和维护。

迅速创建很多的分部,对我而言不太可能。我的工作重心在总部,大概还有另外四个月的空闲时间。

虽然如此,发展临时的分部可能有它自身的价值,但只有总部能够稳定地派遣合格的代表,才可能开展实质性的分部工作,所以总部必须发展壮大。临时性的工作或许可以提前,我希望它能确保给总部的发展提供必要的支持。

以上,我很简略地勾勒了我的工作计划。欢迎你对此提出任何建议。

> 从摩克杰博士给我寄过来的孟加拉国（特别是加尔各答）学生的数据，我感受到在印度这些地区推广瑜伽文化的紧迫性。通过对各种不同练习方法的详细客观的研究，我发现，瑜伽练习是将孟加拉国的学生从糟糕身体状况拯救出来的唯一方法。其他省份的情况的确不一样，但是也没有很大的差异。我只希望上天能让我为年轻同胞们服务，即使不能改变他们的精神和灵性状况，至少能够改善他们的身体状况。

不管怎样，加尔各答的项目都被搁置起来。尽管如此，总部是不能走向衰败或停滞的。增加人力和财力资源成为一项艰巨的任务。除此之外，还要扩展和增加分部。这棵名为"凯瓦拉亚达玛"幸福之树不久就长出了新枝。SK本人在一篇刊登于《瑜伽弥曼沙》的文章里称之为"凯瓦拉亚达玛的分枝"（卷六，No.1，1956年6月）。想要通过瑜伽来完成健康文化的使命，这些"分枝"是必要的。其中一个这样的"分枝"就是凯瓦拉亚达玛在孟买郊区波瑞瓦利（Borivli）的一个分部。拉里特·戈库达斯（Lalit Gokuldas）是孟买高等法院的著名律师，以热爱慈善而闻名。他也对文化的实践层面有浓厚的兴趣。他在波瑞瓦利捐赠了一所大房子给凯瓦拉亚达玛。一所进行瑜伽培训和治疗的机构在孟买的另外一个郊区圣克鲁斯成立，并冠以"疗养院"（Arogya Sharanam）之名。该疗养院的房子是租来的。

而在罗纳瓦拉的总部继续被作为学习、研究、治疗和出版的机构，并且是官方指定的"灵性中心"（Adhyatma Kendra）。

圣克鲁斯中心运营良好，但是许多潜在的受益者觉得这个地方太远了。需要将中心设在城市居民较易到达的地方。考虑到这一需求，圣克鲁斯中心被迁移到查尼路（Charni Road）火车站对面一栋建筑的四楼，那里有四个房间可供使用。这次搬迁由时任孟买政府财政部官员的梅塔爵士（C.V.Mehta）提议。他是一个狂热的瑜伽练习者，也非常欣赏斯瓦米·库瓦拉亚南达的工作。对疗养院从圣克鲁斯迁到孟买，人们有些欣慰。但考虑到要使用这些设施的人数，四个房间的住宿条件是不够的。因此，SK想寻找另一处更宽敞的地方。他想到孟买政府可能会给这个中心拨出一些土地。正如一位政治领袖所说："每一粒沙子都有它的价值。"因此，如果不是梅塔爵士的有力干预——他当时在政府部门有举足轻重的地位——那么现在位于孟买海滨大道上的伊斯瓦达－楚尼拉瑜伽保健中心（Ishwardas Chunilal Yogic Health Centre）就不可能得到长期的保障。梅塔爵士在写给马斯特先生（A.Master, I.C.S.）的信中清楚地讲明了将那块土地划拨给凯瓦拉亚达玛的理由。马斯特主导这块土地的拍卖，梅塔爵士毫不犹豫地请求他的帮忙，并且提出了掷地有声的理由。他于1933年4月21日写信给马斯特先生，内容如下：

你可能还记得，若干年前政府组建了一个体育文化委员会，古内博士是其中的一名成员。他对久负盛名的印度瑜伽练习的效果及治疗价值进行了科学研究，他创办的期刊《瑜伽弥曼沙》甚至在西方也享有盛誉。联合省政府邀请他对一批教师进行培训，后来这些教师在自己的学校里引进了一些瑜伽课程。我和古内博士相识多年。他无私地献身于这项工作，在过去几年中一直是罗纳瓦拉某所机构的负责人。孟买人对这所机构非常感兴趣，他们希望古内博士在孟买附近——最好在孟买市区设立一个分部。由于古内博士没有多余的资金，不得不在募集资金上历经艰辛。他在圣克鲁斯租了一处场所，但是将该中心搬迁到市区的需求一直很紧迫。我觉得人们的这种需求是正当的。在某种程度上，我也起了一些作用，说服古内博士在几个月前搬迁到目前的处所——查尼路车站对面。但是，他还是觉得这里的住宿空间太小，同样，因为缺乏资金，只能勉强租用四楼的若干房间。这很不方便。我确信，如果中心能找到一个更合适的场所，不仅会有利于更多的人，还可以作为一个永久性的市区体育文化和研究中心。古内博士一直热心于此，并且已经为此培训了员工。他偶然间发现在查尼路车站南面人行天桥一侧的肯尼迪海平面（Kennedy Seaface）处有一片开阔地。肯尼迪海平面这个地方的土地正好可以用来作为体育培训机构。在我看来，这个机构将来一定会非常受欢迎,并且可以让附近居民受益。古内博士了解到,其中一部分土地是要给政府出版社员工预留的。我觉得这块土地很大,足以满足两种用途。如果古内能够在此设立他的机构,我认为出版社的员工不仅会喜欢,也会受益。正如我前面所述,古内博士缺少资金,他非常希望政府愿意以正常的程序将这块土地划拨给他。他将获得资金,在此建设一座中型建筑。

我认为这是一个很好的计划,而且很可能有利于他人,这是我给你写信的原因。我已经向古内博士建议,他可以把这封信交给你,并要求和你见面。我确信,听完他的讲话之后,你将尽一切努力满足他的愿望。当然,他将会向你详细介绍所有信息。

很明显,古内博士是按照梅塔爵士的要求行事的。当时,如果不采取一些后续行动,信件和会面可能不会产生任何结果。在这方面,传统仍然根深蒂固,甚至比以前更严重。穆肯·萨黑尔斯·穆罕默迪(Mukheem Sahels Mohammadi)先生是SK保健中心的一名成员,他打算在适当的时候帮助购买此处土地。当时,这种事情被称为是"跑腿子"的工作。但是穆罕默迪做出了更多的努力,SK于1934年7月28日在圣克鲁斯珠胡路(Juhu Road, Santa Cruz)写给他的信里说得很明白。穆罕默迪代表了某种SK一直珍视的东西,即:跟科学一样，瑜伽是不分任何宗派的。他不仅感谢穆罕默迪对他的帮助，而且还高兴地看到，正是由于穆罕默迪这样的人，才确保凯瓦拉亚达玛于1934年7月在孟买获得那块土地。如下是信件原文：

> 你会很高兴地知道，就我们和政府协商的那块土地，政府已发出通告。我曾向保健中心询问过你的情况，但是他们告诉我你不在那里。请告诉我你的健康情况是否还好。
>
> 我要感谢你在获得这块土地的过程中给我的极大帮助。你把自己视为静修处的一分子，是一件很让人开心的事情。我有一个梦想，就是将各种不同信仰的人带到瑜伽这个共同的平台。我欢迎他们遵循各自的宗教教条。但我确信我将会通过瑜伽找到整个人类的共同理想。我多么希望我们的友谊将促成人类构建这种共同的理想。
>
> 我今天也写信给令尊和阿克贝·海德瑞（Akber Hydari）爵士，向他们对静修处提供的帮助致以衷心的感谢。

值得一提的是，SK在这封信里用"教条"来指"宗教教义"。在此语境下，他使用这个词本意可能不是贬义。他在这里要表达的是宗教教条是相互不可调和的。宗教教条的存在是没有什么具体原因的。这些信仰可能有悠久的历史传统，但是不能用任何科学的研究和分析来确定它们正确与否，这一点与瑜伽等学科的实践不同。人们可以通过科学检验,来确定是接受还是拒绝瑜伽。换言之,在瑜伽领域,真理不是权威的产物,真理是理性的产物。对于教义的有效性也是如此。假设通过某种修行获得特殊的成就,例如"你要通过光赞祭获得解脱"(jyotishtomena svargakamo yajeta),或者我们在许多宗教实践中看到的类似情况。我们无法确定这些信仰的真假。这些只不过是归结为人们所信仰的咒语或者能力。意思就是,宗教里的咒语本身就是真理。在瑜伽科学或者其他任何科学领域,情况就不是如此。即使在瑜伽或科学里,人们也可能面临在分析和评估方面的实验限制,但这种限制并不是不可克服的,因为在试验方法上没有统一的规定。因此,库瓦拉亚南所表达的是:瑜伽及其相关学科是科学信条,而宗教信仰并没有超越教条的范围。

回到凯瓦拉亚达玛在孟买获得土地这个话题,我们发现SK展示了瑜伽学院在那里的前景。与此同时,他也概述了其他计划。不过现在看来,其他的计划都没有实现。在1934年9月5日写给贝拿勒斯的朋友斯里曼·巴布吉(Shreemant Babuji)的信中,他公布了自己的计划:

> 我很高兴地告诉你,孟买政府欣然将孟买海滨的一块土地划拨给凯瓦拉亚达玛。这块土地价值约10万卢比,凯瓦拉亚达玛只需支付每年12卢比的租金。我们将很快

在此地建设一座中型的建筑，用来安置孟买保健中心。我还打算至少在近几年内，将我们的研究实验室搬到这个地方。至于研究实验室的最终位置，一切都取决于接下来六年里我们取得的进展。

你可能记得斯里瓦斯塔夫爵士（Sir Shrivastav）让我与政府合作，将体育文化瑜伽学校设立在勒克瑙（Lucknow）。自从政府关注这个计划到现在已经快一年了，但是他们并没有做出实质性的决定。就我个人而言，我并不太喜欢勒克瑙。我的确想在印度北方建立一个设施齐全的中心，我一定会将贝拿勒斯作为它的所在地。不幸的是，由于管理工作的效率限制，建设此中心变得很昂贵。因为我没有发现任何在贝拿勒斯开展工作的机会。但是伟大的主神可能会创造条件让我能够在贝拿勒斯建设一个中心。

我与贝拿勒斯印度大学合作的热情已经消失。因为，我不希望从马拉维亚吉（Pt. Malaviyaji）那里得到任何好处。如果有机会再去北方的话，我打算在贝拿勒斯住一段时间，考察一下当地的环境，看看是不是能够在那里有所发展。

我希望你的健康有所好转。

很明显，SK一直想和贝拿勒斯印度大学在研究项目上进行合作。尽管这项工作取得了初步进展，但是程序上的若干细节妨碍了 SK，他不愿意给他那位著名的老朋友——该大学的创始人提出这个问题，以免给他制造负担，自己也受人讥嫌。

而查尼路上四楼租来的四间房子里运行的保健中心却在蓬勃地发展。越来越多的人使用那里的设施，越来越多的人来寻求治疗。政府也显然意识到这个保健中心的效用。政府高级官员和一些著名的医学专家访问了该中心，探讨通过该中心的服务——特别是在与肌肉锻炼、训练节奏和体型控制方面让在校学生受益的可能性。第一步，他们要评估 SK 所编排的瑜伽练习，确定它的文化和医疗价值。在这些访问者中，有一位是伽普瑞（Lt. Col. K.G. Gharpurey, I.M.S），他当时担任孟买政府的医疗主管。他对凯瓦拉亚达玛保健中心的工作和瑜伽练习课程印象深刻。以下是他于 1934 年 3 月 19 日写的信：

> 1934 年 3 月 11 日，我访问了孟买女王路的凯瓦拉亚达玛（一家进行瑜伽科学研究的机构）所设立的保健中心，我很高兴观摩了一些瑜伽练习。它们可以用来预防疾病，还可以治疗一些功能性疾病。
>
> 该中心及其杂志《瑜伽弥曼沙》以科学为主导，对瑜伽练习中采用的各种技术进行科学的解释。这个组织值得鼓励，并且应该推广到我们的中小学和大学中去，因为它促进肌肉发育、节奏和体型的控制，帮助提高生理功能。这个机构发展不错，但是受到空间和资金的制约。

联合省政府对瑜伽体育文化的计划进行了检视和考察,该机构的创办人斯瓦米·库瓦拉亚南达已经说服当局,使中小学能够利用到他们的设施。我希望这个机构各个方面都取得成就,公众都去赞助它,让它顺利进行下去,并蓬勃发展。

有一句名言说:"如果先知没有走向大山,那么大山就会走向先知。"意思是说,虽然好事多磨,但是事情最终必定会成功。我们可以将SK比喻成一座移动的大山。他向印度不同教育机构提出的建议都有一个共同的目的——让印度青年拥有良好的健康——当然包括身体和心理双方面的健康。一些人已经为此行动,另一些人在观望,但是SK热切地在朝着自己的目标前进。他不需要等待别人来邀请他才进行这项工作。查尼路保健中心就像一块跳板,他可以借此参与到教育机构中,从而帮助在校学生。他选择的其中一个机构就是孟买大学。他搜集到这所大学的学生的医疗报告并进行深入研究。令他极为沮丧的是,他发现大多数学生都有这样或那样的功能性疾病。发现这一点后,他决定向这些学生提供解决措施,使他们能够达到标准的健康状态。他随即采取的措施是包括瑜伽在内的身体锻炼。但是如果没有获得官方的批准,他就不能投身其中。为此,他向大学当局提交了一份详细的报告,整理了他收集的所有数据,并概述了解决问题的计划。他再次体现了作为一名科学家应有的一丝不苟的性格特质。1934年7月18日，他在给大学当局的信中提供了详细的图表，这封信堪为类似信件的典范，内容如下：

> 我一直饶有兴趣地关注孟买大学为改善学生的健康状况所做的努力。诚然，这些努力需要相当多的关注。我从收集的资料中获得的印象是——根据上次医疗检查的结果，大部分学生在不同程度上患有功能性疾病。在这些人中，有极少数人需要就医。而很大一部分可以通过补救性的练习和其他卫生措施，使身体的必要指标回复正常。
>
> 作为凯瓦拉亚达玛的创办人和负责人，十多年来，我一直从事健康文化领域的工作。通过医疗和实验研究，我确信我所编排的瑜伽练习方法具有重要的文化和医疗价值。从此封信所附文件中可以了解到，一些政府高级官员和著名的医学专家都肯定了我的这种判断。
>
> 附件1是联合省政府卫生局副局长叟萨博士的报告。他曾受联合省政府的特别委托，前往我们在罗纳瓦拉的总部调研，随后提交报告，论述了在联合省的教育机构中开展瑜伽培训的可能性。在此，我请求你们阅读整份报告，特别是叟萨博士的导论。附件2是联合省公众教育部主任马肯遮（Mackenzie）先生的记录，总结了我为联合省所做

的健康文化工作。附件3包含了印度公共卫生部（D.P.H.）主席达波卡（Major Dabholkar）对我们的肯定。附件4记录了孟买政府的医疗主管伽普瑞访问我们在孟买运行的保健中心时对我们的印象。这家中心已经运行了两年多。附件5、附件6和附件7都来自医学专家，它们表明，我对自己所提倡的培训进行的编排是多么严谨，并且符合科学精神。附件8记录了美国著名的耶鲁大学曾派研究员来印度，接受我们的培训。他们对我们的工作表示感谢。附件9是主管凯瓦拉亚达玛保健中心的医疗工作人员在1932年提交的总结报告。我在此需要指出的是，这名医疗工作人员是从该领域退休的外科医师。附件10是凯瓦拉亚达玛的整体工作总结。在最后一个附件的88到89页，可以看到孟买政府派遣的体育培训委员会在访问罗纳瓦凯瓦拉亚达玛后留下的印象。在此顺便提一下，我有幸在这个委员会工作。

所有这些附件无疑证明了如下事实：保健中心的工作从科学上讲是可靠的，从医疗保健上讲是成功的。而且，我们机构所提供的活动具有重要的文化和治疗价值。如此封信件之前所述，绝大多数大学生都需要这样的练习。因此，我提出与大学合作，指导大学生进行必要练习，并采取其他卫生措施，让他们达到相应的健康状态。但是，我需要由这些学生所在大学的校长正式将这项工作交付于我。如果大学接受我的合作,我就获得了为母校服务的机会,能够为年轻一代发挥作用。这就是我期待从这项工作中获得的最高奖励,也算是一种甜蜜的负担。

保健中心会认真为所有参加训练的人记录各种进展情况。不过,我会为大学生保存一份独立的登记册,按照大学当局的要求,每年汇报我为学生所做的工作。从附件11和附件12可以看到,对保健中心的受益者,我们是要收取一定费用的。但是,我会对大学生减半收费。在某些必要的情况下会免费。目前,我们的工作只能从孟买大学直属学院开始。但是在将来,我有可能为孟买大学的附属学院进行规划。

我请孟买大学在审议本封信件时注意以下各点。

1. 我们保健中心主导的工作是不带任何宗教偏见的,对所有宗教信仰的人都开放。

2. 对男生和女生都有相应的安排。对于女生的体育指导完全由女指导老师进行。

3. 负责人在体育文化领域有原创性的科学研究和丰富的临床经验。他主办的杂志在印度及海外广受欢迎。迄今为止,负责人至少指导过三千人进行训练——包括身体健康的人和罹患疾病的人。

4. 目前与负责人进行合作的人是一名医学毕业生,他是全职工作人员,并且将健康文化作为他终生的使命。

5. 妇女专科有一位具有孟买护理协会证书（B.P.N.A.）的护士做主管。她还拥有助产士证书。我们将来打算延请一名女医生在妇女专科进行管理上的合作。

6. 所有的男女指导老师，都是在相关领域接受过相应训练的知识分子。

7. 保健中心位于一个理想的养生胜地。

8. 我听说有人提出成立学生福利委员会，此委员会将与我们的机构合作。这非常有助于早日实现在孟买大学的计划。

请将此信在大学联合会下次会议之前送交，以便他们予以体察，并请他们尽快将此做出的决定通知本人。

多有打扰，请包涵。

需要说明的是，孟买大学立刻做出了回复，这使得SK能够全力以赴。他深感满意，因为他和他领导的机构能够充分发挥作用为年轻人服务。顺便提一下，当时也是研究和出版活动全面展开的时期，这就需要SK不时地出现在罗纳瓦拉。此外，在政府划拨修建凯瓦拉亚达玛保健中心的土地上还需要建设一座大楼，这意味着需要动员一些人来捐款。SK自己能够胜任这项募捐任务，因为他对许多人具有巨大的影响力，其中包括一些潜在的捐助者。梅塔爵士是促成SK向政府寻求划拨土地的人，他为此项目捐赠了15000卢比。和其他项目一样，在大楼的修建上，SK也以透明的方式开展工作。他经常给朋友和善心人士写信，介绍工作的进展情况和所募资金的来源。例如，他于1934年12月17日写信给他的朋友——纳西克的助理税务专员库尔卡尼（Sri.V.M. Kulkarni），内容如下：

> 静修处的工作正在稳步推进。最近孟买政府划拨给我们一块位于后湾区的土地，价值10万卢比，但是我们只是名义上每年交纳12卢比的租金。梅塔爵士非常慷慨地为此建筑捐赠了15000卢比。我们打算在那里成立保健中心。我们在其他方面也取得了一些进展，这都来自主神的护佑。

SK所提到的后湾区就是今天的海滨大道（Marine Drive），也被称为内塔吉–苏巴斯路（Netaji Subhash Road）。凯瓦拉亚达玛的伊斯瓦达–楚尼拉瑜伽保健中心就坐落在此处，与塔拉普瑞瓦拉水族馆（Taraporewala Acquarium）毗邻。这个保健中心如此命名，是为了纪念梅塔爵士夭亡的儿子，以此感谢梅塔爵士的支持和慷慨捐赠。另外值得一提的是，可拉先生和巴塔先生也对这个机构的建设做出了贡献，让人十分赞叹。他们设计并建造了这栋大楼，但没有收取任何酬金。1936年4月30日，博尔本德尔的王公殿下主持了该保健中心大楼的落成典礼。王公多年来一直是凯瓦拉亚达玛的赞助人，每年定期提供捐款，以维持该机构的部分开支。十年前，即 1926 年 10 月 16 日，位于罗纳瓦拉的凯瓦拉亚达玛病理实验室就是以这位王公的名字"拉纳萨赫布·纳特瓦辛格"（Ranasaheb Natwarsingh）命名的。从记录中可以看出，到 1935 年，这位王公向凯瓦拉亚达玛捐赠了 33000 卢比之多。他对 SK 的工作评价很高，对其十分钦佩，并将这项工作视为对印度文化的一个重要贡献。他在大楼落成典礼上的讲话也是十分坦诚的。幸运的是，在落成典礼一周后，王公的演讲于 1936 年 5 月 6 日在《孟买纪事报》（The Bombay Chronicle）上一字不差地发表了。以下就是这次演讲的文本：

> 我非常感谢曼伽达斯爵士、库帕博士和斯瓦米·库瓦拉亚南达先生，感谢你们在发言中对我的谬赞。我很荣幸地被邀请来主持这幢建筑的落成典礼，并将这个机构更名为"伊斯瓦达－楚尼拉保健中心"。多年以来，我对斯瓦米·库瓦拉亚南达的理想和抱负，以及他用现代科学研究方法研究古代瑜伽的工作深表敬佩，这一直对我有特殊的吸引力。我们饶有兴趣地听取了斯瓦米吉及其同事们的介绍，了解到他们在凯瓦拉亚达玛各中心所做的出色工作。我是一个体育文化的坚定信徒，我一直相信健康的身体对于灵魂的进化很重要。

令人赞叹的目标

斯瓦米吉的理想是用灵性价值重建我们今天的社会结构——这无疑是一个非常值得称赞的目标。但我们要解决的问题是通过古老的瑜伽科学理论和实践从事社会服务,在身体上缓解人类的痛苦。在敝邦国,针对城市以及农村的学龄儿童,我一直鼓励他们进行户外运动,并制定强制性的体育锻炼。我希望看到其他地方的大学和教育机构将注意力转向提高年轻一代人的身体素质上。我高兴地看到,斯瓦米吉的瑜伽疗愈体系在过去11年中取得了巨大的成功,并且获得了孟买和艾哈迈达巴德(Ahmedabad)地区一些知名人士的由衷赞赏和慷慨帮助。我也很高兴地知道一些友邦王公和大臣慷慨解囊,赞助了位于罗纳瓦拉、波瑞瓦利和圣克鲁斯的一些凯瓦拉亚达玛机构。

伟大的成就

至于我所贡献的绵薄之力,这是出于对同胞的责任感和我对这一古老文化真诚的崇敬之情。我觉得这种文化正逐渐被遗忘,迫切需要复兴。在这个医学快速发展的时代,斯瓦米·库瓦拉亚南达向西方学者证明了瑜伽科学的功效,这是一个巨大的成就。为此,我们应该热烈祝贺斯瓦米吉和他忠诚的同事。在此,我要对斯瓦米吉的宏图壮志表达衷心的祝愿。毫无疑问,这也是所有人的愿望。

善心成就

我对主持今晚的仪式感到特别的开心,因为这让我有机会与大家一起,纪念我尊敬的朋友梅塔爵士全家所深爱的一名成员,并以他的名字来命名这个机构。女士们、先生们,你们之中许多人可能已经意识到,多年以来,我与梅塔爵士的家人一直保持着诚挚的关系,我一直对他们的成就感到自豪和高兴。我要向梅塔爵士和他的夫人表示最衷心的祝贺,祝贺他们有这样的善心来捐资建设这样美好的机构,纪念他们刚出生没多久就去世的儿子。让我们一起祝愿这座建筑发挥积极的媒介作用,宣扬宇宙大爱和四海之内皆兄弟的福音,从而缓解人间的各种苦难——外部苦难、身心苦难以及人们强加给自己的苦难(Adhi, Vyadhi and Upadhi)。

祝愿成功

斯瓦米吉,我再次感谢你和开幕庆典委员会今晚给予我的巨大荣誉。我祝愿,在服务公众的工作中,你和你的机构诸事如意。我向你保证,我将永远是你神圣使命的崇拜者和真诚的祝福者。我就讲这么多,我非常高兴地宣布,这座大楼正式落成,并更名为"伊斯瓦达-楚尼拉保健中心"。

来自甘地和马拉维亚吉的祝福

甘地在前一个月从沃尔塔（Wardha）寄送的祝福：

> 我没办法更早地给你回信。我希望开幕仪式圆满完成，也希望你们的实验能够蓬勃发展，给苦难的人类带来利益。

来自贝拿勒斯的马拉维亚于前一个月29日发来了电报：

> 谢谢。虽然无法参加，但是衷心地祈愿你们的静修处稳步发展，并在你的精神领导下发挥积极的作用。

实际上，多年以来，社会上各行各业的人都被吸引到这所保健中心，如果适时进行一个总结，概述一下人们从这里所获的利益以及保健中心的各种活动，将是一件很好的事情。

1975年，该中心举行了五十周年庆祝活动，并出版了一本纪念册。从中我们了解到，该保健中心为社会各界人士提供服务："该中心旨在满足体育文化爱好者和慢性疾病患者的需求，使他们通过瑜伽练习获得身心的健康。该中心只有户外设施，这些设施运行良好。该中心可能是印度最大的瑜伽保健中心，每天到访的人数超过700，包括各行各业的男男女女。"（第83页）

斯里克里希那博士在孟买的保健中心工作，他拥有许多头衔：秘书、主治医生、院长等等，他曾经发表一篇名为"瑜伽疗愈的范围——基于孟买凯瓦拉亚达玛4153个案例研究所作的思考"的论文。1985年6月，他将这篇论文提交给在圣马力诺举行的首届"瑜伽和阿育吠陀世界大会"。这篇论文由该中心发表于1989年的《瑜伽前沿》(*Yoga Update*，30页)。在这篇论文中，斯里克里希那博士阐述保健中心的各项活动和程序时写道：

> 过去五十年来，在孟买的凯瓦拉亚达玛瑜伽保健中心，瑜伽练习的目的就一直如此。自1932年成立以来，超过十万人从该机构提供的训练和治疗设施中获益。一直以来，该机构取得独特成功的关键因素是，在治疗前由瑜伽领域的专业医生进行强制性的体检。
>
> 为了评估瑜伽保健中心对不同疾病的治疗措施及疗效，我们对1983年至1984年在该保健中心就诊的4153人的数据进行了分析。分析分两个阶段进行：一个是规范分析，另一个是临床分析。

瑜伽保健中心遵循的程序如下：

> 在孟买附属于凯瓦拉亚达玛的伊斯瓦达－楚尼拉瑜伽保健中心，所有参加培训的人都要经过瑜伽医疗咨询师

的筛选。在最初的咨询中,医生们评估每个人的健康状况。如果患者患有多种疾病,医生会从患者的个人生活和社交生活中寻找原因。在与患者进行沟通时,会让他们意识到这些致病因素,并帮助他们尽可能地进行调整。对官能性障碍的疾病进行心理上的疏导有助于患者纠正某些不利于健康的态度。

除了这种心理上的帮助,患者接受的医疗评估也可以帮助瑜伽医疗咨询师选择正确的瑜伽练习项目。对于患有原发性高血压和缺血性心脏病的病人,以及心肌梗塞后寻求康复治疗的患者,该中心也提供了精心设计的瑜伽练习方案。所有会加重心脏负担的练习都会被避免,而有助于放松肌肉的练习都会被包括在课程中,从而减轻心脏的负担。

根据瑜伽医疗咨询师的建议,瑜伽老师采用一对一的模式进行指导,这样做有助于随时调整课程。瑜伽老师也帮助提供心理支持,维护患者康复的信心。

第一期课程结束后,根据瑜伽老师的评估报告,患者再次与瑜伽医疗咨询师见面。第二次沟通会进一步整合之前的心理治疗方法,然后做出第二次医疗评估,并对病人的瑜伽课程进行适当的修改。最后,再由瑜伽老师对病人进行进一步的指导。

只要病人在瑜伽保健中心参加瑜伽练习,瑜伽医疗咨询师和瑜伽老师每个月都会重复对其进行评估(《瑜伽前沿》,1989—1992 年,33—34 页)。

孟买凯瓦拉亚达玛保健中心提供的日常重要活动(《瑜伽前沿 2011》,2011 年 1 月 29 日至 30 日)。

1. 日常瑜伽练习
2. 瑜伽教育基础课程
3. 瑜伽教育高级课程
4. 复习课程
5. 瑜伽前沿知识
6. 调息静修(Pranayama Sadhana Shibir)
7. 健康工作室(通过瑜伽获得健康)
8. 特邀嘉宾讲座
9. 校外瑜伽课程
10. 特别工作室 / 课程
11. 特别培训计划
12. 阿育吠陀疗法

可以毫不夸张地说,SK 在机构建设方面很有天赋。因为种种原因,他和古吉拉特邦有着特殊的缘分。毕竟,正是在那里他度过了大学生涯,后来成为玛尼克饶教授的学生。也正是在古吉拉特邦,SK 遇到摩达瓦达萨尊者,并受到他极大的影响。除此之外,特别是在 1924 年凯瓦拉亚达玛成立之后,索拉施特拉的王公对 SK 的工作产生了浓厚的兴趣。我们已经讲过了博尔本德尔的王公如何对 SK 的工作提供经济支持。因此，SK 完全应该将其工作推广到古吉拉特。孟买分部的成功运作和公众的反响让 SK 有了进一步的信心，他认为可以放开手脚，开设更多的分部。用他自己的话说，他获得鼓舞，"要在祖国不同地区建设更多类似的分部"。早在孟买分部落成之前，在拉杰果德开设分部的想法就已经萦绕在他的脑海里。巴特那的哈扎里（Hazari）教授是 SK 的通信对象之一。他很热心地在比哈尔邦和奥里萨邦为 SK 安排一些演讲活动。SK 经常与他分享自己的一些愿望和想法。我们找到 SK 于 1932 年 5 月 4 日写给哈扎里教授的信件：

> 非常抱歉，这么长时间没有给你写信。我原以为你上次写信给我之后，你们的省政府就会联系我。但是到目前为止，他们还没有给我任何消息。不管怎样，收到你上封信之后，我理当立刻给你回信。
>
> 非常谢谢你的奔波，并成功让你们的省政府邀请我到比哈尔邦和奥里萨邦推广瑜伽练习。自从你上次来信之后，我不知道事态有多大进展。如果有进展，请随时通知我。
>
> 孟买分部的工作是非常令人满意的，这个消息一定能够让你高兴。我们会对我们的工作收取一点费用，但是有

超过百分之十的工作是免费的。我们的这个分部利用率很高，并且已经能够自负盈亏。此处的成功让我知道如何在印度不同地区建设类似的分部。目前，唯一的难处是给各个分部配置管理人员。然而，我希望尽快克服这一困难，以便在印度各地开展分部的建设工作。

另一件能让你高兴的事情是，美国耶鲁大学有一名研究员参与我们的工作。我已随信附上了该研究人员最近来信的副本。我多么希望他的愿望能够实现，也希望印度的瑜伽能从科学的角度给西方大学留下深刻的印象。

为各个新分部找"合格的管理者"一直让SK头痛，但就古吉拉特邦的分部而言，一个现成可靠的盟友就是巴克什（Sri D.S.Bakshi），他更广为人所熟知的名字是斯瓦米·迪甘巴尔吉（Swami Digambarji）。SK对他并不陌生，因为早在罗纳瓦拉的凯瓦拉亚达玛还没有成立的时候，他就是SK的弟子。此外，1920年SK发起科学研究时，迪甘巴尔吉是他的第一个实验对象。因为经常暴露在X射线之下，他不幸受了轻伤，但是他对此毫不在意。他也是静修处最早的终生会员之一。1943年3月，古吉拉特邦拉杰果德（Rajkot）成立凯瓦拉亚达玛索拉什特拉分部（Kaivalyadhama Saurashtra Mandal）的时候，他被选为秘书。作为主管，他为拉杰果德中心发展不知疲倦地工作，同时也积极参与指导其他中心的工作。因此，SK于1966年去世之后，他继任凯瓦拉亚达玛所有机构的主席，同时也是罗纳瓦拉总部的负责人。这些都是后话。1943年，他正致力于建立拉杰果德分部，并使该分部的工作多样化。作为个体，他是知识（jnana）、奉献（bhakti）和行动（karma）的集大成者，同时也是名副其实的"根植于智慧"（sthitaprajna）的灵魂。他在不同的学校发表过关于印度哲学的系列演讲，出版了一些具有文化价值的书籍，并且在古吉拉特邦创办了《智慧之境》（Chidambaram）期刊。这些都是他在正常瑜伽教学之余所做的工作。该中心的另外一个特点是它拥有一个小型的大学生宿舍，一间对公众开放的阅览室和图书馆。它如此受人喜爱，古吉拉特邦政府甚至认为应该将其列为获得年度津贴的文化机构。1958年12月，大学教育资助委员会主席德什穆克（C.D. Deshmukh）在访问该中心后，于12月5日给SK写信，告诉他该中心具有获得政府津贴的资格：

> 谢谢你1958年11月14日的来信。
>
> 几年前，我访问你创建的凯瓦拉亚达玛的时候，忘记履行我在拉杰果德应尽的责任。我很高兴地告诉你，在斯瓦米吉的带领下，在文化和灵修领域，静修处已经成为一个很活跃的中心。

在此值得一提的是，因为得到了当时伦敦一位大学校长雅尼克（R.K. Yajnik）博士对凯瓦拉亚达玛全心的鼓励，凯瓦拉亚达玛索拉什特拉分部的组织管理工作得到了推进。帕西当地的生意人乔达瑞（Shri H.C. Chaudhary）免费赠送了一幢不错的建筑，当时价值约 30000 卢比。拉杰果德的萨科瑞萨赫布殿下（Thakoresaheb）主持了开幕式，并提供了 1000 卢比的首期捐款。

在政府划拨的土地——在如今的孟买内塔吉 - 苏巴斯路上进行保健中心建设的准备工作时，SK 还忙于另一个项目，就是建设堪克斯沃拉灵性中心（Kanakeshwara Spiritual Centre）。在 SK 眼里，摩达瓦达萨的苦行之地是一片圣地。他希望在这里或附近修建一所机构，帮助灵修者不断进步，因此他创立了另外一所凯瓦拉亚达玛的分部——堪克斯沃拉灵性中心。虽然罗纳瓦拉的凯瓦拉亚达玛主导了所有的瑜伽活动，但人们认为，为静修处建设一个专门的灵修中心是可取的。为此，将这个中心的位置选定在马哈拉施特拉邦戈拉巴（Kolaba）地区的堪克斯沃拉山（Kanakeswara Hill）。这座山海拔 1200 英尺，离孟买只有 12 英里的直线距离。到现在为止，这座山还有若干处景点。从山顶俯瞰，孟买岛就像阿拉伯海上漂浮着的一朵莲花。尽管靠近孟买，但是那里人迹罕至，所以堪克斯沃拉山仍然与世隔绝。经过一些改造之后，这座山峰所拥有的一片古老森林将变成"苦行林"（Tapovana）（请注意，这段描述的是 1930 年代的情况，现在这里已经不那么与世隔绝了，但是静修处的活动并没有受到太多的干扰）。山上有一座古老的摩诃提婆（Mahadeva）神庙，附近有一个别致的贮水池。但是对于凯瓦拉亚达玛而言，它真正的吸引力来自斯瓦米吉的导师摩达瓦达萨尊者曾经在此处修习苦行近 12 年之久。

于是，他们便着手租下约四英亩的土地，其中包括一眼四季长流的泉水，摩达瓦达萨尊者曾在泉水附近苦行。1934 年，在获得神庙管委会主管——塔纳（Thana）地区法官的同意下，神庙管委会的成员欣然租出了这片土地。静修处花费几千卢比开发了几个高地，但由于缺乏足够的资金，他们还没有能力建造任何建筑。

为了支持堪克斯沃拉的灵修活动，静修处在布瓦内斯瓦拉（Bhuvanesvara）山脚下种了一片芒果树。这块土地由浦那的巴巴萨赫布（Shreemant Sardar Babasaheb Bivalkar）长期出租给静修处，只是象征性地收取一点租金。人们希望今后从这块芒果林获得不错的收入。

1939 年，由于孟买著名律师堪达尔（Shri J.M. Kamdar）的斡旋，凯瓦拉亚达玛得以在罗纳瓦拉以地产的方式获得价值约 50000 卢比的信托。这个信托是由已故的桑德拜（Srimati Sunderbai）和她的丈夫戈温吉（Shri Vallabhdas Govindji）创建的。静修处的活动长期在这个信托场所进行。

那时候，人们如果想去堪克斯沃参加短期灵修，就会与斯瓦米·库瓦拉亚南达联系。SK 在一封信中回复了阿姆劳蒂（Amravati）的乔斯（M.V.Joshi）爵士，对该中心的状况作了生动的描述。他在这封 1943 年 11 月 28 日的信中这样写道：

> 谢谢你本月 22 日写给我的信。
>
> 堪克斯沃位于一座海拔约为 1200 英尺的山上，离孟买的直线距离是 12 英里。我们得坐轮船和汽车到达那里，直抵山脚下。然后要爬山，坡道并不陡峭。
>
> 堪克斯沃神庙的四周有一些法堂（Dharmashala）和房舍。法堂的状态还不错，只是没有附设卫生设备。住在那里的人都与神庙有关系，总人数不超过 50。那里有牛奶供应，但所有其他商品都必须从山脚下的一个村庄运过去。新鲜蔬菜必须从阿里巴格镇购买，该镇可以坐车抵达，距离山脚约 9 英里。除了雨季，堪克斯沃的气候条件还是不错的。
>
> 就堪克斯沃的发展而言，尽管我们花了很多钱平整和加固了相当多的山顶高台，但是还没有建造任何建筑物。静修处有一位同事正在负责这个项目，但是他白天并不住在堪克斯沃。因为他还受托在山脚下建设另一个小中心，必须花一天的时间来监督那里的工作。
>
> 如果你打算在堪克斯沃待一段时间，这位同事会尽力帮助你。但是他白天需要离开堪克斯沃，可能没那么多精力照顾你。我很想知道你是否想在堪克斯沃短暂逗留。

因为那里离阿里巴格地区中心近,并且离瑞瓦斯港口（Revas Port）也近,如今,它已成为商业活动和开发商的聚集地。然而,那里的静修处氛围仍然是很好的。

为了对凯瓦拉亚达玛不同层面的工作———一方面是学术和研究工作,另一方面是灵性发展工作——进行协调,人们认为有必要将基础设施和行政管理分开。所以在1943年,以SK的导师摩达瓦达萨的名字命名,成立了一个协会（Samiti）,协会被称为"凯瓦拉亚达玛－摩达瓦达萨灵性文化学院协会"（Kaivalyadhama Shriman Madhavadas Yoga Mandir Samiti, KSMYMS）。正如SK自己解释的那样:"到1943年底,很明显,如果要使研究工作取得迅速进展,必须将原来的凯瓦拉亚达玛的复杂工作分成两部分。一部分负责研究工作和培训,另一部分负责灵性工作。必须广纳贤才,吸收一些优秀的大学毕业生,即使他们没有立志全心投身灵性文化工作。如果他们很喜欢瑜伽,愿意以奉献的精神工作,这已经足够了。做出这项决定后,SK在罗纳瓦拉成立了'凯瓦拉亚达玛－摩达瓦达萨灵性文化学院协会',从事研究和培训工作。最初的凯瓦拉亚达玛静修处专门从事灵性和与之直接相关的工作。尽管凯瓦拉亚达玛仍然是KSMYM.协会的支柱,但是这两个机构分别根据1860年的第21号《社会团体注册法》进行登记,有各自的章程、基金、土地等。"

在协会成立的时候,斯瓦米·库瓦拉亚南达和乔斯（Sri

G.D. Joshi）分别当选为主席和秘书。这样的职位安排一直持续到1966年斯瓦米吉去世。除了担任协会的主席外，SK还兼任协会下两个独立机构的职位——研究部主任以及瑜伽与文化综合学院（G.S. College of Yoga and Cultural Synthesis）的主席。研究工作分两个方面：科学研究部和哲学文献研究部。这样的安排一直延续到今天。科学研究部的早期研究员除了SK外，还包括卡兰贝卡博士（Dr.P.V. Karambelkar, M.Sc.）、维内卡博士（Dr. S.L.Vinekar, B.A., M.B.B.S.）、阿派特博士（Dr. M.V. Apte, B.Sc., M.B.B.S.）和巴缇（Sri P.O. Bhathi, B.Sc.）。

此后不久，SK就开始努力为科学研究部（SRD）采购精密仪器，并为哲学文献研究部（PLRD）建立一个设备完善的图书馆——包括一个手稿图书馆。以下是一封用来向潜在的捐赠者募捐的信件。这封信的日期是1948年3月9日，收信人是阿卡尔科特（Akkalkot）的库玛吉（Sri Raj kumarji），他目前居住在马哈拉施特拉邦的索拉普地区。SK所做的请求就是向阿卡尔科特的拉贾萨赫布（Shreemant Rajasaheb）索要一架普通望远镜。信件内容如下：

> 我希望我的朋友戈尔哈布尔地区专员德赛（Chhotubhai K. Desai）先生已经向你介绍了我和我从事的工作。我于1924年在罗纳瓦拉成立了凯瓦拉亚达玛这个机构，自此开

始瑜伽研究和弘扬工作。我们在印度赢得了很高的声誉，甚至引起了外国人的注意，从我单独寄送的 1 号小册子第 10 至 16 页中可以了解到这些信息。包括此机构在内，我们已组建了一个完善的协会。该协会根据 1860 年第 21 号《社会团体注册法》登记，从我寄送的 2 号小册子里可以了解到相关信息。凯瓦拉亚达玛 S.M.Y.M 协会咨询部成员包括贾亚卡博士（Dr. Jayakar）、昆珠（Pandit H.N. Kunzru）、莫逊拉尔（Shree Motilal Setalvad）以及现任孟买大学校长的凯恩（P.V. Kane）等等。此协会被孟买政府认证为研究机构，并且获得了年度津贴。我在此附上孟买首席大臣 B.G. 克尔先生的证词向你证实此点。

我了解到阿卡尔科特的拉贾萨赫布先生拥有一架很好的望远镜，但是他并不怎么使用它。如果你能让拉贾萨赫布先生将此架望远镜作为礼物送给凯瓦拉亚达玛，那就再好不过了。这将让我们在罗纳瓦拉的研究所蓬荜生辉。我们将会非常用心地保管和使用这个来自拉贾萨赫布的珍贵礼物。如果你能向拉贾萨赫布先生美言几句，我确信，他一定会做出慷慨的举措。

在此，我真诚地请求你向拉贾萨赫布先生大力推荐凯瓦拉亚达玛，以便获得他的支持，从而使我们获赠这架望远镜。

我经常在孟买，如果你有意愿的话，我将很高兴与你单独见面。我在孟买的地址是：孟买凯瓦拉亚达玛，电话号码是：24794。我在罗纳瓦拉的地址是：罗纳瓦拉，凯瓦拉亚达玛（印度半岛铁路线）。

期待你的回音，希望你能支持。如果给你添麻烦了，请多多包涵。

SK联系过很多王公，并不断地向他们寻求资金帮助和仪器设备，甚至邀请他们成为会员。如果将他们的名字列出来，一定非常有趣。或许，SK觉得这些王公扮演的是传统角色，应该会无保留地支持保护并弘扬印度文化传统。大家对SK的反应各不相同。有时候，对方甚至都没有给他任何回复，但这并没有使他灰心丧气，因为其他一些人的答复让他倍受鼓舞。因为一直对SK表现出善意，博尔本德尔的王公赢得了SK极大的尊敬。这位王公自1926年开始就与凯瓦拉亚达玛有联系。当K.S.M.Y.M协会成立的时候，SK真诚地希望能够邀请他加入协会的管理层。然而，由于王公对自己邦国的事情已经分身乏术，所以婉拒了此职务，因为他实在无法胜任这样的职责。SK希望与他私下会面，劝说他接受理事成员的职位，但是没有如愿。于是他在1945年3月3日写信给王公的秘书，重新提出了请求，恳请秘书将信递交给王公殿下。这封信给他创造了一个机会，他成立G.S.瑜伽与文化综合学院的事情引起了王公的注意。必须指出的是，即使王公拒绝了他的请求，他也

不会产生任何不满,因为他和王公之间的关系经历了时间的考验。以下是信件原文:

> 大概是在三个月前,我请求王公殿下将凯瓦拉亚达玛推荐给普拉拿拉尔(Sheth Pranalal Devakaran Nanji)。王公殿下像以前一样,非常热心。他向普拉拿拉尔提到我们的静修处,并建议我在他来孟买的时候去拜访他。到目前为止,我已经与普拉拿拉尔联系了若干次。但遗憾的是,他特别忙,我无法与他见面。因此,我不得不暂时放弃与他见面的想法。然而,我要衷心感谢王公殿下热心的建议,让我与普拉拿拉尔建立友好关系。
>
> 我曾从罗纳瓦拉发出公函,告之我们于1944年10月的选举结果,并邀请王公殿下担任K.S.M.Y.M协会的理事。他对此进行了回复,并通过你寄送给我。王公殿下郑重请求不要让他担任这个协会的理事,希望我能体谅他。在你寄送给我的同一封信中,提到王公将在2月份访问孟买。我等了很久,想亲自和他讨论请他担任理事的问题,希望因此得到他最终的答复——不管是肯定的还是否定的。当然,否定的答复对于我而言是非常痛苦的。但是我一直很满足,也坚信王公在心里永远对凯瓦拉亚达玛很关心。在这件事情上,我也不会一味坚持。
>
> 遗憾的是,王公殿下上个月似乎并没有访问孟买。本

月底，我将在罗纳瓦拉召开一次理事会议。因此，我很想知道王公殿下对担任理事的最终决定。我衷心地希望并且热切地请求王公殿下同意担任 K.S.M.Y.M 协会的理事。虽然如此，我也会尊重王公殿下的意愿，即使他拒绝了我的请求，我也能够理解。请将这封信交给王公殿下，让我得到他最终的答复。我满怀信心地期望殿下不会让我失望。我们这个协会的理事会议将会非常少，即使殿下将来可能不能参加每一次会议，他提出各种建议也会得到慎重的讨论，他的建议也将会是静修处的宝贵财富。因此，我本人特别希望王公殿下能够成为这个协会的理事。

随信附上一些打印的材料，这是计划中瑜伽学院的草案。我正在争取文化和经济上的支持，并且觉得我们很快就能够创立这所学院。对于附上的草案，如果王公能提出他的意见，我将十分高兴。

我希望王公的身体现已完全康复，并祝愿他健康长寿。

对于加入理事会这件事，王公坚持了他的立场，同时也对筹划中的瑜伽学院表达了他的喜悦和欣赏。在印度，这样的瑜伽学院是第一家。瑜伽的教授以及对瑜伽文本的学习在印度有很长的历史，但是，1951 年 4 月在罗纳瓦拉的 K.S.M.Y.M 协会组建成立 G. S. 瑜伽学院（Gordhandas Seksaria College of Yoga）之前，印度还没有一所正规的学校有固定的瑜伽课程计划、课堂教学、考试、评估并且颁发文凭。这所学院之所以如此命名，是因为玛卡纳尔（Seth Makhanlal Seksaria）先生捐赠了125000卢比用来纪念他的父亲戈丹达斯·瑟克萨利亚（Gordhandas Seksaria）。这所学院后来被称为"G. S. 瑜伽与文化综合学院"，现在还沿用这个名字。SK所设想的瑜伽具有包容性，它将不同哲学学派的精华融合为一体，造就完整的发展性人格。在成立凯瓦拉亚达玛的时候，他就具有这样的眼界。用他自己的话说："西方和东方独立发展了许多世纪……凯瓦拉亚达玛提议：不仅通过研究，也要通过培训……通过在社会学、灵性和体育文化层面，创立高等教育机构，将这二者进行融合。"（《瑜伽弥曼沙》卷一，No.4，1925年10月，303页）其目的是通过发掘瑜伽文本的潜能，催生宗教和文明和谐发展。"世界正在翘首以盼，期待各种文化的融合，期待人类最终的和平与昌盛。"SK如是热切地希望。过早地想象这一目标已经实现是草率的，这可能并不是哪一家机构能够独立完成的任务。我们要鼓励大家朝着这个方向一起努力，对各种哲学思想和实践进行开明和综合的理解。就目前情况而言，即使在国家层面，我们也尚且未能实现文化上的整合，更不要提世界层面了。我们面临着一个令人困惑的局面，即：每个瑜伽和文化学派都提出了自己的主张，想让人普遍接受。到目前为止，在黑暗的隧道之中，我们甚至连丝毫的亮光都看不到。然而，这一目标的崇高性是不容置疑的。SK希望凯瓦拉亚达玛能够作为表率为之行动,虽然步子可能很慢,但是一直坚定地向前迈进。

1951年,这所学院在孟买邦当时的首席大臣(兼任教育大臣)B. G. 克尔先生的主持下落成。到目前为止,它已经培养了1500多名毕业生。开始时,学院设置的是两年课程,颁发一个"瑜伽初级文凭"(Diploma of Yoga Pravishta,简称D.Y.P)。我们考虑到入学的要求是必须具有大学同等学历,并且梵文水平至少达到大学预科水平,录取后,还要上整整两年课程,这是一个相当吝啬的证书。凯瓦拉亚达玛的现任名誉秘书O. P. 缇瓦瑞是1957届的学生,他曾经问过SK:"为什么在经过如此严格的研究生学习和培训之后,只能得到一张这样的'文凭'呢?"SK做出了他特有的严格而谨慎的回答:"在瑜伽领域,通过两年的学习,你达不到更高的程度。"(《G. S. 瑜伽与文化综合学院五十周年庆典纪念册》,31页,2001年4月)学院的一个特色在于,教师和学生之间存在着正式和非正式的关系——在教学上是正式的,而在所有其他事项上是非正式的。SK特别不喜欢的一种仪式就是学生触摸老师的脚。在当时,这种礼节几乎成为一种宗教礼仪。这里有一些此方面的证据。后来担任该学院院长的伽洛特(M.L. Gharote)博士是这个学院的早期学员,他曾经在该学院学习,并获取瑜伽初级文凭。以下是他的话:"当我初次遇到斯瓦米吉的时候,我想触摸他的双脚,以表示对他的敬意。他立刻拒绝了,并告诉我说,在这个学院没有传统的师徒(Guru-Chela)关系,'我们都是师兄弟的关系',他补充道。"(《纪念册》,31页,2001年4月)在凯瓦拉亚达玛,大家彼此之间通常的确是以师兄(bhau)互称。

该学院不收取任何费用——免交学费和住宿费。这是一个住读课程——现在仍然如此——每个学生都会领到60卢比的补贴。学院也没有严格的年度考试(现在也是如此),但是在课程结束的时候,老师会对学生进行总体的评价。在雨季的时候(6月到10月),学生有机会住在拉杰果德的静修处,这样就避免了罗纳瓦拉的瓢泼大雨。开始的时候,除了SK之外,学院的教职工有如下主要人员:可卡杰·萨斯特利(Pandit Kokaje Shastri),他是"国宝勋章"(Bharat Ratna)获得者P. V. 凯恩(P.V.Kane)的合作者;舒克拉(S.A.Shukla)博士,进入凯瓦拉亚达玛之前,他在玛哈德(Mahad)的一所高中任教;卡兰贝卡(P. V. Karambelkar)博士,孟买大学的生物化学博士;玛哈爵·萨海(Mahajot Sahay)博士,具有渊博的心理学知识;阿派特(M. V. Apte)博士和维内卡(S. L. Vinekar)博士,他们都具有物理学的背景;博达斯(V.R.Bodas),传统的阿育吠陀医生(Vaidya);乔斯(Sri G.D. Joshi),曾经在凯瓦拉亚达玛担任过二十多年秘书。这些人都在各自的领域中有一定的成就,因此,对凯瓦拉亚达玛而言,他们是一笔宝贵的财富。除了这些工作人员之外,还有来自各个文化领域的学者应邀进行主题讲座。对学生而言,与这些高端的学者进行互动是一种特别的福利。如卡兰贝卡在前述 2001 年 4 月的《纪念册》中所讲:"严格的课程,以及不间断地对学生的表现进行评估,这导致第一届六名学生中只有三人获得文凭。"(28 页)他还写道:"文凭的授予持续三天,几乎是在节日(utsav)的气氛中进行。1953 年 5 月,《狮报》刊登了这次瑜伽领域的盛会,古吉拉特大学校长迪瓦提亚(H.V. Divatia)与会并发言,孟买教育部长德赛(Shri Dinkarrao Desai)主持整个活动。"

就像他在所有部门的工作一样,斯瓦米·库瓦拉亚南达给学生制定了很高的标准。然而,他的性格里并没有教条主义的成分。有证据表明,他会出于实际情况的需要,欣然对其指定的要求进行调整。他的一贯作风就是努力提高教学和学习的要求,很明显这都是为了学生的利益,这样就造成了严重的课业负担。学生的资历和能力并不总是与他的期望相符,这样就出现了尴尬的情况——善意变成了一种负担。潜在的受益者(即学生)最终可能受到损失。对于有一些有志于参加课程的人而言,开始时设定的入学资格就成了绊脚石,例如,入读者必须是大学毕业生,梵文至少必须达到大学水平。他竟然在 20 世纪 50 年代中期做出如此的要求!在 20 世纪 50 年代寻求工作的毕业生并不少见,他们中并没有多少人具有大学的梵文水平,所以很多人都无法入读瑜伽学院。这并不是说梵文知识对瑜伽学习是多余的。问题是,它是否应该成为有志于瑜伽文化学习者的必修课？SK 的观点是：早期瑜伽经典是梵语文献，了解这个领域的任何第一手资料都需要梵文知识。由于缺少使用梵文的能力，有些人可能不得不借助于二手资料。此外，并不是很多人在大学阶段就选择学习梵语，因为他们在入学时并没有确定将来会不会研究瑜伽。一个有趣的插曲突显了重新调整入学资格的必要性。根据卡兰贝卡博士的叙述，事情是这样的。

1957 年，有一位来自美国的商人想在凯瓦拉亚达玛学习瑜伽，因此想入读瑜伽学院。他不具备入学资格，因为他没有学过梵文，更不用说达到梵文的"大学水平"了。但是他很诚心，非常想参加瑜伽初级文凭的课程。他不是那种轻易接受拒绝的人。根据卡兰贝卡博士的记述，他据理力争，耗费了六个多小时，最终获得了入学资格。卡兰贝卡博士后来成为学院的院长，而维内卡博士是研究部的主任。他们两人从这位美国人的辩论中得出了一些结论，并将其提交给 SK 参考。而 SK 虽然保留了自己的看法，但还是采纳了他们的意见，放宽了入学资格的限制。他让他们俩对当时实施的入学资格进行调整，二人迅速照办。由此而受益的学生很多。调整的内容包括：压缩课程内容，将课程时间缩短为一年；将课程重新调整为"瑜伽教育文凭"（D.Y.Ed）；每半年进行笔试、口试和实践考试。这种调整于 20 世纪 60 年代实现。

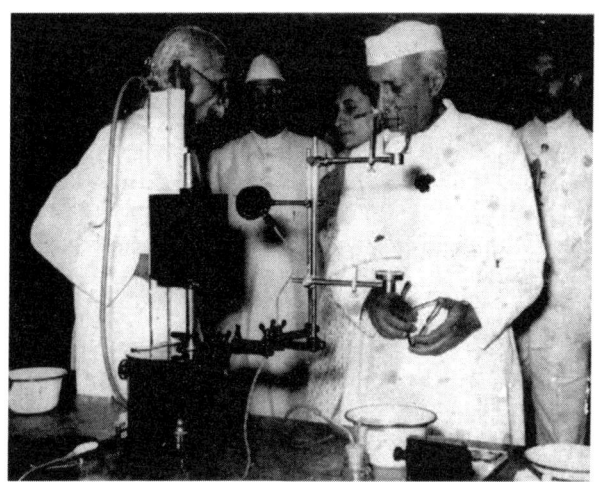

解释记纹器：这些是我们研究用的工具

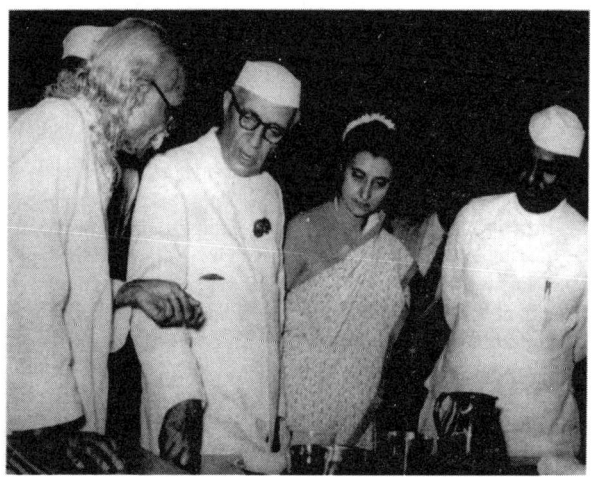

向尼赫鲁、英迪拉·甘地和查凡做介绍

英迪拉·甘地女士以及其父尼赫鲁总理

是的,正是这样,尼赫鲁先生

如果能知道学院最初阶段的课程设置,以及经过不断调整之后今天的课程设置,可能会让人觉得很有趣:

最初的课程内容如下(根据《瑜伽弥曼沙》第一卷、第六卷,No.1,1956年6月,89页):

1. 瑜伽:从身体、心理和灵性方面进行实践、理论学习和科学研究。

2. 神秘主义概论。

3. 印度哲学精要——特别参照《奥义书》《梵经》和《薄伽梵歌》。

4. 西方哲学精要——特别参照伦理学和心理学。

5. 社会学——特别参照《圣传经》(*Smriti*)。

6. 基础解剖学和生理学——参照实用科学瑜伽,营养学和个人卫生常识。

7. 病理检查:化学和显微镜检查。

8. 实验工作的一般理论:在萨米提实验室(Samiti's laboratory)进行。目前的课程经过了反复的调整,内容如下:

(1)瑜伽教育研究生文凭(P.G.D.Y.Ed.)。(为期十个月:从7月15日到次年4月15日)

(2)瑜伽疗愈研究生文凭(P.G.D.Y.T.)。(为期一年:从8月1日到次年1月30日+六个月实习)

(3)瑜伽课程结业证(C.C.Y)(为期六个星期;一年两次:5月2日和1月15日开始)

（4）高级教师培训课程（Adv.T.T.C.）(为期一个月。一年一次：3月15日到4月15日).

瑜伽教育文凭课程内容：

（1）专题 I：帕坦伽利的《瑜伽经》(P.Y.S.)。

（2）专题 II：哈达瑜伽基础。

（3）专题 III：瑜伽和文化整合以及价值教育。

（4）专题 IV：人体结构和功能以及瑜伽效果。

（5）专题 V：精神健康和瑜伽心理学：从心理角度研究瑜伽。

（6）专题 VI：瑜伽练习的教育方法。

（7）专题 VII：实践培训。

与 SK 通信的许多人中，大多数是向他寻求健康问题指导的。不少人在来信中详细说明了他们的具体问题。SK 的一贯做法就是不通过信件提供咨询意见。他会先对症状进行评估，并用柔和的言语来增强他们的信心。他建议其中的一些人到孟买的分部或者罗纳瓦拉的静修处接受详细的评估和治疗。如果是像甘地这样的人，他就会毫不犹豫地亲自去南迪山（Nandi Hills），照顾病人的需要。在相当长的时间内，静修处都缺少一些为病人提供救助的实际的基础设施。有时候，他怀着沉重的心情，建议在罗纳瓦拉停留的病人自行安排住宿，这样就能在静修处接受他亲自治疗。在孟买分部也是如此。对于需要持续接受观察和治疗的病人，那里也无法提供住宿。SK 一直认为，设施齐全的医院才能更好地服务病人，同时也可以促进瑜伽治疗研究。当然，在门诊治疗期间收集的数据是有用的。通过有条不紊地对这些数据进行整理，可以得出相应的结论。不过，设施齐全的医院将会显著简化这一程序。SK 就是一位开拓者。他率先对瑜伽练习进行严肃的科学研究，并创办了研究期刊，将研究成果、研究方法和理论（如果有的话）一起向全世界传播。他在孟买建立了一个设备齐全的保健中心，并在罗纳瓦拉建立了一所瑜伽学院。罗纳瓦拉的凯瓦拉亚达玛在创立之初就具备一所令人赞不绝口的科学研究实验室。而创立医院顺理成章地成为 SK 的下一个目标。一直以来，茹格纳博爱院（Rugna Seva Mandir）都通过瑜伽治疗各种疾病——特别是慢性病。SK 觉得有必要将其发展成为一所小型医院，这样它在治疗和研究方面才有巨大的潜力。当时的治疗方法主要是基于临床经验和瑜伽文献中的相关资料。SK 规划在未来进行治疗性研究，这意味着将临床经验与现代科学方法（如生理学、病理学和心理生理学）进行整合。换句话说，他将拓展临床经验，将之融入临床研究中去。

这是一个长远的计划。要实现这个计划，不可避免地需要跨越无数的障碍。在获得政府批准进行这类全新研究之前，必须准备好方案、计划好蓝图、找到捐助者建造一座大楼、向政府申请拨款以添置设备、聘用具有资历的员工为病人营造良好的环境。这项任务的艰巨性不亚于他以前承担和完成的工作。

耐心和毅力一直是 SK 的性格特点，毫不意外，这样的性格在此也发挥了积极的作用。他驾轻就熟地拜访各种人物，并建立了新的关系。不言而喻，他有构建人际关系和社交通信的天赋。事实上，写信几乎是他的看家本领。他的信函有 67 个档案之多，这就是最好的证明。只要有利于建设瑜伽机构，他就不排斥在政府各部委奔波游走。在需要的时候，他所信任的弟子和朋友也可以为他代劳。

1959 年 9 月的某个时候，凯瓦拉亚达玛向政府提交了在罗纳瓦拉建立一所瑜伽医院的计划。当时的孟买医务主管已同意批准该计划。根据政府工作的既定程序，需要从各个方面对许多文件进行审查。这一直在消耗 SK 的耐心，但他一直在坚持，因为他渴望得到批准的愿望是非常强烈的。我们发现，1959 年 10 月 13 日，他在孟买的凯瓦拉亚达玛保健中心写信给达塔吉（Sri. Dattaji），建议他去活动活动：

> 你可能知道达维（Shri.Dalvi）先生，他是财政部部长吉瓦杰·梅塔（Jivraj Mehta）博士的私人助手。即使你不认识他，你也可以以我的名义去见见他。他可能已经知道我们提出了一个建立瑜伽医院的计划，该计划正在等待批复等等。医务主管已经建议政府批准，副部长凯拉斯（Kailas）博士、卫生部部长堪南瓦尔（Shri. Kannamwar）先生已经愿意按照医务主管的建议批准申请。你也知道，这

份计划可能在卫生部部长手上,很快就会交给财政部部长。我们应该对达维先生提出请求,让他尽力将医务主管的推荐信和整个计划呈递给吉瓦杰·梅塔博士,这样他才会做出对我们有利的决定。

请将你辛苦奔走的结果写信告诉我。

虽然后来还有一些别的事情让他焦虑和奔波,但是很显然,他的努力没有白费。到1960年2月,我们看到SK有些高兴,因为他于1960年2月18日向美国科罗拉多斯普林斯市的格罗思(Groth)先生写了如下的信:

> 感谢你的新年祝福,你也提及你每天都练习瑜伽。我真的很欣赏你练习瑜伽的热情。我们在此经常会想起你,特别是你在圣诞祝福中写下的智慧话语。
>
> 我们的工作虽然进展慢,但是瑜伽科学研究一直在进行。现在,我们正在罗纳瓦拉建立一家瑜伽医院,将其用于瑜伽的临床研究,听到这个消息你一定很高兴。这一切都依赖于某位善心人士的捐款和孟买政府的财政支持。我很高兴地告诉你,这是印度首次通过孟买政府承认瑜伽疗法的医疗作用。
>
> 我们都为自己所做的工作感到自豪。
>
> 请接受我美好的新年祝愿……

从以上信件可以看出，格罗思是这段时间 SK 经常保持联系的一个学生。信中所提到的那位"善心人士"指的就是阿米瑞特拉尔·古佩塔（Amritlal Gupta），他是阿莫拉戴维女士（Smt. Amolakdevi）和缇拉特兰·古佩塔（Tirathram Gupta）先生的儿子。他捐款是为了纪念他的父母，因此，罗纳瓦拉的这家凯瓦拉亚达玛瑜伽医院被命名为"阿莫拉戴维–缇拉特兰–古佩塔瑜伽医院"。在凯瓦拉亚达玛，人们都称他为古佩塔吉先生，他与静修处的交情将近六十年。起初他是静修处的患者和友人，然后成为捐赠者，接着成为理事会成员，最后成为老资格的顾问和护持者。古佩塔吉在凯瓦拉亚达玛具有独特的地位，像他这样的人并不多见。作为孟买和浦那地区的著名成功实业家，当年他前往孟买保健中心，希望治好他的慢性病，这样他就结识了 SK。SK 的治疗让他的病情得到了很大的缓解，他从此坚信瑜伽治疗的效果，在 SK 以后的工作中，他成为 SK 的学生和亲密伙伴。古佩塔吉的宝贵支持和指导得到了凯瓦拉亚达玛热情的肯定。正是由于阿米瑞特拉尔·古佩塔先生 10 万卢比的慷慨捐款，瑜伽医院才得以成立。该医院一直坚持了自己的本怀，后来又添置了一些设施。

再回到 1959 年，我们可以了解到，SK 对孟买邦的混乱状况感到忧虑。当时人们正在争论将孟买分裂为马哈拉施特拉和古吉拉特两个语言邦，争论的焦点是孟买市的地位和维达巴（Vidarbha）地区的态度。SK 深谙政治，但他并不涉猎政治。他几乎认识那个时代的所有重要的政治家,并与形形色色的政客保持着联系。他意识到,不断变化的局势可能产生的连锁反应。对他来说,最重要的并不是政治后果,而是这些事件可能会对凯瓦拉亚达玛扩大研究的计划产生影响。罗纳瓦拉肯定会被划归到马哈拉施特拉去,但这是否会使孟买的古吉拉特人对凯瓦拉亚达玛丧失兴趣呢?SK 对此并不十分担心,因为瑜伽是印度所有人的共同传统。虽然他对此很有信心,但还是有一点小小的担忧,因为在获得政府的批准上,可能会有一些延误。SK 将自己的想法告诉了他的年轻同事维内卡(S. L. Vinekar)博士。维内卡后来成为他的书《瑜伽治疗》的共同作者,这本书是瑜伽治疗领域的第一本著作。维内卡当时正以瑜伽研究人员的身份在美国洛杉矶进修。1959 年 11 月 7 日,SK 给他写了一封信,概述了自己对形势的看法:

> ……关于我们的瑜伽医院——你认识的瑟特纳(Sethna)博士现在是医务主管。出于好心,他做出了有利于我们的推荐。文件现在在卫生部,我正尽力让卫生部看到医务主管的推荐信。我将在下一封信里介绍更多的情况。同时,我可以在这里告诉你,我将在新德里与联邦卫生部部长卡玛卡(Shri D.P.Karmarkar)有一次约会。我要利用这次机会与他谈论这个瑜伽医院的问题,尽力获得他最大的支持。

另外：关于这次孟买分裂成两个语言邦的事情，现在几乎已成定局，即分裂为大古吉拉特（Mahagujarat）和萨姆尤科塔-马哈拉施特拉（Samyukta Maharashtra）。虽然大孟买区将会属于马哈拉施特拉，对于我们在罗纳瓦拉的工作，我尚不知道孟买的古吉拉特人会在多大程度上一如既往地支持我们。就我们孟买的工作而言，它不会受到影响。

这次事件最让我们揪心的部分就是维达巴（Vidarbha）的问题。我们的卫生部部长堪南瓦尔举棋不定，他的心思现在也不在政务上。所以我们的瑜伽医院计划并没有引起他及时的关注。然而，我对我们与卫生部协商的前景并不悲观，财政部如何反应才是关键所在。

目前两个语言邦的分裂问题在几个月之内不会确定，除非维达巴地区倒向马哈拉施特拉语言邦，否则国大党不会在未来的立法会上占多数。贝拉尔（Berar）地区的意见不统一，无人知道维达巴的问题最终如何被解决。但是，除非问题得到解决，否则大家都认为双语邦不会被分裂。

虽然SK对计划的通过具有很大的信心，但当他在准备瑜伽医院的落成典礼时，还是表现出了对当时浓烈的政治氛围的焦虑。联邦卫生部部长卡玛卡和捐款人古佩塔当然会出席，但是斯瓦米吉希望印度总统拉金德拉·普拉萨德（Rajendra

Prasad)博士来主持开幕仪式。SK 于 1954 年应邀去给拉金德拉·普拉萨德博士看病，所以与他很熟。SK 在早年也曾指导他学习瑜伽。此外，总统也注意到 SK 在该领域所做的开创性研究工作。那家医院准备在 1960 年年底开业。SK 曾打算与总统见面，邀请他参加开幕典礼。根据当时的官方礼节，总统不会与他私下见面，因此 SK 要求议员昆珠（Pundit H.N. Kunzru）在会见总统时作陪。昆珠是印度公仆社中的一位杰出人物，是 SK 的亲密朋友和支持者。他们之间的关系是如此密切，我们甚至可以考虑把他们之间一些较为重要的信件引用到本书中来，至于其他不计其数的普通信件，在此就不再赘述了。以下就是 1960 年 9 月 10 日 SK 写给昆珠的信件：

> 国会休会，我不知道你是否会在新德里呆很长时间。
>
> 你知道我们瑜伽医院的开幕典礼即将举行。尊敬的卡玛卡先生已经欣然同意主持，但是我内心还是希望让拉金德拉·普拉萨德来主持。据我所知，拉金德拉·普拉萨德博士将于 12 月某个时候来到阿里巴格。我相信如果我们邀请总统主持开幕仪式，他应该不会轻易拒绝。他一直对我和我们的工作很关心。
>
> 因为总统的日程是要提前几个月安排的，我们最好及时向他提出请求。为此我建议你前往德里，提前和拉金德拉·普拉萨德博士约好。如果你到时候能够陪同我去会见

拉金德拉·普拉萨德博士，那就更好了。因此，我希望了解你前往新德里的可能日期。我的收信地址是：孟买凯瓦拉亚达玛。

到目前为止一切都还不错，但并非一帆风顺。总统欣然接受了邀请，但是因为医院的建筑需要更多的时间才能完工，SK不得不推迟开幕仪式，并就造成的尴尬向拉金德拉·普拉萨德博士表示深深的歉意。此外，申请津贴的程序也出现了一些混乱，向政府所要求的资助也不顺利。首先，申请必须向马哈拉施特拉邦政府提出，而SK并没有这样做。中央政府建议他重新提出申请，这意味着需要更多的时间。第二，必须确切说明预期赠款的类型，这一点也没有做到。SK肯定已经无数次意识到，印度政府官员对于规章制度的理解是各不相同的。卫生部部长让SK筹划并寄送一本小册子，概述拟建工程的内容，将来由联邦政府出版。这本小册子就是在1963年最终出版的《瑜伽治疗》。无巧不成书，SK在1960年9月23日给卡玛卡写了一封特别的信，内容如下：

> 感谢你于1960年9月20日写给我的信（No.F.26-1/60-HM）。
>
> 请接受我诚挚的歉意，因为我延误了所需小册子的准备工作。既然你已经耐心地等到现在，我诚挚地希望你

再给我 6 个星期时间。6 个星期之后，正在构想的小册子将会送到你的手中。现在，我对未能完成这项工作深感遗憾，但我恳请你给予上述的宽限时间。

另一件令我感到遗憾的事情是，我们不能在 12 月中旬举行瑜伽医院的开幕典礼。在医院大楼的竣工上，突然遇到了意想不到的困难，我不得不就此事向拉金德拉·普拉萨德博士发电报致歉。兹附上电报副本一份，请你过目。

关于瑜伽医院的中央拨款，我想申请的是研究拨款，而不是常规的维修拨款。在我印象中，我应该将申请直接寄送到联邦卫生部秘书处。根据你在来信中的答复，我现在知道应该将申请寄到邦政府。整个计划书的准备工作正在进行，我会遵照你善意的建议。

瑜伽医院专为慢性功能性疾病患者提供瑜伽治疗。患者必须按照要求在医院里住上一段日子以接受治疗，而且要配合我们将自己作为实验对象接受研究、分析和评估。就像已经提到的，这样的机构在印度是第一家。在成功克服所有困难后，1961 年 4 月 16 日，在联邦卫生部部长卡玛卡的主持下，医院的落成典礼顺利举办，后来的总理莫拉尔吉·德赛作为首席嘉宾出席了开幕式。孟买大学校长萨特（R.V.Sathe）博士致开幕词，发表了如下的讲话：

本机构通过现有的设施取得了让人惊叹的成就。这些最先进的仪器让这个机构的研究工作如虎添翼。但是，这里还有很大的空间，可以配置更多的设备和物资。我认为他们可以通过现有设备取得非常有价值的工作成果。其中有些工作人员对瑜伽产生了非常大的兴趣，并且把瑜伽作为自己的职业。

——载于《瑜伽弥曼沙》1924年至1966年《纪念册》，卷一、卷三，No.1，19页。

萨特博士亲自了解了这个机构，所以他完全有资格得出以上的结论。他后来长期担任瑜伽医院的顾问。莫拉吉·德赛（Moraji Desai）对瑜伽领域的科学和治疗性研究并不热心，因为他几乎是武断地坚持一种观点——印度的任何文化传统都不需要用现代科学方法来评价，因为古老传统的效用是显而易见的。然而，他对SK和凯瓦拉亚达玛的开拓精神以及他们付出的努力表示了极大的赞赏。他毕竟是SK的老朋友，并且近距离地了解到他的工作。很多人见证了这次开幕仪式，有学生、瑜伽修习者、知名学者，还有SK的许多朋友，其中包括古佩塔（Sri A.T.Gupta）先生和他的家人。出席这次仪式的还有一位知名学者贝德卡（V.M. Bedekar）博士，他是一位具有国际声望的杰出学者。他过去常常与SK就学术问题通信，虽然这些问题并不总是与瑜伽有关。实际上，他相信SK在如下不同学科具有渊博的学识：印度哲学、西方哲学、心理学、解剖学和生理学、放射学、梵语、马拉地语和古吉拉特文献、世界历史等等。他与SK进行了多次私人会谈，讨论他关心的各种话题。在凯瓦拉亚达玛举行瑜伽医院开幕典礼几天后，他再次就一些学术问题给SK写了一封信，并祝贺他圆满成功地举办了这次开幕式。这封信写于1961年4月，最后两句如下：

> 16日的活动是你规划的一个杰作，它给我留下了深刻的印象。瑜伽医院是一个杰出的里程碑，也是你们静修处发展过程中的一个巅峰。

这封信开头一部分的内容会在后面某些章节提到。同时，无可否认的是，贝德卡博士代表了当时参加开幕式的所有人的看法，这次开幕典礼见证了罗纳瓦拉的凯瓦拉亚达玛瑜伽医院迎来了一个新时代。

第九章
甘地的瑜伽缘

我们暂且回到20世纪20年代,简单地回顾一下1927年发生的一件事情,它促进了斯瓦米·库瓦拉亚南达和圣雄甘地之间相互尊重。和甘地建立起这样的关系之后,其他的印度领导人,像莫逊拉尔·尼赫鲁、拉金德拉·普拉萨德、马拉维亚和贾瓦哈拉尔·尼赫鲁等,都和SK建立了亲密的关系,并且让他指导瑜伽练习。爱国的热情将他们紧紧地联系起来,使他们之间的关系超越了瑜伽。由于进行了大量的开拓性研究,SK获得了这些领导人和其他许多坚定支持者的认可。SK是印度的骄傲。甘地主持的唯一一届国大党会议就是1927年的贝尔关(Belgaum)会议。当时他只有58岁,可惜身体状况欠佳。虽然工作繁忙,他还是抽时间结识瓦尔萨德(Valsad,即古吉拉特邦)克拉帕尔迪(Killapardi)地区学诵道场(Svadhyaya Mandal)的萨特瓦莱卡(Pundit Satwalekar)和罗纳瓦拉地区凯瓦拉亚达玛的斯瓦米·库瓦拉亚南达。一些印度独立运动的战士是甘地的亲密朋友,例如卡纳塔克邦的甘达拉罗·德什潘德(Gangadhararao Deshpande)就与SK相当熟悉。因此,他说服SK和甘地在一起留在南迪山,此处离班加罗尔不到60

公里。甘地打算在此停留两个月左右，恢复健康后再用更大的热情投入争取印度独立的斗争。库瓦拉亚南达立刻来到南迪山，花了相当多的时间与甘地相处，评估他的健康状况，并向他介绍了一些合适的瑜伽练习。甘地从这些练习中获益良多。但是，他天生具有质疑和实验的精神，不断提出一些问题，以澄清他对瑜伽治疗的某些怀疑。甘地和 SK 之间的通信几乎持续了 10 个月，这些信件如今保存在位于新德里的印度国家档案馆的甘地纪念馆（Gandhi Smaraka Sangrahalaya）。里面有一些信件是斯瓦米·库瓦拉亚南达和甘地亲笔所写。还有一些甘地的信件是摩诃提婆·德赛所写，他曾在几十年间担任甘地的私人秘书。这些书信被收录进斯瓦米·库瓦拉亚南达的书信选集，并于 1999 年由凯瓦拉亚达玛以《愿景与智慧》为名以书籍形式出版。在本章中将会大量引用他们的通信和其他信件。在某种意义上，这是国家领导人和国家研究人员之间的历史性思想交流，但更重要的是一位具有质疑精神的患者和瑜伽治疗师之间进行的持续的讨论，而对这位治疗师来说，病人的健康是最重要的。这些通信展示了瑜伽治疗许多方面的精妙之处，其中包括练习、剂量、频率、功效、注意事项等方面。此外，这些信件还展现了 SK 作为一名治疗师和敬业的老师所具有的工作方法和技能。

　　他们之间的第一封通信来自贝尔关的梭曼（S.L. Soman），人们有时称他为巴巴萨赫布（Babasaheb）。他一直虔心为圣雄甘地服务。1927年4月14日，他写信给SK，问他是否能抽出14天的时间与甘地相处。信是这样写的：

> 我希望你已经知道圣雄甘地目前在安博利（Amboli），这是往文古尔拉（Vengurla）方向离贝尔关大概有43英里的一个山区车站。甘达拉罗·德什潘德先生一直陪着他。圣雄甘地打算前往一个更凉快、更有利健康的山区车站南迪杜格（Nandidurg）附近休养两个月左右，那是往齐巴拉普方向离班加罗尔大概35英里的一个地方。他（圣雄甘地）想向你了解一些关于身体调理方面的知识——体位（Asana）和调息（Pranayama）的方法。所以甘达拉罗（Gangadharrao）让我问你是否能抽出两个星期时间，离开罗纳瓦拉到南迪杜格陪一下圣雄甘地。甘地18号晚上离开安博利前往贝尔关，在贝尔关过夜之后，于19日10:17抵达班加罗尔。如果你能立刻回复我们，我们就能够再次写信给你或者发电报给你，以备甘地需要你在19号开始陪他。希望你能马上回复我。

SK的性格就是随时随地都尽力帮助别人，而能够亲自满足国家的珍宝——甘地的需求，更是让他倍感荣幸。他立刻给梭曼先生回信，同意按照对方的愿望前往南迪山陪同甘地。听了梭曼先生的汇报之后，甘地写信给他的"朋友"库瓦拉亚南达，确定了 SK 抵达南迪山的日期。他还利用这个机会解释了他接触并开始练习瑜伽的因缘。当然，他急切地想知道头倒立式（Shirshasana）是否能缓解让他担心的血压问题。信是于 1927 年 4 月 17 日从南迪山寄出的——我们得感谢当时快捷的邮政服务，因为甘地在梭曼先生写信给 SK 三天之后就回信给 SK。从贝尔关到罗纳瓦拉再到南迪山只用了三天时间，在今天都是不可想象的。全信如下：

> 谢谢你写信给巴巴萨赫布·梭曼，并同意在必要的时候——即 26 日之后随时来迈索尔。我希望你在 26 日之后尽快来到南迪山。如果你能给我发一个电报，我就会安排人将你从最近的车站接到南迪山。你也知道，目前学生中盛行自渎行为，瑜伽体位练习作为一种方法，或许可以用来治愈这些恶习。通过阅读我了解到，瑜伽体位还被推荐为治疗许多其他疾病的方法。在生病期间，我阅读了萨塔瓦莱卡（Pt. Satawalekar）的著作，我想亲自实践一下。因为大家对头倒立式的众多溢美之词，让我对此产生了兴趣。在过去的五天里，我一直在尝试练习头倒立式，每次几秒钟。我每天早餐之前练习两次，中间间隔两分钟。在练习之前，我先用细布条做洗鼻洁净法（Neti）。在做体位的时候，我将身体保持绝对的静止。古那吉（Gunaji）先生协助我头立地，保持身体的直立。在晚上 8 点休息之

前，我会重复同样的体位练习。我每天晚上5点吃最后一顿——牛奶加水果。对此，我没有发现任何不良作用。相反，我觉得精神更焕发，身体更有劲，并且能够进行短途散步，胃口也变好了。现在的问题是，用这样静态的方式练习头倒立式是缓解我的血压问题，还是会使我的血压升高。我认为，在任何情况下洗鼻洁净法都不会有什么危害。根据听诊结果，我现在的血压是180，最近五天都没有增加。你建议我继续做这样的练习吗？还是在你到来之前我先中断这样的练习？如果你觉得我应该停止练习，请给我发电报。我不希望因为我草率的行为而迁怒于瑜伽体式。

SK随即前往南迪山为甘地服务，并且和他相处了两个星期。SK在这段时间可能写了一些日记，但可惜的是没有保存下来，这样我们就永远无法了解他如何指导甘地进行瑜伽练习，也不知道在这段时间内他们之间发生了怎样的谈话。然而，SK返回罗纳瓦拉后，给甘地安排了一个时间表，严格列出他每天应摄取的食物和练习的内容。另外，他还让甘地"在睡觉的时候，接受脊椎、腹部和心脏部位的按摩"。这个计划表的撰写时间是1927年5月5日，内容如下：

1. 早上5点左右，摄取盐水。
一盎司的水中加入一克盐。

2. 在早上方便的时候饮稀牛奶。10 盎司水中放入 10 盎司牛奶。

3. 灌肠——两周后停止，或根据需要逐渐减少注射量。

4. 喉式呼吸——7×2 次到 28×2 次，每两个星期增加 3×2 次。

5. 挺尸式（Shavasan）——10 分钟：在第三周和第四周内，每天根据方便，在 3 到 5 小时内完成。

20 分钟：从第五周开始，每天根据方便，在 3 到 5 个小时内完成。无论挺尸式的练习持续多长时间，每次放松的时间不要超过两分钟。其他时间，按照以下步骤进行调息。

第一步：观察呼吸。

第二步：平衡所观察到的呼吸。

第三步：通过深吸气来增强呼吸。

肩倒立替代法：按照如下的角度和时间躺在斜面上：

斜面坡度 15°，第一周每天 5 分钟，第二周每天 10 分钟。

斜面坡度 25°，第三周每天 5 分钟，第四周每天 10 分钟。

斜面坡度 30°，第五周每天 5 分钟，第六周每天 9 分钟，第七周每天 12 分钟。

按摩：睡觉的时间按摩脊椎、腹部和心脏部位。

认真仔细地观察!

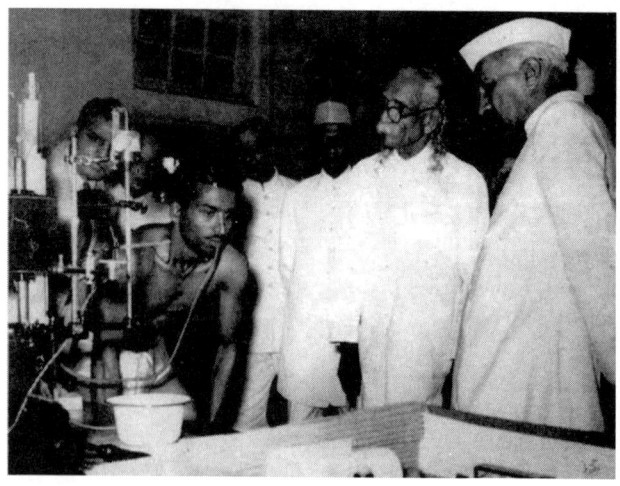

这个演示还不错吧,尼赫鲁先生?

尼赫鲁先生，这就是我们的程序

斯瓦米吉在孟买保健中心的办公室

估计甘地会遵守这些要求,同时按照他一贯的性格,也会提出一些创新。也许,政治事件加剧了他的焦虑。当时正处于英国组建西蒙调查团(Simon Commission)的前夕,钱德拉·谢卡尔·阿扎德(Chandra Sekhar Azad)和巴格特·辛格(Bhagat Singh)刚刚成立了"共和协会"(Republican Association),随后就发生了卡科里(Kakori)事件。印度正在酝酿一条与甘地构想完全不同的道路,甘地对此郁郁寡欢。SK认为甘地正处于精神崩溃的边缘,因此在6月4日向甘地提出了更多的建议:"挺尸式应该对神经有舒缓作用。做完这个练习之后,你应该精神抖擞,像从睡眠中醒过来。可以一天三次重复练习。"

"在肩倒立式练习期间,要避免对动脉或静脉造成任何压力。这个体式会让你拥有双倍的能量。"

在另一封信里他进一步强调应该继续按摩,要特别注意脊椎、腹部和心脏部位。斯瓦米·库瓦拉亚南达百周年诞辰纪念时发行过一本纪念册,印度国家档案馆的科研工作人员阐德·普拉卡什·梅哈拉(Chand Prakash Mehara)博士在其中撰文,提到过SK所写的这两封信和随后甘地于1927年6月8日的回信。甘地有时很任性。由于某些特殊原因,有时候会对规定的练习做出单方面的调整,然后可能会让SK进行纠正。这封1927年6月8日的信就是这样的例子:

我应该尽量增加黄油的摄入量。调息没什么困难,通常我都一直不停顿地深呼吸。

你安排的挺尸式对我并没有起到什么作用。可能你所规定的时间太短了,只有两分钟。当我平躺约15分钟的时候,我才感到精神焕发。

肩倒立对我也没什么积极的效果。你会不会建议增加斜面的角度,或者在当下的角度增加平躺的时间?

我忘记向你提按摩了,我一直没有中断。但是,有时候没有给腹部和心脏部位按摩。之所以不按摩腹部,是因为担心持续的按摩会削弱肠肌的功能,可能会让肠肌形成习惯,以后需要通过按摩才达成适当的蠕动。之所以停止心脏部位的按摩,是因为觉得没必要,我自己的推理——也可能是错的——我觉得心脏部位的按摩并不能对心脏本身产生影响,它的作用只局限在胸腔和肌肉位置。既然你已经强调我需要按摩,并特别提到了腹部和心脏,我将恢复这两个部位的按摩。但是请你在下一封信里对我的疑问进行解答。

SK在6月14日的信中答复了甘地。他对圣雄甘地的疑问和担忧很感兴趣。值得注意的是,作为一个学习过梵文和英文的人,SK对解剖学也很熟悉,这真是值得让人称道。顺便提一下,他让圣雄甘地寄还1927年5月5日他所开的处方,以供他进行参考。信是这样写的:

谢谢你本月8日的来信。我很高兴知道你已尝试增加黄油的用量,并重新开始按摩腹部和心脏。

关于挺尸式和肩倒立的说法你是对的。对于这两种体式,我给你安排的时间太短了。你现在可以练习挺尸式15分钟,每天练习两次;对于肩倒立,练习的时间不要超过挺尸式的时间。我给你开的方子本来有一个副本,不幸的是我弄丢了它。如果你能给我再寄一份,那就太好了。我下次给你写信的时候,就你身体状态的改善情况,针对这些体式,我会告诉你应该练习多少时间。

你的循环系统的问题虽然比较轻微,但是不可以轻视。按摩是我们所使用的治疗方法之一。现代解剖学告诉我们,尽管心脏有一大部分和胸腔是分离的,但是也有一部分与胸腔是粘连的(《格雷解剖学》,575页)。对心脏部位的按摩,能够通过这一小部分粘连的区域影响到心脏。我亲自处理的一些心脏严重异常病例也证实了这个观点。进行呼吸练习能引起整个肺部和整个胸部呼吸系统的缩胀运动,从而也起到对大部分心脏区域进行按摩的作用。

虽然按摩腹部的主要目的是为了消化器官,但是它对腹部的血液循环也有很大的影响,从这个角度看,对腹部的按摩也是可取的。你担心你的腹部会习惯于在被按摩的状态下才能发挥作用,从而导致肠肌功能减弱,这种忧虑是没有必要的。科学家将按摩划归为静态的锻炼。只要是用正确的方式进行锻炼，不管是静态的还是动态的、短时间的还是长时间的，都不会削弱身体器官的功能。我相信任何人都不用担心养成了依赖于锻炼的习惯。对于按摩的唯一反对理由可能就是它具有静态的特点会导致对其他人的依赖。但是对于这一点，你也不必要担忧。在所有科学的治疗方案中，当病人感觉有足够的力量进行肌肉锻炼时，按摩就会被动态的锻炼方式所取代。就你的情况而言，当你不需要依赖他人的时候，就可以停止腹部按摩，采用其他的锻炼方式。

如果你仍然对心脏部位和腹部按摩的有效性产生怀疑，请给我来信，我会在下一封信中作答。

令人惊叹的是，甘地对他的瑜伽疗愈相当认真，并在此过程中提出了大量的疑问。这是一个不同寻常的情况，疗愈师通过信件来进行治疗，而病人是一个执迷的实验主义者。这个疗愈师不相信远程治疗方案，而病人则坚持自己的看法，但也不拒绝疗愈师所提出的治疗方案。因为病人是甘地这样的伟人，所以疗愈师就破例通过信件给他治疗；病人对疗愈师具有极大的信心，所以向他提出了一连串的问题。对于腹部和心脏部位的按摩，SK向甘地做出了生动的科学解释。甘地明白之后，心里也很高兴。他说服自己立即恢复之前中断的按摩，现在他已经理解了这种疗法的合理之处。但是他还有其他的疑问，就是关于练习肩倒立的时间问题。结束南迪山的休养之后,他前往班加罗尔的政府招待所。1927年6月17日,他给SK写了另外一封信:

> 我现在已经完全明白了你所说的对腹部和心脏部位的按摩。当然,自从我给你写信的时候,我就恢复了按摩练习。我只是想澄清一下我所不理解的内容。我也告诉过你,在对这些练习进行实践的时候,我选择信任你。虽然你的解释在我看到是很权威的,但是如果我不能理解你的解释,还会继续提出疑问。
>
> 只有我确认所有的这些医疗措施是完全没有危险的,我才会去尝试这些瑜伽练习。
>
> 8日给你写信之后,我采取了进一步行动,希望你不要觉得我太性急了。我重新阅读了你的要求,你在信中希望我采用30度的斜面。所以,给你写完信之后我立刻增加了角度,并且按照你的要求,相应地将练习的时间缩短为5分钟。但我对30度这个角度有自己的疑虑,因为我还没有找到一个准确的测量仪器。因为对吊床不满意,我四处寻找一块木板,现在已经找到了。我将木板放在吊床上,我在上面铺的不是床垫,而是一块软垫子,我借助这块木板进行肩倒立的练习。较之于之前的方法,这个方法已经大为改善。摩诃提婆进行测量工作,他觉得我采用的

这个角度是50度，而不是30度。我并没有不舒服的感受。今天是第四天，持续时间只有4分钟。我每个周日测量血压，如果我发现血压确实升高了，我就把血压升高的原因归结为角度，并且减小角度，以免你说我操之过急。

我一直在进行另一项静态的锻炼，虽然不是很经常，但相当有规律。过去我在痢疾后的康复期间和身体比较虚弱的时候都会进行这项锻炼。我将身体躺在床上，把腿抬到与躯干成直角的位置，保持2到3分钟，这样可以消除散步后的疲劳；然后，我就从那种垂直的状态一直尽力压腿，将腿朝着头的方向压，但是也是以不吃力为原则。这是我采取的增强腹部肌肉练习的方法。我想我向你提过，这个方法是卡勒卡（Kalelkar）博士教给我的，我知道你认识他。他写信给我，让我做这样的练习。这两个练习，将腿垂直于身体，慢慢朝着头的方向压，以及你所教的练习，对我而言效果似乎都很好。我没有感到疲劳，压腿锻炼之后，我觉得肠子会向前运动。

早上我还没有服用温盐水，因为还在持续灌肠。我现在能够将水保持半个小时了。我将一个装满水的杯子放在鼻子旁，在通过鼻子吸入水的过程中，只有不到一半的水洒出去了。所以我觉得在漱口之后，我就用这种方式摄入了4盎司凉水。

我每天早晚还在继续散步，每次40分钟。但是在来到班加罗尔之后,我散步的距离比以前增加了,每次都不少于2英里。

我还不敢摄入超过2茶匙融化的黄油。我想我告诉过你,牛奶的用量从30盎司增加到40盎司,巴克瑞面包(bhakri)或燕麦片还是2盎司。

我随信附上你给我的便条,你不必归还,因为我应记住上面的内容。如果你觉得有必要,请再给我一些指导。

收到这封信后,SK立即回信,对肩倒立练习做出一些补充说明,此外将眼镜蛇式(Bhujangasana)介绍给他,并且指出了恰当的防范措施。斯瓦米吉似乎对甘地产生了某种特别的感情。他那孜孜不倦的提问让他有机会扮演一个教师的角色,这让他有一种极大的满足感。他写于1927年6月22日的信件如下:

你于17日的回信我及时收到,谢谢。

关于你躺在斜面上进行肩倒立的练习,只要你不感到动脉和静脉过度紧张,我并不反对你采用30度的斜面,但是不能超过这个角度。你每周只能增加5分钟时间,直到达到20分钟。每次持续20分钟,坚持两个星期之后,你就可以每天进行两次肩倒立练习。除了下午的练习外,每天还可以增加一次练习。这样,采用30度斜面的练习就有40分钟,中间间隔5个小时。

你现在住在班加罗尔市,你可以在当地的市场上买一个大的量角器,就像学校里的几何老师用的那种,这样你就可以准确地测量角度。

你所做的压腿练习是属于萨斯特利所说的犁式(Halasan),这的确是对腹部一种特别好的练习,你可以继续下去。

如果你在身体上觉得足够有力量,也可以练习眼镜蛇式。开始的时候,请每天做一次。几天之后如果你愿意,可以做2次甚至是3次。但是请不要超过3次,这是你的极限。

随着练习不断进展,以后我还会给你介绍两到三种练习。你经常向我提出疑问,我很高兴。我将尽我最大的能力,在回信中解答它们。

因此,甘地现在必定已经获得一个量角器,在抬高身体的时候用它测量角度。我们不知道他是否派人去最近的学校找来一个量角器,但我们知道他的血压开始上升,而他的医生却找不出原因。医生手足无措,甚至建议他立即停止瑜伽练习。这样甘地哪里还有可能进行眼镜蛇式的练习!但更令他好奇的是,为什么血压会因为瑜伽体式练习而上升呢?这样的焦虑和疑问体现在他1927年6月29日的信件中:

来信收到，谢谢。我很遗憾地告诉你，上个周日我测量了血压，发现它从150 mmHg升高到160 mmHg。医生们找不出血压升高的原因。我向他们直接演示了我所做的练习，也就是肩倒立式和犁式。犁式就是你根据我上次向你介绍的情况给它起的名字。医生们要求我暂时停止这两种练习，于是我就中断了练习。否则，正如我在上一封信中所说的那样，如果血压上升，我也会中断肩倒立式的练习，然后再向你寻求建议。上次，我再次测量了血压，发现降低了5个单位。我想，我最好继续暂停这两个练习。不管怎样，我都会中断练习，等你对我进一步指导。

其他的练习都照常进行——散步、深呼吸、挺尸式和按摩。我现在摄取黄油也没有困难，摄取量已经增加到3茶匙。我并没有想超过这个量，除非你觉得有必要再进行增加。牛奶的用量保持在30盎司。我现在没有测量巴克瑞面包的摄取量，煮好之后我再称重，是3盎司。鉴于我身体的血压稍微有升高的趋势，你还要我开始进行眼镜蛇式的练习吗？就目前我的身体力量而言，进行以上任何练习都是没有困难的。我个人无法理解，虽然有些体式不会明显地影响到身体系统，为什么它们会增加血压。我觉得对于正常健康状态的人而言，这些体式是不会增加血压的。如果你能告诉我哪些瑜伽体式是不会对血压产生危

害的，那就最好不过了。（在这封信里，halasana——犁式，被甘地写成hatasana，SK订正为正确的形式）

SK需要解决一个难题：他曾经对肩倒立式和犁式进行了若干实验研究，这些研究都得出了令人振奋的结论——它们能有效地降低高血压。但是甘地的报告与此截然相反。而甘地一直是严格按照SK的指导进行练习。SK的心里生起了如下的疑问：他的研究得出了错误的结论？还是圣雄甘地在练习中出了差错？甘地的一个特例是否会让SK的所有实验研究结果付诸东流？如果是这样，瑜伽典籍的真实性就会受到质疑，因为SK的研究是基于这些典籍进行的。正因为甘地的血压出乎意料地升高了，SK必须弄清楚其中的原因。人们可以容易地猜测出原因：虽然大家建议甘地完全休养身体，但是他还是勤勉地工作。大家都知道，甘地从不考虑休息的事情。这可能就抵消了肩倒立式和犁式这两种瑜伽体位练习的积极作用。尽管如此，这仍是一件棘手的事情。甘地的健康是举国都在关心的事情，也是SK最关心的事情。无论如何，不应该让他进行错误的瑜伽练习。同样重要的是，虽然瑜伽经文的真实性已经饱受误解，但是必须通过精确的实验研究来进行验证。像甘地这样的伟人不会做出与事实不符的报告，全印度人都相信这点。那么，瑜伽典籍的要义、几千年的瑜伽传统，以及最新的实验研究成果都错了吗？那些一直对古老瑜伽典籍指手画脚的人必定趾高气扬！SK 的当务之急就是如何避免这样的情况。于是他在 1927 年 7 月 4 日写了一封信，信中充满深刻的分析和热切的恳求：

> 在你本月 1 日的来信中，我知悉你的血压升高了，对此我感到真诚的抱歉。我猜测也许是犁式（Halasana，不是你拼写的 Hatasana）导致了你血压的升高，因为任何压力——不管是精神的还是肉体的，都可能导致你出现这种情况。根据推测，我认为你的身体足够强壮，能不受影响地经受那样的压力，所以让你进行这样的练习。我现在发现这是完全错误的。这就是远距离地进行精确治疗的危险之一。当然，我承认在直接指导下接受治疗也可能会出现失误，但我确实认为，如果面对面治疗，犯错误的机会是微乎其微的。
>
> 关于肩倒立式，我不知道为什么它会造成血压的升高，除非：
>
> （1）就像摩诃提婆所说的那样，你采用的角度在 50 度左右；
>
> （2）或者你没注意到动脉和静脉的紧张。我当初在南迪亲自教授你体位的时候，采用的是平缓的角度，我们也没注意到这点。因为你当时感到精神饱满，所以我建议你采取一个更大的锐角。

我觉得可能是手工纺织品（Khadi）展览和随后的旅行安排不知不觉地作用于你的大脑，让你的血压升高，这种可能性比犁式瑜伽练习更大。血压的升高可能完全与肩倒立式无关，除非你没有按照我的要求来进行练习。

我现在和你相距甚远，很难找出你血压升高的具体原因。有一件事是肯定的，你暂时中断练习是正确的。请至少在几个月之内都不要进行犁式练习，并且要中断练习肩倒立式至少两个星期。我对肩倒立式能缓解高血压有很大的信心，我请你再次练习时保持15度的角度，练习时间控制在10分钟。

对于健康人，这样的体式不会影响到血压。我自己练习了6个月，每天24分钟，结果我的血压是120毫米汞柱。如果你是根据我的要求进行静态的练习，这样的练习肯定会像这次出现异常状况之前那样帮助你降低血压。挺尸式可能就是现在你唯一可以练习的瑜伽体位了。

知悉你在准备的行程，我一直怀有相当大的警觉。一个星期之前，我甚至就打算就此事写信给你。但是直到现在，我都没有如此做，我一直让你在7月底甚至8月之前进行彻底的休养。但是很明显，你目前是在按照当地医生的建议行事，所以我觉得再让你遵循我的建议就不是很得体，因为我之前也向你阐明了我的意见。

我的意见是，血压暂时升高10 mmHg，然后又降低

5 mmHg，这不算什么大事。即使没有发生这样的变化，就你所提的计划，我也非常想给你写信，你最近给我的来信更是给我提供了一个写信的机会。

我急切地希望你为了你自己和我们整个国家重新恢复活力。我最大的担忧就是，你这个案例仅仅是一个特例，我不想别人受到这个特例的影响得出一个泛泛的结论。知识分子已经开始对瑜伽经论进行谴责了，他们甚至不允许别人为其辩护，而最邪恶的罪犯都有辩护的机会！

圣雄甘地，请原谅我使用了这样情绪化的语言。我只想提醒你注意，瑜伽经论很可能因我或你而遭受到曲解。看在主神的份上，请不要给自己添麻烦，也不要给瑜伽经论带来麻烦。我真诚地请求你不要在8月中旬之前开始工作，连这样的想法都不要有。

如果你需要我亲自前往你那里，我随时都可以动身。能为人类的公仆服务一直是让我开心的事情，因为我一直想虔诚地侍奉主神！

"不要在8月中旬之前"，意思是至少要休养五个星期。甘地可能觉得他已经在南迪和班加罗尔"浪费"了八个星期的时间，再"浪费"五个星期简直不可思议。他再也不能拖延与殖民"大老爷"们交涉的任务了，他必须立即重新投入工作。然而，由于健康方面的限制，他在班加罗尔多待了一段时间。

1927年8月底,他将动身前往马德拉斯(现名金奈),这意味着接下来的八个星期就是他所说的"冬眠期"。同时,甘地还请SK帮助好好照顾在静修处的旁遮拜(Punjabhai),他因为肚子疼需要治疗。这体现了甘地的行事风格。甘地于1927年8月23-27日写信给SK,告诉他旁遮拜在自己的住处都要"自行负担费用",所以自然要承担在罗纳瓦拉治疗时产生的费用。这封信很有意思:

> 我在迈索尔待到29号为止,然后在30号前往泰米尔纳都(Tamil Nadu)。我的总部会暂时设在马德拉斯。
>
> 但是我给你写这封信是让你照顾旁遮拜,他是在我静修处的一名工人,他有时候肚子会莫名疼痛。他将会向你介绍详细情况。我觉得他这个病可以用瑜伽进行专门的治疗,所以我想让他去你那里。
>
> 旁遮拜在那边不认识任何人。如果他能够住在你的静修处,那就再好不过了;但是如果不能,你就要告诉他在哪里可以找到住所。他一定要负担相应的费用,因为他自己有些积蓄,不希望成为任何人的负担。在我的静修处,他也是自行承担开销。所以你不要犹豫,一定要对他正常收取费用。
>
> 我现在体力还不错,旅行的时候也不会觉得累。

在 8 月底的时候，甘地完全恢复了日常工作。我们发现他在旅行和政治活动中写信与 SK 讨论食物摄取、食谱和营养学问题。这里有一封 SK 于 1927 年 10 月 20 日写的信，它使我们了解到圣雄甘地所提的问题：

我收到你本月 7 日的来信，虽然收信的日子有点晚，但我很高兴了解到，与在班加罗尔相比，你的健康情况并没有变差。我希望你的血压也有所降低。

关于庵摩勒（Amala）糖果，我不知道能不能在《英国药典》里找到确切的对应物或类似物。庵摩勒具有强肝和促进肠道分泌物的功效。至于积雪草（Brahmi），它是一种镇静剂，对神经尤其是大脑有镇静作用。

庵摩勒和积雪草的这些功效在临床上是有目共睹的，就我所知，生理实验并没有指出它们的这些作用。

积雪草的叶子并非在所有地方都能得到。因此，我上次给你们寄了一包我们静修处调制的萃取物。

我并没有让你中断庵摩勒的摄取，也没有让你用积雪草替代其他某种食物。积雪草并不能提供营养，如果能的话，很可能只是间接地促进食物的吸收，所以它永远不能用来替代食物。我不知道大量摄取其他食物是否能够替代这两种东西。

因此，一切由你自己决定。不管你是否决定仅仅摄取某些食物,就你目前采用的积雪草疗法,我做出如下建议。

显然,甘地想舍弃他日常的某些食物,因为他正在考虑用积雪草疗法来代替某些食物。斯瓦米吉礼貌但坚定地打消了甘地对食物采取的实验性措施,"适可而止"实际上就是指"适可而止"。但这并没有阻挡甘地与SK重新讨论与饮食相关的问题,这一点从后来的一封信中可以明显看出。1928年1月3日,他在自己位于艾哈迈达巴德(Ahmadabad)萨巴玛蒂(Sabarmati)的真理静修处(Satyagrahashrama)写下了如下的信:

> 谢谢你的信,我完全没有放弃瑜伽练习,照常练习挺尸式。我对呼吸的练习也是遵照你的要求。但是我的饮食有了很大的改变。你知道我出于宗教原因不喜欢喝牛奶。因为目前没有旅行,我在尝试食用坚果和水果,现在已经持续了一个月。每天三次:将一拖拉(tola)杏仁捣成奶状,和捣碎的橙子或葡萄干一起吃。每天两次:将半个椰子磨碎,将压榨出的椰奶与未成熟的帕帕果(papace)或未熟的香蕉捣碎一起煮着吃。我只是今天吃了未成熟的香蕉。因为这些调整,我没有吃任何药物。排便也比以前好很多。你可能不喜欢这样的饮食改变,但是,如果你能容

忍我,如果可能的话,请指导我。如果有什么练习要推荐,也请告诉我。根据穆图(Muthu)医生的建议,我没有测量过血压。

甘地的一言一行都是遵循他的自心,他热衷于进行实验。他似乎仅仅形式上向别人进行咨询。无论他的结论是否有任何合理的根据,他最终还是尊重自己一时兴起的想法。从这个意义上来说,所有医生都怕他。斯瓦米·库瓦拉亚南达也不例外。但是他将自己的想法用柔和的语言表达出来,从这封他于1928年1月25日写给摩诃提婆·德赛的信中就可以看出来:

> 我很迟才收到你写给我的信。收到信的时候,我已经从报纸上看到了圣雄甘地的消息。他的健康状况令人欣慰,我很高兴他已经度过了危机,我确信他很快就会恢复原有的健康。
>
> 关于饮食,我的意见是50%的决定权还是掌握在病人自己手上。1月3号他给我写信,告诉我他改变饮食,并且效果不错,没有提到任何重要的症状,例如体重减轻或者容易疲劳。所以,我也不能对此表示不赞成,虽然我从来不欣赏他在此方面极端的行为。

摩诃提婆·德赛心里也很急,但是他又能做什么呢。果决的甘地,如同诗人果卡克(Y.K.Gokak)所说:

他是那么普通,皮包骨头,他是国家的血脉。

摩诃提婆·德赛于1928年2月11日写给SK的信件如下:

了解到你写给甘地的信也让我担心。当甘地不顾大家的抗议和不断的警告,坚持自己的意见时,我认为感到担心是没有用的。医生们说,他的晕厥是由于高血压引起的,但他认为这是由肠胃气胀引起的,与血压无关。

你似乎同意他近来对饮食的调整。就我们所见,它带来明显的后果是疲劳、体重减轻(约9磅)。这种晕厥也可能是由于过度劳累引起的。实际的情况就是这样。他目前所摄取的营养成分如下:

葡萄80粒

杏仁糊6拖拉

橙子9个

蜂蜜6匙

麦粉做的恰巴提(译注:印度薄煎饼)8拖拉

如果你建议调整,请告诉我。

> 上周日这里的医生测量到的血压分别是 214 mmHg 和 120 mmHg！明天他们还要再测一次，我到时候告诉你结果。脉搏是 65。

我们在此挑选出两人之间的通信，并非为了通过圣雄甘地这样的伟人来体现 SK 的高大形象。没有人单纯地因为和甘地通信就获得很高的地位。《青年印度》(*Young India*) 和《神之子民》(*Harijan*) 期刊里的任何话题都能激起甘地辩论的兴趣。SK 与甘地还有许多其他印度领导人关系很融洽，这是一个事实，但这还不是全部的事实。甘地和斯瓦米吉之间的通信体现了他们两人鲜明的性格特点。两个人都相信实验，但方法各不相同。一个是理性主义者，对于任何观点，坚持通过分析方法来证明其真实性；而另一个乐于相信并依赖的是一种近于直觉的知识。不管是关于庵摩勒果（emblie myrobalan）还是犁式练习，库瓦拉亚南达的立场是基于分析，而不是基于传言。生理学和生物化学是他须臾不离的辅助工具。除非得到实践的证实，传统对他来说是不值得信赖的。作为一名科学方法的追随者，对此信念的坚定态度是库瓦拉亚南达的个性特征。而另一方面，甘地则尝试用自己的身体做试验，在必要的时候，甚至用错误的方法来得出结论。与 SK 不同，甘地的方法是冲动型的，而 SK 会通过理性的指导提前构想出方法。他们二人的寿命没有多大的差别。甘地被刺杀的时候是 79 岁，SK 是在 83

岁的时候去世。不同寻常的是，两个性格如此迥异的人能够很好地沟通，也能优雅地共处。两人的政治理念是相同的，但即使是这样，也不足以让他们彼此认同。他们代表了同一传统的两条支流，互为补充。正因为如此，他们才能够相知相惜。总之，甘地在接受治疗后身体恢复得非常健康。就我们所知，甘地可能将此归功于自己的意志力，但这并不重要。斯瓦米·库瓦拉亚南达很高兴看到甘地重新恢复勃勃生机。尽管1928年后两人之间没有定期通信，但他仍然对甘地的健康状况表示关注。通过报纸上断断续续的报道，全世界都得以了解到甘地的政治运动以及他的身体状况。每当他禁食的时候——这显然是为了自我净化，每隔一个小时都有相应的新闻简报对外公布他的情况。库瓦拉亚南达密切地关注事态，特别是在1933年5月，甘地进行11天的禁食，想以此"唤醒大众对贱民的包容心"。所有人都可以看到这次禁食是否成功。然而，虽然甘地是个伟人，并且试图通过公开禁食来改变人们的意识形态，但是印度人并不能就此产生新的觉悟。也不是说大多数印度人对甘地的动机一无所知。尽管如此，库瓦拉亚南达还是采用科学的手段，立即对"禁食"进行了评估。他意识到，在禁食期间，为了使新陈代谢保持在一个较低的合理水平，禁食者必须减少消耗身体的能量。如果不能做到这点，可能会产生不良的后果。我们可以看到，在1933年5月12日，他向萨巴玛蒂静修处的萨若吉尼·奈度（Sarojini Naidu）写了如下的信件：

我之所以给你写这封信，是想从生理方面就圣雄甘地禁食这件事真诚地向你阐述我的看法。我觉得我的这些看法可能有助于圣雄在这个壮举中成功地保存身体能量。

能量的消耗与身体的新陈代谢活动成正比。因此，一个人如果想要减少消耗身体能量，必须让新陈代谢保持在一个较低的合理水平。低于特定水平的代谢活动会产生中毒症状，导致脑疲劳、恶心、头痛、关节隐痛或消化道不适。因此，新陈代谢必须保持在这个合理水平之上。

身体活动、过度思考、带情绪的祈祷、灌肠、摄入盐水或苏打水、按摩骨骼肌都会促进新陈代谢活动，而在床上休息、有节奏地慢呼吸、心态平和地祈祷、温和的头部和脊椎按摩都会使新陈代谢减缓。毋庸赘言，圣雄甘地应避免前者，而尽可能采用后者。

灌肠对保持结肠清洁是很有用处的。在禁食期间，如果没有得到物理或化学刺激，灌肠可以通便。但是灌肠增强了新陈代谢，会让身体虚弱。因此，在禁食后的第4天或第5天，只有在出现中毒情况，或直肠或骨盆环感到不适时，才应使用灌肠。灌肠只能使用清淡的温水，用量也越小越好，可以自由摄取水分。水促进血液循环，防止血液黏稠，使毒素主要通过肾脏和泌尿道排出，并对整个身体系统降温。虽然它也会促进新陈代谢，但是利大于弊。然而，只有在消除中毒症状的时候，才使用盐水或苏打水，否则使用它们是弊大于利。所以，对这两种化学物质的使用要非常小心。除非是因为身体缺少活动积累了毒素，才需要对骨骼肌进行按摩，否则应该避免，因为它会促进肌肉对血液的吸收，从而导致脏器的缺血。而对头部和脊椎的按摩则是建立在不同的基础上。如果对这两个部位进行善巧的按摩，则能够减缓新陈代谢，从而减少能量消耗。

我确信以上的话对甘地本人和他的医护人员来说可能都是老生常谈了。在他们看来，我的一些观点可能是错误的。但是我还是将它讲出来，请自行判断它们的价值。

希望主神帮助圣雄成功克服这次难关。不仅仅是印度，整个人类都需要他的指导。

撇开其他不谈，这封信为那些禁食的人提供了一些有用的信息——不管他们出于何种原因禁食。更重要的是，它体现了库瓦拉亚南达如何利用科学参数剖析特定的现象。

在此没有必要列出一长串经常接受SK治疗的"高级"名流名单。如果真的列出这样的名单，也是相当单调乏味的。然而，根据档案记录，1954年6月，印度总统拉金德拉·普拉萨德博士在治疗上也咨询过SK的意见。SK于1954年7月18日致信给他的亲密朋友，当时的比哈尔邦邦长迪瓦卡（R.R.Diwakar）先生，信件原文如下：

上月 22 日，我接到了孟买邦长秘书的电话，他告诉我说总统拉金德拉·普拉萨德博士希望我前往新德里，检查一下他的健康情况。本邦的首席大臣莫拉吉拜（Shri Morarjibhai）也给我打了类似的电话。我随即同意前往。第二天，我被告知将于 25 日晚乘坐"边境列车"（Frontier Mail）从这里出发。26 日，我与负责此事的医疗官员拉什特帕蒂·巴万（Rashtrapati Bhavan）进行了一次长谈，对总统身体状况的实验分析情况进行了解。随后，我拜会了拉金德拉·普拉萨德总统，就他的具体病情做进一步的了解。我发现总统目前的问题不是哮喘，而是一种特殊的头痛。

在那些天，我与总统交谈了若干次。我坦率地告诉他，根据我的诊断，他身体内部有些不调，因而导致神经疲倦。

我在饮食和精神上对他提出了一些建议，以此来缓解他的神经问题。我觉得我没必要在这里详细介绍。但是，我给他的主要建议是在三个月内脱离德里这样的氛围，通过对环境的调整可以解决他身体的不调。总统答应尽力遵从我的建议。

我在 29 日早晨离开了新德里，第二天早晨抵达孟买。在这些日子，总统对我很友善。

事情的原委其实是贾瓦哈拉吉（Jawaharlalji）建议总统咨询我，所以他们就打电话找我。在新德里的时候，我与贾瓦哈拉吉进行了两次谈话。

第十章
筹集资金

"筹集"（To scout）这个动词有两个意思：轻蔑地拒绝；检验，侦察。斯瓦米·库瓦拉亚南达带着极大的激情和期望建立起瑜伽学院。为了运营它，他毫不迟疑地向来自各行各业的人寻求资金。这里的"scouting"就是这个意思。毕竟，他的研究主要是为了揭开和证明印度传统里的一个重要宝藏。20世纪30年代的募集资金，与21世纪的类似活动毫无相似之处。今天，这种项目都有赞助者，还有一些代理帮助寻找赞助者，但是他们的赞助是希望获得回报的。对于资金募集专家而言，顾虑和妥协从来就不是困扰。但是库瓦拉亚南达的资金募集并不相同，它具有严格的审计程序，因此要求透明和熟练的操作。

凯瓦拉亚达玛从一开始就获得了慷慨的捐助。事实上，如果没有这些捐助，SK就不可能轻而易举地建立并按部就班地运行这个机构。他想尽办法通过各种渠道募集资金，其中包括王公、非瑜伽练习者、官员和公众。但是，SK有办法捍卫对机构的自主决策权。他有时候也会拒绝接受捐款，因为他嗅到捐赠者另有所图。即使别人承诺他再大的金额，也不能打消他的顾虑。以下两个例子可能会让人觉得好笑,现代的机构创建者也会觉得不可思议。

孟买瑜伽知识学院(Yoga Vidya Niketan)的宁巴卡(Sadashiv P. Nimbalkar)是 SK 的老朋友,他讲了这样一件轶事。一天早晨,一位很有钱的商人来到孟买的中心,他想见斯瓦米吉。那位先生看到经理布尚吉在柜台前,于是他问:"我能见一见斯瓦米吉吗?""你为什么想要见他?"布尚吉问他。"我想捐 10000 卢比。"那位先生说。布尚吉让他坐下,然后去向斯瓦米吉汇报。斯瓦米吉出来之后,和那位先生打招呼,向他询问到访的目的。那位先生说:"斯瓦米吉,我是住在海滨大道的一位生意人。了解到凯瓦拉亚达玛所做的工作之后,我想向它捐赠 10000 卢比。"斯瓦米吉说:"兄弟,我很感激你要捐款,非常感谢你这样的善行。可否告知你的尊姓大名,这样我们就可以开一个收据?"

那位先生说:"斯瓦米吉,我不想透露我的名字。这是匿名捐款(gupta daan),这个比起为了贪图名声捐款更高尚。"斯瓦米吉立即回答说:"兄弟,我尊重你匿名捐赠的愿望,但是凯瓦拉亚达玛是一家注册机构,每一笔钱都记录在册。我们得遵守政府的法律法规。如果不开收据的话,我就不能接受你的捐款。我们这里没有设立捐款箱(dan peti),你最好找一家你尊敬的寺院,将这笔钱放到他们的捐款箱里去。"

这不仅仅是遵守法律的问题,也不是捐赠数额大小的问题。如果别人捐赠了更大的金额，他就会接受吗？几乎是不可能的。这只是遵守既定原则的问题，不是别人要求他遵守的原则，而是他为自己规定的原则。

第二件事与其说是关于资金的问题，不如说是关于他如何有条不紊地、科学地把瑜伽介绍给外国人的问题。偶然间，在一个晴朗的周日早晨，某电视频道的一名代表——显然是外国人，因为我们还没有本国的电视频道——来到孟买的凯瓦拉亚达玛 ICY 保健中心，提出了为他的频道拍摄一个瑜伽演示节目的想法。他们将慷慨地给予 20000 卢比的报酬。SK 并没有什么不情愿的地方，因为他并不反对瑜伽涉入西方的商业性活动。进行瑜伽动作示范的任务落在了宁巴卡（Sri. Nimbalkar）的身上。电视摄制组忙着为拍摄节目做准备，宁巴卡穿着演示的服装在前厅等待。时间到了，他被邀请到摄像机前演示。但是后来 SK 发现有些不对劲，因为没有人在节目现场进行评论。当被问及此事时，制作人漫不经心地回答："斯瓦米吉，我们会在后期制作评论，然后在节目中进行配音。"

斯瓦米吉的下一个问题就是关于后期的评论员："他是瑜伽方面的专家吗？或者他相当熟悉瑜伽？"

制作人还是一副不在乎的样子："他是有学问和资格的，但不是专家。"

"那他如何能够评论瑜伽呢？"

"哦，他会读一些书，并且提前准备。这是我们的正常程序，也是我们公司的一贯做法。"

"朋友，"斯瓦米吉说，"我们自己会给瑜伽示范配上评论。我们没有让别人为我们的瑜伽示范进行评论的做法。对不起，我要拒绝与你们合作此项目，因为我们并不认同你们的一贯做法。"

说完之后，他就走了。这时，宁巴卡已经回到前厅去了。斯瓦米吉直接走到那里，对所发生的事表示了遗憾。他说："对不起，宁巴卡先生，让你白忙了一场，很抱歉。但是我对瑜伽相当严肃和真诚。瑜伽是我的人生使命，恐怕我不能忍受人们对瑜伽的嘲讽和轻浮的评论。大多数评论者都习惯于让自己的评论搞笑，让人喜欢，所以他们就在评论中加入幽默、玩笑和笑话来进行搞怪。因此，我拒绝了他们制作节目的方式，并且离开了。"宁巴卡不但不沮丧，还很高兴。

在与人通信的时候，不管是写信给潜在的捐款人，还是一般的人，库瓦拉亚南达总是彬彬有礼。但是他也会很耐心地大声疾呼，正如他在1944年3月27日给海得拉巴的拉贾萨赫布的私人秘书莱·罗延（Raja Rai Royan）信中所写：

非常感谢你本月22日写给我的信。

我仔细考虑了这封信的内容，经过深思熟虑后，才回信给你。我希望你将此信呈递给拉贾萨赫布，请不要误解我的立场。

如果拉贾萨赫布的儿子要和我一起住在罗纳瓦拉,并让我为他提供良好的训练和所需的一切便利,我很乐于这样做。遗憾的是,对于我来说这有很大的困难。我将首先讲明我的困难,并给出另一个建议,希望拉贾萨赫布给予审察。

我们在罗纳瓦拉的主要建筑全部被实验室和图书馆占用,几乎没有多余的住处。即使有,条件也很差。除此之外,各类病人也面临巨大的压力。因此,我几乎不可能为拉贾萨赫布的儿子找到一个舒适的房间,使他免受外来者的干扰。

罗纳瓦拉没有实施供应方案。即使是普通的粮食作物,我们也很难得到,我们只能满足于市场上现有的一切。住在静修处的常住人员和从外边来的病人都将就着食用粗麦、高粱等。因此,不可能为拉贾萨赫布的儿子安排特殊的食物。我们现有粮食的质量就是如此,并不涉及多花钱的问题。

在今后的两三个月里,尽管我希望在罗纳瓦拉多待些时间,但我将会在孟买待更长的时间。所以,我就没办法特别关注拉贾萨赫布儿子的身体状况。

从外面来到罗纳瓦拉静修处的人,以及静修处的常住人员都是成年人,几乎没有拉贾萨赫布儿子的同龄人,因此他可能会感到孤单。

在此我要指出，这些困难是真实存在的，希望拉贾萨赫布本人能够以同情的态度给予谅解。

我真诚地希望能够为拉贾萨赫布的儿子做一些事情。因此，我提出另外的建议。

我们在孟买郊区的波瑞瓦利（Borivali）有一个漂亮的农家花园。波瑞瓦利在夏天比孟买更凉爽。注意：孟买本身比浦那凉快多了。我们静修处有两位同事住在波瑞瓦利，并且有一间特别的厨房，比较容易制备高质量的食物。即使他有一位仆人陪伴，也可以得到安排。在波瑞瓦利，他的要求可以很容易地被满足。

波瑞瓦利位于孟买的一个郊区，如果到访者能够获得两个月的铁路通行证，就可以经常前往孟买度假或者游玩。如前所述，在接下来的几个月内，我大部分时间都呆在孟买。因此，我可以直接与拉贾萨赫布的儿子保持联系。而波瑞瓦利的同事将会给他提供必要的瑜伽训练。

考虑到所有这些实际情况，我建议将拉贾萨赫布的儿子送到波瑞瓦利待两个月。还有一种方案，就是可以在罗纳瓦拉租一间单独的平房，拉贾萨赫布的儿子可以住在那里，自己配备随从和设施。说实话，出于各种原因，我对这种方案并不看好。如果拉贾萨赫布特别想让他的儿子待在罗纳瓦拉，我想我可以为此提出一些建议。但是获得高质量的食物很困难，我没有任何解决的办法。

关于瑜伽培训，除了在孟买之外，我们从来没有对任何人收取培训费，不管他是穷人还是富人。此外，就拉贾萨赫布的儿子而言，我们随时为他服务，而不期望有任何回报，因为拉贾萨赫布多年来一直在赞助静修处。我也不想向拉贾萨赫布的儿子收取在波瑞瓦利的食宿费用，能照顾他是我的荣幸。

我的这封信写得极其坦率，我希望不要被误解。我永远愿尽绵薄之力，为拉贾萨赫布服务——不管是他本人还是他的家人。但是，对于住在罗纳瓦拉，由于上述的困难，我提出了其他的方案。

大家很容易看到，这封信没有什么特别之处。在这里展示这封信件，只是为了显示 SK 写信寻求他人对自己机构的支持时的风格。在罗纳瓦拉创建凯瓦拉亚达玛六年之后，SK 回顾了在这之间发生的一系列事件，并向公众提交了一份简短的工作总结报告。除了概述在此期间开展的活动和进行的研究外，总结报告还包括一份汇总报表，介绍凯瓦拉亚达玛在成长阶段接受到的各种善心人士的经济帮助。这份报告登载于 1930 年 7 月的《瑜伽弥曼沙》（卷四，No.1）。在这份报告中，SK 对人们所提供的资金等帮助表示感谢，并阐明了他在发展静修处时优先考虑的事项。然而，这份声明的主旨在于经过最终的分析，SK 强调了一个事实：瑜伽学院是一所公共机构。我们最好从报告里节选一部分，通过他的第三人称（为了显得客观）叙述，完整地对此进行了解。

到目前为止，负责人并没有尝试向一般人收取费用，只是向少数的王公和商人进行募捐。负责人非常高兴地注意到，在大多数情况下，他们的反应是令人鼓舞的。负责人的一些私人朋友在募捐上做出了超凡的贡献。在静修处的募款过程中，有四次事件让人印象深刻。甚至在静修处创立的计划还没产生的时候，就有了第一次的捐款，库瓦拉亚南达的几位朋友就出面承担当时正在筹备的研究工作的费用。第二次是阿默尔内尔的普拉塔帕瑟特（Shrimat Pratapasheth）慷慨捐赠了5000卢比。正是这笔资金让库瓦拉亚南达建立静修处，并且让其获得相当规模的发展。在凯瓦拉亚达玛的历史上，第三笔值得纪念的捐款是由博尔本德尔的拉那萨赫布王公殿下每年慷慨提供的3000卢比。这项赠款立即推动了静修处的工作，使负责人能够开展许多额外的工作。这极大地增加了凯瓦拉亚达玛的声望。第四次是孟买高等法院律师拉拉吉·戈库达萨（Lalaji Gokuldasa）先生向静修处捐赠了位于风景优美的孟买郊区波瑞瓦利的一座美丽花园。这笔地产价值13000卢比，由孟买的静修处托管。与这些捐赠有关的人员获得了凯瓦拉亚达玛所有员工永远的感激。

还有其他许多人也慷慨地帮助过静修处。在凯瓦拉亚达玛成立的早期，普拉巴商卡·帕塔尼就将自己位于罗纳瓦拉的一处房产交给静修处免费使用，让负责人全权管理。这处房产价值20万卢比。我们应该感谢利姆布迪（Limbdi）的萨科瑞萨赫布殿下和他的私人秘书伊丽莎白·夏普（Elizabeth Sharpe），他们在卡提亚瓦（Kathiawar）向人推荐SK和他的工作。莫尔菲（Morvi）的萨科瑞萨赫布殿下和班斯达（Bansda）的王公不仅慷慨解囊，而且亲自访问，令静修处蓬荜生辉。还有其他邦国的王公和其他捐赠人，他们对负责人也是同样地慷慨。库瓦拉亚南达借此机会感谢上述人士，也感谢帮助静修处获得目前成就的人。

虽然上述捐赠数额似乎令人鼓舞，但静修处需要更多的捐助来满足日益增长的需求。虽然这5年的发展令人满意，但静修处的大楼仍然是租借的。由于缺乏足够的财政支持，所以没有设立永久性基金，各部门也没有得到充分的发展。这类工作必须建立在健全的经济基础之上。经过保守的计算，凯瓦拉亚达玛的发展和维护需要100万卢比才能差强人意。

静修处是一个公共机构，靠公众的慈善力量和员工的特别奉献才得以维持。它所拥有的一切资产都不属于任何个人。负责人自己是一名修行人，在凯瓦拉亚达玛的财产上绝对没有任何经济利益。

该机构一直由一个信托组织管理,其理事机构和咨询机构也是按照库瓦拉亚南达的构想进行。当时和现在的不同之处在于,目前该机构的某些部门从联邦和邦政府那里获得了一些津贴,而对于其他机构的工作,除了不时地从公众那里进行募款外,还成立了自己的基金。例如,值得一提的是美国的 N.O.K. 基金的寇拉健(Nigol O. Koulajian)先生在 2003 到 2004 年之间捐赠了 20 万美金,为儿童创建一所学校。其他相当多的慷慨的捐赠维持着凯瓦拉亚达玛的开销。实现 SK 的梦想仍然是激励该机构多种项目的主要精神支柱。

回到 1941 年,时任贝拿勒斯印度大学校长拉达克里希南(S. Radhakrishnan)博士——他一直在远远地观察这个机构的工作——给 SK 写信,表达他对凯瓦拉亚达玛所做工作的欣赏。他写道:

> 我对你这些年来所做的工作印象很深,你一直用传统的瑜伽方法提高印度人民的体质。在这方面,你是最有资格给别人提出建议的人。我知道,不仅是印度,整个世界都需要瑜伽课程。而你有能力,也有资格进行这项神圣的工作。我希望通过善心人士慷慨的捐款,你很快就不再为静修处的资金募集问题而忧虑,并能够出访国外。

他并没有提到 SK 在瑜伽领域发起的开创性科学研究工作,

所以这绝非对SK的过度吹捧。然而，对于来自拉达克里希南这样一位教授和杰出校长的赞赏，SK还是很高兴的。SK并不渴望各方各面的奉承，他只是希望自己的工作得到别人的认可。因此，他就在第二天（即1941年11月13日）给拉达克里希南博士写信，问他是否愿意稍微修改一下这封信的内容，在他已经写好的内容之外，再增加一些重要的内容。信是这样写的：

> 我非常感谢你写了这样一封热情洋溢的推荐信。我相信，这将大大有助于我获得有钱人的积极支持。
>
> 不过，我希望你能在某些方面对这封信做出修改。你在信中强调了瑜伽对身体方面的影响。我想，如果你能欣然将我在精神方面所做的工作也包括进去，你的信对我来说就会有很大的价值。如果你觉得不是很过分的话，我想请你在你这封信上加上一两句话，我会衷心感谢你的。如果你愿意的话，就按照我下面的措辞进行修改。我补充的部分放在了括号里。你不同意的话，我就使用你原来的文字。
>
> "我对你这些年来所做的工作印象很深，你一直用传统的瑜伽方法提高印度人民的体质（和精神面貌）。在这方面，你是最有资格给别人提出建议的人。我知道，不仅是印度，整个世界都需要（不同层面的）瑜伽课程。

而你有能力,也有资格进行这项神圣的工作(因为你对瑜伽具有科学的态度)。我希望通过善心人士慷慨的捐款,你很快就不再为静修处的资金募集问题而忧虑,并能够出访国外。"

不管出于什么原因,如果你不愿意做出这样的修改,我也会感谢你。事实上,你说的这些话已经让我受宠若惊了。我还附上了这封信的原件,供你随时参考。

根据现有的记录,无法知道拉达克里希南博士是否对这一请求作出了反应,但SK必须要努力募集资金,才能将工作推向一个新的高度。有鉴于此,他并不认为利用任何可能产生积极结果的资源——例如邦国王公、协会和志愿组织以及慷慨的个人捐助者——是一件让人不快的事情。想要获得别人的捐款就需要提供一些证明文件表明已经完成的和正在构想中的工作。如果对方碰巧知道静修处的工作,就没有必要附上各种名人的推荐信。但如果向更广泛的公众或某个群体进行呼吁时,情况就不同了。例如,1934年12月,库瓦拉亚南达不知道怎么说服了自己,向艾哈迈达巴德的木材商业协会主席发出募捐请求。一个人如果向一个潜在的捐款者寻求资金,怎么能不借助瑜伽领域之外的名流呢?因此,呼吁信不再仅仅是募集资金。相反,它往往成为该机构的发展及其愿景的简介。不经意中,这一呼吁甚至可能成为像是自吹自擂般的尴尬声明。SK

善于起草此类募捐信,从他1934年12月2日给木材商业协会的信中可以看出这一点。正如法庭上的辩护人要用物证来证实上诉中的论点,库瓦拉亚南达则在其募捐信中加上了一些附件。以下就是他写的募捐信原文:

> 我之所以向贵商业协会呈递此封信件,是希望通过这封信获得你们最大的支持。
>
> 我是凯瓦拉亚达玛的负责人。该静修处于1924年10月由本人创建于罗纳瓦拉,在灵性、身体、治疗各个方面进行瑜伽的研究和弘扬。我认为最好的弘扬方式是将瑜伽和日常生活以及现代科学相结合。这种结合是如此成功,以至于静修处的工作获得了印度人的赞赏,也获得了海外人的青睐。这些见于附录No.I第13和14页的赞赏之词,表明我们的瑜伽科学期刊《瑜伽弥曼沙》在印度和海外备受敬重。至于将瑜伽和日常生活相结合,我们也获得了同样的成功。静修处的工作已经成为国民的财富。这是已故的莫迪拉尔·尼赫鲁的观点(附伯No.I,15页)。这些成功的结合让瑜伽体育文化和治疗获得了坚实的科学基础。联合省政府肯定了静修处在瑜伽体育文化上所做的工作(附件No.Ⅱ)。我治疗过的人包括:圣雄甘地、拉拉·拉贾帕特·拉伊(Lala Lajapat Rai)、莫迪拉尔·尼赫鲁、梅塔爵士等等。

1932年1月，静修处在孟买成立了一个分部，并在圣克鲁斯成立了一个保健中心（附件No.Ⅲ）。1933年3月，保健中心搬迁到查尼路，因为位于城市中心更加便利。附件Ⅳ和附件Ⅴ包括了政府医疗办公室在1932年和1933年对保健中心所做的报告。它们有力地证明了保健中心所做的宝贵工作。

静修处的临床和实验研究工作受到了孟买政府高级医务官员的称赞，其中包括医务主管和公共卫生主任（附件Ⅵ和附件Ⅶ）。附件Ⅷ、Ⅸ和Ⅹ清楚地证明了许多医学专家对静修处工作的赞赏。

孟买政府把后湾区的一块宝贵土地划拨给保健中心，这块土地价值超过10万卢比。只是名义上收取每年12卢比的租金，这就可以看出凯瓦拉亚达玛所完成的有益工作带来的巨大社会效益。

1932年，著名的耶鲁大学派了一名研究员到印度学习瑜伽，这名研究员在我们的静修处住了一年之后才回到美国。附件Ⅺ是耶鲁大学发给我的官方感谢信。附件No.Ⅰ旨在详细介绍凯瓦拉亚达玛。

最初的静修处是位于罗纳瓦拉。如上所述，静修处于1932年在孟买成立了一个分部。总部和分部拥有大量献身于瑜伽的本科生和研究生。在罗纳瓦拉，所有的治疗都是免费的。即使是在实验室接受检查，也是免收费用。而在孟买分部，同样的检查需要10卢比。病人在静修处头两天的食宿是免费的。在孟买分部，则收取适量的费用，但有很大比例的工作是免费的。有一段时间，我们提供的免费服务甚至达到25%。

凯瓦拉亚达玛是属于所有印度人的。印度各地的人每年都到罗纳瓦拉来，并从中受益。在很大程度上，静修处是一所从事灵性和慈善工作的公共机构，所以它的开销非常大。这些费用部分由治疗手续费和出版物销售收入支付。但是静修处的其他支出需要依赖于公众的捐款。目前静修处收到的主要捐款见附件No.I第18页。我通过此信恳请贵商业协会向静修处提供尽可能多的捐款。帮助静修处就是帮助受苦受难的众生，以及那些正在努力靠近主神的灵性追求者。

请贵会尽早对此申请给予支持。

此致……

木材商业协会是否对此信留下足够的印象，从而向凯瓦拉亚达玛伸出援助之手，我们不得而知。但此信对于了解库瓦拉亚南达的一些情况是非常有用的。例如，"旁遮普之狮"拉拉·拉奇巴·拉依等人都曾接受过SK的治疗。就瑜伽的推广而言，当代的情况与20世纪30年代的情况有所不同。首先，人们不再需要为瑜伽进行辩护；其次，对那些知道如何将瑜伽商业化的管理专家来说,瑜伽是一个有利可图的项目。瑜伽的功效不需要再进行证明,更不用说捍卫了,这主要得感谢像斯瓦米·库瓦拉亚南达这样的先驱者的努力。至于利用瑜伽进行牟利,好吧,SK 远远还没想到将瑜伽商业化。对他来说,托钵乞食的尊严高于通过不义手法获得的高额利润。用科学实验检验瑜伽是他的信条。而对瑜伽进行科学研究之后向大众进行推广,则是他的使命。为了达到这个双重目的,他义无反顾地接触公众,为瑜伽工作筹集资金。有趣的是,当时的一些王公认为,用现代科学的工具对传统知识进行解剖是很妥当的。很明显,他们并不担心这样的做法会使瑜伽边缘化。另一方面,他们充满热情地用科学方法认证瑜伽的主张。SK 寻求支持的诸多邦国王公之中,最著名的是博尔本德尔的拉那萨赫布王公殿下。多年来,他每年定期捐款,甚至一度打算赞助 SK 到西方宣传瑜伽的福音。毕竟,在那些日子里,瑜伽大师斯瓦米·维韦卡南达(Swami Vivekananda)让西方人如醉如痴是一个广为流传的故事。库瓦拉亚南达也曾考虑过去西方国家访问,但这个想法最终并没有实现。当然,他对访问西方也不是很痴迷,这就是它没有实现的主要原因。一方面,他通过出版物,在研究和弘扬瑜伽中得到满足。另一方面,他决心在教育体系中建立一个稳固的基础,使体育教育走上正确的道路。

印度人民历经艰辛,为争取自由而斗争,最终取得了成功,1937 年,印度各邦根据 1935 年《印度政府法案》成立了人民政府,这标志印度进入了一个新的阶段。孟买政府任命斯瓦米·库瓦拉亚南达担任体育教育委员会主席,让他就建立体育教学机构提供咨询意见,并为这些机构制定多种课程。这样 SK 就有机会将瑜伽纳入体育课程,并将其推广到全印度的学校。对于 SK 来说,这比向西方那些对瑜伽不太感兴趣的少数人进行推广更加让人欣慰。然而,两难的局面依然存在。他是否应该放弃王公的赞助提议,放弃美国和欧洲的瑜伽宣传之旅?最终,他找到了令人满意的解决办法:放弃海外弘扬瑜伽的想法,但不拒绝王公的捐赠。相反,将所获得的捐赠用于凯瓦拉亚达玛的研究工作,同时还在政府的支持下,集中精力弘扬教育领域的瑜伽项目。因此,他于 1937 年 11 月 6 日给王公的秘书拉贾(T.J.Raja)先生写了一封信,请他把所附备忘录递交给王公本人。这封写给拉贾先生的信非常简短:

请原谅我占用了你的宝贵时间。谨随函附上我给拉那萨赫布王公殿下信件的副本,供你阅读。如果你能抽出几分钟来阅读这封信并将其推荐给王公殿下,我将非常感激。王公原本打算给我的美国之行捐款,我计划将这笔资金充分利用到信中所描述的项目中。请在王公殿下面前替我美言几句。你对我事业的支持就是对静修处的支持。

多有打扰,请包涵。

以下写给王公本人的信更具体:

正是在今年3月,我有幸在博尔本德尔拜会了殿下。当时,我正在认真考虑参加一次世界旅行宣传瑜伽的活动。应我的要求,殿下很高兴答应赞助我,虽然没有提到具体数额。

几个月后,印度成立了人民政府,我似乎有机会在印度通过政府机构推广瑜伽。在某种程度上,我的希望变成了现实。现在我被孟买政府任命为体育教育委员会的主席。通过这个委员会,我应该能够把瑜伽和其他形式的练习一起介绍到每所学校。如果总理让我的愿望成真,我将能够在印度各地使瑜伽获得让人尊崇的地位。

这些机会对我来说比我的世界之旅更有吸引力,因为在这里,我能直接服务于祖国和瑜伽事业。因此,我暂时搁置了去国外弘扬瑜伽的想法。

我在体育教育委员会担任主席职务,并且在孟买和其他省政府担任荣誉职位,这虽然不会给静修处带来任何经济利益,但将对我终生的志业有帮助。同时,我将不得不承担大量的工作。不过,由于这些机会能够让我很好地为瑜伽事业服务,我决定在凯瓦拉亚达玛的利益不受到损害的前提下,好好利用它们。

如前所述,孟买政府给了我推广瑜伽的机会,但没有给我钱。我必须在其他地方募集资金。在这种情况下,我请殿下在今后五年内,至少继续保持给我们赠款的50%。这将使我不仅能够更好地专注于静修处的工作,而且能够通过瑜伽等练习使年轻一代充分受益。

静修处收到最后一笔赠款的时间是1937年3月底。我现在恳请殿下继续按上述请求提供赠款,安排将1937年4月到本月的赠款补齐,并在今后继续给予捐赠。

我相信,如果能获得适当的财政支持,我能够在两三年内将瑜伽练习推广到印度每一所学校。这是一个极好的机会,我请殿下帮助我完全实现它。在这里我无须赘言,今天静修处在印度各地所获得的声誉,主要是因为殿下在过去十一年里一直给予我们慷慨的支持。再过几年,殿下就会看到静修处建立在稳固的基础上。

再次请殿下答应我的请求,并原谅我给你带来的麻烦。

王公按照请求做出了答复,SK的愿望也已实现,国外之旅被取消。库瓦拉亚南达过去常常向许多人和机构募集资金,而不管所获得的捐赠是多还是少,或是一无所获。这就是静修处赖以生存和发展所经历的坎坷道路。

1947年印度独立后,形势和前景发生了一些变化。有一个新的资源可以利用,而且也是相当合法的。现在可以毫不犹豫地向邦政府和联邦政府申请资金，这些资金取之于人民，用之于人民。这个道理简单明了，但是实现它却十分曲折。周旋于各种政治人物和根深蒂固的官僚机构并非易事。SK要办理许多手续，填写各种官方文件，还要提交项目报告。无论多么麻烦，他还是经常访问有关的政府秘书处，每前进一步，都要去说服各个层级的人，让他们相信必须支持提交的项目。这需要极大的韧性和耐心，而这两点也是库瓦拉亚南达所具备的。他依靠政府，并获得了政府的支持，以至于在瑜伽界引来同行的嫉妒。其中一个人给库瓦拉亚南的研究工作起了一个特殊的称呼"官方瑜伽"（government Yoga）。如果因为政府在文化事务上具有主导地位就说SK是在调整自己去迎合政府，这是一种荒唐的说法。不能因为他偶尔会出现在孟买和德里的秘书处走廊上，就指控他和政府沆瀣一气。斯瓦米·库瓦拉亚南达在任何时候都不会追求自己的利益。他的同事——无论是在他领导的委员会，还是在他加入的委员会里——都可以证明这点。

SK的人脉很广，他在工作中不是独自前行。政府部门有些人对他很友善，乐于帮助他，也很尊重他。除此之外，在需要的时候，还有一些有工作能力的议员，如昆珠（Pundit H, N. Kunzru）、卡玛特（H.V.Kamath）、卡玛卡（D.P.Karmarkar）、迪瓦卡（R.R.Diwakar）等可以关照他的工作或者安排他与部门主管官员见面。看着这位瘦弱的先生从走廊慢慢地走到办公室，从办公室走到房间，一定很有趣。有些人可能觉得他是自由斗争时期的老卫士，因为他穿着白色的手工纺织服装，还有浓密的胡子。然而，他眼中的光芒以及飘动的发辫都会给人一种圣人的感觉。他可能在心里希望政府机构应该精兵简政，这样他就不必周旋于众多的秘书大楼。但考虑到自己对瑜伽学院和研究项目的热爱，他并不认为这些周旋是一件艰难的事。即使到了83岁，离他去世不到一个月的时候，我们仍然发现他在马哈拉施特拉邦政府秘书处到处奔走，担心政府的一些错误决定可能会动摇研究的大厦。所有这些都是因为一些不怀好意的官员，他们在孟买邦马哈拉施特拉教育部和政府部门的一些公函里随意写下了一些评语，声称罗纳瓦拉的K.S.M.Y.M.协会无权得到政府的任何拨款。而这个机构已经接受了十多年的政府拨款！这样的评语之所以具有如此大的力量，给SK造成这样剧烈的反应，是因为它也可能阻止联邦政府的拨款。SK必须澄清这个问题，使这些评语得到更正。我们发现，在1966年3月26日，他向时任罗纳瓦拉的K.S.M.Y.M.协会联合负责人的维内卡博士写信，表达了他的忧虑：

> 关于邦政府捐款的事情出了非常严重的情况。事实上，后来我才知道，实际上是D.E.写了评语，说我们的协会无权得到国家的任何津贴。这种说法是危险的，因为如果邦政府停止给予津贴，中央政府就不能向我们提供任何津贴。

于是我在 24 日会见了邦政府教育部部长，并告诉他 D.E. 的立场与政府审计员的看法相反，是错误的。幸运的是，部长被我说服了，并口头下达命令，要求邦政府继续照常提供津贴。然后，他把我介绍给了一名下级官员，一起向 D.E. 和政府审计员写了条理清楚的答复。这位年轻的官员带着我穿过秘书大楼（Sachivalaya）长长的走廊，从一层楼到另一层楼。这些让我疲惫不堪，我只能在财政年度结束时，尽可能多休息来恢复身体。你也不要为我的健康担心，我的心脏很正常。

尽管如此，我建议至少在两到三个星期内不要去罗纳瓦拉。与此同时，最近从规划委员会辞职的安那萨赫布·萨哈斯拉布德（Annasaheb Sahasrabuddhe）现在就在孟买。我想我曾跟你提到过他。

我们将在罗纳瓦拉的实验室对他的病情进行彻底检查。检查之后，如果我们有能力进行诊治，他就会住在我们的医院。他自己会负担医疗费用。

最近，他接受了两到三名心脏专家的检查，医生们发现他的心电图是正常的。

萨哈斯拉布德先生会跟你联系，并且根据你的建议去罗纳瓦拉做进一步的诊治。

我确信你在艾哈迈达巴德一切都很顺利。愿主神保佑你。

他可能还会说：愿主神护佑凯瓦拉亚达玛。在某种程度上，一个错误的决定可能会使事情在其他方面变得错综复杂。但看看这位从容的老人：他应该更牵挂这位老朋友的健康，还是应该更牵挂他所创建的静修处是否正常运作？

第十一章
发展瑜伽和体育教育

斯瓦米·库瓦拉亚南达最初喜欢的是瑜伽,但他同样对体育教育感兴趣。作为这两方面的行家,他极力推荐年轻人在这两个方面齐头并进,发展自己的人格。所以,他对传播这两门学科的知识和实践非常感兴趣。传播的方式有多种,迅速和直接的方法就是在一对一的基础上进行教学,这也是SK经常做的。然而,作为机构的建设者,应该以多种形式开展工作,以便向更多的人进行宣传。其中包括机构建设、培训教师、给其他有志于创建类似机构的人做培训、建设瑜伽博物馆对公众进行启蒙、说服大学开设瑜伽和体育教育专业,等等。对于所有这些形式,库瓦拉亚南达在不同的时期,以不同的身份都做出了出色和有成效的贡献。

20世纪30年代初期,SK的资历在瑜伽界和体育教育界都得到了认可。他具有一种真诚而持久的信念:体育文化中的瑜伽体系具有文化和疗愈两种价值。通过自己的研究和著作,他在很大程度上推广了自己的这个信念。一些从瑜伽获得真实利益的人现身说法,从而让更多人对瑜伽产生了热情。印度政府不同层级的教育部门和卫生部门率先表示对在学生和病人中传播瑜伽感兴趣,大学和医学院也将很快跟进。许多公立和私立机构也习惯邀请 SK 进行瑜伽讲座,让他进行相关的演示,验证讲座中所阐述的理论。接下来是培训教师、编制课程、提供学习材料,为进一步推广瑜伽打下坚实的基础。事情的进展出乎意料地鼓舞人心。SK 习惯了放弃舒适的生活,去适应长期的奔波。这里有一个故事,是他讲给位于巴罗达的朱玛达达体育教育学院的同事古佩塔(Captain V.B.Gupte)的。这封写于 1932 年 3 月 8 日的信亲切地称对方为"兄弟"(Bhaisaheb)古佩塔:

> 请原谅我这么长时间没有给你写信。事实上,我整月都在和时间赛跑。在我动身去联合省之前,我必须完成孟买的工作,还要为前往联合省做准备。到达那里后,我必须完成非常繁重的工作。事实上,在联合省逗留的两个星期里,我夜以继日地工作。在最后的两天里,我每天只能睡两个小时。这就是我一直没给你写信的原因,也是我的一个辩解。
>
> 敬爱的巴霍一定向你介绍了我在勒克瑙(Lucknow)的工作情况。在这些地方的工作取得了巨大的成功,为此我非常高兴。我对这些省份的访问经常引起轰动,包括主席在内的立法委员会大多数议员都来我的住处拜访我,与我讨论体育文化中瑜伽体系的优点。教育部和公共卫生部

的官员也是如此。来自本省不同地区的知名人士特意到勒克瑙来找我。

更重要的是，我在勒克瑙大学和它的医学院举办了讲座。在大学的讲座由学监主持，在医学院的讲座由校长主持。他们俩都是受过高等教育的欧洲人。这两次讲座都很受欢迎，医学院的讲座给该院教职工和学生留下了深刻的印象。校长强烈建议学生在他们的专业实践中使用瑜伽疗法。

我成了教育部长的座上宾，这使我的事业获得了更多的名望。联合省政府已经批准给予我1000卢比的津贴，并另外给予我200卢比的实际消费补助。此外，他们同意在学校里推介一本我正在编写的瑜伽体育手册。

从我回到孟买的那一刻起，这里的工作就让我筋疲力尽。因此，我就不再单独给尊敬的巴霍写信了。请将这封信呈给他，向他解释一下内容。对于维那亚克饶和其他兄弟，也是如此。

像预料中的一样，库瓦拉亚南达在勒克瑙大学的演讲促使联合省的公众教育部主任对SK的工作产生了兴趣。因此，1932年3月10日，公众教育部主任马肯遮向本部门的官员提交了一份报告，介绍了SK的访问所产生的影响：

为了改善中小学学生的健康和体质，联合省教育部最近相当重视体育训练。在本土系统里，最著名的就是体育文化里的瑜伽体系。在浦那附近的罗纳瓦拉，斯瓦米·库瓦拉亚南达创办了著名的静修处完善了这个体系。为了让教师有机会对斯瓦米·库瓦拉亚南达所教导的基本瑜伽知识有所了解，教育部于今年2月邀请他在勒克瑙进行两个星期的课程指导。有28名老师参加了本次的课程。斯瓦米·库瓦拉亚南达也举行了两次公开讲座，一次是在勒克瑙的勒克瑙大学，另外一次是在医学院。斯瓦米的演示和讲座获得了受训学生的高度赞赏，引起了教育工作者、公共卫生和医疗部官员以及公众的极大兴趣。教育部希望借着斯瓦米访问联合省的机会，挑选一些教师接受他们的体育培训教学，从而学习西方和本国体育教育中的精华。

然而，SK具有弘扬瑜伽的无穷热情，当需要完全或部分地牺牲自己的原则时，他不会妥协。他不接受讨价还价，尤其是在接受来自中央或邦政府的拨款的情况下，有可能出现一些微妙的情况。就其本身而言，他从不反对接受政府津贴，但有时他担心政府给予津贴的时候可能会附加一些条件。如果觉得不对劲，他宁愿放弃政府津贴也不愿放弃他自己的行事和研究方式。他一直都小心谨慎，以防惹上麻烦。当然，对私立机构和个人的捐赠，他的态度也是如此。在库瓦拉亚南达的生活中有一些有趣的插曲，让我们更加清楚地看到这个事实。曾经有一次，凯瓦拉亚达玛有可能获得一大笔捐款，因为有一个大实业家愿意，甚至可以说是急切地想资助静修处。随着进一步的交谈，SK 突然发现这位实业家伸出援手并不是出于利他的动机。库瓦拉亚南达一发现这件事，就立刻让这位潜在的捐款人离开。1960 年中期，发生了另外一件类似的事情。不同的是，这次是一个对自己的政治意图隐而不宣的组织，而不是任何个人。在这一段时间里，当该组织的代表连续花费数天时间，耐心计算着瑜伽学院远景规划所需要的财务开支时，整个静修处都兴奋不已。静修处的工作人员积极准备了他们的愿望清单，并与这些代表进行了详细的讨论。但是秘密终究还是泄露出来，浇灭了大家的热情。再回到 1933 年，当时勒克瑙一位来自斯里瓦斯塔夫（Srivastava）家族的人士自告奋勇充当好心人的角色。他提出在勒克瑙设立一个瑜伽保健中心，根据他的说法，几乎确定无疑会得到联合省政府的津贴。虽然库瓦拉亚南达没有理由对这个项目产生任何疑虑，但他希望得到确认，这样他对前景就能有加倍的把握。因此，他于 1933 年 12 月 6 日写信给他在贝拿勒斯的一位熟人巴布·斯瓦普拉萨德·古佩塔（Babu Shivaprasad Gupta），内容如下：

> 斯里瓦斯塔夫先生非常希望我能为勒克瑙设立一个瑜伽保健中心，为联合省的公众服务。因此，我已按照他的

要求提出一项可在委员会通过的计划，他觉得政府会根据我的要求给予大笔津贴。我已向他清楚表明，我不会容忍我的工作受到政府任何形式的干预。不过，他向我保证，虽然政府会给我的工作提供大笔津贴，但我可以按自己的方式行事。他还希望我访问勒克瑙，所以，我将在11日和12日前往那里。我想去贝拿勒斯办一两场讲座，马拉维亚吉多次坚持让我去那里做讲座。我不知道在这次前往联合省的行程里有没有足够的时间访问贝拿勒斯。

如果我最终能够去那里，我将非常高兴与你会面。因为通过你上次的来信，我知道你目前在贝拿勒斯，所以就理所当然地认为你在本月15日到22日也会在那里。如果你能给予我片言的回复，我将十分感激。

不用说，这件事并没有实质性进展。库瓦拉亚南达并不是最后一次遇到这样的事情。还有一次，一位不知从哪儿冒出来的人建议他在喜马拉雅山的某个地方设立一个凯瓦拉亚达玛分部，并且说非常乐意为此贡献自己的一份力量。经过若干天的紧张工作之后，整个提议又突然被撤销。重要的是，虽然经常碰到这些事情，库瓦拉亚南达从不泄气。他的座右铭就是"前进，前进"（charaiveti, charaiveti），在他的规划中没有绝望的容身之地。

这些无足轻重的事件包含着一个令人鼓舞的事实——对

瑜伽事业，库瓦拉亚南达"欢喜受，甘愿行"。他接受俱乐部、学校和各种机构的邀请，发表无数演讲。对团队做演讲是可以的，那么如何进行练习和实践呢？在向团体介绍瑜伽训练时，如何关注每个人的具体情况呢？为了完成这个任务，SK不得不想出一些适合整个小组的授课方法。后来，俾路支斯坦（Baluchistan）的中校科比特（T.W.Corbett）让SK单独给他自己和整个军校教授瑜伽，这个问题就已经不再是一个理论问题。库瓦拉亚南达于1935年4月25日回信给他，指出瑜伽训练基本上是针对个人的，但通过恰当的临场发挥，也可以进行集体教学。以下是他的信件：

> 我很高兴收到你本月17日的信。因为个人原因以及对学生利益的考虑，你对瑜伽体育文化产生了浓厚的兴趣，这让我很高兴。随信附上我所发表的若干著作和出版的刊物，这些杂志和通俗瑜伽系列的内容将给你足够的信息。
>
> 你们一定会很乐意知道，1932年初，我曾帮联合省政府培训过一些教师，而这些培训原本是为单独的个体而制定的。即使是现在，如果想从这些训练中获得充分的利益，也必须根据个人的需要来单独处理。但是，如果要在教育机构中引进这些练习，我认为应该对它进行改造，以适应大众运动。而这样的工作已经完成。我很快就会发行

一本印地语小册子,介绍一种适用于集体的瑜伽练习。或许就像其他出版物一样,这本小册子也能引起你的兴趣。

如果你想购买我的出版物,请向波瑞瓦利的《瑜伽弥曼沙》办公室下订单,我们会心怀感恩,很快给你办妥。

还有一点我应该在这里说明,我的出版物所涉及的瑜伽体育文化领域范围甚小,但是足以满足个人需求,使他们通过瑜伽获得健康。瑜伽的体育领域非常广博,要想以现代的角度对它进行研究,并且以大家理解的方式利用这个成果,还需要若干年的时间。

就像今天一样,在SK的时代,在与某个机构沟通时存在一个特别的问题。虽然这不是根本性的问题,但是也很重要。当沟通只涉及个人时,选择很简单:你要么接受它,要么无视它。但是,对于一个机构来说,情况就不是这样了,因为在该机构里可以同时存在"接受者"和"漠视者"。一个机构可以选择引进一些训练项目,例如,向某所大学的学生教授瑜伽。但是,该机构的某些部门可能出于自身的原因对这一决定提出质疑。如果机构内部没有统一的声音,向他们教授瑜伽就可能是危险的。但问题的关键是,从事瑜伽教学的老师并不住在学校,所以并不知道这个集体是否具有一致的意见。对于热心教授瑜伽的老师来说,这是一件有趣的事,他必须找到某种方法来避免这种情况。1934年,库瓦拉亚南达就遇到了类似的棘手情况，但这可能不是他最后一次碰到这种事情。如果他能找到一位熟人进行调解的话，他就会通过该机构内部的第三方，用自己的方式来避免这样的问题。他是不是经常诉诸这种方法，我们无法确定，但这里有一个例子使我们有一个大致的了解。1934年7月20日，他给孟买大学联合会成员帕兰德（Palande）教授写了如下的信件：

> 我在揣测你是否还记得我。我给你写这封信的前提是我假设你还没有忘记我。
>
> 离开阿默尔内尔之后，我在罗纳瓦拉创建了一所静修处，在过去的两年多的时间里，我也在孟买工作，为了公众的福祉而管理一家瑜伽保健中心。你可以从这封信所附文献看出，我的工作在印度和国外都很受欢迎。
>
> 我的工作涉及各个方面。今天，我给你写信，是关系到我在文化和治疗方面所做的工作。
>
> 孟买大学联合会的两名成员前几天私下邀请我与孟买大学合作，而这项工作很可能会提交到大学联合会会议进行讨论。到了本月26日，这件事情发生了意外，因此我几乎没有什么时间去寻求支持。莎赫（Shah）校长也在大学联合会，但我与他没有什么交情。我希望有人帮我去拜访他，而我认为你是与他沟通的最佳人选。我给你寄了两套文献，一套是给你的，另外一套是给莎赫校长的。如果你

能抽出宝贵的时间浏览一下这些资料，你就会立刻发现，我在体育文化领域的工作得到了本届政府最高医疗当局的高度赞赏。校长莎赫也可能会注意到我做的这些工作，我可以向他保证，我并不因此向该校学生收取任何费用。

如果你能让我知道你与莎赫校长沟通的结果，我会非常感激你。如果你愿意，我将在莎赫校长抵达孟买参加大学联合会之前，立即与他见面。那样的话，请你告诉我他到达的日期、路线和他下榻的地方。

我就此事给你写信之后，有一个问题一直困扰着我。在你们学院的教职工中，有些人与莎赫校长关系不融洽。如果你们学院的人与校长的关系很融洽，那当然很好。如果遗憾的是，你们的关系不融洽，那么请写信告诉我，这样我就知道让你与莎赫沟通是不合适的。

请原谅我，即使我们在几年前才见过一面，我也要这样无顾忌地利用你的善心。

希望你能原谅我给你带来的麻烦，并且早日给我答复。

这样的事情无疑很尴尬，而且是他自找的，但这也是他为推广自己所深爱的事业而付出的代价。在库瓦拉亚南达的一生中，这样的事情并不鲜见，这是他对瑜伽热情的有力证据。正是通过坚持不懈的努力，他才获得了认可，而这种认可让他充满成就感。不管信仰是什么，一个信徒都会说服别人去相信。

他所使用的方法就是去说服别人，把更多的人带到自己的队伍中。要想让别人信服自己有很多方法，积极与他人联系就是其中一种，他会单独与某人联系，也会同时与许多人联系。无线电广播也可以成为一种有用的媒介。库瓦拉亚南达对所有这些方法都来者不拒，他以慎重和客观的方式利用它们。他不认为自己是救世主，但他毫不掩饰自己是个宣传家。需要强调的是，他在有意识地完成自己的工作时，并不是为了表现自己。在他勤勤恳恳的工作中，他的这种个性也随之彰显于我们的面前。大家完全可以从这个角度来看他1942年1月在孟买电台为全印广播电台所做的演讲。他演讲的题目是"瑜伽的力量和原理"。请特别注意演讲的语气：是探寻者的声音，而不是瑜伽权威的声音，这就是他个性的缩影。以下是演讲原文：

> 今晚，我应邀给你们做一场关于瑜伽的演讲。请不要以为我会引领你们进入深奥难测的哲学思考，也不要希望我带你们乘坐幻想之翼，进入虚无缥缈的领域。我向你们保证，我的演讲将会尽可能地简明扼要，你们将和我一起走在坚实的大地上。
>
> 你们或许看到有人睡在荆棘丛中，或者目睹过一些人的表演——他们喝强酸、咀嚼玻璃、吃铁钉、生吞活蛇或者将自己埋在土里。人们说，这些就是瑜伽的技艺。我想告诉你们，所有这些表演都算不上是瑜伽。那么瑜伽是

什么？我告诉你们，瑜伽是一种精致的技术，也是一门科学。它给人们带来健康的身体、愉悦的精神，并给灵魂开发出完美的灵性。因此，瑜伽是一门使身体、精神和灵性趋于完美的科学，是建立在理性原则上的生理－心理学准则。

那么对于瑜伽士来说，超自然和超越人类能力的神通又是怎么回事呢？就我对瑜伽的研究而言，我发现，没有任何一位真正的瑜伽士声称具有所谓的真正超人类、超自然的能力。无论他们声称具有什么样的能力，他们认为其本质都是人类所能拥有的。这一事实清楚地证明，它们是人类力所能及的，因此绝不能被归为超越人类的能力。瑜伽能力也不能被称为超自然的现象。自然法则是永恒、不能变易的。人的灵性成就无论多么完美，都不能改变它们。这在《梵经》第4章第4节用"jagadvyaparavarjam"清楚地阐明了，意思是：即使灵性已经达到完美的程度，人类也无法掌控自然法则。理由很明显：如果每一个完美的灵魂都开始以他自己的方式来控制自然法则，那么宇宙就会发生巨大的混乱。

依我之见，瑜伽士说的是超感官的知识，通过使用这些知识，他们声称自己能够完成超越普通人能力的事情。仔细检视帕坦伽利《瑜伽经》的第三篇《成就篇》（Vibhutipada），里面讨论了瑜伽能力。大部分的经典都承认某种超感官的知识，并且声称除了超感官的知识之外，还有其他的力量。帕坦伽利费尽心机从理论上证明了这些能力是由人的超感官活动所引起的。我举一个简单的例子来阐释这点。以我们的视野为例，它受到我们双眼范围的局限。帕坦伽利声称瑜伽士可以超越人眼的视野，因为他说瑜伽士不需要借助视觉器官也可以感知事物。因此，对瑜伽士的视觉而言，致密的物体和距离都不能成为障碍。这同样适用于其他感觉器官。因此，瑜伽士的心可以独立于感官而运作，他们拥有超感官的知识。

在此，人们可能会问我，是否有任何科学证据可以证明瑜伽士对超感官知识的主张。我对这个问题的回答既是否定的，也是肯定的。我必须承认，迄今为止，在任何地方，还没有人在恰当的范围内，通过合适的控制对这些超感官体验进行严格的科学研究。因此，目前依然缺乏纯粹的科学证据。但是，我们同时也要记住，在这个世界上，所有能够深刻打动人心的宗教都是建立在神秘体验的基础上，而这些体验就是超越感官的。这些宗教可能是印度教，或者作为它分支的耆那教和佛教，或者是琐罗亚斯德教、基督教。所有的信仰都有一些神秘主义的基础，这和雅利安瑜伽有许多共同之处。现在，这些信仰的创始人具有超感官体验的证据是确凿无疑的，以至于在没有科学证据证伪的情况下，我们不能宣布它是不可靠的。不仅仅这些先知，几乎每一个时代的圣人都宣布了他们的超感官体验。考虑到这些具有高级修行成就者的体验，即使是对科学家而言，也有足够的证据让他们对超感官知识进行严肃的研究。在其他知识领域的科学研究所花费的资金数以百万计，那么，是不是应该也对瑜伽研究投入相同的资金呢？如果能做到这一点，我相信，我们能够提供任何所需的科学证据来证明超感官知识的可能性。然而，需要注意的是，瑜伽修行者开发超感官知识并不是为了表演神迹。虔敬派瑜伽练习者（Bhaktiyogin）想通过这种知识与他的主神建立直接的沟通，哈达派瑜伽练习者（Hathayogin）、王瑜伽练习者（Rajayogin）或智/智慧瑜伽练习者（Jnanayogin）只是为了个体灵魂的解脱才追求超感官知识。

在谈论圣徒和先知以及他们的超感官体验时，我也许已经让你们脱离了实际。不过，我敢肯定，你们很快就会承认，这种脱离实际是持之有据的，而且能够安全地回归到现实。因为，我接下来会谈到瑜伽的精神和身体层面。

在精神上，瑜伽声称能够给练习者带来无穷的幸福。我们现在来对这个说法进行严格的检视。首先，我们看看幸福是什么，然后找出一个公式，再将这个公式应用到瑜伽的原理中。正是通过这个瑜伽原理，我们获得无限的幸福。

根据印度逻辑学家的看法,幸福可以定义为"一种乐于接受的体验"(anukulavedaniyam sukham)。根据大师商羯罗(Shankaracharya)的说法,人类行为的极终目的就是追求幸福(sukhaprapti)。我们知道,现代心理学家认为人类的行为都有不同的动机。

但是我们该如何测量幸福呢?

我在这里效仿卡莱尔(Carlyle)采用一种数学公式。把"欲望满足程度"作为分子,将"所感受到的欲望强度"作为分母,而商数就是幸福程度。假设"X"是"欲望满足程度",而"2X"是"所感受到的欲望强度"。那么通过数学表达,幸福程度就是 $X/2X=1/2$,即只有50%。如果所感受到的欲望强度和被满足的欲望都是"X",那么幸福程度就是 $X/X=1$。这就意味着,在这种情况下获得了完全的幸福。但瑜伽的目的不仅是为了获得完全的幸福,而是为了获得无穷的幸福。从数学上讲,如果分母可以减少到零,那么就可以达到这个目的,因为任何数除以零都等于无穷大。这正是通过瑜伽方法获得无穷幸福的基本原则。瑜伽要求所感受到的欲望强度应该减少至零。

在这里,你可能会说,这种零强度的欲望必然会让人变得消极无为,如同石头,因为它根本就没有任何冲动。但是,让我向你保证,不会产生这样的结果。正如在数学中,小数点占据数位但没有大小,所以在心理学中,欲望可以占据位置，但没有大小。瑜伽消除心理欲望强度的方法是培养"无执"（vairagya）。欲望和无执的程度是成反比的。无执的程度越大，欲望的强度就越小。达到完美的无执，欲望的强度就会变成零。《薄伽梵歌》全书的哲学思想都是围绕着"无执"（vairagya）展开的，圣雄甘地可能会称之为"anasakti"（无执）。在《薄伽梵歌》中，阿朱那（Arjuna）接受圣奎师那的建议——今晚是奎师那的生日——带着"无执"去战斗，这样他的斗争欲望就没有强度，他只是肩负着责任去战斗。

在这个世界上，我们每个人都在为生存而奋斗。如果能看到我们的欲望越来越小，我们的幸福肯定会越来越大，如果我们提升到某种程度，以至于欲望为零，那么我们就能无限幸福。这就是精神层面。

至于身体方面，瑜伽能够保证给予练习者健康和长寿。根据瑜伽的说法，健康不仅仅是没有疾病，还是身体的和谐运作，确保其具有最佳的有机活力和寿命。瑜伽努力建立生理平衡，将人体系统从所有的心理干扰中解脱出来，最终实现这个目的。

卡雷尔（Carrel）博士已通过实验证明，如果能够照顾好排便和营养，就能成功保证活性细胞的健康和寿命。人体不过是活性细胞有组织地集合在一起，积极地协同运作。瑜伽通过高质量的训练，如收腹、瑙力、清胃法

(Gajakarani)、火的扩张（Agnisara）、净胃术、灌肠术等等来维持并提高消化和排泄系统的健康。此外，人体最重要的系统是神经系统和内分泌系统。通过调息和体位练习，可以对这两种系统进行精心呵护。不止于此，瑜伽科学已经发展出一种体育练习，它能使人体的所有系统保持健康。此外，瑜伽预防疗法能够使人类从许多常见的失调中解脱出来。心理上的幸福感能够让瑜伽练习者摆脱许多身体上的失调，心理学家将这些失调归因于个体对环境的不适应。因此，如果能忠实地遵守瑜伽健康文化的身心运作规则，它就能永远保持身体健康，并且长寿。以上的说法，都是我根据自己的亲身经历、实验和临床经验所得出的。

我已经尽力向你们粗略地介绍了瑜伽的功效和原理。瑜伽的最高境界也是可以实现的，但是或许只有百万分之一的可能。但是，这不应该阻止我们迈出万里征途的第一步，因为即使在瑜伽练习上做出小小的努力，也会获得相应的幸福。愿主宰世界命运的主神帮助我们走向瑜伽。

有许多可敬的人曾经与 SK 进行瑜伽对话，其中一位就是甘地。所以，他将自己无线广播的演讲稿寄了一份给甘地，让他评论。1941 年 2 月 6 日，SK 写信给沃尔塔地区塞瓦格拉姆（Sevagram）的拉姆·德赛，信的内容如下：

我已收到你的来信。

我希望你现在已经回到塞瓦格拉姆了。因此,我另函寄上我在巴罗达政府主持下的演讲稿和我在孟买电台所讲的广播稿。请让圣雄甘地抽出宝贵的时间浏览一下这些讲座内容。如果你们能对我的这些思考做出反馈,我将很高兴。

这次广播在各方面都引起了良好的反响。除了这些例行的谈话和讨论外,库瓦拉亚南达还经常收到大量来自世界各地的关于瑜伽练习的问题。其中一些已经汇编成一小册 SK 书信集,标题为《愿景与智慧》,由凯瓦拉亚达玛于 1999 年出版。一些机构和大学已经习惯于就瑜伽和瑜伽研究有关的任何问题向库瓦拉亚南达寻求指导,在瑜伽组织建构方面,更会向他请教。这样的询问和互动引发了一件有趣的事。有一次,来自印多尔(Indore)的实业家班达瑞(K.N. Bhandari)在孟买遇到了库瓦拉亚南达。他具有"英勇之王"(Rajyabhushana Rai Bahadur)这个令人敬畏的头衔,但是这并没有吓倒斯瓦米吉。这位实业家对 SK 所做的人文工作印象深刻,他觉得自己也应该做些事情来推广瑜伽,以此来治疗身边人们的疾病。他脑子里冒出了一个新奇的想法,并且将之付诸实践。这个想法是建立一个类似于博物馆的机构,然后从巴黎进口石膏并制成 84 个瑜伽体位的雕像,将它们在这个博物馆中展示出来,并附以文字描述介绍体位的名称、技巧以及这些姿势的疗愈能力。这位"英勇之王"曾计划将这些雕像放置在山丘、洞穴和圣人修行的著名景点，所有这些艺术作品将会给周围的环境带来宁静的氛围。当然，未来的博物馆馆长必须经过充分的瑜伽实践训练，并且可以澄清参观者可能提出的各种问题。一位杰出的艺术家制作完成了50个模型，随后，班达瑞先生向库瓦拉亚南达介绍了工作的进展并寻求他的认可和进一步的建议。班达瑞先生写于1942年12月3日的信件部分内容如下：

> ……你们那里的萨曼达（Sarmandal）先生来这里，我有机会与他见了一面。听说他在你们瑜伽学院工作之后，我向他介绍了所有情况，并请他将我的想法转达给你。我相信他已经告诉过你了。我不知道你的看法如何。如果你能坦率地提出一些有价值的建议，我将不胜感激。我一定洗耳恭听你的建议，如果觉得这些建议合适，我会尽我最大的努力去实现它们。
>
> 你一定很高兴，因为我每天都要花大约三个小时进行体式、调息和禅那练习。这是一个很深奥的科目，但是我定下了更高的目标，完成这些目标得靠主神的祝福。

1942年12月15日，SK写了回信，对这位"英勇之王"的工作表示高兴、赞赏和支持：

非常感谢你本月3日写给我的信。这封信抵达的时候，我不在这里，到卡提亚瓦去了。即使我回来之后，也是过了一阵子才给你回信。请原谅我的延误。

我知道你对瑜伽有积极和强烈的兴趣。我也知道你是个行动家，而不是空谈家。因此，我期待着你以极大的热情投入到你的瑜伽事业中，并期待有一位杰出的瑜伽老师对你进行指导。我衷心祝愿你通过努力取得成功。愿主神保佑你。

亲爱的萨曼达向我生动地描述了你在印多尔辛勤工作，管理一个杰出的瑜伽博物馆。在推广瑜伽上，人们所做的任何高尚奉献都对我有极大的吸引力，你这样的努力自然引起了我的注意。如果我们下次有机会见面的话，我会谈谈对这些工作的详细意见。我想，你经常访问孟买。如果你来孟买并且通知我的话，我将非常高兴与你见面。如果在近期你不会来孟买，我也可以去印多尔与你相见。这样，我就有机会了解你正在准备的模型，并充分讨论已经完成的工作。请惠赐答复。

我正在管理凯瓦拉亚达玛的另外两个中心，一个在孟买，另一个在卡提亚瓦，你一定会为我感到高兴。这些工作让我忙得不可开交。不过，由于你的工作很吸引我，所以在条件许可的情况下，我会访问印多尔。但是，如果你碰巧在孟买，我们就可以讨论这个问题，不用我去你的城市。

与此同时，其他方面的工作也进展很快。换言之，瑜伽纳入体育课程已经成为现实。这在1950年已经实现了。人们期望这样的措施延伸到更广泛的领域，所以向印度政府提出建议，促使政府采取进一步的行动。"五年计划文件"设想，在中小学学生的体育活动中纳入瑜伽体位练习。因此，我们有必要根据瑜伽教学可能需要的课时数为不同年级设计课程。这意味着要提前对下列问题进行仔细的考虑：将要教授的瑜伽体式数量；培训未来瑜伽老师所需要的时间；向学生教授理论知识的范围；为瑜伽老师和学生准备指导性的文献；精准地绘制图表，阐明体式练习时肌肉和韧带的最佳伸展动作，避免意外的发生；纠正关于体位的分度要求；对瑜伽哲学进行拓展教学，等等。海得拉巴体育教育学院的主任哈迪卡（S.W.Hardikar）对瑜伽有持久的热情，他想就可能出现的问题了解库瓦拉亚南达的意见。他于1954年5月24日给SK写了一封相当详细的信：

> 在开始讨论这封信的主题之前，请允许我自我介绍一下，我是一名退休的医生，也许你还记得我。几年前你访问海得拉巴时，我有机会见到你。我女儿在你们的孟买中心接受了一些治疗。
>
> 我最近在德干海得拉巴市的体育学院担任主任。我在这个领域是个新手，正在尽最大的努力学习。在某种程度上，瑜伽体位被包括在体育文凭和证书培训课程中，因

此在我们的证书课程中也教授瑜伽体位。在印度政府的五年计划中，有人建议将瑜伽体位纳入学校的体育活动中教授，也在考虑对普通中小学和大学的受训老师（不是体育教育学院的老师）进行这方面的教学。鉴于此，我想请你就我所想到的以下方面提供资讯和意见。

1. 你觉得教师需要接受哪个阶段的体位训练才能够在学校给男生进行教学？教师需要学习你在《体位第一册》里面提到的所有体位吗？如果他们只是学习10或15个体位，能够在学校开展这项活动吗？

2. 他们需要具备什么样的理论知识，才能判断某个学生是否适合特定的体式？

3. 我以前从未练习过任何体位，只是在三天前开始练习。书中或图表中并没有明确地说明肌肉和韧带的伸展要达到什么程度。根据我短期的个人经验，我需要你对以下几个问题进行解答：

（1）通常情况下，不同关节的运动范围是什么？它们的最佳运动范围是什么？对于这个问题，有没有客观的实验记录？

（2）在不同的年龄阶段，运动的正常范围是否有所不同？是否会随着年龄的增长而逐渐减少？如果是这样，似乎有必要请你做一些指导。由学生主动进行或在老师指导下强制进行的某种练习，需要达到什么样的程度？

(3)过度拉伸会导致永久性伤害还是暂时性伤害?

4. 我发现在你关于体位的书籍里提到,联合省已经对体位进行改进,以适用于团队教学。如果瑜伽学院有这本书,请你们寄给我一本,我将非常感激;如果你们没有,请告诉我如何获得。

5. 在阅读关于体式书籍的过程中,我发现,如果解剖和生理学知识很有限,且不具备瑜伽哲学知识的话,有一些内容就不容易理解。其他人的著作对瑜伽体式的介绍看起来十分夸张,我想知道这些是否有客观证据。

在你的书里,你提到了以下几点:

1. 第137页:静脉曲张患者可以通过每天做几分钟的体位练习来消除疾病。

静脉曲张的原因是什么?可以发展到什么程度?

2. 第140页:最后9行是关于体位对内分泌腺的影响。松果体的功能目前还不十分清楚,因此,这样的改善是不容易理解的。我还可以举出许多其他例子。

我感谢你所提供的一切信息,也希望能有机会亲自与你见面。

大家可以看到,这些问题本身与将瑜伽纳入五年计划的设想没有什么关系,它们与写信者本人的兴趣更相关。尽管如此,1954年7月7日,库瓦拉亚南达以他特有的方式写了回信:

我没有回你的第一封信，我向你表示万分歉意。因为收到信的时候，我正忙得团团转。这就是我对没有给你回信的辩护。

我很高兴地获悉你在德干海得拉巴市的体育学院担任主任。我认为，在你细心的呵护下，该学院会成为我们国家发展过程中的一笔财富。我也很高兴知道你们体育学校（Vyayam Shala）的一名工作人员将于下月前往欧洲，在那里他将参观几个体育教育机构。我不知道这位先生能够在多大程度上正确地向西方介绍我们印度传统文化的科学性。这个领域的研究还在起步阶段，尚未取得突破性进展，我觉得他最好先去研究一些西方大学出版的有关体育教育的重要文献。孟买政府分别在1937、1945和1952年对其成立的体育委员会进行了任命，卡瓦利吉卡（Kavaligikar）先生肯定已经仔细研究了该委员会提出的三份报告，这些报告信息量很大。在体育生理学领域，有一些很优秀的英文著作。我确信你们的图书馆里已经收藏了这些书。也许应该让卡瓦利吉卡先生了解这些书的一些重要内容。

现在回到你的来信，我将逐一回答你的问题。

1. 老师应该了解比他教学内容更多的知识。不过，就瑜伽练习而言，我认为一个体育老师只要精通8到10个体式就足够了。我在20多年前给联合省政府编写了一本印度语的小册子，里面就有这些瑜伽体位。我也给你寄了一本这个小册子。

这本小册子给出了适合于大众体育运动的瑜伽练习，并且可以按照口令执行。真正地说，瑜伽练习不允许任何剧烈的运动，也不允许任何突然的推拉。它们是轻柔地进行的。

因此，最好采取两种方法进行教学——一对一的教学和集体教学。

2. 在体育教育委员会1945年到1946年的报告中，已经将体育老师的资格用表格列了出来。根据里面的内容，瑜伽指导老师需要具备足够的理论知识，应该熟读我的瑜伽体位书籍。

3. 你应该同意年龄不仅是时间上的，也是生理上的。如果我们考虑到不同年龄者身体状况的所有排列和组合，相应列出最佳的运动范围等等，这将是一项不可能完成的任务。此外，根据我的了解，在这一方面，印度或国外都没有进行过任何客观的研究工作。每个人都要避免做强迫性的动作，必须根据自己的能力认真呵护所有关节和韧带，从而完成相应的动作。

4. 我已经在前面某段中回答了这个问题。

5. 你提出的观点很有趣，我想把这个问题留到我们单独见面时讨论——我们可以在孟买、海得拉巴见面，也可以在其他地方见面。

对于库瓦拉亚南达而言，体育教育是第二重要的工作，他的首要工作是瑜伽。库瓦拉亚南达真诚地相信，对体育精神的真正追求是国家建设的一个工具，但不是唯一的工具。SK 认为体育是一个有价值的附属工具，可以培养出优秀的领导才能和完整的人格。在体育教育中央咨询委员会刚成立的时候，SK 就是它的成员，而科帕尔（P. N. Kirpal）被联邦政府任命为委员会的主席，他们负责制定体育教育学院的规划。用现代人的话说，体育教育学院就是一个模范英才中心。这件事情发生在 1958 年 4 月。据称，计划中的学院将是一所自治机构，可以独立授予大学学位。就像凯瓦拉亚达玛作为瑜伽科学研究中心发挥深远的作用一样，库瓦拉亚南达也非常希望该学院作为一个科学研究中心，能够在非瑜伽领域发挥作用。但是，在一个晴朗的早晨，他在报纸上读到这颗珍宝将胎死腹中，他将会有怎样的惊愕呢？这个计划曾经被描述成一个杰出的项目，而如今却像一个烫手的盘子被扔掉！库瓦拉亚南达感到极度的痛苦，但是他在信中只是表现出些许惊讶，这是他日常修养的体现。1958 年 4 月 10 日，SK 写信给当时的印度政府教育和科学研究部联席秘书 P. N. 克帕尔，请求恢复这个计划。他不希望拉克希米巴依国立体育学院被放进冷库。

我在体育教育领域已经工作了五十多年。从 1938 年起，我就密切关注孟买邦的体育发展，促成这些发展的三个委员会都是我所主持的。根据我的这些经验,我相信只有通过妥善计划和正确实施的体育课程才能发展出完整的人格。我国现有的不同体育学院只提供一年的课程,这不足以在体育教育方面培养出高水平的带头人。当政府打算创立拉克希米巴依国立体育学院并提供大学学位时,我很高兴。这不仅能培养一批领导者,还能在非瑜伽练习领域开展科学研究。

但我在《印度时代》上读到,创建这所学院的计划被认为过于"奢侈",属于将要被取消的计划之一,这令我感到十分不安。如果这个消息是准确的,对于国家来说是一个莫大的损失。检阅场上呈现的花拳绣腿或许能够培养某些服从的纪律,但是这永远不能使公民在生活中自律,而这种自律对于每个国家的国民生活都很重要。

我要让你知道,仅仅是为了对运动员的体能进行研究,最近伊利诺伊大学将在五年内实施一个价值1000万美元的项目。相比之下,印度政府拨给拉克希米巴依学院的资金非常少,这所学院可用于开发人们的体能,还可用于培养我国亟须的高质量的体育带头人。

我希望《印度时代》提供的信息是不准确的,这个培养青年才俊的项目不要被取消。从体育教育中央咨询委员会成立之初,我就是委员,我非常诚挚地请求你,作为这个委员会的主席,尽你最大的努力避免国家遭受这种损失。

经过印度政府最高层的谈判，该计划又重新启动。由于库瓦拉亚南达在关键时刻积极干预，拉克希米巴依学院得以创立，目前依然蓬勃发展。

作为瑜伽的倡导者，SK 不仅受到上流社会的追捧，也受到卑谦和温顺的底层人士的爱戴。当接近库瓦拉亚南达时，每个人都觉得无比的自信，认为病苦可以立刻得到治愈。但是，瑜伽医生不会做出无条件的承诺。他所采用的方法是对每个病例进行全面研究，并如实报告检查结果。他知道，给予虚假的希望最终会使瑜伽名誉扫地。在 1958 年国际妇女节（3 月 8 日），穆昆德·兰饶·贾亚卡（Mukund Rarnrao Jayakar）博士（简称 M. R. 贾亚卡）将其听力受损的病例呈交给库瓦拉亚南达。贾亚卡博士不仅是独立运动时期的全国领袖，而且还是浦那大学的前任校长，同时也一直是凯瓦拉亚达玛的支持者。他的情况很悲惨，但是并没有失去往日的活力：

> 我在阅读 1957 年 6 月《瑜伽弥曼沙》时，看到了一张耳科仪器的示意图。这给我留下了很深的印象，因此我想问一问你，你是否能提出建议，介绍一些能使我恢复听力的练习。我完全丧失了听力，现在什么都听不见。这来得比较突然，诊断的结果是听觉神经已经丧失了血液的供应。我已经尝试了各种办法，但是都没有效果。我想问一问，你是否可以建议一些瑜伽练习来恢复我的听力，哪

怕只能恢复部分。耳科仪器的示意图让我产生了某种想法：也许有某种古老的瑜伽能恢复人的听力。因此，我就向你求助。完全失聪给我带来很大的不便，但是我也毫无办法。虽然有这样的不便，我还要继续编写我的传记。我希望大约一个月后我的传记的首卷能够出版。期待你的回信。

今天，尽管没有足够的证据，瑜伽领域有些研究人员声称他们已经通过瑜伽方法为癌症患者找到灵丹妙药。但库瓦拉亚南达坦率地承认，就他所知，即使像听力损伤这样的简单疾病，也没有一种瑜伽方法能够治愈。他于1958年5月11日写了回信——收到贾亚卡来信整整两个月后——这封信非常坦率直白。他必须先对这个问题进行研究，并与他的同事进行充分的讨论，然后才以书面形式表达自己的意见。即使是为了安慰这样一个上了年纪并且与自己相识几十年的老人，他也不能随随便便答复。他是带着沉痛的语气写了这封信的：

> 我尽我的能力研究你的情况，并与我们静修处的医务人员进行了讨论。我的目的就是想找到——如果可能的话——一种瑜伽治疗方法能够至少让你恢复部分的听力。在经过努力的研究之后，考虑到你的高龄，我们无法找到能让你听觉神经恢复活力的方法。我很抱歉地告

诉你，我们无法提供对你有用的任何帮助。写这封信是痛苦的，但我不能一直不告诉你。我希望除了听力之外，你一切都很好。

任何探索和研究领域都存在"局限和范围"，但它并不总表示消极的含义，它也表示"有待涵盖的领域""尚未触及的范围"等等，它意味着提出某种假设并且获得证实的可能性。莫达克（Modak）博士和维堪德（D. M. Vekhande）先生都是SK的老朋友，他们提出的问题是SK从未处理过的。他对这两人的回复使问题变得相当清楚，并为瑜伽治疗方法的进一步研究提出了某些假设。他在1958年5月30日，写了如下的信给莫达克博士：

> 收到你的信真是一件非常愉快和惊奇的事。我高兴地知道你的公务生涯已经结束，明年也将顺利完成在那格浦尔大学的服务。我不知道你从大学退休后会怎样利用你依旧旺盛的精力。教育是你的专长，尽管你有退休金，我相信你会在印度的某个地方继续为教育事业添砖加瓦。
>
> 关于令郎，很抱歉我找不到任何办法治疗他的眼疾。事实上，就瑜伽治疗方法而言，眼睛是瑜伽完全没有涉及的器官。因此，请原谅我做出这个令人气馁的回复。
>
> 在实现各自的理想上，我们都取得了一定的成绩，而

我有幸与你建立了友好和持续的关系。这么多年来，你还记得我，真是太好了。

同样，在 1960 年 9 月 19 日，SK 带着沉重的心情给维堪德做出了如下的回复：

> 非常感谢你本月 15 日写给我的信。遗憾的是，我们还没有着手研究用瑜伽方法治疗癌症的问题。我为这个令人沮丧的答复感到抱歉。

问题的关键是，在任何特定的时间点，我们的知识储备都有严重的局限。不承认、不接受这一点，是不符合真正科学精神的。毕竟，从历史角度看，知识就其本质而言是不断进步和增加的。知识永远都不完整，也不完美，这也是科学活动持续不断的原因。我们在任何时候所拥有的全部和确切的知识都有助于我们摆脱疾病之类的束缚，从而获得自由。但这些知识，也限制了我们的自由，因为我们还没有穷尽所有的知识。用弗雷德里克·恩格斯的话来说："自由是对必需品的享用"，"必需品"意味着在任何特定的时间对知识不可避免的局限性。这种科学方法的基本原理已经深入到库瓦拉亚南达多年来进行的所有研究中，并且一直作为瑜伽领域所有研究者的一个提醒和指路灯。

当位于中央邦绍加尔（Saugar）的绍加尔大学倡议将瑜伽作为大学的一个学术科系时，库瓦拉亚南达表示由衷的欢迎。从某种意义上说，这是 SK 寻求获得公共机构对瑜伽的认可和支持的结果，也是他为瑜伽弘扬而做出努力的结果。库瓦拉亚南达是瑜伽科学研究的先驱，而绍加尔大学是瑜伽在高等教育机构进行教学研究的先驱。毋庸置疑，库瓦拉亚南达在这一发展中发挥了作用，而他自己却没有成为公众关注的焦点。1959 年，该大学宣布了一项广受欢迎的决定，开设了瑜伽文凭课程。该文凭的原型则来自凯瓦拉亚达玛。为了启动这门课程，绍加尔大学发布了一份广告招聘老师进行教学，以便建立并扩展这个科系。奇怪的是，没有应聘者！想象一下，如果是在今天发布这样的广告，大量的申请表会蜂拥而至。放在今天，不乏符合条件的候选人。但早在 1959 年，人们还不知道这个职位需要什么样的资历。如果该大学能够成功地找到一位老师，就可以把课程的编排交给他来完成。但情况是，他们既没有老师，也没有课程规划。除了寻求库瓦拉亚南达的帮助，让他提供课表和授课老师外，这所大学几乎没有其他选择。库瓦拉亚南达非常乐意这样做，因为对他来说，大学开设瑜伽课程是一个值得庆贺的事情，他 35 年来的愿望在那一天终于实现了。1959 年 9 月 1 日，他写信给坎普尔（Kanpur）的阿斯力（S.B.Athlye）先生，分享了自己的喜悦。

>……与此同时，发生了一件重要的事情。绍加尔大学开设了一个瑜伽文凭课程。该大学完全依靠我给他们提供教师，并给他们编排课表。他们还想进一步开设一个瑜伽学位的课程。有一所大学领头，其他大学也会紧随其后，慢慢地瑜伽文化就会在各个大学占据一席之地。
>
>谨随函附上我收到的绍加尔大学校长来信的副本。

此后不久，罗纳瓦拉的凯瓦拉亚达玛就着手积极筹备，以欢迎来自绍加尔大学的两名代表。库瓦拉亚南达不打无准备之仗，总是提前将一切准备就绪。他于1959年9月19日从孟买给卡兰贝卡博士写了一封信，敦促他妥善地安排课程。

>……我将于6日晚抵达罗纳瓦拉。我们的学院8号开学，我想从9号开始，与绍加尔大学的代表团进行若干天的交谈。该代表团有两名成员。其中一位是洛克拉斯（Lokras）先生，另外一位是绍加尔大学梵文系负责人。虽然我们忙着为十胜节张罗，但是所有人必须抽出时间和这两位代表进行讨论。
>
>请将此信的内容转达给萨海（Sahai）博士和其他人，并让萨海博士安排十胜节的活动，也要留心代表团访问罗纳瓦拉的静修处。我想火供在早晨9点就应该开始。下午

的活动应该从 4:30 开始,持续时间不要超过两个小时。代表团的成员都可以参加这两个活动。

卡兰贝卡博士和萨海博士在凯瓦拉亚达玛分别担任科学研究部和哲学文献部的负责人,多年来一直为学院和瑜伽事业贡献自己的力量。绍加尔大学的代表就课程、教学方法等问题与凯瓦拉亚达玛的工作人员举行了几次互动会议。库瓦拉亚南达在当时还没有确定绍加尔大学瑜伽教师的候选人,最终选择了乔斯(Dr.K.S.Joshi)博士。他从 1953 年到 1954 年在凯瓦拉亚达玛接受学位课程的学习,这个课程当时被称为"瑜伽初级课程"(Yoga Pravishtha)。若干年之后,乔斯博士回忆起这件事说:"我被任命为助理教授,没有申请,没有任何面试,也没有任何资格审查。我带着忐忑接受聘任,但是很快就鼓起勇气,义无反顾。"库瓦拉亚南达的决定在这个大学眼里是如此具有分量。乔斯博士在他的文章《回忆斯瓦米·库瓦拉亚南达尊者对我的启迪》中回顾了这件事以及其他事情,2006 年,这篇文章由凯瓦拉亚达玛在其第五次国际会议的纪念册中发表。

作为瑜伽的传播者,库瓦拉亚南达经常收到一些充满好奇的询问,对这些意想不到的问题,他的反应非常敏捷。其中一个这样的询问来自马哈拉施特拉邦塔内(Thane)的一所学校。伽万卡(L.S.Gawankar)是巴森教育协会的名誉秘书,也是瓦格(R.P.Vagh)高中的管理者,他想针对 10 岁左右的四年级学生引进瑜伽体位作为晚课的一部分，但是心里有些犹豫。这会有效果吗？对年幼的学生来说，这合理吗？如果被批准，并被证明是有效果的，他想针对学校高年级学生引进同样的课程。为了获得这个问题的权威答案，他于1960年9月2日写信给库瓦拉亚南达，内容如下：

> 我想知道，学生们在下午2点到3点休息并吃午餐，经过2.5小时左右，即在晚上5点左右进行的"体式"练习是否不妥？我私下地觉得没有什么不妥。不过，我担心有些家长会在这方面提出异议，对此我想从像你这样的瑜伽权威这里获得正式的澄清。

SK不会忽视这样的询问，当这些问题涉及年轻学生时更是如此。因此，他不仅回答了来信者提出的具体问题，而且还谨慎地补充了一些说明，以免年幼的学生因错误地进行体式练习而受到伤害。他在第二天就寄出了回信：

> 1. 我很高兴收到你本月2日的来信。你努力的方向是正确的。我推测接受你瑜伽训练的是11到12岁的男生和女生。
> 2. 如果下午的午餐很清淡，对于男生来说，在2.5个小时之后进行体式练习是没有危害的。
> 3. 你也知道，即使在11到12岁，软骨结构还是很脆

弱的。所以，最好不要让学生长时间进行体位练习，但是可以进行坐式练习。

4. 而调息则是不同的，我建议你当前仅仅限于进行吸气（Puraka）和呼气（Rechaka）练习，尽量避免屏息（Kumbhaka）练习。

5. 如果有可能，我们派一些代表到巴森去，看看你正在着手做的工作。

1960年，库瓦拉亚南达获得了一个为喀拉拉（Kerala）政府工作的机会，他很高兴。这将是他第二次任职，因为他早些时候就与喀拉拉邦进行过合作，当时是向当地学校引进瑜伽。政府要求凯瓦拉亚达玛对工作计划的实施提出建议。维内卡博士被派到喀拉拉邦，在现场制定细节，但是并没有取得什么成果。政府底层机构的工作非常拖沓，维内卡博士感到举步维艰。每天除了给库瓦拉亚南达写一封长信，介绍项目没有任何进展外，心灰意冷的维内卡博士做不了其他事情。几个星期后，他回去了，提交了一份报告，其中可圈可点的地方很有限。但是1960年这次，情况完全不同。政府并没有提出野心勃勃的计划，而是构想出一个简单实用的计划。政府打算将瑜伽疗法纳入公立医院医疗范围。在喀拉拉邦政府支持下运作的瑜伽疗愈（Yoga Chikitsa）主任正在举办一个为期5天的研讨会，以确定瑜伽疗法是否可以作为其他流行医疗方法的补充。

如果可以,如何开展这样的工作。他想让库瓦拉亚南达对这个研讨会写一个寄语,于是在 1960 年 9 月 6 日写信给他:

> 我非常高兴地告诉你,我们喀拉拉邦政府欣然同意将瑜伽治疗体系作为阿育吠陀医学(Ayurvedic Swastha Vrittam)的一部分(编号:1783/60; 日期:27-05-1960)。你要知道,这是印度唯一在政府层面上承认瑜伽治疗的邦。因此,我们想准备一份计划提交给政府,还准备在本月 26 日在特凡德兰(Trivendrum)组织约 100 名瑜伽专家,举行为期 5 天的瑜伽疗愈研讨会。我们将确立 22 种瑜伽疗法,并举行 5 次公开会议。我们恳请你为这次特别的研讨会的开幕仪式写几句寄语,以便在公开会议上宣读。

从表面上看,研讨会和其计划显得华而不实。库瓦拉亚南达对引入瑜伽疗法的想法表示欢迎,但他并不太满意将其作为另一种医学体系的附属品。因此,他于 9 月 13 日给主任写了如下的信:

> 我非常感谢你在本月 6 日的来信,并获悉喀拉拉邦政府欣然同意将瑜伽治疗体系作为阿育吠陀医学的一部分。另外,我还很高兴地知道你们在特凡德兰将举行瑜伽疗愈研讨会,届时将有 100 名瑜伽专家出席会议。

就我个人而言,我不喜欢将瑜伽疗法纳入任何其他治疗系统。虽然瑜伽疗法有它自身的局限性,但它具有独立的地位。尽管如此,我很高兴地看到喀拉拉邦政府认可瑜伽疗法,不管是不是将它作为阿育吠陀的一部分。我给这次研讨会的寄语将是:

"祝贺喀拉拉邦政府认可瑜伽疗法,并且祝贺你们举办这次瑜伽疗愈研讨会,在100百位瑜伽专家的讨论基础上制定一个计划。我祝愿这次研讨会圆满成功。"

我想,与会的100位瑜伽专家中至少有一部分是在不同的瑜伽机构进行瑜伽治疗工作。如果你能寄给我一份这些机构的名单,并附上它们的地址,我将不胜感激。

在前文中提到筹划中的研讨会华而不实,这有什么证据呢?从研讨会的形式中可以得到简明的答案。研讨会组织者向一些有名的个人和机构发出了一份关于瑜伽练习、瑜伽治疗和调息的问卷。有许多普通人也被邀请对这份问卷进行回答。他们计划将这些答复作为研讨会讨论的基础,但这并不是一种有意义的做法!问卷本身有些粗糙,六个问题中只有两个需要逻辑思维,但这两个也是偏离主题的。其他四个问题更简单,只需回答"是"和"否",这对研讨会的讨论没有任何帮助。以下是问卷:

1.通过瑜伽练习的系统治疗,你在身体或者精神上是否得到任何改善?是否感到舒服或者疗愈了任何形式的疾病?

2. 你有没有发现别人从瑜伽体系的治疗中获益？

3. 瑜伽疗法能在多大程度上有效治疗诸如肺病、哮喘、胸痛、风湿、痔疮、肥胖、血压问题、糖尿病和癫痫等疾病？

4. 如果在印度广泛引进瑜伽疗愈系统，有可能根除肺病吗？

5. 将自然疗法和科学按摩与瑜伽疗愈结合起来是否合适？

6. 你认为政府和公众等应该采取什么措施来促进和宣传瑜伽疗愈体系？

研讨会的结果已是定局，在其形式中已经初现端倪。但是在这个方面目前的情况如何呢？它是依旧衰弱不堪，还是比以前好了一些？如今，替代疗法在世界各地广受谈论。不管是由于对主流疗法的误解，还是由于真正喜欢替代疗法，谁也说不准。库瓦拉亚南达将直指根本，而不是不痛不痒地回答这些问题。某个疗法的活力很大程度上依赖于其研究领域的不断扩大，以及经过新的研究对其有效性不断进行证明。没有获得深入研究进行支持的医疗方法必定是会被边缘化的。换言之，基础科学是应用科学的坚实基础。为了落实应用科学，基础科学必须是坚固的。库瓦拉亚南达对瑜伽研究机构的研究水平并没有意见，但是对于研究成果稀缺，大量领域尚未涉足，他是颇有微词的。1964年12月1日，ICS的高凯尔先生（已退休）写信给库瓦拉亚南达指出，瑜伽研究虽然得到了公共资金的资助，但是并没有产生多少研究成果。库瓦拉亚南达并非完全不同意他的观点，他指出了瑜伽研究工作中的闪光点，认为它们是取得更好成绩的预兆。这是他作为一个研究人员的性格特点——永不磨灭的乐观主义。12月8日，他给高凯尔先生的回信体现了他的这种性格：

> 非常感谢你本月1日写给我的信。你信中的内容无疑是鼓舞人心的，但我对各个大学正在进行的瑜伽研究有自己的疑虑。我可以在此声明，绍加尔大学的瑜伽研究系基本上是根据我们的建议设立的，而该系的主任是我们瑜伽学院过去的学生。毫无疑问，他做得很好。但正如上面所说的，我还是存在疑虑。
>
> 我多么希望你能抽出一个上午去参观我们位于罗纳瓦拉的瑜伽学院。这所瑜伽学院还远远没达到我们的预期，但是你访问之后，可能会对瑜伽研究所需要的环境有一个概念。虽然贝拿勒斯印度大学现任校长是一名有资质的大学管理者，但是该校仍然是一个典型的例子，它的现状和马拉维亚吉之前给出的理想相比，落差太大了。我和马拉维亚吉相识有二十多年。
>
> 之前我邀请你访问我们位于罗纳瓦拉的瑜伽学院，我在此再次对你发出同样的邀请。

这与其说是对其他机构的批评，倒不如说是对他自己机构的反思。他最重视的事情是将凯瓦拉亚达玛及其所有分支放在一个牢固的基础上,以确保它们持续的创造力,而不是仅仅将其局限在完成现有任务——"在所有方面传播瑜伽文化,以获得声誉",这既是座右铭,也是动机。1965年2月19日,他写给斯瓦米·迪甘巴尔吉的一封信,在这方面颇有启发性:

> 很高兴收到你及时向我提供的我们在拉杰果德静修处的三张照片。现在还要提出一项请求。遗憾的是,无论是在这里(孟买),还是在罗纳瓦拉,我都找不到协会备忘录和凯瓦拉亚达玛索拉什特拉分部的规章制度。为了使不同的凯瓦拉亚达玛之间相互合作,我需要对这些资料进行研究,所以非常需要它们。到目前为止,事情还没有头绪,如果你不提供建议,问题也解决不了。你也知道,虽然现在我身体不错,但是我还是日渐衰老。我所担任的职务使我不得不尽力将凯瓦拉亚达玛名下的不同机构连接在一起。因此,如果你手头有协会备忘录及规章制度,请寄到我在孟买的挂号邮箱。我会复印一份,然后将原件寄还给你。

成立这些机构并让它们能够在预期的水平上发挥作用是库瓦拉亚南达的目标,他将借此实现自己更大的目标——在正确的方向上弘扬瑜伽。在写这封信后仅仅过了六个月,重任就落在斯瓦米·迪甘巴尔吉身上。

第十二章
圣徒和科学家

S. T. 柯勒律治在他《思维之助》(*Aids to Reflection*)的序言中写道:"如果你是一个不思考的人,那么你生而为人的目的是什么?同样,有一种知识,每一个人都应该怀着兴趣、带着责任去了解,这种知识就是'自我的知识'。或者说,在所有动物中,造物主单单赋予人类自我意识的能力,这是为什么呢?"人可以通过不同形式追求关于自我的知识。库瓦拉亚南达选择了瑜伽之路。但是他并不是墨守成规地拥抱瑜伽。他所欣赏和接受的瑜伽必须将其科学性和灵性和谐地融合起来。圣伯纳(St.Bernard)持守的座右铭是"我们必须向内反省,才能向上高升"。库瓦拉亚南达持有相同的看法,但是他不想以玄秘的教义为名,牺牲科学精神及科学方法。像本杰明·惠科特(Benjamin Whichcote)一样,库瓦拉亚南达可以大胆地断言:"先生,我不反对同时追求灵性和理性,因为灵性是最理性的。"他们说"栖居于无限之中"是隐修人的特质。用《唱赞奥义书》的话说就是,"bhuma vai sukham; na alpe sukhamasti"(无限即是福,有限非福)。用伯特兰·罗素的话(《神秘主义与逻辑》,伦敦,1917年)说,神秘主义就是试图

"通过思想来构建整个世界"。他进一步提出,与科学思维一样,神秘主义也是人类的一种冲动,科学和神秘主义之间有融合的地方,也有冲突的地方。

请原谅我这样短暂地偏题,因为在库瓦拉亚南达身上,同时地具备了圣徒和科学家的两种品质,这是非常罕见的现象。当对文献和别人的主张进行评估的时候,他就放弃了神秘主义的倾向——不管是传统的神秘主义,还是现代的。即使是微不足道的观察结果他也不会忽视,更不用说在严肃的课题上得出的严肃结论。有许多例子可以突显 SK 的这个性格。在这里我们引用他一句随意的评论。说来也怪,这是他在 20 世纪 30 年代《医学杂志》的空白处写的一个非常简短的批注。在讨论获得健康灵巧身体的最佳方法时作者指出,裸睡是解决此等问题和其他问题的良药。斯瓦米吉在旁边用一行旁注提出了一个问题:"有没有研究证明这个说法是正确的?"事实上,在他所收集的医学期刊中,有很多关于不同话题的观察和研究报告。这一切只是说明了一个道理:作为一个研究者,他的原则就是不要偏离科学研究方法。如果存在虚张声势的做法,他一定会毫不犹豫地拆穿它。他生性并不喜欢猛烈抨击那些鲁莽地做出未经证实的浮夸主张的人。从这个意义上说,他不是一个对别人吹毛求疵的斗士。他发现一些所谓的瑜伽练习者喜欢用欺骗的手段自夸,对此他只是一笑了之。对所有这样的自夸,他也必定是在进行相应的调查之后才会做出结论。自不待言,这些人不会同意作为他的实验对象让他进行研究。有些被邀请的人写了一些敷衍的答复来为自己开脱，而另一些人则连礼貌的回复都没有。第三类则是那些夸夸其谈的人，他们声称他们的瑜伽成就完全超越了科学研究的领域。其中一个特别的例子就是安得拉邦普塔帕特（Puttaparthi）的师利·实谛·赛·巴巴（Shri Satya Sai Baba）。SK邀请他在方便的时候选择一个时间，就他自称的超自然能力进行研究，对此他不屑一顾。后来，确切地说是在20世纪70年代早期，还是这位圣者拒绝会见班加罗尔大学的研究团队，此团队的负责人是时任该校校长的物理学家那拉辛哈亚（H. Narasimhaiah）博士。这位校长只是建议巴巴在研究团队面前表演他的神通，然后回答几个问题。但是他让研究团队吃了一个闭门羹。所有的新闻记者拍到的照片都是这名带着甘地帽的校长站在班加罗尔卡都戈迪（Kadugodi）的布瑞德瓦（Brindavan）门口，旁边站着他的研究团队成员，人人都拉长着脸。

库瓦拉亚南达密切关注这些瑜伽界大事的新闻报道，随后请有关人员合作进行研究。例如，我们找到了1959年12月15日库瓦拉亚南达写给那什克市卡迪尔卡（D.B.Khadilkar）博士的信：

> 我写这封信，主要是有两个目的：
> 1. 我在报纸上看到普瑞玛南达吉(Shri Premanandaji

Maharaja)在特里姆巴克(Tryambak)把自己埋在地下,保持154个小时的禅定。我真诚地希望你能够介绍这位瑜伽士来罗纳瓦拉,让我们对他进行一个科学测试。我知道这位瑜伽士可能不太容易同意这个提议。但我可以确保,我们招待他的时候,会给他应有的尊重和尊严。

我不知道你在特里姆巴克是否有什么人可以和他联络,说服他前往罗纳瓦拉进行科学测试。如果他同意的话,我们将在1月5日以后安排他在我们实验室进行检测。同时,我们将派出一些有责任心的工作人员去拜访他,并向他发出邀请。凯瓦拉亚达玛将负责他的往返交通费用以及提供一些供品(Pooja Dravya)。请告诉我你对这个提议的看法。我确信你会尽力促成这个想法的实现。

2. 你参加了班加罗尔研讨会,你也知道,对从事传统文化工作的优秀人才,每人将获得200卢比的奖学金。这项计划已经生效,我们于11月10日在新德里举行了中央体育委员会分会会议。大家已经对候选人的面试问题进行了讨论,并决定于本月28日在瓜廖尔对他们进行面试,面试地点在拉希米体育教育学院。在我们的德里会议上,所有的分会会员都觉得朱玛达达体育教育学院是对候选人进行乐贞瑜伽舞(Lezim)、棍术(Lathi)和软杆操(Malkhamb)培训的最好场所。遗憾的是,该机构没有做出回应,我觉得他们可能打算让候选人在明年接受培训。

尊敬的摩诃巴尔古鲁吉（Mahabal Guruji）写信给我，提议由他负责对候选人进行必要的培训。

如果你和摩诃巴尔古鲁吉能确保找到一位训练有素的弟子做助手，并且他本人会亲自督导这项训练任务，我就会推荐耶什万特体育学校（Yeshwant Vyayama Shala）承担这一任务。选定的候选人需要事先在乐贞舞、棍术和软杆操三项活动上经过相当的培训并取得一定的成绩。

政府要求选派的候选人对自己所受的训练进行认真的评估，并且要求他们在受训科目上进行一定的研究工作。

所以，如上所述，如果你和摩诃巴尔古鲁吉将承担对这些候选人的训练并指导他们进行若干研究工作，请在方便的时候尽早告诉我。这样，在瓜廖尔会议上，我就可以建议用那什克的机构取代巴罗达的机构。

我不再给摩诃巴尔古鲁吉单独写信了。

不用说，普瑞玛南达吉古鲁吉并没接受卡迪尔卡博士代表SK提出的请求。

当有些人对自己的瑜伽成就夸夸其谈时，科学方法是最公正的检验工具，在瑜伽疗法上更是如此。对瑜伽治疗来说，科学方法不仅可以对个人的健康情况做出评估，得出某种确定、可靠的结论，还可以对整个人体系统进行治疗。阿育吠陀的基本原则是：应该通过"补不足、损有余"的原则来恢复人体有机系统的平衡。同样，瑜伽疗法也是为了确保平衡，但这种平衡不是通过外部进行补充，而是通过适当刺激身体的某些部位，让身体正常发挥作用。这是一个纠正的过程。毫无疑问，在这个过程中，一定会确保这种方法不造成伤害。塔瓦尔（K.P.Talwar）讲了一件关于斯瓦米·库瓦拉亚南达的轶事。当病人向他寻求帮助时，他严格遵循真正的治疗方法。一次因缘巧合的会议让塔瓦尔先生与库瓦拉亚南达相遇。事实上，当时斯瓦米吉正在寻求从政府那里获得可能的津贴。由于塔瓦尔在联邦政府中任职，这促成了两人的一次会晤。在第一次会面的时候他们就一见倾心，从此塔瓦尔就成了他的忠实信徒。他对斯瓦米吉的尊重赢得了相应的回报。塔瓦尔讲述了一则轶事，体现了斯瓦米吉一丝不苟的精神。2006年，罗纳瓦拉的凯瓦拉亚达玛举行了第五次国际会议，此次会议的纪念册中收录了他的一篇文章，这则轶事是这篇文章的一部分。塔瓦尔的一位老同事碰巧患有高血压、心脏病、慢性便秘、糖尿病、关节炎等疾病。在一个人身上，竟然汇集了这么多的疾病！在这位同事的要求下，塔瓦尔立即安排他与库瓦拉亚南达会面。库瓦拉亚南达耐心地倾听病人的陈述，对话是这样开始的：

"请给我看看你的病历。"

"我没有带病历。"

"既然你有病历，为什么不带着？"

"上次我请教一位瑜伽大师，他并没有坚持看病历，后来他让我去上瑜伽课。"

"在这里,我必须在查看了病历之后,我才有可能提出建议,看看瑜伽能否帮助你,以及在多大程度上帮助你。"

这个病人一定很困惑。难道有这样的瑜伽老师吗?

临走的时候,病人问道:"斯瓦米吉,我听说瑜伽可以帮助我们摆脱对眼镜的依赖。这是不是真的?"

"先生!如果这是真的话,我就是第一个摘下的人。"SK架着眼镜的脸上带着微笑,他眨着眼睛,幽默地回答。

这种幽默应该进一步让这位先生留下了深刻的印象。更重要的是,这体现了库瓦拉亚南达对他毕生研究领域——瑜伽的局限性的理解。没有教条,没有过分的吹捧,没有高谈阔论,没有草率的治疗。这就是他的方法,任何的僭越都是不可接受的。

以下出自斯瓦米·库瓦拉亚南达关于体位的著名论文,该论文初次发表于 1933 年(1977 年,32 页):

> 在承认身心相互依存的同时,瑜伽经典文献认为心灵对身体的影响远远大于身体对心灵的影响。因此,虽然身体的练习也有一定的地位,但是对心灵的训练组成了瑜伽课程的主要内容。体位是对身体的训练,它们是瑜伽课程的第三项内容。制戒(Yama)和自制(Niyama)则是对心灵的训练……

制戒包括：不害（ahimisa）、真实（satya）、不偷盗（asteya）、梵行（brahmacharya）以及不贪求（aparigraha）。这些都是瑜伽练习者普遍遵守的戒律，它们超越了对人际关系和环境的考虑。作为卓越的瑜伽修行者，库瓦拉亚南达是这些制戒的虔诚追随者。对学院的规章制度他也是如此。作为瑜伽学院的代表，无论来访者的年龄和身份如何，他都非常认真地遵守着规章制度。不管来访者在政府部门担任什么样的职务，无论是总理还是总统，无论是总督还是首席部长、秘书还是局长，库瓦拉亚南达都不会因为私人关系损害到这些制度。这些人很可能是他的学生或弟子，对于他们，库瓦拉亚南达总是表现出与对方职务相称的礼貌。例如，在上述的回忆录中，塔瓦尔记录了以下事件：

> 斯瓦米吉对人际关系中礼节的遵守非常仔细。已故去的约瑟夫（P.M.Joseph）博士被公认为印度现代体育教育之父，他也是位于瓜廖尔的拉希米国家体育教育学院的创院院长，1930到1957年期间曾经担任过康底瓦里（孟买）的政府体育教育培训学院院长。当时斯瓦米·库瓦拉亚南达是孟买邦政府的体育教育委员会主席，而约瑟夫博士是秘书。邦政府要求约瑟夫博士视察斯瓦米位于罗纳瓦拉的瑜伽学院，并且就这个瑜伽学院的运行情况向政府提交一份现场工作评估报告。对于约瑟夫博士而言，这实际上是

一个很尴尬的任务，因为他碰巧是斯瓦米吉的下属。尽管如此，他还是要服从政府的派遣。于是他前往视察斯瓦米吉的瑜伽学院，当抵达罗纳瓦拉火车站的时候，他很吃惊地发现斯瓦米吉在车站等着，像迎接贵宾一样迎接他，随后陪同他前往瑜伽学院。他问斯瓦米吉为什么要多此一举亲自去迎接他。另外，他对凯瓦拉亚达玛也不陌生，自己也能前往。斯瓦米吉回答说，他不是去迎接他的同事，也不是去迎接他的朋友约瑟夫博士，而是去迎接邦政府的代表，所以他要遵循社交礼仪。斯瓦米吉是如此的谦逊和伟大，约瑟夫博士深受感动。

（这个故事由已故的约瑟夫博士本人向我亲自口述。多年来，我一直与他保持着良好的私人关系。）

受到类似礼遇的人包括孟买邦首席部长克尔、比哈尔邦邦长迪瓦卡等。对库瓦拉亚南达而言，他们更像是私人朋友而不是政府官员。虽然库瓦拉亚南达因此给客人带来许多尴尬，但这并不能阻止他去做自己认为正确的事情。

库瓦拉亚南达一直坚持的信条是，瑜伽是世俗的。身体和精神是所有人类的共同属性，因此瑜伽在本质上必定是没有宗派的。后来，一些瑜伽的拥护者似乎热衷于通过缩小瑜伽的范围而将瑜伽的地位降低。只要考虑到瑜伽的神秘元素，你就不可避免地会被其他各种宗教中的类似现象所触动。事实上，正是这一点促使库瓦拉亚南达认为，文化的融合是瑜伽不可分割的组成部分。但也有研究人员坚持要给瑜伽披上一件宗教的外衣，从而将其矮化。如同在宗教领域里引进自由和民主传统一样，瑜伽所迫切需要的精神特质就是思想的融合。具体而言，这意味着宽容、对真理的热爱、牺牲精神以及相互友爱的感情。所有这些都非常符合制戒和自制的原则。因此，宗教教条主义和原教旨主义在瑜伽领域内毫无立足之地。同样，瑜伽也不能容忍社会歧视。如下简单的事实即可证明这点：圣雄甘地和安贝德卡尔（Babasaheb Ambedkar）博士都可以亲近库瓦拉亚南达，在健康问题上向他寻求指导。1933年5月28日，库瓦拉亚南达给阿卜杜勒·拉赫曼（Shri Abdur Raheman）的一封信则详细地说明了这点。阿卜杜勒·拉赫曼希望通过书信沟通进行瑜伽治疗，而库瓦拉亚南达回信就此做出答复：

> 谢谢你本月24日的来信。很抱歉，我的答复是我不会通过信件提供治疗建议。如果你能在孟买或者罗纳瓦拉和我住三个月左右，我会尽力帮助你。你最好不要在雨季来这边。雨季的时候，罗纳瓦拉将会关闭。而在雨季的几个月内，孟买对健康也非常不利。因此，你最早能来这里的机会是明年冬天。
>
> 我向你保证，我们丝毫没有宗教偏见。不管你是印度教徒还是穆斯林，我们都是一视同仁。所以，请不要因为

自己不是印度教徒而心里产生任何顾虑。

根据你的要求，我建议《瑜伽弥曼沙》办公室用到付的方式寄送你所要求的三种出版物。

另外一封重要的信件也同样具有启发性，这封信是由库瓦拉亚南达在1934年4月26日寄出的。他在信中强调，他个人和瑜伽学院都支持所有人平等的信念。信是写给浦那"落后阶层"助理专员德瓦达（G.S.Devadhar）先生的：

> 谢谢你本月24日的来信。遗憾的是，即使是瑜伽体育文化或治疗的基础培训，五天时间也根本不够。即使是身体健康者，至少也需要两个星期的课程。再者，在你说的这五天内，我将会在孟买，不在罗纳瓦拉。因此，我没有办法在罗纳瓦拉对你进行瑜伽文化的指导。
>
> 但是，你能不能在孟买查尼路铁路车站对面的凯瓦拉亚达玛保健中心与我见面呢？我会看看我能给你的健康提供什么样的建议。
>
> 作为静修处创建者，我们不存在种姓的偏见。然而，在罗纳瓦拉，一直受到来自印度不同地区的外部因素的影响，人们对种姓制度持有不同的看法。因为他们来找我们仅仅是为了治疗他们的身体问题，我们不能强迫他们摆脱种姓偏见的束缚。

就我个人而言,我绝对反对贱民等阶层的划分。因此,我非常乐意,希望你在方便的时候,抽出五天在孟买与我见面。我真诚希望印度所有阶层的人都能接受瑜伽文化。如果你是瑜伽体系的拥护者,与你进行合作将是我最大的幸福。

请务必到孟买来与我见面。如果你不能在孟买与我见面,请将你在浦那的地址告诉我,如果有机会的话,我尽量去浦那拜访你。无论如何,我一定会珍惜你给予的机会,为你所代表的社会阶层服务。

库瓦拉亚南达是一位民主主义者,在主张民主权利上他也会自我约束。作为瑜伽学院的负责人,他要满足所有人的需求,但又不能依附于任何个人和团体,他要做到不偏不倚。这是长期存在的问题,作为民主人士,是否可以不主张你的民主权利,或者不尽民主的义务?同时,一个有趣的事实是:在某个过程中,当你在选择某个特定的个人时,你实际上是将其他人排除在外。库瓦拉亚南达找出了这个问题的办法,但是他并不提倡其他人也遵循这样的原则。解决的办法是永远不行使他的选举权。1945年发生的一件事解释了他的立场,并证明了他这样做的合理性。班达卡东方研究所成立了一个管理委员会,其中的一名成员瓦玛那·拉奥(Vamana Rao)博士是与库瓦拉亚南达相识的一名学者。他请求库瓦拉亚南达支持拉都（Ladu）教授入选该委员会。1945 年 6 月 4 日，SK 在回信中是这样写的：

> 收到你上个月 30 日写给我的信，我很高兴。我知道拉都教授有资格入选班达卡东方研究所管理委员会，我会很高兴为他投票。但我已经表明，我不会在任何地方行使我的选举权，市政当局、大学和私人机构也不例外。我采取这种态度有若干的理由。作为一家公立机构的负责人，需要依赖于各种人，而这些人的看法各不相同，我认为最好不要持有任何立场。我在这里可以告诉你，即使罗纳瓦拉市政府一位前主席不断地敦促凯瓦拉亚达玛，我也从未投他的票，尽管我知道这样会引起他的不满。我想，你会理解我的立场，并原谅我不会投票给拉都教授。没有按照你的要求做，我感到很抱歉。不过，在投票问题上，我奉行一贯的原则，我也觉得这样的做法是成功的。

在结束这一节时，我们要提到两封信，它们将库瓦拉亚南达身上所具有的圣徒和科学家品质展现在大众的视野中。当现有的治疗方法对疾病束手无策时，该怎么办呢？梵语中有一句对仗的诗句说。当时间到了，身体毫无生机、疾病缠身的时候，唯一能够进行治疗的医生就是主神纳拉衍那（sharire jarjharibhute vyadhigraste kalevare; aushadham jahnavi toyam vaidyo narayana harih)。这表明,人在任何时候都无法超越知识的局限性。医生已经没有任何能力进行干预,这时候只能为病人提供睿智的建议。下面这封信是库瓦拉亚南达于1960年7月8日写给纳纳萨赫布·普斯塔克(Nanasaheb Pustake)的:

> 从维那亚克饶·卡玛卡(Vinayakrao Karmalkar)那里听说你罹患肝癌,我感到非常震惊。得知孟买的外科医生因为害怕失败而不做任何手术,我更加震惊。在这种情况下,只能采用两种补救方法。阿育吠陀和诵咒。如果采用阿育吠陀的方法,那么就要咨询最优秀的医生;如果诵咒的话,可以根据自己的能力在心里持诵"摧伏死亡大神咒"(Mahamrittyunjaya)。任何韦迪基婆罗门(Vedik Brahmin)都可以教你最简要的"摧伏死亡大神咒"。
>
> 就我而言,我只能祈求主神在此逆境中保佑你健康,并祝福你拥有长久无病痛的生活。

在这种情况下的保守疗法是接受和平静——接受现实,并保持平静的心。除了这些,还有什么睿智的建议呢!让我们把这一点和库瓦拉亚南达身上具有的科学家品质并列起来。1964年12月9日他写给卡兰贝卡博士的信中可以体现这点。他总是注意报纸杂志上出现的内容,有些老学究可能觉得这些都没什么价值,因此不屑一顾。

最近在《狮报》上发表了两篇与纳拉利卡（Naralikar）博士的发现有关的文章。在第一篇文章（30-8-64）的结尾说："这篇论文取材于英文《探索》(Discovery)中的论文。"我现在想知道所提及的《探索》是一本杂志还是一本书。

几个月前，就两个印度科学家所做的通过试管创造生命的试验，我也提出了类似的询问。在12月份的《甘露》杂志上也出现过类似的信息。我很想阅读一下这些马拉地语论文所参考的原始英文文献。我的好奇心难登大雅之堂，但我的态度是很严肃的。因此，我请你帮我找到关于这两位印度科学家从事研究的相关原始论文。如果你能尽快给我回复，我将十分感激。

去年我曾建议，在雨季螃蟹活跃的时候和它们雨季后进入冬眠时对它们进行实验研究。研究螃蟹代谢活性的实验很有必要，因为螃蟹的这种状态非常类似于禅定（Samadhi）。我们已经错过了今年的雨季，但如果我们现在开始好好为这些实验准备必要的设备，就可以把握明年的机会。如果维内卡博士同意的话，我请求你对这个实验给予必要的关注。

卡兰贝卡博士和维内卡博士在凯瓦拉亚达玛从事瑜伽领域的科学研究，斯瓦米·库瓦拉亚南达鼓励他们从事新的项目和新的研究。当你投身于瑜伽科学研究的浩瀚领域时，将会有许许多多的问题等待你探索。

第十三章
学者中的学者

《失败之神》(*The God that Failed*)的作者之一亚瑟·库斯勒(Arthur Koestler)的另外一本书《莲花和机器人》(*The Lotus and the Robot*)中,第三章是"瑜伽研究"(101—132页)。这本书旨在研究印度和日本的发展模式。1958年,库斯勒在罗纳瓦拉的凯瓦拉亚达玛住了几天,想熟悉在那里进行的各种哲学和科学研究工作。他还与库瓦拉亚南达进行了长时间的交谈,并且为读者提供了一张SK的肖像画。此外,虽然没有见过甘地,他还介绍了很多关于甘地的事。他对库瓦拉亚南达印象深刻,被他炯炯有神的双眼所慑服。他甚至把他比作爱因斯坦,因为阿尔伯特·爱因斯坦也拥有一双深邃的眼睛……

> 斯瓦米·库瓦拉亚南达是一位迷人的老绅士,他长得像是婆罗门版的阿尔伯特·爱因斯坦——浓密的白胡子,圆圆的额头,稀疏而卷曲的白色头发垂在肩上,像女性的披肩长发。他的形象让人想到了爱因斯坦,因为他们有着同样独特的棕色大眼睛:沉思、疑惑而又天真无邪。他的

态度是谦逊的,但温和中又不失威严,给人留下了深刻的印象——以甘地为代表的许多印度人都有这种独特的气质。当我称赞他在现代物理和生物化学方面的博学之时,他很诚恳地说:"我对一切所知甚少。"

当然,别人将自己与爱因斯坦相比,一般人是觉得很荣幸,但库瓦拉亚南达却不这么认为。库斯勒对他所尊敬的甘地进行了无礼描写,对这样的作家,他是不会有什么好感的。

重要的是,那些接触过库瓦拉亚南达的人总是发现他是一位伟大并且与众不同的人。所有与他交往的学者都对他赞不绝口。你可以与他意见相左,但是你永远都会对他毕恭毕敬。他对梵语文献的渊博知识使他获得了一个外号——行走的百科全书。他并不是一位接受过正规训练的科学家,但是,很难找到另外一个像库瓦拉亚南达那样自学成才的科学家。这体现出他渊博的学识和深厚的修为。他对人体解剖学和生理学知识的把握透彻而精准,这也让医学界的专家感到惊讶。他非常了解最新的理论物理学知识,他的同事——生物化学专家卡兰贝卡博士对他的上司库瓦拉亚南达精准掌握的生化知识感到惊讶。在科学研究和创办瑜伽学院的过程中,他遇到过各种挑战,他通过努力战胜这些挑战,从而积累了许多知识。根据以上的信息,我们可以借用希伦·穆赫吉(Hiren Mukherji)一本书的名字"温文尔雅的巨人"来称呼他。

他学识渊博的明证是他常常从各种机构和学者那里收到大量问题。他们都向他寻求答案,因为他具有准确解答和解释问题的能力。他们在库瓦拉亚南达身上看到了奥利弗·哥德史密斯(Oliver Goldsmith)饱含深情创作的"乡村大师"(village master)的形象,但是没有这位诗人对此形象的戏谑和贬抑:

他们注目凝视,更加惊叹,

一个小小的脑袋,竟能装着许多知识。

看看经常和他互动的学者的名单,他们从未质疑过库瓦拉亚南达的地位,包括:"大导师"P. V. 凯恩博士,后来获得国宝勋章;D. D. 瓦德卡(D.D.Wadekar),一位博学的哲学家;R. D. 瓦德卡,精通吠陀知识,在巴利语和其他十几个学科领域也是权威;P. K. 戈德(P.K.Gode),几十年来一直担任班达卡东方研究所主管;Y. M. 贝德卡,史诗研究巨擘;H. D. 维兰卡(Velankar),孟买大学著名的吠陀学者;C. G. 卡什卡(Kashikar),居住在浦那,知名的《梨俱吠陀本集》编辑、韦迪克理疗协会(Vaidik Samshodhana Mandal)秘书等等。这个名单可以一直列下去。除此之外,还有像温格(Wenger)、贝赫南(Behenan)等美国著名科学家,他们来罗纳瓦拉学习,从而获得一张斯瓦米·库瓦拉亚南达的真实画像。

贝德卡教授在 1961 年 4 月 28 日给库瓦拉亚南达写了如下的信件：

> 《摩诃婆罗多》的《和平篇》提到专注（dharanah）、非专注（adharanah）、动力（chodanah）。这些词出现在描述瑜伽的一些章节，似乎显示了瑜伽专注中的一些阶段和形式。"动力"被称为数字 12 或 22。我无法在《瑜伽经》和其他瑜伽论书中找到这些特定意义的词语。
>
> 在古代或者现代文献中，如果有用"专注"和"动力"两个词汇的地方，你能不能告诉我？我知道你在静修处一定有其他的事情要忙。因此，就我所提的问题，我请求你向我介绍一位静修处精通瑜伽文献的同事。我会很高兴与他联系，我将要对史诗中的瑜伽进行研究，我会在我的论文中向他致谢。
>
> 16 日的活动是你规划的一个杰作，它给我留下了深刻的印象。瑜伽医院是一个杰出的里程碑，也是你们静修处发展过程中的一个巅峰。

在给相关来信者回信之前，如果 SK 不知道答案，他就特地去寻找答案。有时，他会寻求工作人员的协助，以查找所需的参考资料。斯瓦米吉曾经在《鹧鸪氏本集》(*Taittiriya Samhita*) 遇到过一段话，里面"rasa"的意思显然是"大地"。这是很奇怪的。他给一名在图书馆工作的年轻员工一些线索，让他去找确切的段落。这位年轻学者本能地回复道："能找到才怪呢。即使能找到，也要费很大精力。"斯瓦米吉恩威并施的回复让人印象深刻："如果它真的很难找到的话，为什么不去找找看，证明它是很难找到的？"他的脸上带着一种让人怨气顿消的微笑！

R. R. 迪瓦卡是库瓦拉亚南达最亲密的朋友之一。他曾经于1935年在胡布利（Hubli）创建世界教育基金（Loka Shikshana Trust），并且经常访问凯瓦拉亚达玛。作为《卡纳塔克神秘主义》（*Karnataka Mysticism*）一书的编辑，他经常在术语的确切含义上遇到困难。迪瓦卡可以求助的人就是库瓦拉亚南达，所以他向库瓦拉亚南达提出了所有的问题。以下就是其中一封写于1959年2月19日信：

> 可能你知道我正在编辑《卡纳塔克神秘主义》。这本书的作者是已故的R.D.拉那德教授、N.G.丹勒（Damle）教授和K.V.迦让朱伽卡教授。
>
> 我遇到个两个词，"Shrangatak""Shambhavi"。我不太明白这两个词的含义。
>
> Shrangatak 与人在禅定中意识达到的最高点有关。Shambhavi 与眉心间或鼻尖的专注点相关。
>
> 如果你能就这两个词的确切含义指点一二，我将十分感激。

1953年2月19日，世界著名的浦那班达卡东方研究所主管、著名学者P.K.戈德就若干难以理解的瑜伽文本请教SK：

> 你什么时候能把钱捐给P.D.古内基金？
>
> 你是否见到过词典编纂者巴纳（Bana）在词典Tarabhidhana中引述过公元1500到1650年左右瑜伽文献的内容？

大导师、尊敬的P.V.凯恩博士在梵文和印度学领域做出了巨大的贡献，对印度文化界的现代学者而言，他是取之不竭的宝库。作为同时代人，SK和凯恩博士相互认可并尊重对方在各自领域的权威。1959年5月26日，SK曾写信祝贺凯恩博士的80岁大寿，凯恩博士回信表示感谢：

> 在我80岁生日的时候，感谢你来信祝我健康长寿。
>
> 在漫长而艰辛的人生历程中，我所取得的些许成就得到了大家高度的认可。但如今，虽然我的大脑还很活跃，身体却常常不能对它做出反应。
>
> 几天后，我将会撰写有关瑜伽的文章，并且讨论自古以来它对《法论》（Dharmashastra）的影响以及对我们的宗教生活和其他修习的影响。如果有必要的话，我可能要麻烦你提出一些建议，或者在发表之前审阅一下我的文章。

我的文章不会很长，因为这个领域的范围很有限，而且版面的篇幅也有限制。

在《〈法论〉的历史》卷五，P. V. 凯恩博士用相当长的章节"瑜伽和《法论》"介绍了瑜伽。这一章详实地记述了从吠陀时代到当代的瑜伽历史。能够审阅凯恩博士的著述让 SK 感到很荣幸。于是在 1959 年 5 月 28 日，SK 写了如下的信：

非常感谢你回复我本月 26 日写给你的信。

如果我有机会阅读你关于瑜伽和瑜伽对《法论》影响的著述，我将感到十分荣幸。所以，如果你觉得有必要，可以随时把你的手稿寄给我。

再次感谢你友善的回复，向你致意。

这只是库瓦拉亚南达以学者身份回复的众多邮件中很小的部分。而涉及解答瑜伽练习方面的问题，这种询问的信件自然更多。它们通常来自瑜伽练习者，希望通过他的指导取得更大的进步。这样的信件蜂拥而至，从 1936 年就开始了，也有可能更早。斯瓦米·库瓦拉亚南达总是将灵性修持摆在首要的位置，因为他非常清楚纯学术知识和瑜伽的灵性修持之间的显著区别。如果学术研究不能促进灵性修持，那么学术研究将一钱不值。以下就是库瓦拉亚南达的一封回信，其中他委婉而谦逊地表示，亲自实践是灵性问题的最佳指导。这封信写于1936年8月7日，收信人是居住在那格浦尔的莫洛潘特·乔斯（Moropant Joshi）先生：

非常感谢你1936年6月30日写给我的信。遗憾的是，收到信件之后，我不知道把它放在哪里了，两天前我才找到它。所以，请你原谅我没有早点给你回复。

在王瑜伽（Raja Yoga）的指导上，我能够向你推荐的最好的书就是帕坦伽利的《瑜伽经》。经典本身是难以理解的，我们必须借助于薄伽梵·毗耶娑（Bhagawan Vyasa）所著的论书以及瓦卡什帕蒂·米希拉（Vachaspati Mishra）等人对论书的注释。我承认，研究梵文文献的人往往会迷失在文字的迷宫里，但我觉得没有比古典文献更可靠的指导。为了帮助你理解这些文献，你可以利用伍兹（Woods）的翻译。从学术角度看，他的翻译是非常好的。还有一本英文书，可能对你有帮助。这本书的作者是罗摩帕拉萨德（Ramaprasad），由拉伊·巴哈杜尔·瓦苏（Rai Bahadur Vasu）为其作序，并由安拉阿巴德的帕尼尼书屋（Panini Office）出版。

以上是我按照你的要求向你推荐的我认为最好的文献。虽然我觉得你可能已经知道这些书，但我并没打算向你推荐其他书籍。

我之所以希望与你见面，只是想了解你的灵魂需要和灵性修持的大致情况。你多次希望与我进一步讨论灵性修持的问题，我想我已经清楚地告诉你，在灵性问题上，我只能进行学术上的讨论。只是出于学术讨论的目的，我才想与你会面。尽管如此，我还是谢谢你为瑜伽学院的事业所提供的帮助。

如果雨季结束的时候你能访问堪克斯沃，我会非常高兴。如果你想知道我什么时候方便陪你参访圣地，请写信给我，我将在合适的时候通知你。

关于静修处诸位师兄的灵性修持情况，如果有什么值得一提的事情，我一定会告诉你。

除了瑜伽和科学之外，最能吸引库瓦拉亚南达的学科是历史。他对历史的兴趣并不是漫不经心的，所以他在历史领域也是小有成就。他在这个领域有波特达（D.V.Potdar）这样亲密的朋友。波特达后来是浦那大学的校长。1940年6月12日，他给瓦卡斯卡（V.S.Vakaskar）的一封信证明，史学是他特别感兴趣的领域。瓦卡斯卡是研究前阿育王时代古吉拉特邦历史的严谨学者。请注意，他在信中用乐观的语气提到要把"忧虑的日子"抛诸脑后。第二次世界大战的黑暗日子已经造成了不安，但是失败的情绪并没有压倒他。以下是信件原文：

非常感谢你本月 8 日写给我的信。

毫无疑问，我们正在经历一个焦虑的时代。但是，我们将安然度过这次打击，与世界其他地方的人一起迎接更好的时光。

我非常高兴地知悉你正在着手撰写前阿育王时代的古吉拉特邦历史。如果你能够就这个主题与我进行讨论，我将非常高兴。但是，我恐怕没有能力在讨论中提供什么见解。我早已不再研究古代的历史了。

你把吉本作为自己的榜样。记得几年前我就向你提出过这样的建议。这并不意味着是我促使你从事目前的研究。不过，我要请你再读读另外一本书——如果你还没读过的话。这本书就是贾德纳（Gardener）的《英格兰史》。虽然它读起来有些沉闷，但我觉得如果你能将优秀的历史著作融会贯通，会在某些方面给你提供一个好的典范，因为这些著作将来会被后人模仿。

我回到罗纳瓦拉后，会参阅你信中提到的《禅那之光》(*Jnana Prakash*) 杂志。我们这里并没有订购这本杂志。我希望将你对萨德赛（Sardesai）关于英国晚期历史的评论发表在《世界教育》(*Lokashikshana*) 上。

知识越渊博，求知欲越强；知识越渊博，行为越谦逊。库瓦拉亚南达和同时代来自不同学术领域的伟人站在一起，并与他们进行有意义的对话，互相取长补短。有时候，他也能为其他人提供启发。在他那个时代，他是名副其实的学者中的学者！

कुवलयानंदाचीं गाणीं.

श्रीयुत जगन्नाथ गणेश गुणे, बी. ए.,

उर्फ

कुवलयानन्द

यांनीं रचिलेलीं.

प्रकाशक:—श्रीजुम्मादाव्यायामशाळा,

बडोदें.

किंमत ४ आणे.

此为《库瓦拉亚南达之歌》诗集（译者注）

第十四章
七十岁寿诞及其他

库瓦拉亚南达在世的时候,凯瓦拉亚达玛并不热衷举办活动。当时凯瓦拉亚达玛的人数一直都不超过 100 人。这些人分散在不同的地方,如静修处、医院、实验室、学校和图书馆。居住在凯瓦拉亚达玛的家庭不超过十个,而且都是小家庭。还有一些人来自附近的村庄,他们以不同的身份工作。通常在静修处餐厅用餐的平均人数约为 25 人,其中包括学院的学生和一些员工。在节日期间,最多也就有 40 人左右。只有在夏天,凯瓦拉亚达玛才像蜂巢一样忙碌一个月,因为有三四十个学生要参加为期一个月的课程。作为瑜伽学院的负责人,库瓦拉亚南达会向这些学生发表两三次演讲,这是他们课程的一部分。至于别的时候,很少举行集会。访问学者和嘉宾的演讲并不少见,但更常规的项目是宗教仪式和音乐会性质的活动。

在他们平和连贯的日程里,没有太多的机会举行正式的庆祝活动,更不用说正式的聚会了。他们经常以非正式的方式聚在一起。例如,大家会庄严地举行活动,纪念摩达瓦达萨尊者的逝世纪念日,但没有任何人注意到库瓦拉亚南达的生日。除奎师那的诞辰之外，人们不会大张旗鼓地庆祝任何其他人的生日。我们不知道静修处的员工在生日的时候会不会相互祝贺，或许他们私下里庆祝，别人没注意到。这并不是说静修处是个封闭的王国。实际上，静修处的阅览室拥有数量非常多的报纸、期刊，学生们如饥似渴地阅读它们。在某些问题上——无论是私人的、公共的还是学术上的，SK都有坚定的原则。他不想对外宣传，并不是因为对仪式等活动有负面的看法，如果是为了他热爱的某些事业，他不反对成为大家关注的焦点。例如，他并不反对将他的研究公之于众，因为这有助于实现他孜孜以求的理想。但他不喜欢为自己举办生日庆祝活动。虽然如此，大家还是在孟买为他的75岁生日安排了一个盛大的活动，许多名人都来参加。早在1943年8月，浦那的韦迪克理疗协会、SK的几个私人朋友和一些仰慕者希望在他60岁生日的时候能举行一个简单的庆祝活动。这也算不上是什么大型活动。他们只想一起去见见他，表达他们的喜悦和对他的敬意，但斯瓦米吉却给他们泼了一瓢冷水，婉拒了他们的要求。重点不在于他的拒绝，重点在于他对自己的拒绝所提出的理由。1943年8月24日，SK写信给瓦德卡教授（可能是年长的D.D.瓦德卡，而不是年轻的R.D.瓦德卡），SK提出了如下的两个理由，一个是出于个人的谦逊品质，另一个是对传统教法的坚持：

我听说你已经到孟买拜访我三次了。遗憾的是，这三次我都不在孟买。第三次，你在凯瓦拉亚达玛留了一张便条。我要告诉你的是，这张便条让我很感动，谢谢你对我的深情厚谊。为了实现你的愿望，我原本会邀请若干朋友在我下次生日的时候与我相聚。但是，出于以下原因，很抱歉我不得不打消这个念头。我不认为在过去的人生历程中取得的任何成就能够让我为之庆祝。对于我而言，60 岁的生日与以前的生日没有什么不同，不好也不坏。我所遵守的《阿湿伐罗耶纳经》并没有提到过庆祝生日（包括 60 岁生日）的仪式。

我可以肯定地说，在经典后期的论释里流行一种说法，为了避免疾病的伤害（Arishtha），建议我们在度过 59 岁生日之后，要在 60 岁时举行禳灾仪式（Shanti）。但是这样的禳灾仪式并不是在 60 岁生日那天举行，也不是在 60 生日之后的某个吉祥日子举行。

所以，要注意两点。第一，在 60 生日之后，经典里并没有规定要举行宗教仪式。第二，我个人认为，较之于举行火供仪式将祭品或食物烧掉，向主神祈祷更能有效地避免未来的灾难。

我经常向主神祈祷，让他保佑我一切顺利。仅此而已，我下一个生日也是如此。

我相信，我已经将这件事讲得非常清楚，也列出了充

分的理由。下一次生日的时候，不举行任何世俗的或者宗教的庆祝活动。我心里很难过，也知道让很多朋友感到失望。但是，我不能通过社交聚会来分享我工作上的成就，也不会举行任何宗教性的仪式。尽管如此，我还是衷心谢谢你的建议。

我现在比以前更频繁地前往浦那。在下一次旅行中，我将尽快在你的住所或你所在大学与你见面。

60岁的时候，他坚持己见。70岁的时候，他就不那么坚持了，到了75岁的时候，他就完全屈服于大家的愿望。亲密的友人和同事对他施加压力，以及低三下四的劝说起了作用。对于他所提出的理由，人们总是能够提出反驳，这样他就缴械投降了。这并不是说他以前从未接受过生日问候。既然你在别人生日的时候会向别人祝贺，你怎么能阻止朋友和其他充满善意的人在你生日的时候问候你？很多人在库瓦拉亚南达生日的时候都会问候他，其中包括罗达的N. C. 契特瑞（N. C. Chitre）博士和达尔（中央邦）的R. K. 帕德克（R. K. Phadke），而库瓦拉亚南达本人亦向成百上千的人发送过生日问候。因为在印度学、梵文和《法论》领域做出的贡献，1941年底，P. V. 凯恩被授予"大导师"（Mahamahopadhyaya）的头衔，库瓦拉亚南达是最先向他道贺的人，1942年1月3日，凯恩为此表达了谢意。事实上，库瓦拉亚南达记下了他的几个朋友的出生日期，准时向他们致以生日的问候。以下是 P. K. 戈德博士的感谢信：

> 非常高兴并感恩你对我 70 岁生日的问候，我的生日（1960 年 7 月 11 日）过得非常平淡。我非常珍视你的祝福，因为它充满了友爱和热情。我欣然接受这些祝福。
> 我希望你能保持健康，肩负起慈善和瑜伽事业的重任。

有时候，库瓦拉亚南达也会直言不讳地说出他的愤怒。首先，他不喜欢成为无聊报道的主角。其次，他坚持认为凯瓦拉亚达玛应该获得外界正确的理解。他的一位亲人维塔尔·特里姆巴克·古内收到他于 1944 年 1 月 28 日信件时，一定觉得有点难为情。

> 非常感谢你给我寄的两张卡片，但是对不起，我没有尽早回复。我理解你没有时间与我会面，因为大学现在没有放假，我很理解你的困难。
> 关于你想要的信息，我很抱歉，你还没有讲明你要这些信息干什么，也没有讲明你这样要求的具体原因。还有一件事，到目前为止我没有亲自向任何人提供任何关于我的信息，我也极不愿意这样做——特别是知道这些东西会被公开发表的时候。我请求你尊重我的个人意愿，不要再

向我要求任何信息以便公开发表在你即将出版的书里。

至于那张照片,我也没有。我也没有保留任何底片。我自己很少主动要求照相。因此,我也不会给你寄送我的任何照片。尽管如此,我有一个请求。对于别人怎么描写我,我从来不在乎,但是我总是希望凯瓦拉亚达玛的愿景和工作被正确地传达给公众。你曾经给我寄了材料,介绍了你对我以前和现在的家庭成员的描写。我很遗憾地告诉你,你并没有领会到凯瓦拉亚达玛愿景的真正含义。当我考虑在此陈述的所有事实时,我对你的最后要求是:你在书中仅仅提一下我的名字和我的出生日期(1883年)即可。

这样坦率的表达对他来说是很罕见的。与同事们在一起,如果被激怒,他也可能会直言不讳。在一次公开的员工会议上,一位同事懊悔地抱怨自己失去了作为研究人员的机会,于是库瓦拉亚南达就这样对他说了如下的话:"说句公道话,我早就应该请你另谋高就了。"这件事发生在1964年。1965年的某一个场合,他对一个年轻的同事说:"请你解释一下你的失误。你说你不想自吹自擂,你这是什么意思?"即使他对同事说了比这更严厉的话,对方也不会对他心怀怨恨,因为他稍后就会说一些令对方心开意解的话。简明而优雅,这就是库瓦拉亚南达的典型性格。

有谁不知道 D. K. 卡尔维(D.K.Karve)呢?他更广为

人知的名字是马哈希·卡尔维（Maharshi Karve）。他是妇女教育、解放和改革领域的一位伟大的开拓者。他的活动中心曾经位于浦那郊区的一个村子，现在位于浦那郊区的辛加内（Hingane）。1957年4月18日，在他百岁诞辰的时候，他收到了SK的如下贺电：

> 请允许我向你表示最衷心的祝贺，祝贺你今天的百岁寿诞。真正道德高尚、意志坚定的人很少被上天赐予长寿。因此，你如此高寿真是一件让所有印度人感到非常高兴的事。愿你能够为毕生的崇高事业而努力奋斗，永不止息。

"马哈希"真正体现了《伊萨奥义书》如下经文所描述的内容："愿愉快地生活一百年，一丝不苟地恪尽职守。"（kurvanneveha karn1anijijivishet shatam samah）

库瓦拉亚南达过去常常寄送生日问候的另外一人是拉达克里希南博士。他是文化哲学家、教师和翻译家，也曾担任过印度总统，为了表示对教师的尊重，他的生日被定为印度的"教师节"。1956年9月11日，拉达克里希南给SK写了回信，按照一贯的做法，他仅仅写了一句话：

> 谢谢你的问候和祝福。

作为一名隐士，库瓦拉亚南达选择不参加大型社交活动——婚嫁、周年庆典、迁居庆典等等。但是，如果碰巧是他相识的人或者这些人的亲人，他通常都会正式或非正式地表达祝福。同样，他也会给过世者的家人发送唁电，有时候会在唁电中穿插一些他和逝者过去的交情。他的老朋友哈利巴奥于1961年去世的时候，他在1961年11月3日给他的哥哥写了一封感人至深的信件，追忆了他们在阿默尔内尔的友谊：

> 昨天我才在孟买收到了你的来信，惊闻我亲爱的朋友哈利巴奥去世。我知道他罹患疾病，但是没料到他这么快就过世了。他强烈的爱国主义精神和对家庭的呵护与奉献堪称典范。他担任坎德什教育协会终生委员的时候，我有幸与他共事。我很欣赏他的合作精神，以及他对我们所从事工作的热爱和不偏不倚的态度。作为兄长，他的离去对你无疑是一个很大的打击。但是，以你对人生的哲学态度，我相信，你不仅会冷静而勇敢地接受这一打击，而且会安慰你的家人。
>
> 愿主神保佑我们。
>
> 你不仅告诉我哈利巴奥去世的悲恸消息，也告诉我你妹妹成功创建"老年之家"（Vruddhashrama）的好消息。印度各地都需要这样的机构。在如今的社会，年轻一代对父母和长辈的态度迅速恶化，让许多人的内心痛苦不堪。

"老年之家"将会给这些老年人安慰、幸福和关爱。我祝愿她的"老年之家"一切顺利。

关于你盛情邀请我参加"逝者追思会"（Jnanasatra），我预定于本月14日至20日在新德里。因为我必须在15日和16日出席体育教育与休闲中央咨询委员会的会议，并且再延长三四天的时间以便在新德里逗留。由于这些事情，我将不可能接受你的盛情邀请。毫无疑问，这样做有两个原因。我本可以亲自向你的家人表示哀悼，并且能够参加将要举行的追思会，但我的困难是显而易见的。

向你本人和全家致以良好的祝愿。

吊唁信不需要解释，但结婚时的祝贺是需要解释的。这是因为每次的信都不是寄送给同一个人！如果你身边的人邀请你参加婚礼，但是在原则上你不参加任何这样的活动，你会想解释一下，因为他们不知道你的原则。这只是为了避免误解，因为如果不解释，可能会产生误解。斯瓦米·库瓦拉亚南达需要在这方面不断重复同样的话。R. S. 戴特先生是他的一位朋友，住在孟买达达尔（Dadar），他邀请SK参加他儿子的婚礼，SK写了回信。这封信写于1961年11月4日，内容如下：

> 谢谢你盛情邀请我参加你儿子阿文德（Arvind）的婚礼并出席当晚的音乐会。
>
> 多年前，我决定不参加任何与婚姻有关的聚会或活动，这是我的原则，并不是为了方便或不便，也不是为了在朋友之间做出亲疏的区分。所以，请你原谅我没有接受你的深情厚谊并出席即将举行的婚礼。
>
> 现在我向主神祈祷，愿所有的活动都在祥和的宗教仪式中圆满举行，并祝愿新婚夫妇过上幸福、美满和虔诚的婚姻生活。
>
> 向你致意。

库瓦拉亚南达可能不习惯参加婚礼，但让他放弃音乐会是不容易的。库瓦拉亚南达有时会将自己的梵文作品谱成曲——特别是在向他导师表示敬意的时候。著名的印度斯坦歌手斯瓦米·瓦拉巴达斯（Swami Vallabhadas）访问罗纳瓦拉，库瓦拉亚南达经常会邀请他去凯瓦拉亚达玛举办音乐晚会。在整个活动中，库瓦拉亚南达一直坐着，深深沉浸在瓦拉巴达斯用天籁之音编织的美妙音乐中。瓦拉巴达斯的学生至今仍然经常访问凯瓦拉亚达玛。很明显，库瓦拉亚南达在瓦拉巴达斯的陪同下享受音乐，而瓦拉巴达斯则在瑜伽中寻找慰藉。遗憾的是，对这位伟大的瑜伽倡导者和伟大的音乐家之间的频繁会面，我们并没有任何记录。

健壮不减当年（摄于1958年）

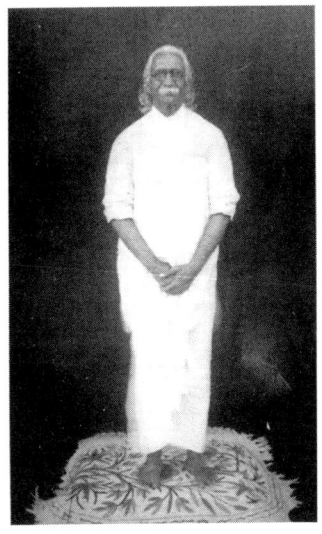

莫汉·纳德卡米（Mohan Nadkami）是著名的音乐学家和音乐评论家，他出版了几本音乐选集，其中一篇名为"艺术：音乐的一生"的文章（《印度时报周日版》，1992年10月4日）介绍了音乐天才萨拉德克钱德拉·阿洛卡大师（Pandit Sharadchandra Arolkar）。1992年12月，这位大师刚满80岁的时候获得中央邦政府最具声望的檀森·萨曼（Tansen Samman）音乐奖章。萨拉德克钱德拉的父亲是一名军官，他并没有任何音乐天赋，只是喜欢在空闲的时间阅读哲学书。年轻的时候，萨拉德克钱德拉就表现出了对音乐的热爱，这种热爱体现在诸多方面。上学之后，萨拉德克钱德拉对知识充满渴望，如饥似渴地读书。他在父亲的图书馆里阅读了许多哲学方面的书籍，并发现自己进入了一个全新的灵性领域。灵性对他的影响是如此之大，有一次他甚至从浦那的学校逃出来，前往罗纳瓦拉的凯瓦拉亚达玛听课，学习灵性和神秘的体验。这样，萨拉德克钱德拉就碰到了斯瓦米·库瓦拉亚南达。斯瓦米吉本人就是音乐爱好者，他深刻地觉察到音乐里潜藏着解脱和超越的能力。斯瓦米吉坚信，根据印度灵性传统，与瑜伽在内的许多灵性修持一样，即便是音乐，也具有使人解脱的作用。斯瓦米吉建议萨拉德克钱德拉追求音乐之路。在这篇描写萨拉德克钱德拉的文章中，纳德卡米写道：灵性方面的阅读对他的思想影响是如此之大，以至于13岁的时候他放弃了学业，中断了音乐的学习，前往马哈拉施特拉邦的一处山间胜地——罗纳瓦拉。在那里，他与著名的瑜伽权威、伟大的神秘主义者斯瓦米·库瓦拉亚南达相遇。斯瓦米吉让他追求音乐事业，并向他保证，音乐也能带来灵性的成就。萨拉德克钱德拉在音乐上取得很高的成就之后，常常住在孟买。正如莫汉·纳德卡米所描写："每当他有空可以与库瓦拉亚南达长久相处时，他都会去孟买的凯瓦拉亚达玛保健中心。这两个人见面的时候可能会交流他们在音乐和瑜伽方面的心得体会。"

艺术作品和音乐一样，也可以被库瓦拉亚南达带着理性去欣赏。这两种艺术形式可能都有助于灵性的提升，因为"它们常在心灵中闪现，那是孤独之中的福祉"——这里借用的威廉·华兹华斯的诗句。如果音乐中的声音和旋律能够磨炼灵性之光，绘画中的色彩也能将鉴赏家的灵性提升到更高的层次。1933年初的某个时候，库瓦拉亚南达说服一位艺术家朋友为他画了一幅摩达瓦达萨尊者的画像。他希望创作一幅真人大小的画像。巴罗达的艺术家S. V. 塔菲克（S.V.Tavker）能够胜任这个任务，他创作了一幅在库瓦拉亚南达看来十分出色的作品。1933年9月27日，他写信向这位艺术家表达了谢意：

> 我无法用语言恰当地表达我对你的感激之情，因为你为我的导师画了一幅如此出色的画像。你所付出的奉献是非凡的。你所绘画的这个人无疑拥有世界上最圣洁的灵魂。浑然忘我的绘画创作一定对画家的心灵成长有帮助。

我相信，从这样的创作状态中出来时，你在内心会获得灵性的提升。

我欣赏你的绘画技艺，也赞叹你谦逊的精神。当我知道我们通过尊敬的博萨赫布（Bhausaheb）如此紧密地联系在一起，我更加感到自豪。我衷心希望你在艺术之路上取得巨大的成就。

我希望用一个合适的相框将你完成的这幅伟大作品装裱起来。你非常热心地答应帮我询问这种相框的价格。请在方便的时候给我写信，就此事给我一个简单的回复。

达塔吉兄弟现在已经不再发烧了，但是身体还是很虚弱。他今天下午将离开罗纳瓦，拉换一个环境。

从此之后，人们访问罗纳瓦拉的凯瓦拉亚达玛时就可以看到这幅画像，并且得到精神上的升华。这是一幅出色的传统画作。顺便说一下，传统如何与现代相适应？从库瓦拉亚南达的行为看，答案很明显，他非常努力地让传统的瑜伽知识在现代背景下获得可信度，从而被人们接受。如果不能如此，传统的东西即如朽木一般。传统的活力在于不断革新去适应每一个时代。这种革新是由某个人的努力所促成的，就像库瓦拉亚南达对瑜伽所做的工作。毕竟，今日的现代性就是明天的传统。如果传统的内容是丰富的，经过一段时间后，最初挑战传统的现代性就会被传统所同化。库瓦拉亚南达把瑜伽确立为一门

青心文化
新书书目

SPIRITUAL
CULTURE
CATALOG
2021 / 2022

Spiritual Culture
青心文化

在阅读中疗愈　在疗愈中成长
READING & HEALING & GROWING

ZERO
零极限
69.00 元

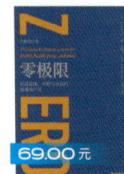

《零极限：创造健康、平静与财富的夏威夷疗法》

［美］乔·维泰利 /［美］伊贺列卡拉·修·蓝 / 著 | 胡　尧 / 译

作为世界超级畅销书，由《秘密》作者之一乔·维泰利主笔，讲述了他在一个夏威夷精神病院中遇见世界上奇特的治疗师修·蓝博士的故事。如果你用不受限的眼光看世界，让心智回到“零极限”的状态里，那每一件事都是可能的。

ZERO
新零极限
69.00 元

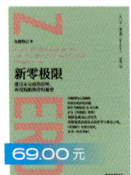

《新·零极限》

［美］乔·维泰利 / 著 | 彭　展 / 译

正宗《零极限》续集！《零极限》没说完的事，本书一次告诉你！附带超值附录，只有参加“荷欧波诺波诺”课程才能学到的奥秘！

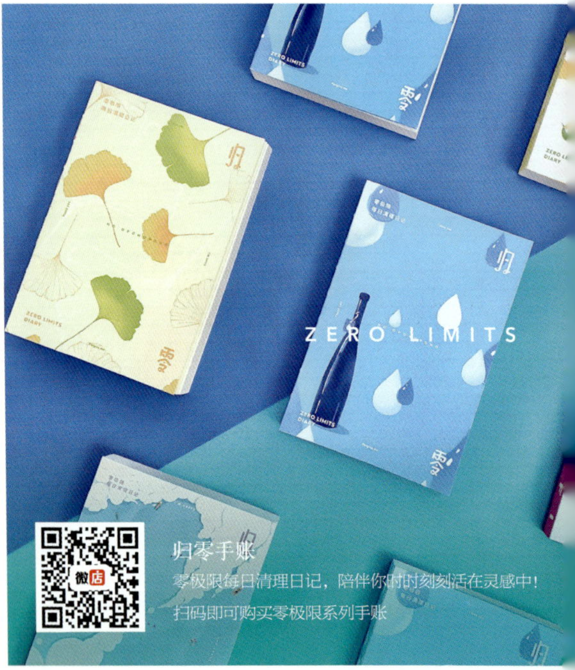
ZERO LIMITS
微店
归零手账
零极限每日清理日记，陪伴你时时刻刻活在灵感中！
扫码即可购买零极限系列手账

学科，认为它值得当代人去学习，但他对于强化宗教仪式等传统做法却有奇特的想法。他似乎认为，传统不是一成不变的，而是应该受到检视和重新评估的。传统的精华被保留，经过重新评估后，会披上一件新的外衣。在对统称为"宗教仪式"（samskara）的"圣仪""涤罪仪"的重新诠释上，也可以采用这种方法吗？库瓦拉亚南达也曾相当认真地考虑过这一想法。他在给纳西克的退休助理税务专员Y. M. 库尔卡尼先生的信中提到了自己的这个想法。这封写于1934年12月17日的信件内容如下：

> 非常谢谢你于本月11日给我的来信，辛德卡（Shindekar）先生已经将它转交给我。他将亲自告诉你在查尼路分部发生的事情。
>
> 我想再次澄清自己关于寡妇再嫁问题的看法。在对代代相传的传统进行变革之前，我们对所有宗教仪式都需要以同情的态度进行批判性的审视。我已经思考过这个问题。我不知道凯瓦拉亚达玛什么时候能够启动并完成这项工作，但我正在尽力为这项工作收集必要的材料、网罗必要的人才。完成此项工作之后，我会对宗教仪式进行必要的修订，使它们能够在现代社会保持活力但又不失去灵性的精髓。之后，我希望对复兴后的宗教仪式进行积极的宣传。我不知道在有生之年能不能完成这项任务。但在这件

事上，我有一个非常真诚的愿望，如果我在去世之前不能尽我的绵薄之力，我会觉得自己欠了债。

因此，我并不想采取过激的改革立场，但也不会接受传统的原则。关于这位女孩再婚，我觉得这是她应得的。但作为一个对特定文化负有责任的人，在涉及灵性原则的地方，我不认为可以有任何例外。我已经清楚地将自己的看法转达给辛德卡先生。我确信你会理解我的态度，不会误解我。

我非常尊重你所保持的灵性气质。我也觉得对婚姻制度的一些改革是有必要的。但是这种感觉是针对目前情况的一种模糊看法。无论对过去还是现在，我们都缺少常规的批判性研究。完成这样的批判性研究之后，当我确信某项改革是必要的时候，我将会勇敢地大声疾呼。

无论摆在他面前的是什么问题，他的结论都不能抵挡住保守主义的影响，这压制了他内心的理性诉求。然而重要的是，他毕竟完全回避了教条主义。这是对传统进行科学分析和重新定义的开端。库瓦拉亚南达并没有将时间和精力浪费在所谓的宗教仪式的科学研究上，因为在瑜伽领域，他还有许多未竟的工作。例如，他梦想在喜马拉雅建立一个凯瓦拉亚达玛分部。1941年1月16日，他写信给时任查谟总会计师的布瑞迦拉尔·尼赫鲁（Pandit Brijlal Nehru），介绍了自己的这个想法。有趣的是，他将查谟（可能和克什米尔一起）称为印度的"天堂花园"（nandanavana）。

非常感谢你本月8日写给我的信。

根据你的建议，《瑜伽弥曼沙》办公室已经给你寄了两套三个型号的清鼻棉线（Sutra Neti）和两条净胃布带（Vastra Dhauti）。我希望你对它们感到满意。

我们通常使用橡皮管代替清鼻棉线，我们这里使用的型号是6号和7号。因为这些东西可以很容易地在查谟或任何其他大的地方购买到，我就没有寄给你们。

我非常高兴地看到你现在已在克什米尔工作，并被任命为总会计师。

希望你保持健康。

至于我要发表的文章——我现在文思不错，你很快就能看到我的文章了。至于我访问那边的事情——如果没有什么特别的事情，我不会马上去印度的"天堂花园"。我有一个梦想，就是在喜马拉雅山创建一个静修处的分部。只有老天才知道这个梦想何时能够实现。

因为他学识渊博，并且对不同学科的问题都能驾轻就熟地处理，许多人相信他拥有多所大学的学位。如今，再阅读他的书和文章，人们可能会认为这是一位生理学教授的著作，但很快又会觉得他是梵文教授。实际上,他都不是,他只是所有知识的集大成者。有一次M. R. 贾亚卡希望将库瓦拉亚南达介绍给库斯罗·瓦迪亚(Cusrow Wadia)爵士,可能是想向他募集资金。即便是像贾亚卡这样与库瓦拉亚南达熟识的人,也不知道他具有什么样的教育文凭和头衔,最后他只是介绍说"古内博士"(硕士、博士),但是这样的介绍让"古内先生"感到迷惑。这位前总督本能地认为他拥有博士学位,但这位谨小慎微的学者立即于1942年6月30日写信给贾亚卡,要求他实事求是地介绍自己:

> 我非常感谢你向库斯罗·瓦迪亚爵士介绍我时所写的精彩信件。我希望自己像你在信中所介绍的那样名副其实。所以,此封信件需要稍做修改。我毕业于孟买大学文科专业,没有获得硕士和博士学位。对我而言,"古内博士"一直就是错误的称谓。我个人从未提倡过这样的称谓。我请求你将介绍信上的"古内博士、硕士、博士"这些都删掉,信件的日期可能也需要更改。
>
> 很抱歉,我总是利用你的好心给你添麻烦。但是,因为你对我和我的工作是如此热心,所以我毫不犹豫地请你帮助我。

玛哈爵·萨海博士(伦敦)是一名哲学家和心理学家,也是瑜伽学习者。在他的研究论文《不二陀罗迦奥义书中的瑜伽》中，他以西方哲学的知识来探讨《陀罗迦奥义书》中的主题（《瑜伽弥曼沙》卷七，1957年6月）。他在凯瓦拉亚达玛哲学文献研究部工作了11年，是库瓦拉亚南达最珍视的同事之一。1975年凯瓦拉亚达玛（罗纳瓦拉）的五十周年庆典纪念册里有他的一篇文章，标题是"斯瓦米·库瓦拉亚南达"（49页）。文中他回忆了与库瓦拉亚南达相处的经历，简洁而生动地描写了库瓦拉亚南达的多种性格特点，我们可以忠实地将其引述在此：

> 斯瓦米吉从未落下他每天的禅修。曾经有一次，有人提议将他的住所安排到图书馆大楼（Saraswati Mandir）的阳台处，他当着我的面说，他早晨冲凉之后需要有一个安静的环境。斯瓦米吉没有妻子和家人，也不像世俗人那样对他的兄弟姐妹和亲戚履行照顾之责。他的食物包括牛奶以及牛奶、菱角（singhara）和番薯（suran）制品（在生命的最后五六年期间，他曾经访问德里。因为医生的建议，他不得不吃米饭）。在瑜伽八支中，他总是强调制戒和自制的绝对重要性，并且严格遵守。所以，斯瓦米吉是一位瑜伽士，也是一位修士（Sanyasi）。但我认为，他牺牲了自己的灵性上的追求，把瑜伽带到了实验室。也许他的老师摩达瓦达萨说得对，这位弟子还没有准备好攀登瑜

伽最高峰并得到最高的证量，所以他就产生了建设静修处并开展瑜伽研究的想法。因为斯瓦米吉热爱为人服务、热爱知识、具有科学的大脑，这些对他的影响太大了。不管怎样，他将自己等同于凯瓦拉亚达玛并竭尽所能发展他所创立的瑜伽学院，他担心如果这种全新的实验工作出现某个失误，最终就会导致瑜伽事业的失败，这已成为他的一块心病。因此，他不得不在实验室里待上很长时间，仔细审阅实验报告。这对他的灵性修持产生了干扰。再者，为了瑜伽学院的利益，他必须对自己的言辞非常谨慎。一位自我意识很强的嘉宾曾经访问瑜伽学院，并同意做一个简短的演讲。但是瑜伽学院并没有对他的演讲进行录音。后来，斯瓦米吉和他见面请求他写下演讲的摘要。这时，嘉宾很不高兴，斯瓦米吉本能地对他说："录音机坏了。"对于这个小小的谎言，他后来一直都在忏悔。

斯瓦米吉认可别人的价值，珍视他人的优点，并尊重他人的成就。他相信人的进化，毫不犹豫地把具有较高灵性成就的人称为进化的人。他在发表灵性相关的谈话时总是直言不讳。他会毫不犹豫地说"我不懂这个""我对此没有体验""你懂得更多"，他从未考虑过这些话可能会导致听众对他产生错误的印象。

斯瓦特米吉不仅是一个诗人和歌唱家，而且还是一个懂得欣赏幽默的人。当被问及新大楼的落成典礼时，他说:"我们必须想尽一切办法(by hook or by crook)进场。"在欢迎贵宾的时候,发现没有花环,我说:"因为他已用过点心(ahara)了,所以不需要再接受花环(hara)。"斯瓦米吉很欣赏我这句俏皮话。

在与我私下谈论灵性和瑜伽问题时,我发现他非常保守。他认真并且赞许地倾听我所说的一切,并作一些简短而具有启发的评论。尽管他从未直接教过我任何东西,但他简要的回答无疑帮助了我。现在我总是觉得,如果他当时对我进行主动的教导或者有计划性地对我进行指导,我会得到更多的利益。或许他知道我俗务太多,不能遵循瑜伽的指导,所以放任我去享受世俗的酸甜苦辣。

尽管他修习瑜伽,并且遵循"无执"(Vairagya),斯瓦米吉依然是一个待人友善的人,还是个理想的朋友。他的行为不时流露出他内心隐藏的温文尔雅的感情。如果有人告诉他住在凯瓦拉亚达玛范围内的任何人生病了,他就会在病人床边坐几个小时,必要时派人去请医生,并亲自看着医生对病人进行检查。当凯瓦拉亚达玛农务主管克萨瓦·拉奥(Keshava Rao)先生的妻子过世时,斯瓦米吉步行前往火葬场,与我们一起待在那里,直到火葬仪式结束,然后陪着哀悼的人一起回到凯瓦拉亚达玛。

在我入读瑜伽学院后不久,有一次我生病了。那时我还是一名瑜伽学生,我问他会不会因为我身体不合格而让我退学。他回答说:"我们的友谊不会因为这样的原因而破裂。"当我在凯瓦拉亚达玛工作十一年后退休的时候,我去见他。在我离开之前,斯瓦米吉只说了一句话:"博士,如果我过去对你有所冒犯,请你忘掉它。"我很感动并回答他说:"斯瓦米吉,你不可能冒犯我。"然后我们两人都陷入沉默,带着沉重的心情分手,再也没有说一句话。

据说,奉献之路就是充满感情的道路。斯瓦米吉是奎师那的热心信徒,当处于虔诚的状态时,他总是克制他的情绪。这表明他对自己所敬拜的神(Ishtadeva)有一种情感上的爱。因此,他将他身上的这种强烈感情进行了升华。除了虔敬(bhakti)和高尚的情感,斯瓦米吉经常以他独特的方式向我指出,我的行为并不是最好的,因为它是情绪化的。他坚信,我们的行动决不应该带有感情。

有一次,我上火车前丢失了一张100卢比的钞票。坐在舒适的座位上,那种失落的感觉变得明显起来。我感到非常不安,发现自己正在经历一种痛苦。同时,我好像对自己说:"我正感受到这种痛苦。"当我遇到斯瓦米吉的时候,我问他这两种意识的主体,哪一个是"本我"(Purusha)。他说:"都不是。"因为斯瓦米吉相信"本我"不会感受到苦乐,也不会反思到心的感受。

斯瓦米吉认为斯瓦特玛拉玛(Svatmarama)是哈达瑜

伽的绝对权威。尽管《哈达之光》(Hathapradipika)最重视的是内心生起的声音,斯瓦米吉认为,内心生起的视觉形象更为重要,瑜伽士闭着眼睛可以看到一道蓝光。斯瓦米吉坚持这种信念,尽管我曾提醒他注意以下这句经常被引用的诗句:

niharadhumarkanala

nilanakhadyotavidyutsphatikashashinam ǀ

rupani etani purassarani brahmanyabhivyaktikarani yoge ǁ

(在瑜伽修习过程中,在梵显现之前,会出现像雪、烟、太阳、火蝇、水银、水晶和月亮一样的形体。)显然,他的信仰是基于他自己和他所认识的瑜伽士的经验。

在这个问题上,在我看来,较之于《哈达之光》,斯瓦米吉的灵感更多地来自《不二陀罗迦奥义书》这样的文献。他曾让我写一篇关于《不二陀罗迦奥义书》的文章发表在《瑜伽弥曼沙》上。我曾经问斯瓦米吉如下这句:

yogarudhasya tasyaiva shamah karanamuchyate.(对于这位贤人,当他登上瑜伽之峰后,寂静是他们的表现方式。)

他立刻回答说:"我们都是正在致力于学习瑜伽的人。"[①]

60岁那年,库瓦拉亚南达谢绝了 D. D. 瓦德卡教授和其他朋友提出的请求,拒绝在自己生日的时候举行一个小型活动。然而,在70岁时,各方压力让他无法抗拒,他不得不在朋友们和热心人士的强烈请求下,在公开场合以他的名义举行了一个大型庆祝活动。斯瓦米·库瓦拉亚南达因在瑜伽领域的工作而受到大家的祝贺。严格来说,这不是一个生日庆祝活动,而是对他多方面工作的感谢和认可。公众希望对他提供经济上的支持,支持他以伟大的爱心努力建立起来的瑜伽学院。为此大家成立了一个庆典委员会(satkar samiti)以募集资金,并在这个委员会的主持下提出相应的募捐和庆典方案。该委员会发出公开呼吁,邀请所有"对古老文化的新发展感兴趣"的人参与这项庆祝活动并慷慨捐助,最后以公众的名义将资金转交给斯瓦米·库瓦拉亚南达。玛哈爵·萨海博士是库瓦拉亚南达的老朋友,也是凯瓦拉亚达玛的老员工。他是委员会的主要成员之一,他签发了对公众发出的呼吁。第一个向这个呼吁做出反应的是 D. P. 卡玛卡,他是印度政府商务部长,也是库瓦拉亚南达的亲密朋友。在某种程度上,他的反应代表了许多人的真情实感,他们都很高兴参与到这一庆祝活动中来。如同许多人一样,他给玛哈爵·萨海写了一封简单但热情洋溢的信,这封写于 1953 年 7 月 9 日的信原文如下:

> 你 6 月 18 日的来信已收到,我很高兴获悉你们准备以恰当的方式庆祝斯瓦米·库瓦拉亚南达的 70 岁生日。我对斯瓦米吉为灵性事业所做的杰出贡献表示钦佩和敬意。作为无私奉献的理想典范,他将激励年轻一代。虽然

我希望这项活动取得圆满成功，但出于显而易见的原因，我不得不谢绝参加这次你提议的为他募集资金的呼吁。我希望你们的努力获得成功。请转达我对斯瓦米吉的敬意。

卡玛卡没有签署募捐呼吁的"显而易见的原因"是他担任了政府公职。像他这样的人还有一些。除这些人外，该委员会由来自社会各阶层的人士组成。该呼吁信的标题为"给斯瓦米·库瓦拉亚南达的贺礼"，记录了他的工作生涯和开创性的贡献。我们最好在此提供全文：

> 斯瓦米·库瓦拉亚南达是科学瑜伽的伟大倡导者，他是凯瓦拉亚达玛的创始人和现任负责人，他将于1953年8月30日迎来70岁的生日。为了感谢斯瓦米吉终身未娶，进行瑜伽科学和哲学文献研究，为教育事业无私地奉献以及其他许多善举，他的朋友、仰慕者和其他对我们古代文化的新走向感兴趣的人，建议在他这次生日时，献给他一份体面的贺礼。
>
> 早在高中时代，斯瓦米吉就发誓终身不婚，要献身于对人类的无私奉献中去。在大学时代，他师从巴罗达的玛尼克饶教授，完整接受了印度体系的体育教育，并且对艺术和科学形成了一定的见解。大学毕业之后的十多年里，斯瓦米·库瓦拉亚南达努力进一步深造，1921—1923年，

他担任位于阿默尔内尔的坎德什教育协会的国立学院院长职务。在这些年,斯瓦米吉一直都在为他终生的志业做准备,并有幸成为玛萨尔的摩达瓦达萨大师的弟子。在这位伟大瑜伽士的祝福下,斯瓦米吉具备了从事终生志业的资历。他要进行科学瑜伽的研究,以此为整个人类服务。斯瓦米·库瓦拉亚南达确信,要使人类免遭灭顶之灾,就必须借助实验的实际力量,在身体、精神、灵性各个层面,将瑜伽和现代科学相结合,并将这种结合产生的新文化扩展到世界的每一个角落。他认识到这项任务的艰巨性,但同时又有一种强烈的冲动想着手于此事。因此他在1924年于罗纳瓦拉创建凯瓦拉亚达玛。

在建立凯瓦拉亚达玛的同时,斯瓦米·库瓦拉亚南达开始出版他的季刊《瑜伽弥曼沙》,这本期刊将他实验室研究的结果向全世界公布。这取得了很大的成功。他借助X射线、重量和容量分析法对调息过程中呼出的气体进行分析,发现瑜伽练习中的生理原理;借助水和水银压力计,记录身体压力变化等等。像圣雄甘地、莫迦拉尔、珊卡冉·奈尔(Sankaran Nair)爵士、莫迦拉尔·尼赫鲁、拉拉·拉奇巴·拉依和许多其他上一代名人都被斯瓦米吉的文化和科学研究所吸引,并从凯瓦拉亚达玛所开展的工作中获益。这种科学研究工作始于1924年,如今在罗纳瓦拉进行的研究更加系统,得到了更多具有资历人员的协助，并且获得了如下人员的赞赏和鼓励：J.W. 麦克贝恩（J.W.McBain）教授、K.S. 玛斯卡博士、A. 斯里尼瓦桑博士、T.H. 任达尼（T.H.Rindani）博士（以上来自印度国内），以及 J.K. 玛柯（J.K.Marcault）博士、W.S. 克普尼斯（W.S.Kipnis）博士、P.A. 索罗金（P.A.Sorokin）教授和特勒萨·布罗斯（Therese Brosse）博士（以上是国外人士）。耶鲁大学和哈佛大学也对凯瓦拉亚达玛的工作产生了兴趣。

这项瑜伽科学研究的价值不仅限于学术领域，它还使斯瓦米吉建立了一个有价值的瑜伽体育文化和瑜伽治疗体系。今天，在具有大学学历的合格工作人员的指导下，成百上千的人从斯瓦米吉所创立的瑜伽学院获益。因此，至少从身体方面而言，瑜伽不再是神秘主义者的特权，我们可以在科学的基础上，让普通人也接触到瑜伽。

在一些高水平的大学学者的协助下，斯瓦米·库瓦拉亚南达进行了另外一项研究工作，这项工作是与西方理论和实践派的神秘主义者进行瑜伽哲学文献方面的合作。实际上，凯瓦拉亚达玛已经开始尝试将不同派别的神秘主义融合在一起。斯瓦米·库瓦拉亚纳达和他的同事们相信，科学和哲学文献这两个研究领域会把东西方联系在一起，创造一种全新的人生哲学，从而帮助世界上不同国家的人一起合作，迈向一个共同的目标——实现人性中究竟的善。

斯瓦米吉有一个愿望，希望看到人类的相互友爱，主神的恩泽遍布人间。为了实现这个目标，他和他的同事们希望培训一些人，向世界传播瑜伽的信息。于是，他们最近迈出了第一步，在罗纳瓦拉成立了 G.S. 瑜伽与文化综合学院。这个学院招收年轻的大学毕业生，为他们提供两年的课程。这所学院刚刚圆满地完成了第一个两年的课程。很多人一直很赞赏斯瓦米吉全心的付出，并不断对他进行鼓励。这些人包括：P.V. 凯恩博士、塔拉普瑞瓦拉（I.J.S. Taraporevala）博士、贾亚卡博士、罗摩斯瓦米·艾耶尔爵士、薄伽瓦迪（N.H.Bhagwati）先生、昆珠（Pandit H.N. Kunzru）、B.G. 克尔、阿帕萨赫布·潘特（Appasaheb Pant）先生、塔拉·钱德（Tara Chand）等等。

除了瑜伽方面，斯瓦米·库瓦拉亚南达对体育教育事业也做出了宝贵的贡献。他曾经担任孟买邦政府体育教育理事会主席达十二年之久。他被孟买政府任命为三个体育教育委员会的主席。大约在三年前，斯瓦米吉也被中央政府任命为体育教育委员会的成员，最近还在规划委员会福利小组工作。正是通过斯瓦米·库瓦拉亚南达的努力，规划委员会在其草案中建议对瑜伽体育文化进行研究，并将瑜伽练习纳入教育课程。

到目前为止，印度人确实对斯瓦米吉的工作表示了极大的赞赏。邦国王公和商界巨擘都纷纷慷慨解囊。人们无论贫富，都踊跃捐款，大学生和研究生也带着奉献精神与他一起工作。中央政府和孟买政府都对他的工作进行补助。但是所有的研究都很费钱，瑜伽研究更是如此。这意味着不仅要有一个设备齐全的实验室和图书馆，而且要有合格的研究人员，最重要的是要有受过教育和训练的聪明男青年，才能用来作为实验对象。因此，尽管斯瓦米·库瓦拉亚南达目前获得了一些资金支持，但是还有很大的缺口，所以他的工作一直受到严重阻碍。斯瓦米吉的工作不仅是国家的财富，而且是整个人类的财富。因此，我们呼吁大家尽其所能，为斯瓦米吉献上这份贺礼，以表示对他伟大工作的赞赏，为这份伟大的事业添砖加瓦。

收到的所有捐款将全部用来发展瑜伽事业。

1953年庆祝70岁生日的时候，库瓦拉亚南达还是像以前一样，生活工作非常有规律。实际上，在80岁的时候，他还是保持同样的活力和日程。他的特点之一就是坐、立和走的姿势都非常端正。这也意味着他在生活中品行端正。1964年的某个时候，时任罗纳瓦拉凯瓦拉亚达玛的联合负责人维纳卡（S.L.Venekar）博士曾谈到过库瓦拉亚南达从住所走到实验室时的步态:"看那位老先生,我们大家走路的时候都不能像他那样身板笔直。他现在的姿势跟二三十年前一模一样。"然而,在1957年,有一段时间他身体有点不适,虽然没有他想象的那么糟。身体不适给他带来的不便之处是,在这期间,他不能满意地履行他的社会职责。这与他在人际关系上的精益求精态度不相符,所以让他感到很懊恼。1959年7月7日,他在给因杜泰·昌德(Indutai Chande)博士夫人的一封信中再次提及此事:

> 非常遗憾,在令尊不幸逝世的时候,我不能向你的家人表示衷心的哀悼。我为令堂的情况感到很担心,我很想见见她,分担她的悲痛。我前几天听到这个噩耗并接到你的电话。但是,我的身体一直不适。事实上,在过去两年半内,我经历了这样或那样的病痛。在1957年下半年,我卧床6个月。虽然我已经从疾病中恢复过来,但我的体重持续偏低,精神状态也不佳。所以我常常感到情绪低落。今天我又是处在这样的状态中,也不敢出门。在过去的两年里,我的体重掉了30磅,但目前我并非卧病在床。然而,由于无法出门,所以我通过这封信向你表示哀悼。我希望你能谅解我的处境。只要我身体适合出门,我就去达达尔和你们相见,特别是见见你的母亲。请好好安慰你的母亲。

静默中的斯瓦米吉

斯瓦米吉、帕图拜、维湿奴布瓦和 G.D. 乔斯

斯瓦米·库瓦拉亚南达和静修处的同仁
从左到右：萨瓦斯里·斯里达吉·戈德波尔、达特拉吉、斯瓦米·迪甘巴尔吉、斯瓦米·库瓦拉亚南达吉、布尚吉、维湿奴布瓦·索达斯和乔斯布瓦

在当时古吉拉特从旧孟买邦分离的形势下，人们的态度并不一致，但是坦诚相待。库瓦拉亚南达实际上熟知马哈拉施特拉建设委员会（Maharashtra Nirman Samiti）的每一个人，然而他并没有明确表示对这个运动的强烈支持。因为担心孟买会被划归古吉拉特邦，有些有权势的人物反对分离。莫拉尔吉·德赛是库瓦拉亚南达的私人朋友，但是不支持库瓦拉亚南达的主张。库瓦拉亚南达的看法不是因循之计，而是一种无人我之别的高尚情操。在这两个邦的分离运动发生四年后，即1960年11月12日，我们发现库瓦拉亚南达还写信给一位居住在古吉拉特的熟人：

非常感谢你本月3日给我的来信,你似乎在8号才寄出这封信,我今天早晨收到了它。我非常高兴看到你在信中对我、我的同事以及整个静修处表达的深情厚谊。

在主神的护佑下,我们不断取得稳定的进展。在明年年初,我们要在一位捐赠者、邦政府和中央政府的帮助下创立一所瑜伽医院。

虽然从政治层面讲,马哈拉施特拉已经从古吉拉特邦分离出去了,但是对我来说与以前并没有多大的区别。我依然是印度人。不,我是一名世界公民。我相信你也是这样想的。

库瓦拉亚南达不会因为得到行政当局的好处就到处施展自己的影响力。如果他这样做了,那将是相当难堪和尴尬的,因为他认识许多担任重要职务的人。可是,当有紧急事件发生时,他也不介意写信给他不认识的人,例如1960年11月21日,他代表帕特尼(Patni)夫人写信给政府部门负责电信许可工作的某位工作人员:

我觉得我对你来说是个陌生人,不过,出于对某位夫人的同情心,我给你写了这封信。这件事是关于C.B.帕特尼夫人,她住在孟买瓦拉巴达斯-帕特尔路(Vallabhbhai Patel)的罗摩阐德拉大厦(Ramachandra Mansion)的顶层。

> 她的丈夫帕特尼先生刚刚因心脏病去世，我一直把他当成我的儿子看待。他的遗孀帕特尼夫人处于悲痛之中，身体也垮掉了，现在又不断遭受心脏病的折磨。她家现在已无男丁，因此，在紧急情况下无人替她向医生求助。为了帕特尼夫人的生命安全，绝对有必要在她家里装一部电话机。所以，我请求你就你能力所及的范围，用极大的怜悯心，考虑一下这个情况，帮助一下这个孤苦无依、极度悲伤的寡妇。
>
> 请原谅我写这封信，期待你亲自过问此事。

如果说有什么事情能令库瓦拉亚南达不安的话，那就是中断他的日常安排，包括无法满足他的求知欲。自学（svadhyaya）也是瑜伽练习者的常课。以库瓦拉亚南达的秉性，认真学习对他而言是一种极大的快乐，而不是一种巨大的负担。想象一下，如果有人建议这样的人不要看书，以便让眼睛得到休息，他的心情会怎样？这件事发生在1963年5月21日，当时库瓦拉亚南达已经80岁。就在这一天，他愁眉苦脸地给他的朋友写信：

> 今天我就我的眼疾咨询了库帕医生。我发现库帕医生的检查方法和乞特尼斯（Chitnis）的方法并没有什么不同。他们得出的结论也是一样的。在两只眼睛里都没有发现白

内障的征兆，但他们都认为，动脉和静脉已经硬化，没有任何措施可以阻止病情的恶化，也无法治疗。他们两人给出的唯一建议就是让我少看书。也就是说，他们都想让我熄灭自己的求知欲。我想知道我要如何将这个建议付诸实践。

明天我要去拜访梅强特医生，让他把我的假牙安好。虽然这件事并不是那么急迫，但是我发现因为假牙经常松动，我发音的错误越来越多。梅强特不会在孟买再耽搁我了，一天也不会。这就是为什么我利用在这里的时间来改进我的发音。

他可能不会遵循库帕医生的建议，但是这位 80 岁的老先生会发出无瑕疵的女王英语，这就是库瓦拉亚南达的标准英语（RP）。万事万物都井然有序，这个规律不可违反，这就是梨俱吠陀所说的"道"（rit）。伐楼拿（Varuna）一直在监视万事万物，以防有人脱离了自然之道，而他从未发现库瓦拉亚南达有打盹的时候。不参与任何政党的活动也同样是他自律价值体系的一部分。在库瓦拉亚南达的一生中，有很多例子可以说明这一点。例如，1961 年 10 月，印度国民大会的一个社会派系"国大党青年团"（Rashtriya Seva Dala）向他发出邀请，请他参加运动会并致辞。这次活动的主角 N. S. 哈迪卡博士也是 SK 的亲密朋友。尽管如此，他在 27 日写了如下的回信：

非常感谢你本月 24 日写给我的信。谢谢你给我寄来斯瓦格特（Swagat）徽章并邀请我出席即将举行的国大党青年团运动会，而且没有让我捐款。

我现在回信对你们的请求进行答复，希望你们不要误解我。我对包括国大党在内的任何政党组织的任何青年团都没有兴趣。说出来你可能会感到吃惊，我甚至连国大党的"四安那会员"（four-anna member）都算不上。我们的静修处想远离政治，不参与任何政党的活动——包括这些政党的社会服务性活动。在这种情况下，我很抱歉，我将不能参加即将举行的国大党青年团运动会。

就我个人而言，我赞赏所有政党成员所做的一切有益之事，并且高度尊重这些人。他们之中，有些人是我的私人朋友，例如你和拉奥萨赫布·帕特瓦丹（Raosaheb Patwadhan）。但我一直遵循特定的原则，并希望忠实地遵循这些原则。

这种做法似乎与这个世界格格不入。在当代，我们可以看到一些很有影响力的组织不仅公开地与政治团体站在同一战线，如果有机会，他们还会厚颜无耻地改变立场。虽然库瓦拉亚南达可以与 N. S. 哈迪卡和 M. S. 戈尔沃克（Golwalkar）都保持良好的关系，但是他并不需要与他们中的任何一人拉帮结派。像库瓦拉亚南达这样的人，在这个时代已经是凤毛麟角了。如今已经没有人能够像他这样作为我们的榜样，但是我们至少可以希望在一些组织里，有人持有非宗派的理念，并且以库瓦拉亚南达的价值观为榜样。否则，瑜伽的领域将受到不可挽回的玷污。

在这里最好也介绍一下斯瓦米吉的写诗才能。

在年轻的时候，库瓦拉亚南达经常会用梵文和马拉地语写诗歌。这两种语言他都能驾轻就熟地掌握。他用马拉地语所写的作品名称是"库瓦拉亚南达之歌"（Kuvalayanandanchi Gane），他的梵文诗歌作品名称是"诗之花环"（Padyamala）。1927年，《库瓦拉亚南达之歌》由巴罗达的朱玛达达体育教育学院出版——这个学院是由库瓦拉亚南达的导师玛尼克饶教授所创办。正是在这段创作诗歌的日子，J. G. 古内采用了"库瓦拉亚南达"这个名字，灵感来源于阿帕亚·蒂诗塔的同名梵文文学评论。在马拉地语的诗集里，只有18首诗。《库瓦拉亚南达之歌》的出版者解释了出版这样一本小诗集的原因："虽然这本诗集收录的诗作很少，但是这些诗作体现出的深度和见地已经超越了普通的诗歌。我们相信，诗作体现的超然的境界一定会吸引鉴赏家。因此，如果我们因为想收集更多的诗歌而延缓此诗集的出版，就剥夺了马拉地诗歌爱好者欣赏此等佳作的权利，这样做是不道德的。"（《出版者的话》，8页）此外，他还对摩诃提婆·玛尔哈·乔斯（Mahadeva Malhar Joshi）先生欣然同意为这本诗集写序表示感谢。乔斯先生是久纳加尔学院（古吉拉特）的教授，除了在文学评论界享有盛名外，还是一

位杰出的梵文和马拉地语教授。在这里展示这样一位学术权威对《库瓦拉亚南达之歌》赞赏的评论,应该是很恰当的:

> 我一遍又一遍地翻阅这些诗,想知道为什么库瓦拉亚南达没有早点出版它们。只有放下诗人的"谦卑",这些诗才得以出版。

库瓦拉亚南达诗歌的一个特点是,他用普通读者熟悉的隐喻来描述神圣的体验。诗人通过自己的文思以及从这些文思中演化出来的诗歌在九天之上遨游,但这一切都与人类的世俗经验有微妙的联系。花朵是日常生活的一部分,各种颜色也是世俗的一部分,这是诗人立足的客观基础,从中引发出整个意境。通常对诗歌的定义是"诗歌是具味之言"(rasatmakam kavyam),这非常适合库瓦拉亚南达的诗作。但"味"的含义不限于传统梵语诗人所谓的"艳情"(shringar)、"滑稽"(hasya)、"悲悯"(karuna)等,"味"应该更加广泛,包括了人类的所有精神和情感状态。库瓦拉亚南达的诗歌是如此充满感情,有时候显得与人类世俗的经验毫无关系。但通过更进一步的观察就会发现,他直觉所及的诗性天堂或神性生命,弥漫于包括尘世在内的整个宇宙。其中第六首《妙色》(Rangoli)就是一个很好的例子。"妙色"是位于以地球为中心的整个宇宙之上,其他的世界似乎处于边缘。此外,《妙色》这个构思从本质上讲是非常平常和世俗的。很多诗人只能通过艰涩的华丽辞藻来表现神圣的思想。他们使用的华丽辞藻——即诗歌来装扮他们的神灵，但是读者对此却感到陌生。《瑕疵》（dosha）这首诗绝不能说是库瓦拉亚南达所写。如前所述，诗人的情思在九天之上遨游，但这一切都与人类的世俗经验有微妙的联系。因为这些诗歌平易近人，并且具有通俗的意象以及壮美的情怀等特点，它们很快就会脍炙人口。

我们之前也说过了，除了马拉地语诗歌之外，库瓦拉亚南达还写了大概30首梵文诗歌。其中前15首由凯瓦拉亚达玛于1967年发表，由斯瓦米·迪甘巴尔吉作序并写前言，英文译文由凯瓦拉亚达玛哲学文献研究部的C. T. 肯格（C. T. Kenge）博士完成。这本诗集的名字是"诗之花环"。在《诗之花环》的前言里，C. T. 肯格博士重点介绍了库瓦拉亚南达诗歌的特点、主题和他深邃的虔敬之心等等。我们在此引用如下：

> 诗歌是斯瓦米吉的爱好。他过去常常完全沉浸在诗歌创作和诗歌朗诵里。他会流露出强烈的感情，经常热泪盈眶。编者觉得自己很幸运，因为在斯瓦米吉生命的最后两年里，编者能够亲密无间地陪伴斯瓦米吉。在这段宝贵的时间里，斯瓦米吉亲自朗诵诗歌给他听。这样宝贵的经历让他终生难忘。

在斯瓦米吉的诗作里，《诗之花环》具有很特殊的地位。它同时兼备虔敬和自然的特征。斯瓦米吉和主神奎师那的亲密关系体现在每一句诗文里，同时，通过这些诗歌，我们也可以欣赏到凯瓦拉亚达玛静修处周围的自然之美。这些诗作也在美妙中呈现了人际关系中出现的各种情绪，例如团聚时的喜悦、离别时的悲伤、延迟时生起的愤怒、找不到主神时的失望、突然找到主神时的惊喜。同时，这些诗歌中描写大自然的诗句也足以让人想起迦梨陀娑的《云使》（Meghaduta）。诗人的想象力也非常丰富，读者一定会为这些诗句产生的美丽意境而惊叹。

斯瓦米吉对梵文的掌握炉火纯青，这些诗句证明他可以随心所欲地运用梵文塑造形象。在表达任何思想时，他都能如行云流水一般流畅，每一行诗句都巧夺天工。这些诗歌运用了字音修辞（Sabdalamkara）和词义修辞（Arthalamkara）等不同修辞手法，但是并没有削弱诗歌的主题。

库瓦拉亚南达去世一周年（1967年4月）的时候，《诗之花环》正式出版。

1994年，伽洛特博士以马拉地语出版了剩下的第16到30首诗作，并给诗集一个梵文书名《诗歌选集》

（Padyasangrah）。那格浦尔的"智慧之神"（Prajnabharati）S.B. 瓦内卡博士受邀为《诗歌选集》撰写前言。在这本诗集里，我们得以瞥见库瓦拉亚南达对奎师那和他的导师摩达瓦达萨尊者的热爱。

我们还要介绍库瓦拉亚南达的一封书信，其中提到他在晚年时回忆年轻时所写的其他梵文诗作，然后我们就结束对库瓦拉亚南达诗作的介绍。1958年，他希望重新阅读他自己的诗作。为了获得这些诗作，他写信给 S. A. 舒克拉博士，询问是否可以找到这些诗作。以下就是这封写于 1958 年 5 月 20 日的信件：

> 若干年前加尔冈（Jalgaon）市出版了一本月刊《诗荟萃》（Kavyaratnavali）。我过去也曾向这本月刊投稿，其中一首诗名字是"Sudamdevcharit"。这首诗完全是稚嫩的尝试，我曾经从不同的月刊里选取这首诗里的六节（Sargas），并将它们粘在一起。如果我没有记错的话，我将那个剪贴出来的诗作放在了我们的图书馆。多年以来，我都忘记了这件事。但是最近，我想看看我年轻时写的诗作。因此，我想问问你，这个剪贴出的诗集现在还在不在。你可以去看一看在不在，然后告诉我吗？
>
> 请早日给予答复为感。

我们不如来看看库瓦拉亚南达给年轻一辈所写的轻松有趣的信吧。正如他自己一直所形容的,他是一位隐士。他放弃了对马哈拉施特拉邦艾哈迈德讷格尔地区艾斯文镇父辈财产的继承。虽然他一直很热心,但他在社交上所花费的时间很少,他与古内家族的亲人联系也很少。1965年12月29日,他给他的侄女——哥哥潘杜朗加·古内(Panduranga Gune)的女儿写下这封信。我们看看原文:

> 得知你在步枪训练的考试中取得了优异的成绩,我非常高兴。请接受我衷心的祝贺。
>
> 我非常高兴地获悉印度未来的总理——亲爱的小拉朱(Raju)的表现。请代表我给他一千个吻。
>
> 我知道你和你的弟兄们对我很关心,但你们不必因为在我生病时没能帮上忙而难过。在主神的护佑下,我恢复得很好,静修处的兄弟们以及孟买最顶尖的医疗顾问一直在无微不至地关心我。我要在这里住到下个月末,所以别担心。
>
> 我为巴鲁(Balu)感到遗憾。但是他应该明白,"失败并不可耻,可耻的是没志气",希望他下一次可以成功。

SK经常是快乐的,但某些事情会使他深感不安,从而让他短期感到沮丧。在这样的时候,他也能找到合适的人来分担他的悲伤,并且多多少少释放自己的压力。例如,在听到甘地遇刺的消息后,他给 B. G. 克尔先生写了一封信令人印象深刻的信:

> 圣雄甘地被暗杀的噩耗对我而言就像晴天霹雳。我无比震惊,满眶热泪,整夜都在祈祷。一位本来会给我们的祖国和世界带来和平的人,因为遇到这样大的悲剧,永远离开了我们。31 日早晨,当我得知是一位马哈拉施特拉邦婆罗门犯下了这样滔天罪行时,我更加感到悲伤!过去三天里,我一直处于羞愧和悲伤之中,无法自拔。作为一名马哈拉施特拉人,我已经羞于露面。我们马哈拉施特拉人屠杀了这个时代最伟大的人,这是一件多么残忍、让人感到羞耻的事情啊!即使如汪洋般的泪水也无法清洗我们这样滔天的罪行。整个印度,乃至整个世界将不得不与我们一道,为此付出非常高昂的代价!
>
> 我个人微不足道,也无法公开表达自己的情绪。我给你写这封信,目的也只是为了给自己减压:"snigdhajanasamvibhaktam hi duhkham sahyavedanam bhavati。"(悲伤与人分享,悲伤就会减半)

我们可以看到,斯瓦米吉不仅锻炼人们的体格,还建设了不少瑜伽机构。他在此方面的贡献是人所尽知的。但是作为瑜伽修炼者（Yogasadhaka），他取得了怎样的成就呢？人们经常询问他，在个人的修炼中是否具有某种神圣的体验？他在禅修时是否达到某种境界？有一件事是非常清楚的，他从来没有展示神通。他所展示的唯一神迹就是建设各种组织机构，为心中所珍视的事业——瑜伽而奉献。有时候，他甚至是单枪匹马做这件事，但是他总是一心一意地去完成。至于灵性修持的个人境界，他从未大张旗鼓地谈论这件事。他曾公开声明，曾经有过某些超越意识的体验，而且这些体验证实了古代瑜伽论著中的某些细节。大家可以根据他的这个声明自行解读。然而，所有有幸与他亲密接触的人都一致认为，只要他出现，就让人感到安宁，他具有虔诚、慈爱的父亲形象。他的性格散发的光芒含摄一切。如果他的这些性格特征不能体现他是一个真正的瑜伽士，那么什么才能体现呢？他不是突然去世的，而是静静地离开人间。如同他经常强调的：即使是瑜伽士也受制于自然法则。这一法则包括疾病、衰老和死亡。他算是具有健康的身体，但是他肉体的健康不可能总是与他心灵和性格的良好状态相匹配。就我们所见，他并没有掩饰自己健康状态每况愈下的事实。在必要的场合，他会毫不犹豫地介绍自己的健康状况。与在巴罗达的玛尼克饶教授门下接受训练时具有的强壮体格相比，在生命的晚期，他是虚弱的。就他而言，衰弱持续的时间肯定不是很长。所以，他的死亡来得非常自然和平静。用文艺一点的说法就是，"他像瑜伽士那样死去"。但是，瑜伽士应该如何离开人世呢？跳着舞离开吗？或者像任何普通人那样，逐渐化归尘土？

现任凯瓦拉亚达玛秘书的O.P.缇瓦瑞先生1957年入读瑜伽学院，从那以后，他就一直无私地为凯瓦拉亚达玛服务。他说他一生中最大的幸福就是曾经做过库瓦拉亚南达的学生。在斯瓦米吉在世以及去世之后，他都一直勤勤恳恳服务，发挥出重要的作用，将瑜伽学院塑造并发展成为现代世界的一个国际性瑜伽组织。缇瓦瑞一直与库瓦拉亚南达有密切的联系，直至库瓦拉南达去世前的最后几天，因此他对瑜伽学院各个方面的了解都很全面，但是他也有个人的直观性观察：

> 我现在追忆过去，当时斯瓦米吉希望一些青年才俊获得更高的教育，然后再为凯瓦拉亚达玛的事业服务。他在构想凯瓦拉亚达玛的时候就表达了这个想法（《瑜伽弥曼沙》卷四，No 1，1930年7月，76—78页）。这里有一个他赞助S.L.维内卡博士的例子。维内卡加入瑜伽学院的时候，只有荣誉学士学位。后来斯瓦米吉让他入读孟买的医学院，他成功获得医学本科学位（MBBS）。1957年，斯瓦米吉又派他去美国，在加州研究所温格博士的指导下进一步接受训练并熟悉各种研究方法。他成功完成学业后，于1958年返回印度。M.L.伽洛特博士和维迦衍德拉·普拉塔普（Vijayendra Pratap）博士是另外两个例子。M.L.伽

洛特博士加入瑜伽学院的时候还是一名大学生。获得瑜伽学位之后,他被派送到孟买坎迪维里(Kandivili)的体育教育学院学习。他从那里顺利毕业并获得了体育教育学士(B.P.Ed)学位,后来又从帕蒂亚拉获得体育教育硕士(M.P.Ed)学位。1958到1959年,维迦衍德拉·普拉塔普博士加入凯瓦拉亚达玛时是心理学硕士。后来,他在斯瓦米吉的鼓励下到孟买大学读书,获得博士学位。斯瓦米·库瓦拉亚南达去世之后,普拉塔普博士于1972年前往美国,并在那里成立斯瓦米·库瓦拉亚南达瑜伽基金会,独立进行瑜伽训练和研究工作,秉承了斯瓦米吉向全世界弘扬瑜伽的理想。

1965年,G. D. 乔斯辞去秘书一职。斯瓦米吉提名O. P. 缇瓦瑞担任秘书,然而缇瓦瑞当时以秘书身份在浦那大学乔戈勒卡(Joglekar)博士门下从事博士研究工作,斯瓦米吉让他放弃学业。斯瓦米吉对他说:"你已经有了两个硕士学位,不需要获得博士学位了。我要让你担任凯瓦拉亚达玛的秘书。"缇瓦瑞犹豫再三,回答说他觉得不能胜任这个职务。但是斯瓦米吉说:"你对自己的才能不了解,但是我知道你有能力为凯瓦拉亚达玛挑起这个担子。"缇瓦瑞终止了他的博士学业,遵照斯瓦米吉的要求,完全投身于瑜伽事业。后来他意识到斯瓦米吉做的这个决定完全正确。斯瓦米吉还告诉缇瓦瑞:"缇瓦瑞,你看看我是不是博士？你为什么要继续读博士呢？"缇瓦瑞先生回忆道："我现在意识到兼任两个职务是多么困难。如果我继续读博士，不仅不能完成博士学业，也不能很好地为瑜伽学院服务。在为我这样卑微的人规划未来的时候，他是多么具有远见。"

最好让缇瓦瑞先生直接介绍一些人和事，因为他比任何人都要了解库瓦拉亚南达的学生、同事和朋友。他对斯瓦米吉是完全忠诚的，也是一心一意为瑜伽学院服务的。通过对斯瓦米吉亲密弟子的描述，他不仅生动地展现了斯瓦米吉壮美生命的最后时刻，还让其他人物形象跃然纸上。

1966年4月8日，斯瓦米吉身体略感不适。但是他非常有勇气，眼光也很有神。我们联系上R.V.萨特博士（他是我们的受托人之一，也是当时有名的医生，时任孟买大学的校长），他让B.R.腾舍（B.R.Tengshe）立刻将斯瓦米吉送到巴提亚医院（Bhatia Hospital）。人们通常称呼B.R.腾舍为布尚吉，他是孟买凯瓦拉亚达玛的秘书。而萨特博士自己就是巴提亚医院的访问医生。除了巴提亚医院本身提供的高素质医护人员外，维迦衍德拉·普拉塔普、伽卡瑞和我轮流照看斯瓦米吉。虽然没有查出什么大病，但是斯瓦米吉觉得自己的大限已至。斯瓦米吉的得意弟子布尚吉——过去经常侍奉他——自己身体也不是很好，所以回到孟买的凯瓦拉亚达玛。但是他经常与我们保持联系，了解斯瓦米吉的状态。我们三个人尽职尽责，根据斯瓦米吉的状况细心地轮番守候着他。斯瓦米吉经常就未来的工作对我进行嘱咐和指导，因为我当时已经被他任命为凯瓦拉亚达玛－摩达瓦达萨灵性文化学院协会的秘书。在斯瓦米吉住院期间，有一次是萨特医生当班，他过来看望斯瓦米吉。当时斯瓦米吉就各种信托事务对我进行交代。萨特医生走过来，告诉斯瓦米吉不要浪费精神讲太多的话。斯瓦米吉微笑着示意萨特医生走近一点，然后说："医生，现在有两种不祥的事情当前——一种是'讲着话死去'，另外一种是'不讲话而死去'。在这两种不祥之事中，我选择更好的一种，所以我就讲话，并嘱托一下缇瓦瑞。"萨特医生知道斯瓦米吉已经了解自己大限已至，所以不再阻止斯瓦米吉继续嘱咐我。

当时由维杰·普拉塔普、伽卡瑞和我在医院侍奉斯瓦米吉。普拉塔普博士负责白天，而我负责晚上。在接下来的两天，我不分白天黑夜地照顾斯瓦米吉，因此他坚持让我去保健中心休息。虽然有些不情愿，但在他的坚持下，我还是去了保健中心。洗完澡，我没有吃饭就睡觉了。在1966年4月18日下午3:30的时候，保健中心的电话响了，是伽卡瑞从医院打过来的。他说："请让缇瓦瑞快过来，斯瓦米吉需要他。"当时是布尚吉接的电话。他看到我太累了，正在睡觉，所以没有打扰我，并没有告诉我这个消息。后来电话又响了，还是同样的信息。他还是犯了相同的错误，没有告诉我。此时，斯瓦米吉咽下了最后一口气，平静地离开了人间。

保健中心的人得到消息之后，非常伤心，立即通过无线广播不断播报这个噩耗。我被吵醒之后，立刻冲到医院。我心里充满了不安的情绪，所有人都陷入了悲痛之中。我鼓起勇气，向伽卡瑞吉询问斯瓦米吉临终的情形。他回答说："斯瓦米吉非常想见到你，但是你并没有过来。所以他让我给他换衣服，并擦拭身体。之后，他想听听由玛达古尔卡（G.D.Madagulkar）所作的他最爱的马拉地语《罗摩衍那之歌》（Geeta Ramayana）中的诗句：

"'daivajata duhkhe bharata dosha na kunacha''puradhina ahe jagati putra manavacha ……'"

（婆罗多啊，诸苦皆是命定，不可怨天尤人。世上一切众生，皆依缘而生……）

"在唱到最后一行诗歌之前，他一直处在三摩地中。唱完之后，他就永远离开了人世。"

斯瓦米吉的遗体被运送至孟买的保健中心供大众瞻仰致敬。短暂停留几个小时之后，他的遗体被运送至罗纳瓦拉。所有重要的报纸和无线电台都报道了斯瓦米吉去世的噩耗。我现在还记得他说的话："缇瓦瑞，你宁可关闭凯瓦拉亚达玛,也不要传播变质的瑜伽。"斯瓦米吉通过一生的行为给瑜伽指明了新的方向。现代印度的瑜伽历史一定会记下这样一笔:印度诞生了一个瑜伽士,他同时也是一名科学家。

在最后对我的交代中,他说他希望斯瓦米·迪甘巴尔吉主持他的葬礼。如果迪甘巴尔吉不能主持,那么就让布尚吉主持葬礼。另外,他还表达了他的一个愿望:他希望下一生继续完成他未竟的瑜伽事业。我们尊重了他的意愿,邀请了五名博学长老在布尚吉的主持下严格按照斯瓦米吉的要求举行了葬礼。葬礼在他多年来居住的小精舍前举行。就是在这间精舍里,他勤勤恳恳为瑜伽工作和研究事业奋斗。

早期凯瓦拉亚达玛还没有在罗纳瓦拉建立的时候,斯瓦米·迪甘巴尔吉是斯瓦米吉的学生,他15岁时在阿默尔内尔就追随斯瓦米吉。他与斯瓦米吉的关系非常亲密。1958年十胜节的时候,斯瓦米吉赞赏他为瑜伽事业做出的极大牺牲,因为他将自己作为科学研究的实验对象。斯瓦米·迪甘巴尔吉在接受X光实验时,由于照射剂量没有控制好,他后背的腰椎区域受到了放射性辐射的灼伤。迪甘巴尔吉接受照射的时间超过了28分钟,斯瓦米·库瓦拉亚南达为此感到非常内疚。迪甘巴尔吉通过练习瑜伽打通了昆达里尼(Kundalini),斯瓦米·库瓦拉亚南达想通过

X射线实验对此进行科学的证明。但不幸的是，实验没有成功，并且对斯瓦米·迪甘巴尔吉造成了永久性的伤害。当然，验证真理有时候是需要付出牺牲并承受痛苦的。迪甘巴尔吉于1991年去世之后，他的亲密弟子斯瓦米·摩诃萨南达（Swami Maheshananda）担任了凯瓦拉亚达玛－摩达瓦达萨灵性文化学院（K.S.M.Y.M）协会的主席。

还有一人是B.R.腾舍，他更广为人知的名字是"布尚吉"，前面我们也提到过。他一直侍奉库瓦拉亚南达，并且自己也是资深的瑜伽练习者。斯瓦米·库瓦拉亚南达经常让他和B. R. 博达斯在中心向来访者进行体位和动作演示。他们两人都是全身心为瑜伽学院奉献。大家都称呼B.R.博达斯为"布瓦吉"（Buaji），斯瓦米·库瓦拉亚南达亲切地称呼他为"静修处的保姆"。他负责静修处的农务部，还负责处理静修处的零用钱兑换。

另外还有G.D.乔斯和达塔吉。乔斯先生从军队财务部门退休之后就开始为斯瓦米吉服务。他的工作内容是负责凯瓦拉亚达玛的会计和审计工作。达塔吉协助斯瓦米吉在凯瓦拉亚达玛孟买分部从事教学和员工培训（ICYHC）工作。斯瓦米吉的同门师兄弟（gurubhai）维湿奴布瓦·特里维迪（Vishnubhai Trivedi）和帕图拜（Pattubhai）也如同他的弟子一样，与他一起在孟买中心服务。达塔吉负责凯瓦拉亚达玛孟买分部的公共关系事务。另外一位多年来负责照料罗纳瓦拉凯瓦拉亚达玛所有学生的重要人物是斯里达·阿南塔·戈德波尔（Sridhar Ananta Godbole），他被大家尊称为"斯里达吉·卡卡"（Shridharji Kaka），他性格很严厉。

早在研究工作的初期，斯瓦米吉就急切地寻找能够致力于瑜伽研究的人才。斯瓦米吉吸引的人才包括S.L.维内卡博士、P.V.卡兰贝卡博士、M.V.阿派特博士、S.A.舒克拉博士、玛哈爵·萨海博士等等。斯瓦米吉有时也协助研究候选人员，开发和提高他们的研究能力。维内卡博士于1958年从美国回国，斯瓦米吉原本打算让他继任研究主管的职位。可惜，他没有等到挑起这个职责就英年早逝。

卡兰贝卡博士等人是科学研究部的常驻人员。凯瓦拉亚达玛哲学文献研究部拥有的杰出学者包括：玛哈爵·萨海博士、S.A.舒克拉博士、可卡杰·拉古那特巴特·萨斯特利和R.D.瓦德卡教授。斯瓦米吉过去常常说："研究工作者每天24个小时都应该保持研究工作状态。"

他自己对瑜伽研究工作的热情就是如此。

斯瓦米吉的生命旅程已经快走到尽头。当时他住在孟买瑜伽保健中心，这是瑜伽学习者之家。人生的终点已经在他视野中显现，他随时准备平静、自信地上岸。从"解脱地"（凯瓦拉亚达玛）到"解脱"只差一小步，1966年4月18日，他迈出了这一步。

他的遗产长留人间,他的瑜伽学院一直蓬勃发展。人们正在实现库瓦拉亚南达所构想并曾经为之奋斗的理想。未来将会是最美好的,而未来之后更加美好。

梵语中有这样一段没有主题的诗文,它定义了什么是人类的追求。虽然它可能并不是人类应有的最佳追求,正如库瓦拉亚南达简单而又伟大的一生所展示出的美丽图景:

> 生时从容,死时安然,
> 最终将与大梵合二为一。
> 主神啊,请满足我以上的愿望。
> (anayasena maranam vina dainyenajivanam;
> ante tu tava sayujyam dehi me parameshwara.)

斯瓦米·库瓦拉亚南达就是这种崇高愿望的缩影。而这两句诗文里没有包括,但是库瓦拉亚南达却增添的内容是:

> 愿我创建的各种机构高扬人性。

S. T. 柯勒律治在《孩子的晚祷》(*A Child's Evening Prayer*)一诗中以"孩子"和"傍晚"呈现人生的两极:

>……哦,主啊,请赐予我
>纯净和感恩的心,
>在我最后一次睡眠之后
>我可以在你的永恒之中觉醒。

库瓦拉亚南达已经觉醒。我们该如何觉醒呢?

---

① 这句梵文偈颂前一句为:arurukshor muneryogam karma karanam uchyate(对于正致力于学习瑜伽的贤人而言,行为是他们的表现方式),所以库瓦拉亚南达有这样的回答。

附录 Ia 研究工作介绍

1. 哲学文献研究部

"此外,研究水平反映了一个人的能力……"

——SK

(《瑜伽弥曼沙》卷四,1930 年 7 月 1 日)

不同的人带着不同目的和动机选择在瑜伽领域工作。对于 SK 来说,他并不是为了瑜伽研究本身而进行研究,他只是将其作为实现"主要目标"的手段。根据《瑜伽弥曼沙》卷一,No.4(1925 年)的记载,在创建凯瓦拉亚达玛的介绍中,他就构想了这样的"主要目标"。根据他的构想,凯瓦拉亚达玛的所有工作——研究、培训和治疗——这些都是为了实现"主要目标"而采取的"次要目标"。而"主要目标"则是让东西方文化进行协作,通过这样的互相吸收、融合,促进整个人类的进步。因此,为了勾勒出两者——"主要目标"和"次要目标"的等级关系和目的,SK 提出以下想法:

> 因此,凯瓦拉亚达玛的主要目标是综合西方和东方的思想;并且希望通过它们的融合,构建出某种可能让大多

数人都满意的哲学。

从伟大的瑜伽科学提倡者帕坦伽利开始,瑜伽士就知道如何开发出最高的灵性境界。由于客观的科学直到最近才发展起来,因此不可能对这些境界进行试验。虽然现代科学取得了惊人的进步,但是科学具有鲜明的物质主义倾向。而瑜伽具有独特的灵性倾向,这导致了两种思想流派完全的分离,这是非常遗憾的。凯瓦拉亚达玛急切地想将此二者结合起来,通过产生的一些成果实现上述的理想。

主要目标的实现是让东西方思想进行合作。换言之,就是将科学和灵性进行综合,构建出某种可能让大多数人都满意的哲学。他认为这样会帮助科学的灵性化,用科学的方法来理解灵性的目标和修持。如果这两者相互脱离,科学与灵性学就会丧失各自的价值。越来越多的人开始意识到,如果灵性学脱离科学就会流于迷信,科学脱离灵性的目标就有可能引领人类走向灭亡。通过充分的研究,再去弘扬瑜伽,能够让科学和灵性相互和睦共处,从而真正帮助人类重新焕发生机。虽然人们习惯性地认为西方代表科学而东方代表灵性,但这听起来相当空洞,因为科学和灵性是整个人类的遗产。强调科学还是强调灵性是各人自己的选择。

SK批评这种互相之间的排斥。对于他来说,绝对的"世间"（pravritti）和绝对的"出世间"（nivritti）都是错误的，这种狭隘的观点就是 A. N. 怀特海所说的将"部分"视为"整体"。现实世界既不具有绝对的物质性，也不具有完全的精神性，而是两者的综合。人的非理性倾向用二分法将现实分裂为"非此即彼"——纯粹的物质或纯粹的精神。对于 SK 而言，人类这种非理性的倾向产生了谬误，通过还原论把现实简化为物质与精神之间的绝对分裂。我们在人类处境中经常看到的这种将现实一分为二的做法，这是非常不幸的，造成了人类自身的不满和痛苦。这种通过选言逻辑进行的推演只是一种抽象的过程。这就是 SK 提出"主要目标"的理由，也是他在瑜伽领域从事研究的目标。

SK 在主要目标和次要目标之间建立了某种等级关系，认为次要是实现主要目标的手段。"在这里需要提到的是，对于凯瓦拉亚达玛来说，施行次要目标是实现主要目标的必要条件。这一点需要稍加说明。现代科学与神秘主义的结合意味着在瑜伽领域进行试验研究。"（《瑜伽弥曼沙》卷四，No.1，1930年7月，75页）。对于 SK 来说，"神秘主义"是一个涵盖瑜伽和灵性修持的通用术语。

此外，"施行次要目标"——被认为是实现凯瓦拉亚达玛主要目标的绝对必要条件——指凯瓦拉亚达玛的所有工作——研究、训练、治疗和机构建设。这样理解的话，所有这些工作在一起只是实现主要目标的"手段"。此外，即使这些"手段"

本身也存在一种相互促进的关系。为了说明这一点，各种不同形式的研究成果可以被纳入或用于开发其他"手段"——诸如培训和治疗等"次要目标"。

SK在瑜伽领域发起了三种形式的研究工作，即科学研究、哲学文献研究和治疗性研究。其中，科学研究提供了一种方法论，通过科学实验对瑜伽经论里的体验、灵性修持、神秘主义和主观感受进行客观的解释。这个过程包括"解释者"和"被解释的事物"。瑜伽科学研究就是"解释者"，而哲学文献研究的目的就是让"被解释者"合理地服从解释。除非首先用各种形式和层面的哲学文献工作来研究"被解释者"——瑜伽经论，否则科学的解释（解释者）很难有所作为（这并不是说科学需要依赖于瑜伽）。在SK看来，只有这样，科学和灵性之间才能进行合作，这也是实现他所理解的主要目标的先决条件。

瑜伽经论方面的科学研究要求人们对这个领域有深入的了解和洞察。这需要对瑜伽文献中出现的各个层面的瑜伽概念进行理解。对梵文或其他语言的瑜伽文献中描述的瑜伽思想、概念、技巧及效果有更准确和可靠的认识，就更有可能从科学角度准确地证实或证伪其中的主张。因此，人们有必要从不同层次对哲学文献或瑜伽文本进行研究，批判性地学习瑜伽的各种概念，并通过收集（书籍/手稿）、调查、分析、综合和比较等工作对其进行合理的解释。

事实证明,SK在瑜伽哲学文献领域的工作不但引领了潮流,而且还是形式多样的原创性研究。他是否见证到自己发起的所有项目都得到完成,这并不是重要的。重要的是有相当多他发起的项目将会由后人继续完成。更重要的是,他的研究非常新锐,涵盖范围广泛,并且拓宽了瑜伽哲学文献研究的视野和界限,从而为后人的研究工作提供了巨大可能性。

1965年,在《瑜伽弥曼沙》杂志卷八刊出了凯瓦拉亚达玛1924—1965年纪念册,介绍瑜伽学院的各种最新信息。其中可以看到目标、活动和项目等,详细勾勒出哲学文献研究的实质(11页):"哲学文献研究部(PLRD)拥有一个图书馆。该部门的计划是编写一本瑜伽词典,打算在词典中收入《吠陀经》《梵书》《森林书》《奥义书》《往世书》《圣传经》及论书中与瑜伽有关的所有重要词汇。《瑜伽百科全书》与这本词典并列,准备从不同的角度介绍每一个瑜伽概念的来源文献。该部门还准备并出版古代梵文著作的评注版,并通过注释书等文献中引用的内容重建佚失的梵文文本。"(《瑜伽弥曼沙》这一卷的所有内容都很重要。因为它包含了各种信息:瑜伽学院的活动以及由许多知名学者所提交的珍贵的哲学文献研究论文,这些学者有的来自凯瓦拉亚达玛,有的来自其他地方。SK的讣告发表于1966年4月第四期)

斯瓦米·库瓦拉亚南达所构想和开展的各种形式的哲学文

献研究如下：

1. 筹备出版《瑜伽百科全书》。

2. 瑜伽词语索引。

3. 筹备编撰多卷本的《瑜伽词典》。

4. 瑜伽书目提要。

5. 瑜伽手稿目录。

6. 古代梵文瑜伽文献评注与发行。

7. 以散见于梵文瑜伽文献中的引用语句为基础，重建佚失的瑜伽文本。

8. 收集瑜伽文本手稿。

9. 瑜伽基本技巧和概念的研究论文。

10. 准备对瑜伽研究和练习领域有帮助的其他著作和材料。

SK 以其独创性和启发性的思考丰富了瑜伽文献研究领域的内容。即使如此，他也从未忽视瑜伽的实践。对传统的尊重也必须屈从于理性。SK 在许多领域进行研究并发表了研究论文。他还撰写了许多原创性论文，介绍了他的各种研究模式。以下研究论文是这方面的经典：

1.《瑜伽经》和毗耶娑的《瑜伽论》中所论及的调息，《瑜伽弥曼沙》卷六,41—45(1956)；卷六,129—145(1956)；卷六,225—257(1956)。

2. 调息的演化,《瑜伽弥曼沙》卷六，55-60(1956)。

3.《布瑞哈德瑜伽祭言[①]圣传经》(Brihadyogi-

Yajnavalkya-Smriti)中的宗义(Siddhanta),《瑜伽弥曼沙》卷六,61—64(1956)。

4.《薄伽梵歌》中的调息,《瑜伽弥曼沙》卷六,65—70(1956)。

5.有关调息的另一本经典,《瑜伽弥曼沙》卷六,145—153(1956)。

6.帕坦伽利《瑜伽经》第三章11偈的释读:解读得准确吗?《瑜伽弥曼沙》卷六,323—331(1957)。

7.真正的《瑜伽祭言圣传经》,《瑜伽弥曼沙》卷三,111—147(1957)。

瑜伽文本的研究因为性质不同而涉及多方面的工作,包括采购手稿、访问图书馆、寻求学者的指导、讨论和访谈等。SK精益求精地获取关于某个特定主题的所有文献,以确保在他自己的评注中不会遗漏任何内容。我们这里有一份报告,介绍SK如何收集所需信息。《瑜伽弥曼沙》有一个固定的专题——机构新闻,对各个部门的活动进行报道,从中我们可以对所有部门的工作性质以及方法等有一个形象的了解。在1965年10月《瑜伽弥曼沙》卷八(No.2,46页),我们可以了解到哲学文献研究部当时的情况:

> 百科全书和词典项目取得了良好的进展。为了这个项目,我们查阅了浦那的不同手稿图书馆,必要的手稿被

借出来进行复印。斯瓦米·罗摩希兰在贝拿勒斯遇到了戈宾那特·卡维拉杰博士,并代表哲学文献研究部请求他指导工作。卡维拉杰博士给予祝福,并且说如果他能够前往贝拿勒斯,将很乐意去指导一名学生。斯瓦米吉也联系了一些居住在贝拿勒斯的西藏学者,就百科全书项目请求他们协助提供西藏瑜伽的内容。就当前设立的这个部门,斯瓦米吉提出了建议,根据他的建议,我们做出了相应的考虑。

勒克瑙罗摩提塔初级静修处(Ramatirtha Pratishthana Ashram)的斯瓦米·罗摩希兰是一位梵文学者,也是受过高水平训练的物理学家。他曾经与爱因斯坦共事过,经常访问哲学文献部。他对该机构所进行的研究工作非常感兴趣,并且尽力协助。目前的《瑜伽弥曼沙》被称为"凯瓦拉亚达玛(1924—1965)纪念册"。它包括两个部分,第一部分介绍了凯瓦拉亚达玛以及摩达瓦达萨灵性文化学院的多项活动;第二部分是论文集。这些论文展示了凯瓦拉亚达玛在不同瑜伽领域的工作。

SK 规划了一个瑜伽文献研究项目——编写一本大型瑜伽百科全书,并开始收集数据的工作。这需要一个庞大研究团队的参与。出于若干原因,这个项目在他生前并未实现。但如果我们现在想要恢复这个项目,还是应该了解一下他当初是如何规划的。SK 的一贯做法是将凯瓦拉亚达玛研究机构的活动向瑜伽界公开，这是他工作的风格。根据 SK 的构想，百科全书是他实现不同文化互相融合的一种手段。

为了描述 SK 的横向和纵向研究，以及他在瑜伽领域的深度、广度和多样性，这里最好对一些表格进行仔细观察。我们在 1956 年 6 月《瑜伽弥曼沙》卷六（No.1）第 87 页发现了如下内容：

> 本部门从现代的角度从事编写和出版古代梵文瑜伽文本的评注工作。我们还着手编写一本全面的瑜伽百科全书，其中涵盖了与整个西方哲学（特别是西方心理学）相关的瑜伽概念。如果证据确凿的话，也会在该百科全书中介绍瑜伽背后的科学原理。瑜伽的概念不仅属于印度教，我们还要兼顾到在其他宗教派别中发现的类似概念。这将是一项独特的工作。此外，该部门还会进行其他次要的工作。

以下的框架图展示了哲学文献研究部的工作，其中包括正在开展的工作和规划中的工作。我们从中可以看出，研究的概念性架构已相当完善：

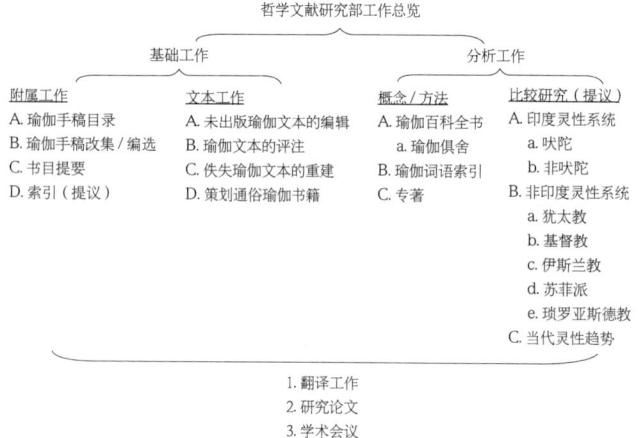

这个框架图包括由库瓦拉亚南达发起/完成的工作，也包括了由他的同事和后来的研究人员继续/更新/修订/发起的研究工作。这个"总览"只是众多瑜伽哲学文献研究工作的一个样本。为了进一步阐释"总览"，我们发现有一份"四项工作"的计划，虽然它们彼此不同，却是互相关联的：

1. 搜寻与瑜伽有关的资料。

2. 编辑瑜伽资料。

3. 分析瑜伽资料。

4. 比较各种瑜伽资料。

在"基础工作"下面的"附属工作"就是上面的第一类：搜寻与瑜伽有关的资料。这项工作旨在提供原始资料的来源以及与已完成的工作相关的必要信息，让大家了解瑜伽研究的范围和可能领域。以下是这类工作的几个细节：

A. 瑜伽手稿（MSS）目录　这个目录的第一版于1989年出版，2005年作了进一步更新，涵盖了2300份瑜伽手稿的信息，并且包括印度和国外图书馆里的688种瑜伽书名。这个目录被证明是一份非常丰富的资料，以它为基础可以进行其他工作，例如百科全书、词语索引和词典等。这项工作由库瓦拉亚南达发起，他利用了东方图书馆和各种机构的不同手稿目录。

B. 瑜伽手稿收集/编选　为了研究，瑜伽文献研究部也尽可能收集许多瑜伽方面的手稿。到目前为止，已经收集了大约1200份重要的瑜伽手稿和其他相关手稿。所收集到的手稿经过仔细检视之后，可以从中选取特定的瑜伽文本作进一步的研究。通过这样慎重的编选，该部门出版了《哈达之光》《高罗刹百咏》（Goraksha Shataka）等书籍。

C. 书目提要　这项工作在研究中扮演了独特的角色。目前，该部正在从事的工作是编纂一本综合性的《关于瑜伽的哲学-科学研究书目提要》，收集截止到1998年凯瓦拉亚达玛出版的《瑜伽弥曼沙》季刊发表的论文。

因为这些工作是"文本性工作"，所以可以归类到旨在编辑各种梵文文本的"编辑瑜伽资料"这一项中。

以下是本类别的详细工作，可分为：

A. 未出版瑜伽文本的编辑　为了拓展瑜伽的知识，有必要出版一些以手稿形式存在、尚未出版的瑜伽文本。哲学文献研究部出版了《布瑞哈德瑜伽祭言圣传经》,这是该文本第一次出版。《洁净六法概要》(*Satkarma Sangraha*)和《高罗刹百咏》的出版也属于此类。

B. 瑜伽文本评注 在通常情况下,出版的瑜伽文本都是基于单一的手稿。有必要尽可能多地搜寻现存手稿,进行批判性地编辑,这样才能提供一个严谨的版本。此类的作品有:《哈达之光》《俱兰陀本集》《湿婆本集》《瓦西塔本集》《乔伽之光》等等。

C. 佚失瑜伽文本的重建 有许多瑜伽文本,例如《德瓦拉圣传》(*Devala Smriti*)和《哈瑞塔圣传》(*Harita Smriti*)等,现在都佚失了。然而,我们在不同的文本中看到许多引用,这些引用来自遗失的经典。瑜伽文献研究部从不同的经文中收集这些引述,加以适当编辑后,重建这些佚失的瑜伽文本是可行的。在这方面,瑜伽文献研究部已收集了现已遗失的《德瓦拉圣传》和《哈瑞塔圣传》的一些参考资料。我们正努力对收集的资料进行分类和整理,让它以完整的形式呈现出来。这类工作的价值不在于成果的数量,而在于它的独特性。

D. 策划通俗瑜伽书籍 哲学文献研究部编写了关于瑜伽的教材,这样就可以根据研究所正在进行的研究提供可靠的阅读/学习材料,供不同领域、不同需求的人使用。例如从事精神健康、治疗、研究、教育等领域的工作者。到目前为止,出版的书籍包括:

《体位》《调息》)《瑜伽治疗》《集体瑜伽练习》《瑜伽练习图解》《阿斯汤加瑜伽》《体位介绍及练习方法》《帕坦伽利〈瑜伽经〉英译》等等。

考虑到实现库瓦拉亚南达的"主要目标",凯瓦拉亚达玛着手"瑜伽信息比较"的工作,是非常适宜的。这项工作用比较研究的形式揭示瑜伽与世界其他宗教和文化之间的相似之处。SK坚信,瑜伽的概念不仅属于印度教,在所有其他宗教和文化派别之中都能发现瑜伽的概念。所有的宗教都蕴含着瑜伽的成分。为了实现把东西方结合在一起的理想,凯瓦拉亚达玛必然会将这些相似性呈现出来,而这些相似性反过来又为各种文化和谐共存提供坚实的实践基础。事实上,正是这一点促使库瓦拉亚南达认为,文化的融合是瑜伽不可分割的组成部分。

瑜伽领域的研究需要一个可靠的资料来源。因此,库瓦拉亚南达建立了一所专门研究瑜伽和相关课题的研究型图书馆。出于对瑜伽文献的尊重和虔敬,他认为有必要收集与瑜伽相关的所有手写或印刷文本。他所设想的瑜伽图书馆发挥的作用就是"瑜伽信息中心/数据中心"。在这个方向上,哲学文献研究部已经取得了长足的发展,目前已经收集了27000本瑜伽及相关的书籍。目前,图书馆已经完全数据化,并且提供接入宽带的互联网设施。哲学文献研究部也为来自各种研究机构和大学的研究者、学者、学生服务,并且也为其他愿意理性地理解瑜伽的人提供服务。

SK不是一个教条主义者,他愿意在自己的研究领域接受来自同行的批评。事实上,他还邀请别人对自己进行批评,通过这样来增强自己对所持观点的信心。这样的开明做法对任何研究都是有利益的。人们在研究之后,必然会发表研究结果,但如果不能正视他人提出的批评,研究工作的可信度就会受到威胁,这样的话,研究工作就不完整。1954年,在斯里·迪凡吉(Shri Divanji P.C.)和库瓦拉亚南达之间有一场关于《瑜伽祭言圣传经》原始版本的争论。在这里最好简单讨论一下这件事,因为这件事突显了哲学文献研究的各种原则和指导方法。

确立研究课题本身就是一种研究工作。很多时候,人们在研究中处理某个问题时,会偶然碰到其他问题。1951年,SK通过文本研究部(即后来著名的哲学文献研究部)发表《瑜伽祭言圣传经》原始文本时就出现了这个问题。在研究瑜伽论书(Yogashashtra)的演变历史时,SK遇到了许多关于瑜伽和《法论》的古代论书,其中提到一本瑜伽士祭言所写的名为"布瑞哈德瑜伽士祭言圣传经"的著作,并称之为瑜伽的权威经典。因此,研究者认为,存在一本关于圣传瑜伽(Smarta Yoga)的独立论书,名字叫《瑜伽祭言圣传经》。如果能找到这本经文,就能够填补瑜伽论书演变历史上的空白。在谈到自己期待这样的一本经文时,SK写道:"有若干引述自《瑜伽祭言》的语句零散地出现于《法论》和瑜伽相关的著作中。这让我们猜想存在一本讨论瑜伽的经典，我们可以说它与《法论》和某种'圣传瑜伽'的思想一致。如果能够发现这篇经文，并且发表出来，将给瑜伽论书发展历史研究做出巨大的贡献。"(《瑜伽弥曼沙》卷七，No.2，1957年9月，141页)在宣扬这个经文的同时，SK认为它是最古老的瑜伽论书之一，也提供了古老的奥义书瑜伽与帕坦伽利《瑜伽经》之间真正"缺失的环节"。

由此产生研究成果是，1951年4月，SK与拉古那特巴特·可卡杰·萨斯特利一起（Pandit Raghunath Kokaje Shastri）通过瑜伽文献研究部发表了《瑜伽祭言圣传经》的原始文本。萨斯特利按照传统的方法学习梵文并获得了思择论和数论派的学位（Tarka-Samkhya Tirth, Dharmaparin）。他在加尔各答梵文协会主办的思择论考试中名列前茅。萨斯特利按照传统方式对印度哲学进行研究，SK很尊重他，也认可他的学术地位，并且在1929年邀请他加入瑜伽学院担任哲学讲师。SK和萨斯特利在这项工作上进行合作。这本经文的评注本出版之后，1954年在瑜伽文献研究界出现了另外一个版本，该版本的编者不仅声称此版本是由瑜伽士祭言所撰写的原始版本，并且贬低凯瓦拉亚达玛所出版经文的地位。瑜伽士祭言是在《布瑞哈德森林奥义书》（Brihadaranyaka Upanishad）中提到的一名男子，他有两位妻子，分别名为 弥勒特侬（Maitreyee）和卡提亚妮（Katyayani），拿迦王（King Janaka）与之很熟识。这本后出的评注本名字是"瑜伽祭言：瑜伽士祭言的瑜伽教法"，编者为瑜伽研究领域的专家斯里·普拉哈德·C.迪瓦纳吉（Shri Pralhad C. Diwana）。他还编辑了《悉昙一滴》（*Siddhantabindu*）并将之翻译成英文。此外他还是《薄伽梵歌词汇索引评注》的作者。因此，对《瑜伽祭言圣传经》我们就有两个编者的不同版本，他们都声称自己的版本是最原始的。

在准备自己的评注本的过程中，SK发现两份公开发表的有关瑜伽的文本自称为《瑜伽祭言圣传经》的原始版本。这两份文本是《瑜伽祭言圣传经》和《瑜伽祭言》，分别发表于孟买和特凡德兰。经过仔细的研究后，SK基于非常充分的理由，认为这两份都不是原始的文本。"在我们所发表版本的梵文前言里，列出了若干令人信服的理由，使我们放弃了这两份文本。"为了支持自己的观点，SK进一步论述道："这两份文本虽然名字不同，但是内容确实一模一样。（我们在后面将这两份文本简称为YY）。即使粗略地看一下这两份文本，也足以使人怀疑：这真的是为许多古代学者所引述的经文吗？"

迪瓦纳吉的版本《瑜伽祭言圣传经》（YYD）是基于YY版本而成。之所以发生争议，是因为斯里·迪凡吉对SK版本的《布瑞哈德瑜伽士祭言圣传经》发表了负面的评价。迪凡吉争辩说："所说的瑜伽论书必须是这个（即YYD）而不是关于定时念诵（*Sandhyavandana*）的《瑜伽士祭言》（*Yogiyajnavalkya*），因为《瑜伽士祭言》并不涉及任何实物，仅仅依赖于咒语来了解其中的奥义。《瑜伽士祭言》即是由罗

纳瓦拉的凯瓦拉亚达玛于1951年所出版的增补版《布瑞哈德瑜伽士祭言圣传经》。"（YYD 导言，104 页）

他对凯瓦拉亚达玛版本提出的反对意见是：他们除了所参考的两种文本的手稿外，没有参考其他手稿。其实，在印度和海外，有更多的手稿可以参阅。另一个反对意见是，在 SK 的文本里，瑜伽的治疗非常少，但是详细介绍了定时诵仪（Sandhya）、沐浴仪（Snana）和荐亡仪（Tarpana）等等。所以 SK 的文本更加像是一本关于《法论》的著作，而非瑜伽经文。

开始的时候，SK 很不愿意去回应这些反对意见，原因很简单：他觉得自己在梵文前言里已经将这些问题讲得很清楚，此外，他觉得他被拖进了一场不必要的纷争。1957年，他在《瑜伽弥曼沙》卷七（No.2）中撰文回复了对凯瓦拉亚达玛所出版文本的反对意见。后来在解释为什么要对这些反对进行答复时，他写道："对于我们的任何出版物或者研究项目，我们一贯不愿意陷入公开的争论，因此我觉得应该避免对这些批评做出答复。直到有些知名学者不明白我们的立场，怀疑我们出版物的权威性时，我才想详细回答 YYD 编者所提出的意见。"

迪瓦纳吉的第一项指控是：即使存在很多其他的手稿，凯瓦拉亚达玛只参考了两份手稿。如果这一指控有任何真实性，那么它将对凯瓦拉亚达玛研究工作的能力和标准产生不利影响。而 SK 从未就此妥协，所以他希望揭露这种指控的虚妄性。当着手这本评注本的时候,SK承认他只有两份手稿,一份存放在浦那的班达卡东方研究所,另外一份是相同文本的复印本,被伦敦的大英博物馆收藏。除了这两份手稿外,SK也参考了另外三种手稿,但是其中并未包含任何重要或者额外的内容,所以是无效的手稿。经过这样的解释,SK澄清道:"当时,我们只是依据这两份手稿。虽然如此,我们还是感谢迪瓦纳吉先生让我们注意到其他三份手稿的存在。但是早在他提及这些问题之前,我们在发表我们的论文后,就有一些朋友告知我们,斋浦尔、加尔各答和印度政府收藏了这些版本。我们认真地检视了这些文本,并且与我们已经发表的文本进行比照。我们校对之后,并没有发现任何实质性的收获,因为其中并没有包含任何重要的或者额外的内容。他们都属于同一个版本系列。加尔各答的手稿更是徒具其名,很明显就是现代的手稿,因为它是誊写在'眼镜蛇'牌大页书写纸上。而且,正是这个版本包含了删减的内容。大英博物馆的手稿并不是这样,而迪瓦纳吉嘲笑它是'碎片'。我们很遗憾地看到迪瓦纳吉在这件事上大做文章。"

迪瓦纳吉一心想将自己的《瑜伽祭言》(YYD)评注确立为真正的版本,不惜否定凯瓦拉亚达玛版本的评注,说它根本不属于瑜伽经文。1953年的班达卡东方研究所的年报卷三十四(4页)发表了迪瓦纳吉的《布瑞哈德瑜伽祭言圣传经和瑜伽祭言》。他在其中争辩说,凯瓦拉亚达玛的版本"更确切地说是关于《法论》的著作,而不是瑜伽经文,它旨在让读者熟悉一般咒语瑜伽的方法。每个咒语前面都有'唵'这个音声(Omkara),这是在定时诵仪和其他念诵仪式(Vyahritis)中所使用的……"

SK通过先前提到的一篇论文(《瑜伽弥曼沙》卷七,No.2,132页)对这个观点进行了驳斥:

> 我们只希望他回答这样一个问题:咒语瑜伽难道就不是瑜伽吗?由于这个咒语瑜伽在今天已经有了不同的含义,我们称其为圣传瑜伽以区别于前者。SK进一步辩驳说,迪瓦纳吉在指控的时候忘记了,在古代,瑜伽没有脱离宗教仪式而获得独立的地位,瑜伽总要与宗教仪式联系在一起。为了证明他的论点,SK引用了他关于瑜伽演化史的研究结果:"关于调息的问题,在1956年《瑜伽弥曼沙》卷六(No.1)第56—58页中已经有明确的解释。其中已经通过图片表明,在古代文献里,某种特定的调息在演化过程中总是与'嗡'字(Pranav)和咒语联系在一起。《布瑞哈德瑜伽祭言圣传经》显示,不仅仅只有调息,包括制感、专注等等都与若干宗教仪式有关。所以我们在这里(即在《布瑞哈德瑜伽祭言圣传经》里)发现更多的仪式与瑜伽练习混杂在一起。这个经文产生的时候,瑜伽还没有从仪式中分离出来。在随后的发展阶段,瑜伽逐渐有

了独立的地位,并逐渐舍弃了宗教仪式,这样后来瑜伽文本所明确展示的瑜伽练习就是纯粹而简单的。而YY手稿很明显就是属于后期。因此,它的大部分内容就是描述这些后期的瑜伽练习,这就是很自然的事情。关注瑜伽历史发展的读者一定会毫不犹豫地认可我们的文本,视之为权威的古代瑜伽论书。

现在争议的焦点就是,一些伟大的论书作者——诸如瓦差斯帕迪(Vachaspati)、维基纳瓦缇克(Vijnanavartik)、纳戈吉(Nagoji)、薄瓦伽纳希(Bhavaganesh)、阿难达瓦丁(Anandavardhin)等等,他们在自己的著述中所引用的"瑜伽士祭言所言"(taduktam yogi yajnavalkyena),"瑜伽士祭言如此记述"(yathaha yog(i) yajnavalkyah)到底是指YYD手稿还是凯瓦拉亚达玛所发表的评注?为了确定这件事,SK解释道:

……据认为,这两本书(包括同一份手稿YY)所主张伟大瑜伽士祭言为其作者,这是值得商榷的。我们应对此主张进行严格的检验,因此决定收集尽可能多的参考文献和引文,并检视在这两本书中可以找出多少引文。经过大量的工作,我们从近30篇著名的古代文献中收集了约1400篇参考文献,并对这些文献进行了整理。调查发现,这些文献总共产生了大约477个不同的引文。根据这些资料，我们再次详细地研究了YY手稿。非常沮丧的是，除了两个疑似之处外，我们无法在这些关于《法论》和瑜伽的古代文献中的大量引文中找出一个关于瑜伽士祭言的引述。当然，如前所述，有许多权威人物引用的诗句与YY中的诗句相同，但这些诗句出自《瓦西塔本集》而不是YY。

因此，SK想要表明的重要一点是：迪瓦纳吉提到的，以及他在YY中所重视的诗句都是《瓦西塔本集》里面的原文，所有帕坦伽利《瑜伽经》的注释家在使用这些引述的时候，都言明是出自《瓦西塔本集》。SK通过其论文中提出的附录B（卷七，No.2，143页）证实了自己的主张。对于迪瓦纳吉所使用的引述，SK评论道：

即使是希维塔希瓦塔（Shvetashvatar）的注释者商羯罗大师在引用它们的时候，都说它们出自《瓦西塔本集》，称之为瓦西塔瑜伽论书（Vasistha Yoga Shastra）（《阿难达静修处梵文系列》No.17，29页）。在同一页和本书的上一页，有两段引自《薄伽梵祭言》和《瑜伽士祭言》的文字。令人惊讶的是，迪瓦纳吉声称此两段出自他所编辑出版的YYD，而之前在班达卡东方研究所年报的论文里（卷三十四，28页），他承认这些文字在YY文本里根本找不到。

他这个说法是正确的。在处理如此多的参考文献时,这位博学的编辑十分草率,这让我们感到震惊。要不是他对我们的版本提出了严厉的批评,我们真不会对这种前后矛盾的说法加以注意"

SK 的论证方法是一个范例,证明了对引文的研究在瑜伽文献研究中的作用。在结束整个讨论时,SK 写下了这样的结语:

> 从迄今所讨论的情况可以清楚地看出,那位博学的编辑试图表明,他的论文从古代著名论书作者那里得到了证明,但是他的目的并没有达成。也许他自己也知道会失败,所以他谨慎地注明:"此论文中所引用的其他著作"(YYD.118 页),避免在"著作"之前加上"著名的""古代"之类的限定词。另一方面,我们已经成功地证明,我们的评注版被许多著名的古代作者所引述。因此,这些博学的编辑所主张的 YY 不符合上述标准。正是由于这个原因,我们把 YY 束之高阁。

寻找《高罗刹百咏》(G.S.) 原文

通常我们不会质疑显而易见的事实,即使是一些伟大的学者也是如此。由奥弗列希特(Aufrecht)和布里格斯

（Briggs）等学者确定属于高罗刹（Gorakshanath）所著述的作品中，有一本著名的《高罗刹百咏》。莫汉·辛格（Mohan Singh）博士在他的《高罗刹与中世纪印度神秘主义》（10页）中认为，《高罗刹之道》（*Goraksha Paddhati*）实际上就是《高罗刹百咏》和《高罗刹本集》的合集。此外，G. W. 布里格斯也认为，《高罗刹之道》第一部分《高罗刹和刺耳瑜伽士》的作者就是《高罗刹百咏》的作者。他还认为，《高罗刹之道》"包含两个系列的百咏，第一个百咏就是《高罗刹百咏》；第二个百咏包含了六个主题：调息、制感、专注、禅那、三摩地。对于第一个百咏，即《高罗刹百咏》来说，解脱（Mukti）是次要的或者说只是一个补充。"学者赫加里·帕拉萨德·杜维维迪（Hazari Prasad Dvivedi）在他的著作《那特传承》（*Nath Sampradaya*，1959年，第99页）中认可了这种观点。作为一位在瑜伽文献批评方面的研究者，SK 提出了一些不同的问题和顾虑。他感到困扰的是，瑜伽的主题在前一百首"高罗刹百咏"（Gorakshashataka）中是否是完备的呢？（Shataka 是"一百"的意思）。这些问题促使 SK 搜寻原始的《高罗刹百咏》，其中不仅包含一百首诗歌，而且彻底涵盖了瑜伽的主题。在1957年6月出版的《瑜伽弥曼沙》卷七（No.1）的论文中，SK 这样写道："《高罗刹百咏》的原始文本到底包含了什么样的内容，并没有引起研究高罗刹的学者的注意……布里格斯博士并没有试图去了解在前一百首诗歌中是否包含了瑜伽的所有主题。如果是这样的话，后一百首就可以被称为附录"（65页）。这篇论文的共同作者是S. A. 舒克拉博士。1945年到1964年之间，舒克拉博士在凯瓦拉亚达玛的摩达瓦达萨灵性文化学院担任哲学文献研究部的研究教授。他是《高罗刹百咏》的联合编辑，也单独发表了一系列论文。

现在的问题是，以上所提的学者能否将《高罗刹之道》分为两部分，并将前一部分称为"高罗刹百咏"，而以其他名字命名的后一百首诗歌能否将瑜伽主题补充完整。SK通过研究自己收集到的32份手稿，就瑜伽主题对《高罗刹百咏》的原始文本进行研究，清楚地揭示所有手稿的前一百咏里都包含一行阐释瑜伽主题的诗文："体位、调息、制感、专注、禅那和三摩地，这些被称为瑜伽六支。"这句诗文阐述了《高罗刹百咏》的主题。正如我们在前面详细描述的那样，瑜伽六支据说出现在《高罗刹之道》的后一百首诗文里。根据SK的说法，一分为二的做法不合理地割裂了文本的整体性并肢解了瑜伽主题。因此，SK 1957年《瑜伽弥曼沙》卷七（No.1）发表了他的论文《高罗刹百咏和它的原始文本》，其中写道："现在，在出版的《高罗刹之道》里，我们发现在前一百咏里的开头一句诗文介绍了瑜伽主题，在后一百咏的结尾也有这样的主题与之呼应。所以说，瑜伽主题贯穿这两百句诗文，与其他重要的瑜伽内容相互交织。"

因为《高罗刹之道》中的两个百咏是一个有机的整体,不能分裂成单独的两份文档,否则,就会肢解瑜伽主题。在诗文中揭示的六个瑜伽主题之中,第一个百咏介绍的是体位、少量的调息,在第二个百咏中介绍了剩下的调息、制感、专注、禅那和三摩地。考虑到这两个部分一起构成了《高罗刹之道》不可分割的部分,那么说前一百首诗文是《高罗刹百咏》,后一百首诗文是另外一个经文,这是不正确的。前一百首诗文只涉及边缘性的瑜伽主题,而大部分内容在后一百首诗文里得到了讨论。所以,《高罗刹之道》中的前一百首诗文并不构成《高罗刹百咏》的原始文本。

从文献研究的角度来看,更重要的是,即便是在高罗刹研究领域颇有建树的人,也没有对如下问题产生足够的重视:"《高罗刹百咏》的原始文本到底是什么?"这极大地体现了SK在后来称为"瑜伽哲学文献研究"领域的深刻和独到见解。

通过对所收集的手稿进行研究,SK从理论上构建出《高罗刹百咏》的文本,并且满足了两个条件:不仅是一百首诗咏,而且包含瑜伽的完整主题。但是SK身上所具有的理性精神使他并不仅仅满足于此。他觉得有必要看看是否能够确认存在一份单一的手稿,它包含一百首诗文,并且本身就具备完整的瑜伽主题,必须看看是否有这样一份手稿。因此,SK开始着手寻找这样的手稿。在班达卡东方研究所主管 P. K. 戈德博士的协助下，SK 可以获得更多的手稿，从而证实他找出原始的《高罗刹百咏》文本这个主张的合理性。SK 带着探索的喜悦和志在必得的心情写下如下的话："我们幸运地找到一份手稿，它能够提供必要的独立证据，证明我们所要建立文本的真实性。它的索引编号是'《高罗刹百咏》梵文手稿：Keith 5765-1-0.1664 B'。它完全满足两个条件——包括 101 首诗文，在诗文中列举了瑜伽的所有六个主题。的确，伦敦的这份手稿中，所有诗句都被收入了《高罗刹之道》所出版的文本，但它们并不是《高罗刹之道》的前一百首诗句。这些诗文与其他瑜伽相关的内容交织在一起。

"因此，通过伦敦手稿（L1）的证实，我们确定了《高罗刹百咏》的原始文本。"

我们已经提到过拉古那特巴特·萨斯特利·可卡杰（Raghunath Shastri Kokaje），他是库瓦拉亚南达的合作者，也是一位资深学者。可卡杰学识渊博，声名远播，甚至连 P. V. 凯恩博士为了澄清自己著作中的某些问题时，也常常要请教他。通过可卡杰的话可以证明，作为一名研究人员，SK 一直表现出敏锐的学术素养：

> 我以哲学讲师的身份加入凯瓦拉亚达玛。斯瓦米吉深信，从凯瓦拉亚达玛走出去的青年不仅应该了解梵语，而

且还必须熟悉诸如吠檀多、正理等派的梵语经典。1929年，他带着这样的想法聘任我为哲学讲师。斯瓦米自己学习了梵文经典和经典哲学文献。但是，他是在学校和大学接受的现代教育模式。他对那些以传统方式学习梵文并推崇传统方式的人表示崇高的敬意。他很敬重我，因为我在加尔各答梵文协会主办的思择论考试中成绩名列前茅。有访客来到凯瓦拉亚达玛的时候，他经常介绍我是"传统方式学习梵文"的人，并且特别补充强调，说我曾经在思择论考试中成绩突出。

他特别喜欢批判性地学习帕坦伽利的《瑜伽经》（P.YS.）、论书（Bhashyas）以及注疏（Tikas）。他曾经在《瑜伽弥曼沙》卷六（No.4）里说到，《瑜伽经》第二章第11节的"ekagrata"（一心）是错误的。原始文本应该是"ekarthata"（同一）。由此可见SK在瑜伽文本研究中的深度。

1951年，凯瓦拉亚达玛的摩达瓦达萨灵性文化学院协会出版了《布瑞哈德瑜伽祭言圣传经》。当时，关于此《圣传经》只有两个版本的手稿。此外还有若干不怎么可靠的抄本。所以我们作为编辑给出建议性的校对。斯瓦米吉建议将这些校对以括号的形式标示在相应的位置。《圣传经》出版之后，我们又获得了一些新的手稿。引用过《圣传经》的《梵之精华》（Brahman Sarvasva）这样的书也被出版。大家看啊！里面都采用了斯瓦米吉的校对成果。

由此可见斯瓦米吉渊博的学识。

瑜伽文献介绍持咒时练习调息（Sagarbha Pranayama）的方法时，有一处文本推荐持诵"apo jyoti raso amritam"等咒语。斯瓦米吉的观点是，这个咒语中的"rasa"指的是"大地"，但是对此他并没有任何确切的证据。当他与我谈及此事的时候，我指出在经典中有两个地方"rasa"的意思是"大地"：

《布瑞哈德森林树》（Brihadaranyaka 6.4.1）中的 esham vat bhutanam prithivi rasah 和《唱赞奥义书》（Chandogya 1.1.2）中的 esham bhutanam prithivi rasah。

对这些说法他虽然表示赞同，但并不完全满意。他建议我核实一下是否有些论书作者使用了该词的这个义项。虽然他本人具有完全的理性和批判精神，但他对传统的论书作者很尊重。人们可以看到他身上信仰和理性的完美融合。

在某篇论文里，他展示了在经典、圣传和往世书时代，调息的技术是怎样演进的。他还通过另外三篇论文讨论了《薄伽梵歌》第四章第29节的偈颂。以上论文让人们充分相信，斯瓦米吉用他的独创性智慧展现了瑜伽传统的历史发展。

我坚信，在哲学文献研究部工作时，因为斯瓦米吉的指导，我获得了一种独特的视野。作为一名研究者，斯瓦米吉具有深刻渊博的学识,我对此表示敬意,以此作为本文的结语。

——这是可卡杰·萨斯特利撰写的一篇纪念文的英译本,发表在1975年《凯瓦拉亚达玛五十周年纪念册》第41至42页。

任何研究项目都必须具有真实性和可靠性。作为一个负责任的研究人员,SK将此作为凯瓦拉亚达玛的一个永久原则。他总是让该领域的知名人士对研究的真实性和可靠性进行批判性评估。有意思并值得一提的是,一些非常博学的人对凯瓦拉亚达玛-摩达瓦达萨灵性文化学院协会下设机构的研究方向和敏锐性非常赞赏。一个例子出自1956年6月的《瑜伽弥曼沙》第六卷(No.1)第4页,另一个例子出自库瓦拉亚南达的一封信:

> 在过去两年半时间里,不管是从科学方面还是从哲学文献方面,该协会研究工作的可靠性和价值都得到了中央教育部的评估。1954年3月,中央教育部连同其他两个部门——保健部和科学部任命一个委员会。这个委员会由印度杰出科学家组成,B.纳拉衍那担任主席。B.纳拉衍那是巴特那大学的校长,也是巴特那医学院的主任和生理学教授。这个委员会对罗纳瓦拉的科学研究工作进行调查之

后,发表了一份充满溢美之词的报告。此外,去年3月,一些知名印度学者组成的委员会经过评估,对哲学文献研究工作也赞不绝口。基于以上的评估结果,凯瓦拉亚达玛的摩达瓦达萨灵性文化学院协会开始获得由中央教育部划拨的数目可观的津贴。孟买政府在过去许多年对该协会的研究工作非常欣赏,并且一直予以某些协助。

关于凯瓦拉亚达玛的研究获得该领域专家小组认可的另一个例子,可查阅库瓦拉亚南达给孟买大学校长V. D. 帕瑞克的信。这封写于1961年11月25日的信内容如下:

> 请原谅我这么突然地给你写了这封信。或许南印度教育协会学院(SIES.)校长A.B. 莎赫已经告诉你我写此信的目的。
>
> 你尊敬的朋友乔斯(Tarka Teertha Lakshmanshastri Joshi)将向你介绍我们的凯瓦拉亚达玛研究所,介绍我们从1924年开始一直在尝试的将古老的瑜伽与现代科学相结合的实验。最近,它取得了很大的发展,并对我们古老的瑜伽概念提出了一些原创性的解释。我们习惯于定期邀请有声望的学者和科学家来审查我们的工作,并提出建设性的建议。我衷心希望你也能在百忙之中抽空到访,亲自了解我们所做的工作,并在可能的情况下对我们机构的发展提出

建议。

我同时也邀请了你的两位朋友——A.B. 莎赫和乔斯先生与你同行。如果你能和他们一起在近期某个星期六来访罗纳瓦拉,你们可以在我们这里过夜,第二天晚上离开。这样就不会耽误你们的工作,也不会显得很仓促。

我非常希望你在与你的两位朋友协商之后,能够同意并立即回信接受我们的邀请,同时告之我们方便到访的时间。

非常期待你们的到来,也非常高兴与你们私下进行会谈

——SK

---

① 祭言(Yajnavalkya):印度最早的哲学家之一,大约生活在公元前 8 世纪左右,是祭礼方面的专家。

附录 Ib 研究工作介绍

2. 科学研究部

科学研究部（SRD）是凯瓦拉亚达玛的神经中枢，自 1924 年凯瓦拉亚达玛落成时就开始运行。它至今仍在以成熟的方式运作，实现了斯瓦米·库瓦拉亚南达的遗愿——他曾构想这个部门成为纯正瑜伽的世界中心。目前，它有生理学、心理学、体育学、生物化学和神经心理学六个部门，这些部门作为一个整体协同发挥作用，一起朝实现斯瓦米吉的梦想的方向发展。虽然开始时科学研究部是进行基础研究，现在它的主要功能也是如此，但它最近也涉足了应用研究和咨询服务领域。

斯瓦米吉曾积极参与印度国民大会的各项计划，后来他决定专心致力于瑜伽科学研究，以此作为实现自己使命的一种手段。他试图通过试验研究被他称之为灵性奇迹的人类体验，他想在研究中调查人类意识的究竟状态，从而让西方的实验室方法揭示灵性奇迹，进而确立印度灵性视野（Darsana）的客观性，造福整个人类。

作为最优秀的人文主义者，斯瓦米吉认为瑜伽可以是促成社会变革和人类真正福祉的最有效工具。他断言："除非我们知道瑜伽的客观性和科学性，否则它就不会得到更广泛的认可。"他渴望将现代科学方法和瑜伽的灵性层面相结合，这样，即使是普通民众也能获得帮助，实现自我觉悟。同时，他坚信灵性和体育文化也可以在实践层面上为普通人的利益服务。根据他的构想，协调瑜伽与现代科学的三个主要研究领域是科学、文学和医学。在科学的领域中，专门从瑜伽练习的心理－生理研究，为瑜伽灵性方面的研究作充分的前期准备，而灵性方面的研究则在后期进行。

瑜伽科学研究的愿景

斯瓦米吉对瑜伽的四个方面——身体和生理、心理、伦理以及灵性了如指掌。为什么他对瑜伽的概念如此清楚？这可以从他对印度的四个贡献中得到说明：他是第一位在实验室对瑜伽进行研究的人；在瑜伽科学文献研究领域，他是第一位创办季刊的人；他是第一位建立瑜伽治疗中心的人，创办地点在罗纳瓦拉的凯瓦拉亚达玛；对佚失的瑜伽经典，他率先出版了珍贵的评注版。他后来想增加一个灵性方面的部门，在《瑜伽弥曼沙》中他表达了自己的这个愿望。伟大的思想家 R. R. 迪瓦卡如下的说法充分阐释了斯瓦米·库瓦拉亚南达对人类福祉所做的贡献：

> 人们将会记住库瓦拉亚南达这位先驱，他努力让大家意识到瑜伽不仅是一门生活的艺术，也是科学，可以通

过实验证明瑜伽像其他科学一样好。自不待言,他工作的最终目的就是证明瑜伽是一门科学,通过瑜伽,可以获得健康的身体、活跃的思维、敏锐的智力、健全的伦理和高尚、全面积极的利他生活。

斯瓦米吉也充分认识到,要想给予瑜伽应有的地位,将之视为人类个性全面发展的学科,对其进行科学的解释和展示是必不可少的。作家 S. M. 钦格尔用如下的话总结了斯瓦米吉的伟大之处:

> 以我之愚见,斯瓦米吉对人类知识的最大贡献在于他利用科学为瑜伽服务——使瑜伽科学化,使科学灵性化。通过这样的方法,斯瓦米吉将瑜伽从隐秘的洞穴带到寻常人的门口。认可科学在瑜伽之类的灵性领域的地位,必定会在这个快被大家遗忘的瑜伽领域,让人类的思想产生革命性的变化。

美国科学家巴苏·库玛·巴伽奇(Basu Kumar Bagachi)教授和 M. A. 温格(M.A.Wenger)教授曾经与斯瓦米吉一起工作,巴伽奇教授对斯瓦米吉和他的同事所做的许多实验坦率地发表了看法:

我无法评论他和同事们做的大量实验。据我所知，有些是相当有说服力的，有些是初步性的，就像科学领域的任何研究一样，它们需要接受进一步的验证。

读了这样的评论，读者可能会认为斯瓦米吉和其他任何优秀的科学家一样。但巴伽奇教授进一步的评论充分说明了作为一名科学家，斯瓦米吉如何超越其他人并成为他们之中的翘首：

当我坐飞机回去的时候，我最后一次远远地望着他那高大的、如圣徒般的身形和他那夹杂着几缕黑发的飘逸白发。我想，印度不应该，也不能忘记这个人。

V. 普拉塔普博士在瑜伽学院从事瑜伽心理学方面的工作。他说："无论今天的瑜伽实验工作在瑜伽领域产生了什么样的科研兴趣，可以说，这都是由斯瓦米·库瓦拉亚南达在1924年通过凯瓦拉亚达玛打下的基础。"

尽管斯瓦米吉十分珍视瑜伽的灵性本质，但他深思熟虑地将科学研究引进到瑜伽灵性领域，而不是裹足不前，他要为灵性领域的科学研究打下坚实的基础。这些研究涉及瑜伽练习引起的压力变化、围绕鼻孔进行的电子成像研究以及对瑜伽练习者内部器官的放射学研究。他利用这些方法，在昆达里尼

（Kundalini）的活跃性上进行了研究探索。

1957年，加利福尼亚大学的温格博士和密歇根大学的巴伽奇博士曾在科学研究部工作过六个星期，他们写下了如下的评价：

> 我们发现了一种安静的文化和学术氛围。在我们看来，凯瓦拉亚达玛在印度是独一无二的。事实上，在世界上也是独一无二的。通过在凯瓦拉亚达玛实验室的研究，我们相信在凯瓦拉亚达玛这样的机构中，可以收集到非常重要的关键性资料。

科罗拉多大学研究部主任艾伯森（Albertson）博士曾于1959年访问过凯瓦拉亚达玛，他这样评论斯瓦米吉：

> 虽然那里的气氛、设备和科研人员给我留下了深刻的印象。但是我对斯瓦米吉本人印象最深。在简短的谈话中，他展示了真诚、慷慨和耐心的精神，散发出圣洁的气质。他还对工作充满了冷静的热情和奉献精神。毫无疑问，在过去的三十年中，面对巨大的困难，他取得了非同寻常的成功。

20世纪的前25年：瑜伽复兴的开始

R.V.萨特博士是一位知名的物理学家，他这样形容斯瓦米吉的个性：

> 声音温柔动听、态度冷静从容、为人纯粹简朴，散发出圣洁的光芒，具有聪明而又敏锐的学术头脑，他的出现总是给人一种综合的感觉，善良、令人敬畏而又让人仰慕……在不同的情况下与他接触，让人产生不同而丰富的感觉。在罗纳瓦拉安静的精舍里，在暮色之中，他静静地坐着，如同一位修士。他每天从清晨开始就带着超然的态度在瑜伽学院勤勉地工作，这时他是一位行动瑜伽士（Karma Yogin）。在实验室和图书馆讨论的时候，他热情洋溢，给人的印象就像是一位科学家和研究工作者。当他坐在书桌旁的时候，他就像是一位专注的学者。据我所知，在一些机构会议上，人们会欣赏他在规划、组织和工作方法上的完美表现。人们也会对他在追求目标时表现出的自制力、谦逊和耐心印象深刻。所有这些都给我们留下了难以磨灭的印象，有时人们会感到他还活者，与我们在一起。

斯瓦米吉代表了独立前印度的青年形象

斯瓦米吉始终坚持自己的理想，认为古老的东西不一定都是过时的。因此,他是印度民族主义的代表人物,而印度民族主义也慢慢地得到了英国殖民政府的注意。在某种程度上,斯瓦米吉对科学瑜伽的追求体现了印度在灵性进化过程中对自身身份的重新发现。

通过自己在科学研究方面的成就,斯瓦米吉断言:

> 具体目标是使古代瑜伽与现代科学相结合。如果这两者相互脱离,科学与灵性学就会丧失各自的价值。如果灵性学脱离科学就会流于迷信,科学脱离灵性的目标就有可能引领人类走向灭亡。经过充分的研究之后,人们才可以弘扬瑜伽,让科学和灵性相互和睦共处,从而真正帮助人类重新焕发生机。

斯瓦米吉一共做了84个科学实验。对包括知名科学家在内的所有人来说,他为何能取得这样的科学贡献,像他这样只具有文科背景的人,如何能够通过收集实验数据而得出精准的科学结论,以及他如何撰写论文,将这些结论令人信服地呈现出来,仍然是一个谜。他身上具有的梵文学者和诗人特质可能会使他谨小慎微。但是,作为天生具有探索精神的人,他可能已经对科学试验方法和科学家的客观精神有了一种独特的洞察力。普拉塔普博士写道:

仔细阅读他的工作报告，特别是他清晰的设计程序以及随后的技术手段和提交研究结果的挑剔方式，足以证明他有能力和热情在瑜伽领域从事真正的科学工作。

早期的研究发现引起世界性的反响

他的大多数工作都与行动瑜伽相关：收腹、瑙力、灌肠、布带净胃、圣光调息（Kapalabhati）、头倒立式、肩倒立式等体位，以及调息——喉式呼吸和风箱式呼吸（Bhastrika）。斯瓦米吉热衷于对禅定进行研究。1958年，《印度时代》的一篇报道介绍有人对拉亚三摩地（Laya Samadhi）的一次尝试性研究，我们可以从同时期出版的几篇论文看到，当时斯瓦米吉也是在为同样的事情做准备。

斯瓦米吉的早期工作是与收腹、瑙力和灌肠有关的放射学研究。斯瓦米吉成功地证明了逆蠕动行为与这些瑜伽练习无关，因此可以驳斥贝尔博士和其他一些专家1920年在纽约示范这些做法时得出的结论：这些做法会导致产生某种逆蠕动行为。在瑙力瑜伽练习期间，他展示了结肠内发展出来的负压，并将其命名为"摩达瓦达萨真空"，以纪念他在古吉拉特邦玛萨尔的导师。在他的这项研究之前，通过自主的动作在身体内部产生压力变化的事实并不为人所知。甚至没有人想过，因此也没有人在生理学领域对此进行研究。他在收腹和瑙力练习中对结肠位置和结肠内部物质分布情况的研究揭示了这两种练习所带来的生理变化,并解释了灌肠和金刚法瑜伽练习期间的吸水原理。在这之前,结肠和膀胱所吸收的水分被归因于通过瑜伽练习而获得的神奇力量。斯瓦米吉的这些实验得到了尤根达先生的高度赞扬。这些发现还得到了S. S. 戈斯瓦米(S.S.Goswami)教授(1950年)研究的证实。

斯瓦米吉的另一项重要工作是通过实验证明,在调息的练习中,瑜伽练习者实际上并没有吸取更多氧气,也没有释放出更多的二氧化碳,这个结论与运动生理学专家、著名医学权威,甚至瑜伽专家的观点相反。斯瓦米吉研究了调息练习中不同呼吸时间单位——吸气、屏气和呼气的耗氧量和二氧化碳输出量,并与正常呼吸进行比较。结果表明,在某些形式的调息中,呼吸时的每分钟肺通气量、氧气消耗量和二氧化碳输出量都比正常呼吸少。根据他的说法,在呼吸过程中和血液循环中的氧气和二氧化碳值的变化,只是调息机制中的次要作用而已。他提出,调息的主要作用与其说是调控代谢速率,不如说是影响呼吸反馈:

> 西方人主要从氧气含量的角度来看待深呼吸练习。他们赞赏这些练习,主要是因为这些练习让身体保持长时间充足的氧气量更,让身体系统保持活力。但是我们认为,调息过程中的氧气含量是次要的。我们更重视调息在神经系统中的作用。然而,请记住,我们也同时注意了氧气的含量。

斯瓦米吉挑战了 J. B. S. 霍尔丹（J.B.S.Haldane）关于"肺泡气体平台"（Alveolar Air Plateau）的观点。根据这个观点，随着呼吸深度的改变，呼出气体中的氧含量并没有改变，而是保持恒定。霍尔丹的结论主要只是基于对某个实验对象的研究。然而斯瓦米吉在不同场合就六个实验对象重复了相同的实验，但是并不能证实霍尔丹的结论（库瓦拉亚南达，1934年，1956年，1958年）。

斯瓦米吉还证明，在调息练习的屏息过程中，氧气的消耗量几乎与正常实验对象相同。然而，贝哈南（Behanan，1950年）和迈尔斯（Miles，1864年）发现，在屏息阶段增加了氧气消耗量。斯瓦米吉具有真正的科学探索精神，总是愿意承认别人的研究结果，并根据这些发现修改自己的结论。他从未允许他的宗教和哲学信仰影响他的客观判断。

另一项非常重要的研究是关于体位对血压和心率的影响，这项研究有助于消除以下的流行观念——体位是剧烈的体育锻炼，会给心脏和循环系统带来很大的压力。

在探索这些瑜伽体验的客观性质研究中，斯瓦米吉的继任者从他那里获得了不少灵感，继续寻求通过科学方法打破对瑜伽练习的误解。波尔（Bhole）、卡兰贝卡（Karambelkar）和维内卡（1967）发现，与对照组——6英尺×3英尺6英寸的封闭环境中的实验对象相比，经过12到18小时的瑜伽练习后，实验对象的氧气消耗量有少量的降低。当二氧化碳达浓度到 5% 以上时，可以观察到呼吸速率、血压和心率的增加。开始的时候，皮肤电反应下降，但在最后是增加的，心电图显示心脏的紧张。

在另一项实验中，同一批研究人员发现，待在密闭的环境中，氧的消耗降低了约 34%，低于一个专业实验对象和三个控制对象的基本需求。研究人员认为，这种减少与一段时间来封闭环境中碳二氧化物的浓度逐渐增加有关。经过 12 到 18 个小时实验，实验对象希望结束实验时，封闭环境内的二氧化碳浓度达到 7.2% ~ 7.73%。调息练习者似乎能够忍受较高浓度的二氧化碳。

瑜伽的治疗学研究

虽然斯瓦米·库瓦拉亚南达早在 1924 年在茹格纳博爱院（凯瓦拉亚达玛的医疗机构）时就开始进行临床观察，他对盲肠性便秘和其他问题的研究都发表在《瑜伽弥曼沙》上，但是他似乎非常谨慎地使自己与深度瑜伽治疗研究保持距离。这样，对瑜伽的基础性研究就可能获得世界范围的接受。他似乎确信，治疗性研究将是基础研究的自然结果。

然而，斯瓦米吉的继任者接受了斯瓦米吉留给他们的挑战。众多的博士——如维内卡、卡兰贝卡、波尔、伽洛特、德赛等人最近对瑜伽进行了令人赞赏的治疗性研究。

支气管哮喘的研究：波尔（1976 年）通过临床和实验评估

发现，经过六周的瑜伽练习和治疗后，114名患者中有76人的病情得到了全面的改善。

瑜伽治疗对哮喘患者自主神经功能平衡的影响：在一项综合研究中发现，65%的哮喘患者处于自主神经功能平衡的正常范围内，13%的患者表现出交感神经优势，21%的患者表现出副交感神经优势。在所有三组哮喘患者中，大多数人显示了这样趋势：经过瑜伽项目治疗，他们有获得正常自主神经功能平衡的趋势。

103名哮喘患者的心血管功能如下：极差的占38.8%，差的占29.1%，普通的占19.4%，良好的占10.7%，优秀的占2%。接受瑜伽治疗之后，通过麦柯迪－拉森（McCurdy-Larsen）器官功能测试发现，"极差"和"差"类别的患者在接受瑜伽治疗8周后，心肺效率显著提高。而"普通""良好"和"优秀"类别的患者则没有明显变化。

体脂率与心肺功能的关系：体脂率与心肺功能之间呈中度负相关关系（-0.6288）。其中体脂率是利用杜敏－拉哈曼（Dumin-Rahaman）公式通过皮肤皱褶程度来计算，而心肺功能是通过哈佛台阶试验（Harvard Step Test）来进行评估。

哮喘的治疗/临床研究概况：一个为期6周的瑜伽课程（包括净胃法、洗鼻洁净法、体位选择、喉式调息呼吸法）被证明可以减少哮喘次数，增强体力。在另一项研究中，可以观察到104名患者的血红蛋白和白细胞数量增加。其他关于哮喘的研究报告内容包括：嗜酸性粒细胞数量增加、屏气时间增加、心理问卷得分降低、肺功能改善、肺活量增强、肺呼吸容量和肺气速指数提高、血清白蛋白增加以及球蛋白降低。

其他生物化学研究

受净胃术和体位影响的尿蛋白酶排泄量：在体式练习中观察到尿蛋白酶减少，表明肾上腺皮质活动减弱。另一方面，由于练习净胃术，尿蛋白酶排泄增加，表明肾上腺皮质活动增强。这一发现表明，在治疗哮喘、湿疹和其他过敏性疾病时，净胃术作为可的松（Cortisone）疗法的替代或辅助具有重要意义。

导管净胃术（Danda Dhauti）对胃酸的影响：观察到游离酸分泌的减少和复合酸的增加，表明从心理上产生了净化作用。

食气（Vayu-bhakshana）的效果：研究表明，练习流溢式调息中的食气之后，胃酸减少了，这明显显示了它在胃酸过多的情况下所起的作用。

短期瑜伽训练对血液溶纤活性的影响：经过短期的瑜伽练习，血液溶纤活性显著增加（6至8小时）。

瑜伽训练后的血象：在经过长期和短期瑜伽训练项目之后，白细胞总数和嗜酸性粒细胞似乎减少了。然而，红细胞的数量却不稳定。

近期，凯瓦拉亚达玛实验室非常重视瑜伽练习对以下指标的影响：尿素、尿量、肌酐、生物胺、血糖、血清胆固醇、血清脂肪酶活性、血清蛋白、尿PH值和酸分泌、肝脏和肾脏功能。其他重要的发现包括：圣光调息对血液中某些成分的影响、布带净胃术和标准试验餐所起的胃反应、长期瑜伽练习对尿酸度和静息神经肌肉活动的影响。

其他生理研究

在各种瑜伽练习中，食道、胃、结肠和膀胱的压力变化：在收腹和瑙力练习期间，所有的腔洞都产生了负压，而在许多体式和某些动作（Kriya），如清胃法、火的扩张等过程中则形成了正压。这些研究解释了结肠吸水的原理以及通过这些瑜伽技术清空结肠的有效性。

圣光调息和收腹术中的呼吸模式：这项研究有助于区分不同类型的收腹术，也有助于了解圣光调息和不同类型收腹术的呼吸模式。

收腹对某些生理变量的影响：皮肤电反应下降，心率表现出个体差异。

逆舌法（Khechari）中的基础代谢率（BMR）：与初始值相比，在逆舌法练习期间和之后的耗氧量持续下降。

深度禅定状态下的能量消耗：研究表明，在禅定和禅定后，以及在完全放松时，耗氧量减少。

与左脉（Ida）和右脉（Pingala）相关的研究：这项研究与正常呼吸中哪一个鼻孔占主导地位有关，还显示了通过某些瑜伽技巧自主改变这种主导的可能性。以后对这一领域进行研究的范围很广，因为这种研究对瑜伽和生理学都可能是至关重要的。重要的是，两个鼻孔气流达到均衡被认为是进行高级瑜伽练习的先决条件，而现代生理学并没有解释单一鼻孔的主导性。

近期的研究课题：肾功能与瑜伽、挺尸式对生理压力的恢复的影响、圣光调息对屏息的影响、放松状态下和等容封闭环境下的体位练习产生的电反应对比、不同呼吸模式下的眼镜蛇式练习产生的胃内压变化、四种不同调息的比较研究、背部伸展式和类似肌肉活动对脉搏的影响、背部伸展式和同类练习对心率的影响、挺尸式对情绪和心率的影响、深度调息中的肺通气量和潮气量的比较研究、在正常和深度喉式呼吸的调息练习中心脏的排血量、在不同腹壁条件下调息练习的吸气量和屏息时间、喉式呼吸调息练习中的氧消耗、喉式呼吸和风箱式呼吸中吐气-屏息（Bahya Kumbhaka）时的呼吸研究、通过穆氏（Muellers）实验和瓦氏（Valsalva）实验分别对收腹收束法和收腹练习进行比较研究、收腹练习中不同体位下的膀胱压力、对哮喘病人进行布带净胃术之后的呼吸反应、圣光调息的效果、收腹收束法对心率的影响、圣光调息之前和之后呼出气体的成分、清胃法练习中的压力变化和放射性研究、布带净胃法对普通实验对象胃分泌的影响等等。

电生理研究

体位学的肌电研究：该研究显示了体位的瑜伽练习与体位的体育练习两种模式的比较。研究表明，应该以放松的方式来练习体位，这样才能起到瑜伽练习效果。研究揭示了体式在等距、等压以及瑜伽模式下的差异。

瑜伽禅定与催眠的比较：在瑜伽禅定中，脑电波明显地显示了对诸如针刺、声音和触觉等外部刺激的完全无视。在一次采访中实验对象承认，完全意识到在禅定状态下给予他的刺激。这表明，在禅定状态下觉知只会变得很微细，而实际上绝对不会完全消失。但是他超越了这些感觉，以至于根本不会受到任何影响。另一方面，虽然处于催眠状态的人对同样的刺激也没有反应，但脑电波完全显示出与之相对应的反应。因此，瑜伽禅定能使禅定者充分觉知到，并有意识地脱离各种刺激而完全不受影响，使他仅仅成为一个观察者，一个瞑视者（sakshi）。

鼻孔电子造影

记录鼻黏膜不同部位的电位。结果表明，左右侧鼻孔存在着电位差异。研究还发现，这些变化完全独立于呼吸活动而产生，与呼吸活动无关。

放射学研究

收腹和瑙力对结肠位置和结肠内物质分布的影响：通过这

些练习，结肠的位置发生了显著的变化，结肠内物质也得到了重新分布，从而有助于结肠的正常功能。临床上，这可以改善诸如扭结、粘连、可能的疝气和便秘倾向。X射线钡餐实验揭示了瑜伽在使胃功能恢复到正常状态上的功效。

某些瑜伽练习对膈肌和肋骨位置的影响：研究发现横膈膜和肋骨可以相互独立地运动，而通常认为横膈膜和肋骨的运动是相互关联和不可分割的。

梵天契合法（Brahma Mudra）中的扭头动作对肺通气的影响

在荧光透视下，由肺部的透明度体现的肺通气量在头部扭转的方向上有增加。它有助于改善肺部的不良通气状况。因此，在某些情况下，它被证明对肺结核之类的疾病有所帮助。

体育教育和体能

瑜伽练习对灵活性的影响：经过四周的瑜伽训练后，延展灵活性、动态灵活性、肩部和踝部灵活性均有显著改善。

瑜伽练习对肌张力的影响：经过四周的短期瑜伽练习后，根据肌张力计测量，右腹直肌和左腹直肌的张力增加。

瑜伽练习对心血管健康的影响：研究表明，瑜伽练习项目有助于缓和心血管系统，表明它在治疗高血压、心脏病等方面的效用。在这项研究中，采用了克朗普顿－血液－下垂测试（Crompton-blood-ptosis Test）和巴拉克能量指数（Barack Energy Index）来评估心血管适应性。

屏息（内、外）和肺活量：瑜伽练习可以持续显著改善呼吸和肺活量。

瑜伽练习对体能的影响：对正在接受短期和长期瑜伽训练的学龄儿童和成人来说，体质指数得到改善。

使用克劳斯·韦伯体能测试（Kraus Weber Test）对学龄儿童身体素质进行调查，结果发现，40.3%的学生在测试中的一个或多个项目中成绩不佳，表明他们身体素质低下。在克劳斯·韦伯体能测试中，年龄和测试失败之间存在显著的负相关（$r = -0.77$）。7~9岁的男孩腹部力量失败较多，而13~15岁的男孩在灵活性测试中失败较多。建议将瑜伽练习纳入学校教育课程，以改善或降低体能测试不通过的状况。

斯瓦米吉对世界瑜伽研究的贡献及其对人类的影响

根据《改变》杂志（*Alter*，2004年）的记载：

> 当瑜伽越来越多地占据他的生活和工作时，他也将印度的思想纳入一个更宏大的世界蓝图中……库瓦拉亚南达渐渐地超越了民族主义……他通过科学来建构自己的瑜伽世界观……他希望通过科学给瑜伽驱魅，从而揭示瑜伽展

现出来的普世真理。他想做的是挑战神秘主义者的排他性教导，恢复传统和经典文本中展示出的纯粹瑜伽……问题不在于瑜伽是否经得起科学和其进展带来的审视，而在于瑜伽是否能够抵挡它所面对的科学的刺眼光芒。

斯瓦米吉的目标是挖掘瑜伽的超验性，以解决普通人的问题。但是，他从研究粗放的生理学开始，从中找到科学的线索，以此揭开瑜伽生理学的巨大潜力。他对收腹和瑙力的研究涉及粗放的运动功能，真正的目的是要阐明这些瑜伽动作产生的能力作用（pranic dynamics）和以太元素之间的直接关系。他的实验目的是寻找观察到的生理变化和瑜伽生理学的基本理论之间的可能联系，而不是寻找这些变化与功能生物学和传统解剖学理论之间的联系。斯瓦米吉本人的观察如下：

> 凯瓦拉亚达玛的主要工作是从科学角度探索人的心灵，并不断深入人的内心，直到将对外部世界的探索和对内心世界的探索相融合，并最终实现解决宇宙之谜的愿望。

传统生理学和瑜伽生理学的融合已经充分证实了斯瓦米吉的说法。

斯瓦米吉首先建立了一系列实验来测量二氧化碳的减少，后来又研究了调息对氧消耗的影响。因此，通过相关的研究发现，调息与神经系统或能量流有很大关系，而与传统的参数无关。他深信，通过他的研究，传统的生理学与瑜伽生理学有微妙的对应关系，其中鼻孔的功能起着重要的作用，鼻孔是进入更深奥瑜伽领域的门槛。事实上，通过这些结论，SK已经为未来瑜伽研究工作者提供了充分而明确的指导方向。如果他们希望发现瑜伽的真正性质和秘密，就应该重点进行对调息的精神现象和超自然现象的研究。

斯瓦米吉甚至坦率、直接地对一些流行的瑜伽把戏进行了调查，例如改变身体不同部位的温度、让瑜伽专家操纵自主神经和大脑功能从而让脉搏停止。因此，在粉碎许多既得利益团队所宣扬的神话中，他起了重要作用。"埋在土坑中进入三摩地"是他粉碎的众多神话之一。这充分显示了他始终坚持的科学客观性和可贵的使命感。

然而，我们今天看到的是什么？几乎无人涉足瑜伽研究领域对古老瑜伽技术进行基础研究，从而发现它的基本原则。人们反而不成熟地转向治疗性研究。尽管使用了先进的仪器，但是即使在治疗研究上他们也没有给我们带来任何突破，因为这类研究在模式上存在瓶颈。帕尔萨内（Palsane，1993）的说法值得注意："西方心理学在经历了多种学派的更替后，它的范式已经处于瓶颈状态。而且，它本身也在寻找替代西方模式的方法……"当然，也有一些人尝试使用现代术语解释瑜伽技巧里的传统概念（波尔，1994，2007），以及最近拉扎（Lazar）

等人（2005年）也在研究中表明："通过禅修，大脑的厚度增加了。然而，总的来说瑜伽的基础性研究仍然很薄弱。"

虽然只是个文科毕业生，但斯瓦米吉是个名副其实的科学家。在阿默尔内尔，他完全靠自学精通《格雷解剖学》。O. P. 缇瓦瑞先生有如下的说法："开始的时候，在使用其他人作为实验对象之前，斯瓦米吉用自己来进行实验。同样，对于科学仪器在实验中的正确使用，他也很讲究。他在对实验对象进行瑜伽技巧训练的时候非常挑剔，一直坚持严格遵照传统的方式教授这些技巧，并且辅以传统的生活环境。这种方法在当代研究工作者中是未曾有的。"斯瓦米吉对任何给定的研究项目都有一种独特的做法。首先，他会在临床试验中观察瑜伽练习的效果。这些练习的效果一旦得到确认，他就会通过理性和客观的方法，对这个问题进行严格的科学研究。

《改变》杂志（*Alter*, 2004）恰当地总结了斯瓦米吉的贡献：

斯瓦米吉决定利用西方科学的力量将印度瑜伽生理学完全转化为人类可以接受的信息。

斯瓦米吉在《瑜伽弥曼沙》中宣称，他最先会对瑜伽的生理学现象进行研究，将来会对瑜伽的灵性现象进行研究。很明显，瑜伽的真正精髓在于精神和灵性层面，而瑜伽的心理－生理层面则是达到这个目标的次要手段。对于瑜伽研究者来说，有一个广阔又开放的心识领域召唤着他们，这个领域具有广大的可能性和研究空间。

通过将自己作为实验对象，斯瓦米吉清楚地表明他很重视培养实验对象对瑜伽技术的纯粹态度。可以说，如果我们想使瑜伽练习标准化，那么就要求我们对古典瑜伽文献中规定的训练和训练效果达成一致。这种身先士卒的尝试可以极大地减少瑜伽研究中个体自身和个体之间的差异。只要所有瑜伽机构摆脱各自的狭隘之处，并且在瑜伽训练上达成可贵的一致，它们就能处在一个共同的平台上。否则，在治疗工作的巨大压力下，瑜伽的科学研究依然会举步维艰。我们不能否认瑜伽治疗的重要性，但同时也要记住，在瑜伽疗愈领域，基础研究本身有助于铺设一条突破性的开拓之路。对瑜伽技术的指导和对其效果进行基础研究，也可以极大地解决缺乏真正瑜伽实验对象的问题。

斯瓦米吉最重要的贡献之一就是在研究中使用了严格的方法，并且用非常简单的方法保证瑜伽技术的纯净性。也许，这就是为什么他的大部分发现都能经受住时间的考验，没有一个现代的研究者能够挑战他得出的结论。

的确，斯瓦米吉的愿景超越了种姓、信仰和国籍的限制，拥抱了全人类的福祉。他全面推进人类生存状态中的精神和物质领域，从而使人类的心灵得到进化，他还通过创造客观条件充分表达人类神性中本真的魅力。

附录 II

信件[①]

信件 001

写给美国加州洛杉矶瑜伽爱好者贝纳德（G. A.Bernard）的信件。

1929 年 2 月 1 日

尊敬的先生：

你 11 月 12 日的信件已经收到。关于你订阅的《瑜伽弥曼沙》杂志，出版经理随本信附上了一封独立的信件。

针对你其他的问题，我想明确告诉你的是，对于通过邮件来教导瑜伽，我没有信心。当我不能亲自进行治疗的时候，病人可以参考《瑜伽弥曼沙》上的信息。我这样做跟金钱无关。真正的瑜伽教导是无法用金钱购买的。

我在此想对你的一些问题进行简单的回答。

年龄并不能用实际的岁数来判定，而是通过身体的状况来确定。只要有一个合格的瑜伽老师对你进行指导，你就一定会取得进步，这是没有什么大问题的。

关于控制明点（Bindu），唯一的方法就是通过发起昆达里尼（Kundalini）。哈达瑜伽里的金刚契合法（Vajroli Mudra）是相对肤浅的练习。

对于昆达里尼的呼吸练习，在《瑜伽弥曼沙》里讲得很清楚。这并不需要增加屏息的时间。

关于饮食调节，你可以随意进行。是否饮用牛奶之类的东西都不重要。

有些药物可以使关节和肌腱柔软。如果你希望我寄给你这些药物，费用是4美金。这些药物可以使用一个月。

在瑜伽学院，我不教授咒语瑜伽。

请注意：我的所有教法都是免费的，我并不期待你就此给我任何报酬。

你真诚的

库瓦拉亚南达

信件002

1929年8月23日

亲爱的古内先生：

我很高兴地告诉你十胜节的庆祝活动将在10月3日到10月13日举行。

因为我被任命为该庆祝委员会的成员，很荣幸能邀请你参加这次活动。如果你无法来这里，你能否和布尚在某天见面？

你从布尚那里就可以获得此次活动的一些资料和物品。

希望和你会晤。

R.R. 迪瓦卡

信件003

1929年10月27日

尊敬的苏鲁教授：

很高兴收到你10月25日的信件。我想做出如下的回复：

Amritanadeechkre这个复合词与瑜伽里提到的不同的气脉没有关系。Amrita（甘露）在这里的意思就是"阳光"的一个习惯性名称，所以整个复合词的意思就是"带有水蒸气的阳光"。

Hema Chandra似乎借用了迦梨陀娑的一个譬喻。请参考《罗怙世系》（Raghuvamsa）第十章第54节。摩利那塔（Mallinatha）对此诗句的注释，他所引用的亚达瓦（Yadava）的话也澄清了这个复合词。据此可知，Nadi（气脉）这个词在这里只是一种譬喻的说法。

祝好。

你真诚的

K.（库瓦拉亚南达）

信件 004

锡亚尔科特市（Sialkot）拉合尔中央监狱欧洲区一名政治犯写给 SK 的信件。

1932 年 7 月 30 日

尊敬的斯瓦米吉：

很高兴收到你于 1932 年 7 月 26 日从波瑞瓦利给我寄送的信，也很高兴获悉你关于调息的研究，还有凯瓦拉亚达玛在孟买分部的消息，对此我表示衷心的感谢。我希望我获释之后，能在《旁遮普出版界》（Punjab Press）写一篇书评，让大家关注你在调息方面所做的工作。我不知道我有没有给你寄送我在拉合尔论坛上发表的论文，里面介绍了凯瓦拉亚达玛在 1930 年早期进行的各种工作，那时候我已经离开了罗纳瓦拉。在发表那篇论文之后不久，我就因为参加"公民不服从运动"被判服刑一年，我想我忘记给你邮寄这篇论文了。我将于 1932 年 8 月 17 日获释，获释之后我就会把我的这篇论文寄给你。我很高兴获悉你能在孟买建立瑜伽学院的分部。

请让你们的经理用货到付款的方式将《瑜伽弥曼沙》杂志寄到拉合尔中央监狱一级政治犯 Raghunandan Saran B.A.（Cantab）。请务必使用货到付款方式。

头倒立（Sirsh）、肩倒立（Sarvang）、弓式（Dhanur）、眼镜蛇式（Bhujang）这些瑜伽体位是否禁止在子宫移位、慢性子宫内膜炎和宫颈慢性糜烂这些疾病的治疗中使用。练习这些体位时，是否不用担心会对疾病造成任何恶化或麻烦？能否改善整体的健康状况？有没有什么特别的体位可以纠正子宫后倾？如果有的话，是哪些体位？

如果可以在我获释之前给我回信的话，请将信件寄到监狱。如果你不能在这之前回复，请将信件寄送到此信笺上方我在锡亚尔科特的地址。

你没有告诉我《瑜伽弥曼沙》是否会持续出版。

致以最亲切和尊敬的问候。

你真诚的

克里希那·索帕·杜特（Krishna Sopal Dutt）

信件005

1933年5月2日

亲爱的斯瓦米吉：

在过去的两个星期里，我一直忙于教学工作，几乎没有足够的时间给我在特拉凡哥尔（Travancore）的兄长写一封长信。现在我觉得我或多或少已经安定下来了，所以我就尽快告诉你我的情况。

学院非常急于让我再待一年进行一些实验工作。这些实验工作都是结合新陈代谢——血压和心脏活动，研究它们与调息的关系。我的一位教授最近完善了一种测量血压微弱变化的仪器。当然，这将应用在我身上，并在实验中发挥很重要的作用。他们要我把这些实验的结果纳入我的论文中。我最终决定在1934年6月份提交这份论文。

为了给这些实验做准备，我对自己要求非常严格，从现在开始绝对素食。不用说，我一直坚持调息练习。我们希望在本学期结束前一切都准备妥当。这样，明年大学开学时，我们就可以马上开始，而不用浪费任何时间进行准备。由于我希望明年只从事实验工作，我肯定会找到足够的时间来重写不同的论文章节。

我内心深处觉得自己对瑜伽学院和你亏欠得太多，现在我终于可以做一些与你们的工作性质相同的事情了。首先，我与系主任进行了交谈，我向他提议在耶鲁给你提供实验设施，他对此非常感兴趣。但是他觉得要等到大萧条时期结束这个计划才能实现。和这个国家的所有其他教育机构一样，这所大学由于经济危机而严重受损，需要等待一个更好的机会来恢复。

我还拜会了院长（J.R.Angell），他是一位心理学家，对我的工作很感兴趣。他非常惊讶，因为你引领我进入瑜伽之门，根本没有因为种姓、信条和宗教原因而拒绝我。他对生理学也有所涉猎，所以非常感兴趣，想从你那里学习、了解与灌肠相关的体内真空现象。他问我，如果你来这里的话，希望待多长时间。我说大概四到五年。我们也谈到了实验对象的问题，对于高级成就者的内心活动和实验也是你所感兴趣的内容，我向他提到可以向你借用两个学生过来进行研究。总之，我明显感到经济危机过去之后，如果美国的状况有所好转，耶鲁大学将很有可能给你提供足够的空间，让你进行一些实验工作。

我想建议你对要研究的问题的性质和想做的实验类型做一个陈述。到下个学年末，我完成实验之后，会以书面的形式向大学提出具体的建议。之后，如果他们同意我的建议，我希望他们能让你提交你的陈述。所以，我就建议你提前准备好这份陈述。我再次向你保证，我一直在试图报答瑜伽学院和你对我的恩情。实际上,你对我所做的一切,让我感到亏欠,我虽然不能完全报答,但是我会尽力在西方给你创造实验的机会。我也明白,我所做的一切最终也是为了瑜伽事业。

你可能还记得在我最后一次与你会面的时候,我请求你让我做一些关于瑜伽的私下发言。你欣然同意了我的请求。我的教授们认为,虽然我想尽办法避免媒体的追逐,我所研究的课题最终必然有可能会引起轰动。因此,他们建议我在实验结束之前,不要接受任何形式的访谈。他们已经为我提供了明年的经济保障。我也觉得他们的建议很明智。

斯瓦米吉,我永远也忘不了你给我的临别赠言。

"小心谨慎。当你步步攀高的时候,要不忘初心。你将会觉得需要一个古鲁。"我向你保证,我永远不会忘记这样宝贵的建议。

不用赘言,我会一直向你写信,介绍我工作的进度。

致以最诚挚的祝愿,希望静修处的同仁都还记得我,

您真诚的

K.T. 贝哈南

信件006

康涅狄格州纽黑文耶鲁大学人类关系学院心理学院主席罗斯威尔·P. 安吉尔（Roswell P. Angier）所写的信。

1933年11月10日

亲爱的库瓦拉亚南达先生：

在收获颇丰的印度之行后，贝哈南先生现在已经回到我们身边。我们与他详细讨论了他已经完成的各种工作和面临的问题，我代表我们的学院和耶鲁大学对你表示衷心感谢，感谢你们在他进行瑜伽练习的过程中提供的各种便利。贝哈南先生对你有很深的感情，你对他无微不至的关怀和帮助让他十分感激。在耶鲁大学心理学院的诸同仁也对你有这样的感激。

你真诚的

罗斯威尔·P. 安吉尔

信件007

1933年11月22日

亲爱的拉贾戈巴拉查理先生：

你本月13日的信件让我感到非常惊喜。印度人不会忘记你，更不用说我了，因为我有幸在南迪山与你相处一段时日。我很高兴获悉我的静修处给巴布吉（Bapuji）留下了很好的印象。

为了满足你的愿望，我昨天给你寄送了两本我所著述的流行瑜伽系列书籍。这两本书从体育学的角度介绍了体位和调息，让你对它们有足够的了解。

希望你保持健康。

祝好。

你真诚的
K.（库瓦拉亚南达）

信件008

1933年12月1日

亲爱的楚尼拉爵士：

因为你欣然提供介绍信，我昨天下午拜见了维希维希瓦拉亚爵士（Vishweshwarayya）。他非常热心，在百忙之中抽出20分钟与我见面。我认为我与他的简短交谈给他留下了很好的印象，他对我的事情进行了考量，并且答应如果有时间会给出他的建议。他让我寄给他一些文献，并且在两个月后再提醒他，因为他最近两个月一直很忙。

至于迈索尔的事情，他非常坦率地告诉我，他与王公和梅迦（Mirja）爵士的关系都很紧张，并且与他两人都没有联系。他住在班加罗尔的时候，与他们两人也没有见面。

即使维希瓦拉爵士在迈索尔不能发挥影响力，因为你写了这封颇具分量的介绍信，我想他在其他事情上也可能帮助我们。

我一直忙于编辑工作，不经常去孟买，我觉得我最好随信给你寄一些目前的资料。我在本月10日要前往勒克瑙，我应该在此之前与你见一次面。

祝好。

你真诚的

K.（库瓦拉亚南达）

信件009

写给迈索尔王公的信件

1934年4月2日

"正理导师、弥曼沙之宝、数论瑜伽之宝"T. 克里希那玛查亚访问了罗纳瓦拉，并且抱着学习凯瓦拉亚达玛静修处工作的目的住了三天。在这三天里，他向凯瓦拉亚达玛的成员示范了各种瑜伽体位。很显然，萨斯特利对他的学生非常关注。

值得庆幸的是，迈索尔的王室成员对瑜伽文化非常感兴趣。瑜伽练习能够让精力保持充沛，非常值得向教育机构进行推广，也需要有特别的机构来对瑜伽进行专门的研究。我很高兴地获悉迈索尔的政府正考虑在迈索尔邦进行这些工作。

我建议萨斯特利向普罗大众和成人进行教授时要简化他的动作。我还建议他保持瑜伽练习的纯正性，不要让非瑜伽体系的体育文化污染了瑜伽。我希望萨斯特利顺利完成他的使命。

K.（库瓦拉亚南达）

信件010

克里希那玛查亚写给库瓦拉亚南达的信件。

1934年5月3日

尊敬的先生：

我很高兴地告诉你，我们这里一些声名显赫的人已经知悉你的意见，他们对此十分满意。如果你能就这个主题提供进一步的信息，我将十分高兴。我衷心感谢你在我们逗留期间的盛情款待。

祝好。

你真诚的
T. 克里希那玛查亚

信件011

库瓦拉亚南达写给贝拿勒斯印度大学潘迪吉的信。

1934年5月27日

亲爱的潘迪吉：

我侄子的儿子（算是我的孙子）K.G.古内申请入读贝拿勒斯印度大学，想学习药物化学专业。我听说这个专业只招收八个学生。我请求你去帮我了解一下我的这个孙子今年是否被录取。

对于他，我的唯一推荐之词就是他的父亲具有"卡维拉吉"（Kaviraj）的头衔，是一家大型阿育吠陀药房的创始人。他为阿育吠陀做出了很多贡献。他希望他的儿子用现代的方式继承他的事业。这就是我为什么要推荐这样一名学生的理由。这是一件小事情，我原本不应该写信麻烦你。但是阿尤尔事业对我而言十分重要，我认为请求你对此事稍加关注是适当的。

希望你身体健康。

祝好。

你真诚的

K.（库瓦拉亚南达）

信件 012

1934 年 4 月 28 日

亲爱的库瓦拉亚南达吉：

我写这封信是为了甘地吉的第三个儿子拉姆达斯·甘地（Ramdas Gandhi）。甘地吉想知道你是否能就此给一些建议。

以下是详细情况。

两次入狱使他情绪非常低落。他在 1930 年体重是 110 磅，现在只是 80 磅多一点。他经常遭受疟疾的折磨，虽然最近两个月已经好了，但是还是不能恢复体重和力气。最麻烦的是他经常遗精——有时候一周遗精两到三次。他的饮食一直很清淡，但是现在开始喝牛奶、吃蔬菜、吃少量水果，每天两到三个鸡蛋。虽然如此，他的身体状况还是没有什么改善。

如果你对他的情况有兴趣，我可以向你提供更多的资料。如果你能够对他的病情有所建议，我将非常感谢。

你真诚的

摩诃提婆·德赛

信件013

1934年6月13日

亲爱的斯瓦米吉：

很高兴知道这幅珍贵的画像平安抵达目的地。从开始到现在，我们可以明显看到，正是出于主神的旨意，才让这一巨幅充满灵性特质的画像得以完成。而我在此中提供的只是绵薄的力量，如同大师手中弹奏的西塔琴。即使如此，我也不是一架很好的西塔琴，不能让大师演奏出与他名声相称的乐曲，但是我希望我能够尽力帮助像你这样伟大的人。我觉得自己很幸运，能够为你和你的静修处略尽绵薄之力。

关于这幅画像的情况，瓦瓦德卡（Varkadekar）先生向我介绍了挂在墙上的详细方法。我觉得就目前的情况而言，相框不会变形，画布表面也不会皱裂。相框的材料是英国柚木，而画像所使用的颜料质量也非常好。此外，这幅画像完成到现在，已经过去了一年，画像表面的油质还是很好。这得归功于给画像套上的布罩，这样就不会落灰。

在最后画像安放的时候，我会亲自到场。

我想无须我多言，你在未来如果还有绘画方面的需求，请不要犹豫，让我来为你服务。我一直会愿意为你效劳。

　　献上我对你的敬意。

你真诚的
S.V. 塔菲克

信件 014

皇家亚洲协会孟买分部写给库瓦拉亚南达的信。

1934 年 7 月 25 日

尊敬的先生：

　　此信是回复你于本月 2 日的来信。我要让你知悉的是，向会员寄送的书籍最多是 15 本。你已经获得了 10 本。

信件 015

1935 年 10 月 23 日

亲爱的斯瓦米吉：

　　我收到了你 9 月 15 日和 9 月 29 日的来信，请原谅我迟到的回复。有一天，我在办公桌上也看到了你的来访卡，知道你的来访。但是我不知道你在艾哈迈达巴德的其他活动，所以就没办法拜访你。

自不待言，我对你出色的工作表示非常赞赏，但是我很难将这些赞赏转变为实际的行动。原因很简单，除了我的公务之外，我还有许多本地的接待工作。你或许不知道，我还要在萨巴玛蒂圣雄甘地的静修处履行我的托管工作。在那里的开销是每年1万到12000卢比，这些都是我们自己支付或者依赖订阅费来支付。募集资金是我的首要义务，虽然我可以收取订阅费。我如果告诉你我的经济情况非常窘迫，这也不是夸大之词。所以，对于其他机构，我不得不进行缩减。

永久会员费是250卢比，这样的话，每年交50卢比，五年就可以成为会员了？要我对你做出这样的要求是很痛苦的，我知道你也在做实打实的工作。但是就目前的情况，我得进行调整，要考虑到我对甘地静修处的责任。

如果你能给予我片言的回复，我将十分感激。

祝好！

你真诚的

G.V. 玛瓦兰卡（G.V Mavalankar）

信件 016

1937年11月27日

亲爱的卡玛特:

谢谢你本月18日的来信。

我很高兴地获悉你完成了学业,要从事政治生涯。国大党正需要你这样受过良好教育的聪明才俊,我确信你很快就会在政界获得显耀的位置,对我们的祖国做出巨大的贡献。我将会带着极大的兴趣期待你的政治生涯。我希望随着政治责任的不断增加,你对灵性文化的兴趣不会消退,不要最后丧失了对灵性文化的兴趣。

祝好。

你真诚的

K.(库瓦拉亚南达)

信件 017

1938年1月7日

亲爱的斯瓦米吉:

这是我的口述信件。我听取了你的建议,尽量多休息。你特别写信给我,对我真是太好了。我身体已经改善了不少,但是还是很容易疲倦。如果你见到贝拉,请转达我的问候。我听说维斯瓦玛特（Visvamath）又生病了。

你最亲密的朋友
拉宾德拉纳特·泰戈尔

信件018

写给潘迪吉·H. N. 昆珠的信件。

1938年2月4日

亲爱的潘迪吉：

我很抱歉，因为我四处奔波，你到孟买的时候，我们错过了会面的机会。我已向你送交了一份我们的报告，如果你能提出建议，我将很高兴。

我在报纸上获悉你见证了潘迪吉·马拉维亚吉因为修炼"还童瑜伽"（Kaya Kalpa）年轻了20岁。你能不能告诉我你是通过潘迪吉·马拉维亚吉什么样的身体特征而得出如此结论。你也知道，我对这些事情产生的兴趣更多的是出于科学角度，而不是感性的认识。所以，我希望从理智的、不偏不倚的立场对你这种结论进行考察。请早日给予答复为感。

祝好。

您真诚的
K.（库瓦拉亚南达）

信件019

1938年3月8日

亲爱的斯瓦米吉:

非常谢谢你给我寄送的体育教育委员会报告。我在孟买的时候曾经买过一份,但是遗憾的是我并没有阅读它。这次我会阅读它的,而且会向你汇报我的心得。

很遗憾,我没有及时回复你2月4日给我的信。新闻记者总是想着弄出一个轰动性的新闻,所以并没有正确引用我对马拉维亚吉健康状况所说的话。他完成"还童瑜伽"16天后——2月1日,我和他见面,发现他比以前绝对好很多。他的脸更饱满,皱纹更少了。我自然非常高兴,也对他说了以上的话。他告诉我,他的视力和记忆也得到了很大的改善。过去,他即使努力回忆也不能想起来的梵文诗句,现在也能很容易想起来了。他补充说,他甚至能够背诵小时候学过但是早就忘光了的诗句。关于视力,他说他当天或者一两天前写了两页的信,并且没有借助于眼镜。随后,我告诉他,我很想看看他走路。我看他走了一会儿,就笑着对他说:"你的步子更快,更稳健了,就像是回到了1917或1918年的德里,当时你还在参加旧帝国的立法会。"以上就是我说的话,你会发现报纸上记者所写的与我真正说的话是非常不同的。

2月8日,我再次见到了马拉维亚吉。在这段时间,他取得了很大的改善。他的脸更加饱满了，眼睛更明亮了，眼睛下面几乎看不到皱纹。他脖子上的小皱纹，以前大家很容易就注意到。他手上的皮肤，只是略微比我的皮肤松弛一些。从后面看他，他显得比实际年龄年轻许多。

就这种"返童瑜伽"，我与他进行了交流。他问我有什么想法。我告诉他，我很难相信有这样的技术，可以在这么短的时间内修复四五十年造成的身体衰败。我说，我绝对相信自然规律，但是大自然需要时间来展示自己的法则。随后，我还说我听说过有些瑜伽练习可以使人返老还童，但是我不知道可以通过药物实现这个目的。我说，他所接受的这种治疗方法需要时间来进行检验。对于其结果是否具有持久性，需要进一步观察。

新闻报道里说马拉维亚吉长出了新的牙齿是错误的。他的嘴里并没有牙齿，他的头发是灰白的。

随此信，我附上了《领袖》(Leader)杂志的两篇报道。一篇是关于马拉维亚吉的，另外一篇是关于摩特拉(Muttra)两名接受返老还童治疗的人。

我的健康有所改善，但是进展很慢。虽然用尽办法，但是我还是没办法解决便秘问题。

祝好。

你真诚的

昆珠

信件 020

杜尔巴瓜廖尔政府部门邀请库瓦拉亚南达参加象神节的信件。

1938 年 7 月 27 日

尊敬的先生：

我写此封私信的目的就是想知道，你是否能在今年 8 月 28 日到 9 月 8 日象神节期间，抽出三或四天的时间来瓜廖尔分享你的智慧。

你可能已经注意到，瓜廖尔在象神节要举行很大的庆祝活动。到目前为止，节日的主要活动是拜赞歌和克谭音乐等。从去年开始，邦国的王公殿下就开始给这个节日增加了现代的元素，以利于纯洁民风、开启民智。在此一个星期内，会举行很多讲座。我非常希望能在王宫和瓜廖尔的公共场合让你来举办讲座，让瓜廖尔受到你智慧的启迪。我肯定你会抽空让我们能够有幸听闻你的教化。在这样的场合举办讲座，介绍瑜伽在日常生活中的作用，一定是非常合适的。

我请求你能够在方便的时候给我一个简单的回复。如果你能给我发电报或者立刻给我回信，我将非常感谢，因为这样我就能安排合适的时间举行这个讲座。收到你对此事的回复之后，我们会给你寄送正式的邀请函。

你真诚的

信件 021

1938年10月6日

尊敬的先生：

我的一位朋友，卡尔·迪姆（Karl Diem）博士是1936年柏林奥运会的秘书长，也是德国运动和体育文化的总召集人。他非常想学习体育文化中的瑜伽体系。因此，他让我安排他的印度之行。拉合尔的达塔吉先生向我介绍了你和你的静修处。我写此信就是想询问你是否能够接受迪姆博士，为他安排一些瑜伽练习的示范。如果你想提出某些特别的条件，请告诉我，我将十分感谢。迪姆先生想在1939年1月份前往印度。

你真诚的

G.D. 索迪（G.D. Sodhi）

国际奥林匹克委员会

信件 022

写给乔治·卡明（George Cumming）先生的信件。

1938年12月1日

尊敬的先生：

谢谢你上月24日的来信。

我寄还了你的附件。是的，便条是属于静修处，信件是我们静修处的同仁所写。

我们那天在静修处见面的时候，你将凯瓦拉亚达玛和南印度的一些阿育吠陀机构混淆，真的让我感到难过。原因就是，在我不知情的情况下，南印度的一些人利用了我们的文献。在这样的背景下，我不禁生起了疑心。我并不是针对你，而是针对那些机构，他们要为此负责。实际上，我没有理由对你产生怀疑。所以请不要误解我。

虽然如此，我必须明确告诉你，你想在六个月精通阿育吠陀，然后去推广它，无论在印度还是在中国，无论你是出于个人利益，还是为了朋友的利益，这都让我感到惊讶。你之所以有这样的想法，可能是由于你对阿育吠陀学问的深奥程度非常无知。想在六个月精通阿育吠陀是非常荒谬的想法，这就像想在六个月内精通医学一样。就我个人而言，对于那些想通过利用有价值的文化谋取私利的人，我是没有什么耐心的。

所以，如果我对你没有耐心，请你务必原谅我。我很坦率地讲出了我对你以及你要开展的项目的看法。我认为，即使是外国人，也没有权力利用印度的文化。

关于没有收到你们晚报的事情，我想当时你正在里面的阅览室内。我们的阅览室里已经有相当足够的报纸了，你们的报纸对我而言是多余的。如果你还记得的话，我一开始就婉拒了你的要求。但是后来你开始强迫我,很自然地,我只能实话实说了。

我认为,即使是外国人,如果他们想从印度获得什么的话,也需要有礼有节。我们印度人是非常有礼貌的,很温和的民族,恕我直言,印度人对外国人的友好,已经太过头了。

祝好。

你真诚的

K.(库瓦拉亚南达)

信件 023

1939 年 12 月 21 日,孟买印度板球俱乐部的某位先生写给库瓦拉亚南达的信件。

信件 024

印度著名的塔塔公司(TATA SONGS LIMITED)的某位董事写给库瓦拉亚南达的信件。

1940 年 10 月 8 日

亲爱的斯瓦米吉:

非常谢谢你 10 月 4 日的信件,以及附寄数周前你在广播电台讲话的文本。你发表演讲的时候,乔斯先生就将演讲稿给我了,我饶有兴致地读完了,对此我向你道贺。

谢谢你关心我的健康状况。我觉得我的身体并没有那么好,或者说没有我期待的那么健康。停止练习之后,我的体重继续降低,并且患上了肠热病之类的疾病。我现在已经恢复过来了,但是还是觉得有些倦怠。我希望这个月能花几个星期去乡村度假。如果我的计划成行了,能否在某个下午去你的保健中心①看看?我希望你一切都好,你的保健中心也蓬勃发展。

祝好。

你真诚的

塔塔

信件025

1940年11月1日

亲爱的斯瓦米吉:

自我们在罗纳瓦拉见面,已经过去了8个月了。我一直通过《孟买纪事报》了解关于你的消息。我希望凯瓦拉亚达玛能够蓬勃发展,孟买罗纳瓦拉的同仁也能够一切顺利。

我想我随时可以在你方便的时候去看你,因为我非常渴望与你交流,这对于我而言可能是太奢侈的愿望。如果不方便的话，请告诉我。我在八月的时候曾经让人给你带过一封信件，不知道你有没有收到。

致以真诚的祝福，

H.V. 卡玛特

信件 026

1941年3月1日

亲爱的斯瓦米吉：

向你致敬！

甘地吉阅读了你们的文献，上个星期交还给我。他同意你的观点。他说，总体来说人类的发展属性包括两个方面，一个是"魔性"（Asuric），另一个是"神性"（Daivic）。而西方的体育文化创造了前一种属性，造成了毁灭性的战争。而我们可以努力从身体、精神和灵性上发展人类的神性。

最近，甘地吉获得了一本尤根达所著的关于个人卫生方面的书籍。我想你大概知道，这本书已经被美国的某个文化档案馆收藏。甘地向我展示了这本书，说里面对你有一些负面的评价。我肯定你已经看过这本书了。如果你没看过，我在此引用他对你的一句评语：

"有些不具权威的作者很大胆，其中诸如库瓦拉亚南达之流，根本不懂得生命之气（prana）和宇宙之气（vayu）之间的区别，但是著书立说，觉得这些是不言自明的真理。"

我一切皆好。

希望你身体健康。

请转达我对静修处所有兄弟的敬意。

你亲密的
拉姆·达斯·古拉迪

信件 027

1941 年 3 月 3 日

亲爱的拉姆·达萨吉：

非常感谢你本月 1 日写给我的信。

圣雄甘地阅读了我们寄送的文献，真是太感谢了，他同意我的看法，更让我开心。

关于尤根达的评论——我看过他的这本书，也读过他在书里对我的评论。他的这些评论非常滑稽。但是我要告诉你，他在这本书里对我的批评还算轻的。在其他书里，他对我更恶毒。好吧，我根本不在乎这样的批评，因为我根本不是他们说的这样。我从来没想对此进行任何回应，我也不应对他们进行回应。我感到遗憾的只是，这样的辱骂影响到的不是我，而是尤根达自己。

祝好。

你亲密的

K.（库瓦拉亚南达）

信件 028

1941 年 9 月 24 日

亲爱的巴巴萨赫布：

我非常感谢你本月 18 日的来信，我现在也知道这是你在病床上口述的。昨天我试图从孟买的瑜伽学院给你打电话，后来才知道你得了流感，正在康复。我多么希望你尽快恢复健康，能够正常地活动。

对上次我们在贵府的座谈，你用如此热情的笔调再次提及，我十分感谢。我不仅了解了你的博学多闻，而且也了解到你的虔敬之心。为了与你接触，我做出了很大的努力，现在我很高兴地看到我卑微的努力换来了你的赞赏和指引。

你盛情赠送的乐器（Tamboora）我会一直珍藏。因为我对艺术和音乐很无知，所以我需要花一点时间来学习，才能正确使用这个乐器。我想看看我能不能演奏这个乐器。

再次感谢你的盛情，并且祝你早日康复。

祝好。

你真诚的
K.（库瓦拉亚南达）

信件 029

1941 年 10 月 30 日

尊敬的先生：

我在班加罗尔的时候，曾经去你的静修处住了几天，但是没有碰到你。那是 9 月初的事情了。

当时，我一直在某位教授指导下学习，打算下个星期回到海得拉巴的家里。

瑜伽学习让我感到快乐。如同人们所说，它能带来灵性的平和。我在你的静修处时也与克里希那先生有所交流。除非为了某个伟大的目标，否则很难引起我的兴趣，我的心一直有某种难以言说的渴望去追求某种事物。

虽然我出生于穆斯林家庭，但是我本质上是具有印度人的特点——这一半可能是来自业力等原因。我信仰唯一的主神、唯一的宗教以及灵魂的统一性。就宗教的角度来说，所有的众生都是一体的。

你能在我的探索途中帮助我吗？

我曾经打算在静修处多待几天，与你见面，因为我的生意我不得不回家。否则的话，我可以多待几天。但是我决定1942年3月再次访问你们的静修处。

不管你是否愿意收我为弟子，请你慈悲回复我。

充满期待的、你谦卑的
努尔·胡赛（Noor Husain）

信件030

寄自德干科尔哈帕住所（Kolhapur Residency）的信件，未署名。

1941年11月4日

亲爱的斯瓦米吉：

很遗憾你昨天不能来看我。我很期待你再来看我，可惜你因为在孟买太忙不能前来。

获悉你正考虑在当前战争结束的时候进行环球旅行，我承认我很吃惊。因为目前的所有迹象都表明，战争将持续相当长的时间。没有人能够预见这场可怕的冲突最终结束时，条件是否允许进行环球旅行。有一点我可以肯定，就是在战后两三年内，旅行设施不会正常运作。而在和平来到的最初几个月，由于航运已经被大规模破坏，旅行费用将会非常昂贵。我自以为是你的一个朋友，对其他一些朋友敦促你现在准备这样的旅行，我不敢苟同。另一方面，我建议你继续在静修处进行目前的科学和灵性研究，等待事情的转机。无论是高加索和伊朗，还是从印度支那，我都非常慎重，觉得它们对印度的威胁是实实在在的。在这场战争结束之前，虽然并没有发生来自陆地的实际入侵，来自空中的破坏很可能会蔓延到许多印度城市。所以，请听从我的劝告，把环球旅行的所有想法都抛到脑后，直到交战国恢复到某种正常的状态。

致以最亲切的问候，并希望在不久的将来能再见到你。

信件031

1942年1月3日
亲爱的斯瓦米吉，

非常感谢你祝贺我获得"大长老"（Mahamahopadhyaya）的头衔。

祝你在新的一年里快乐而充实。

你真诚的
P.V. 凯恩

信件 032

库瓦拉亚南达致信某静修处,婉拒对方的任职邀请,此处为信件节选。

1942年5月31日

……谢谢你邀请我成为委员会的成员,指导你们机构的活动。虽然我很愿意在体育教育领域提供自己的意见,但是除了担任凯瓦拉亚达玛瑜伽学院的职位之外,接受其他职务会违背我们的原则。在我接受体育教育委员会主席的职位时,我就违反了这一原则。但是因为在体育教育委员会任职,我可以通过参与政府大型规划获得拨款。对于接受其他地方的职位,我就有困难。因此,我请求你原谅我拒绝了你的愿望。这并不意味着我不能给你们建议或者不能与你们合作。实际上,我将会很乐意为你们这个机构尽绵薄之力,使它成为国家的财富。

祝好。

你真诚的

K.(库瓦拉亚南达)

信件033

写给政府某办事员。

1943年4月15日

尊敬的先生：

请允许我通知您，你们的代理人为我和两个仆人准备了一份配给卡。我们已经及时提供了必要的信息，我们很久以来就一直期待着该卡送达给我们。近期申请配给卡的人都收到了卡，我很吃惊我的卡为什么被延误了。我的朋友多次拜访你们的办公室，试图获取配给卡。但遗憾的是，每次都空手而回。

我最近要去孟买。因此，我请求你帮忙安排将卡交给凯瓦拉亚达玛伊斯瓦达－楚尼拉瑜伽保健中心的 G.K. 瓦格玛尔（G.K.Waghmare）先生。因为你们延误给我们发卡，给我们造成了很大的不便。我希望这封信能让你们立刻关注这件事。

你真诚的
K.（库瓦拉亚南达）

信件 034

写给拉斯托基(R.N. Rastogi)博士的信件。

1943 年 7 月 19 日

亲爱的博士：

非常感谢你本月 11 日写给我的信。

不过，我必须劝阻你，不要为了获得永久会员身份给我寄任何钱。你这样做让我觉得，灵性指导是可以通过成为永远会员购买到的。但事实并非如此。到目前为止，还没有金钱诱惑我让一个人进入灵性的领域，并且获得主神的欢心。到目前为止，我从未因为经济考虑，在灵性上对别人进行指导。

请允许我向你们清楚地表明，对于任何瑜伽的教导，无论是体育上的还是灵性上的，你必须找其他人。我并不是你所寻求的人。我知道你求知若渴的心，但是我们的性格并不相契。这就是最后的说明，希望你不要误解。

祝好。

你真诚的

K.（库瓦拉亚南达）

信件 035

某人于 1943 年 8 月 16 日写给库瓦拉亚南达的信件。

信件 036

1944 年 3 月 8 日

亲爱的斯瓦米吉：

　　谢谢你的信，很高兴你能来巴夫那加尔（Bhavnagar）。但是，我能不能要求你在 4 月的第一个星期过来？因为直到这个月月底，我会一直很忙。4 月份我将会去本邦的海滨，就有时间聆听你的教诲。我已经从本地人盖斯福德（Col. Gaisford）那里听说了关于你和你弟子们的许多事情。由于我相当胖和笨拙，我非常想获得一个苗条的身材，并且舒缓我僵硬的关节。如果你有饮食方面的书籍，请带一些过来。如果你真的能够向我证明瑜伽的利益，我很想让你考虑在巴夫那加尔创立一个分部。这样，这里的人们就可以获益，并且拥有健康的身体。

您真诚的

奎师那

信件037

1944年8月25日

亲爱的巴巴萨赫布:

我写这封信是为了向你介绍我们学院的S.A.舒克拉先生。他是孟买大学的硕士,在"不合作运动"兴起的时候,他也是新浦那学院的研究员。他后来没有参加"不合作运动",而是加入孔坎教育协会,成为终生会员,从而投身教育,并在其中担任领导工作。他是一位梵文学者,一直很好学。尽管命运无常,但是他一结束终身会员的任期,就来到了浦那,在阿派特博士手下从事研究工作。他现在已经完成了博士学业,并向大学提交了他的论文摘要《梨俱吠陀的仪式评述》。1944年10月底,他就能够提交博士论文了。他现在正在寻找合适的工作,以便能够将青春年华奉献出来。

我强烈推荐他为你们的瑜伽文本出版系列工作。我最近与他接触很频繁。在过去的两年里,他刚从大学毕业,为了他的论文,勤勉、刻苦、认真地工作,他在两年内就完成了硕士论文,他的论文即可证明他的能力。

如果他能够为你们所用,在你们得力的指导下,像他这样一位学术新星的能力如果能够得到充分的利用,

并且为学术界和人类服务，我将会非常高兴，

你真诚的

库瓦拉亚南达

信件038

1944年9月30日

亲爱的斯瓦米吉：

我与阿吉尼霍塔（Agnihota）先生进行了交谈。我很高兴地告诉你，我对他印象很好。我建议给予他研究员的身份。

此外，我发现他还愿意并且有能力从事我所建议的课题——吠陀文献中的瑜伽。

虽然如此，我还发现他更有意愿并且更有能力从事其他与瑜伽和体位相关的课题。

有鉴于此，我建议采取如下的程序：先让他去见一见浦那的V.G.帕兰吉佩（V.G.Paranjpe）博士，并且与他就瑜伽方面的事情进行沟通，这样就会更顺利。他与帕兰吉佩沟通之后，我就请你让阿吉尼霍塔先生自己决定选择哪个方面的研究课题。

这样我就会在浦那聘用他从事上述的课题研究。

当你对这件事有最终的决定时，请写信对我指示。

致以诚挚的问候。

你真诚的

H.D. 维兰卡

信件 039

1945 年 3 月 5 日

亲爱的卡兰贝卡先生:

我收到了你上月 26 日的来信。

我曾以为你在帕特瓦丹(Patwardhan)博士手下开始工作的确切日期现在已经确定下来,但是这个日期其实现在还没确定。学院正式向我保证你将在 5 月底开始工作。不管怎样,你的研究员身份从本月 16 日开始。你先待在罗纳瓦拉,等他们要求你去孟买从事博士工作。

至于你怎样才能顺利抵达我们的静修处,当你抵达罗纳瓦拉车站的时候,让他们开车送你到凯瓦拉亚达玛静修处。如果司机不知道这个地方,告诉他是"古内博士的那个地方",他就知道要带你来静修处。

你真诚的

K.(库瓦拉亚南达)

信件 040

1943 年 3 月 19 日

尊敬的斯瓦米吉：

附件是我们委员会成员的名单，请接受我们的祝贺。

顺便说一下，据报道，甘地 4 月份会在孟买，也有可能访问波瑞瓦利，所以我冒昧地提出如下的建议。

我正在为相应的纪念基金培训工人，你作为我们机构的创始人，请帮助我们让他拜访我们美丽的瑜伽学院——这样，岂不是能使我们的工作获得更多的帮助？

从 3 月 24 日到 4 月 5 日，我们放春假。等你回来之后，我立刻想就甘地这件事获得你的指导。

请看你是否能够帮助促成这件事。

向你致敬。

你卑谦的卡提卜（A.M.Khatib）

体育教育培训研究院

信件 041

1945 年 3 月 27 日

亲爱的卡提卜先生：

非常感谢你本月 23 日的来信，更谢谢你附上的委员会名单。你这样渴望与甘地见面,我很高兴,如果可能的话,我就会促成他拜访体育教育培训研究院。

遗憾的是,我从未因为私事或者别人的事情麻烦过甘地。尽管如此,我也可以试图让克尔先生做一些必要的工作。但他目前并不在孟买,他在本月29日应该会回来。如果他回来了,我就会将此事告诉他,看看他是否愿意帮助我们。请你务必做下面的这件事:请在29日下午2点到3点的时候,给他打一个电话,同时也告诉我我是否要给你写信,以免春假的时候你不在。请相信我会尽力完成你的心愿的。

祝好。

你真诚的

K.(库瓦拉亚南达)

信件042

1945年5月9日

尊敬的斯瓦米吉:

阿斯拉尼(Asrani)教授已经被转到安拉阿巴德的奈尼(Naini)中心监狱。我去看过他,他一切都好。他收到了你17日的信,并且急切地期待你对他完整的答复。我希望主神保佑你和我们的健康。阿斯拉尼教授让我转达他对你来信的感谢，他也希望你给他推荐一些合适的生理 – 心理学方面的神秘主义书籍。

此致。

西塔·阿斯拉尼（夫人）

信件043

1945年7月18日

亲爱的姊妹：

非常感谢你本月6日写给我的信。

我一直期待阿斯拉尼教授很快就从监狱释放出来，所以我就没有立刻给他回信。我很高兴获悉我的愿望成真，阿斯拉尼教授又回到我们身边。请代我向他祝贺。

关于我的回复，不知道阿斯拉尼教授有没有机会来我们这里。如果能和他当面讨论这些问题，对我来说这将是非常开心和方便的事情。如果他近期不能来这里，你给我回信之后，我肯定会写信给他的。

祝你们都好，

你真诚的

K.（库瓦拉亚南达）

信件 044

1945年8月23日

尊敬的先生：

在过去四年里，我一直对瑜伽体育文化很感兴趣。你在你们瑜伽学院主导进行的科学研究的水准真的很高，你们为瑜伽体系的成功建立做了很多工作。我觉得这是现代最伟大的成就之一，这导致了我们古老完美的健康文化的复兴。

希望很快能获得你的回信。

谨致最崇高的敬意。

你卑谦的学生

G.S. 索迪

我的地址是：班加罗尔印度科技学院电子科技系 G.S. 索迪

信件 045

1946年1月8日

亲爱的巴巴萨赫布：

我非常感谢你给我一份萨普鲁委员会的报告。几天前我才回到孟买。在这段时间里，我如饥似渴地阅读了这份非常有价值的报告，非常仔细地阅读了第三和第四章。虽然我不是政治家，但我觉得整份报告是智慧的成果，体现了渊博的学识和政治远见。对巴基斯坦的要求提出的致命批评甚至会让穆斯林事业的强烈拥护者噤若寒蝉。你们的委员会真的给我们的祖国作出了宝贵的贡献。

在此感谢你给我寄送的报告。

祝好。

此致。

你真诚的
K.（库瓦拉亚南达）

信件046

1946年2月13日

亲爱的库瓦拉亚南达吉：

我们一直不能见面，因为我每次到孟买，你都不在。你来这里的时候我不在艾哈迈达巴德。

我之所以给你写这封信，是为了我们的一位优秀工作人员特里维迪（Dwijendra Trivedi）。他患了哮喘病，这给他带来了很大的麻烦。你能不能给他做一次检查，并且提出一些建议。

希望你一直健康。

> 你谦卑的
> 莫拉尔吉·德赛

信件 047

1947 年 7 月 7 日

亲爱的斯瓦米吉:

我今天早晨收到了你 1 日的第二封来信。

而我昨天刚回了你的第一封信。我在昨天的信里也提到,巴罗达的王公还要在这里呆几天,等他回到印度的时候,我希望我也能回去。这样的话,我将让你转交我给 B.L. 米特爵士的信件。如果我能亲自与他见面,就不用你转交了。但是我回印度后,应该没有这样的机会。

我在这里听不到关于印多尔王公的消息,虽然这里的报纸上说他来拜访我。我只知道他住在名为萨沃伊的时尚旅店里,不知道其他任何他的消息。如果我见到他,并有机会与他交谈,我一定会介绍你们的瑜伽学院。

祝你身体健康。

> 你真诚的
> M.R. 贾亚卡

信件 048

1947 年 7 月 12 日

亲爱的巴巴萨赫布:

非常谢谢你于本月 6 日给我的来信,我今天早上收到了这封信。

很高兴获悉你将在 8 月 2 日回到印度,重新回到我们身边。

我怀疑你关于巴罗达王公的消息是不准确的。根据《印度时代》的报道,王公最近几天都在印度。但是这也不是什么要紧的事情。B.L. 米特爵士正开始在新德里参加制宪会议的工作。据我所知,这项工作可能会持续大约三个星期。我相信,你一回到印度,就有可能见到 B.L. 米特爵士。因此,不需要你给我寄送任何介绍信。不过,我非常感谢你愿意让 B.L. 米特爵士来帮助我。

印度的政治形势并没有对我的瑜伽学院造成任何影响。我觉得凯瓦拉亚达玛不会受到影响,除非孟买的情况发生了恶化。印巴分治是我们国家在过去几个世纪以来发生的最糟糕的事情。我完全同意你的观点,我已亲自向巴拉萨赫布·克尔先生表达了这些看法。但是,我们要抱最好的希望,做最坏的打算。

你在8月的第一个星期返回孟买后，我很乐意立即与你面谈。

祝好。

你真诚的

K.（库瓦拉亚南达）

信件049

1947年8月11日

尊敬的先生：

在此，谢谢你同意在本月15日星期五下午5时30分主持升旗仪式和公众集会。下午4时由镇办公厅出发的游行队伍，途经镇内主要街道后，最后在佳亚钱德-乔克（Jayachand Chowk）举行升旗仪式及公众集会。

你真诚的

W. 维尔楼（W. Wilrow）

罗纳瓦拉自治镇主席

信件050

维希瓦斯·克尔（Vishwas Kher）写给库瓦拉亚南达的信件。只能辨识部分内容。

1948年2月23日

亲爱的斯瓦米吉：

我父亲给我写了一封信，里面附了甘地骨灰抛撒仪式的文件。我很高兴地发现你作为主礼官也名列其中。

甘地被浦那的婆罗门信徒所刺杀，这让我陷入极大的悲痛。在马哈拉施特拉的一部分婆罗门，竟然不满足于口头上的诽谤，还要以阴险的手段谋杀手无寸铁的真理追随者，这是一个极大的悲剧。这种行为是对我们祖国的极大背叛。我读到这件事……

信件 051

这封写给 R.G. 古内上尉的信件与正文第二章引述的信件重复。

1948年3月11日

亲爱的上尉：

收到你上月29日写给我的信我很高兴，我昨晚于孟买收到这封信件。请注意，我的地址是：孟买市凯瓦拉亚达玛。请不要再添加任何其他信息。

对于你希望获得属于我兄弟萨斯崔布瓦等在艾斯文的田产，我想让你知道如下事情：

我个人对艾斯文的田产没有任何兴趣。1921年我就主动放弃继承这块田产,从那以后,我就再也没有想从那块田产获得任何东西。所以,现在那块田产属于我的兄弟P.G. 古内。

几年前,萨斯崔布瓦想在属于我和潘达日纳特·卡卡(PandharinathKak)的部分土地上修建斯里·巴巴萨赫布·古内(Shree BabasahebGune)的纪念碑。我写信给我的兄弟,他欣然同意放弃他的土地。我不知道萨斯崔布瓦现在是否还是同样的想法,所以你最好写信向萨斯崔布瓦询问这件事。如果他放弃修建纪念碑,你就可以再写信给我的兄弟。他的地址是:巴罗达布拉玛朴里市杜尔加-尼瓦斯(Durga Niwas, Brahmapuri, Baroda), P.G. 古内。

至于属于我叔父斯里·维努塔提亚(Shree Vinutatya)的土地,我想你要联系甘加达尔·萨斯特利。实际上,我不知道这块地是属于纳拉衍(Narayan),还是他与他的两个兄弟共同所有。我也不知道我叔父与我父亲是如何分配这块地的。你写信给萨斯崔布瓦,就会清楚地知道这一切。

因为我对艾斯文的田产没有任何兴趣,所以我觉得如果按照你所希望的,让我写信给上述人员,这不太合适。如果我写信给他们,好像是从道德上胁迫他们。我放弃这块土地的继承,是完全正当的。但是我认为我没有任何权利要求萨斯崔布瓦和其他人放弃艾斯文的宅基地。当初我因为斯里·巴巴萨赫布纪念碑的事情劝说我兄弟的时候,那片农田还是归他所有。现在那块农田已经售卖了,我不想利用我的影响力让我兄弟放弃宅基地。

请不要误解我,我对所有古内人都同等对待。我不会厚此薄彼。从我个人角度,我绝对不反对你拥有我兄弟的宅基地,也不反对你拥有萨斯崔布瓦和其他人的宅基地。

同时,我听说你并不那么顺遂。你目前的境况,应该少忧少虑。我真诚地希望你从农场迁居到村里的计划早点完成。听说人们正打算修建古内楼,我很高兴。我希望有一天我能回去访问,在故乡看到这些宏伟的建筑。请代我向亲爱的玛达瓦那那(Madhavanana)致意。

祝好。

你亲密的

K.(库瓦拉亚南达)

信件 052

1948 年 3 月 26 日

亲爱的斯里·维希瓦斯:

你上个月 23 日寄来的航空邮件,我几天前已经收到。很抱歉直到现在我才给你写回信。请多多包涵。

我之所以能够参加在纳西克举行的圣雄甘地骨灰抛撒仪式,完全归功于巴拉萨赫的好心。他主动找我让我承担这个虔诚和爱国的任务。不用说,对于这样的安排我感到很欣慰。

圣雄甘地是个卓越的世界人物。没有任何其他印度人像圣雄甘地这样,受到普世的尊敬。在接下来的几个世纪里,甘地的名字将会一直流传下去。我们都应该为他感到骄傲,并且尽力遵循他的教导,因为这符合我们的理智和情感。

我很高兴地获悉你在那边的学业进展顺利。我相信,当你返回印度时,你将在印度的工业领域作出宝贵的贡献。

至于你想获取我在电台广播的文字稿,我想我要等一些日子才能寄给你。但是,我一定会将这些演讲稿寄给你的。是的,我认为这些演讲会在某种程度上增进人们对瑜伽的理解……

祝好。

你亲密的

K.(库瓦拉亚南达)

信件053

1948年4月22日

亲爱的斯瓦米吉:

很抱歉没有能早点回复你的信。我认真阅读了你寄给我的诗文,我觉得这些诗文都很好。我觉得从《古兰经》里翻译一些教导宽容的诗文,一定受人欢迎。我认为你应该做这个工作。

你的
B.G. 克尔

信件054

1948年7月5日

亲爱的巴帕特先生:

非常感谢你上月20日写给我的信。我一直不在德里,昨天中午刚回到孟买。

所以,请你原谅我没有及时给你回信。

通过阴茎倒吸牛奶并不是什么非凡的能力。有一种瑜伽练习叫做瑙力,能够让练习者在膀胱里产生负压。另一种练习可以打开整个尿道。通过这两种练习,任何液体都可以被倒吸回膀胱,因为体外的液体是处于大气的压力下,这种压力比膀胱的负压要强。

谨致最崇高的敬意。

你真诚的
K.(库瓦拉亚南达)

信件 055

库瓦拉亚南达写给印度总理尼赫鲁的信件。

1948年9月21日

亲爱的斯里·潘迪吉:

感谢你昨天与我见面,为我抽出宝贵的时间。对此,我非常感谢,也感谢你认可我们的瑜伽学院应当得到中央政府的支持。

我的瑜伽科学研究计划已经提交给了教育部。我知道政府财政拮据,但我也许可以要求你在今年至少给我一个适当的象征性拨款。对于研究所多年来从事的工作,这将会是大大的鼓励。

给你添麻烦了,请多多包涵。

此致。

你真诚的

K.(库瓦拉亚南达)

信件 056

总理秘书处写给斯瓦米·库瓦拉亚南达的信。

1949年1月15日

阁下于1949年1月13日给总理的信收悉。

1月9日，B.G.克尔先生向总理递交了贵机构的一封信。总理已致函教育部长阿扎德（Maulana Abul Kalam Azad）阁下，建议可向贵机构提供一笔拨款。你要知道，教育部现在不能提供大笔赠款，因为教育部的预算已大幅度削减。但是，教育部也会竭尽所能。

你关于此事的信件也转抄给教育部。

你真诚的

M.O.玛泰

信件057

库瓦拉亚南达写给H.N.昆珠的信件。

1949年3月17日

亲爱的潘迪吉：

非常感谢你在上月25日的来信，并且附上塔拉·钱德博士给你的一封信。通过附件，事情一目了然。不过，即便如此，我还需要一些说明，而塔拉·钱德博士计划要在本月9日左右前往孟买，我想我最好还是等与他见面了之后再给你写信。

塔拉·钱德博士在9日下午抵达孟买，晚上与我见面。他向我清楚表明，对于科学研究的中央拨款将直接来自教育部，与中央将设立的体育委员会没有任何关系。我在第二天与塔拉·钱德待了三到四个小时。他非常热心，唤起了我们过去的许多美好回忆。如果你碰巧见到他，请向他表示衷心的感谢，感谢他对我的好意，并且从中央政府给凯瓦拉亚达玛很大的便利。

我也衷心感谢你作出的积极努力，并且支持我们促成解决中央拨款的问题，这让我感到很满意。

祝好。

你真诚的

K.（库瓦拉亚南达）

信件058

1949年3月29日

尊敬的先生：

很遗憾，我上个星期六访问你们瑜伽学院的时候没能与你见面。我对访问图书馆很感兴趣，阅读了《瑜伽弥曼沙》，并且与那里的员工进行了交流。

我很高兴获悉你们已经出版了一些瑜伽书籍的评注版，并且继续出版《瑜伽弥曼沙》。如果能让法国人了解你的工作，将是一件让我开心的事情。

希望你能给我提供必要的信息。此外，如果你能给我寄送你们的资料，我将在法国的杂志上为你们写书评。

> 你真诚的
> 路易·何怒
> 巴黎大学梵文系主任

信件 059

库瓦拉亚南达写给首席部长私人助理的信。

1950 年 12 月 5 日

先生:

非常感谢你遵照首席部长的指示将迦内卡的信给我看。当我想到马哈拉施特拉邦人对大圣人斯里·迦内希瓦(Shree Jnaneshwar)具有的深沉、神圣的感情,我就觉得迦内卡先生建议的任何努力都会在瓦卡里传承(Varkari Sampradaya)里掀起狂风骤雨。此外,我觉得世俗的政府不应该做出损害大型宗教团体感情的事情。

我已经收到了迦内卡先生的信,非常感谢。

> 你真诚的
> K.(库瓦拉亚南达)

信件 060

1951年3月20日
亲爱的库瓦拉亚南达：

我写这封信是为了向你介绍我的作家朋友阿莫里·德·里昂库特（Amaury de Rioncourt），他正前往访问贵国，研究贵国的政治、文化和灵性状况，为了将来的文献研究做准备。

他也很有兴趣了解你所精通的一些领域，来增加自己的知识。

我觉得，他不同寻常的学识和经历也会让你产生交谈的兴趣，所以你也应该乐于与他见面。他访问过拉萨，也撰写了关于西藏的书籍，这本书在欧洲和美国广受欢迎。

如果你能与他会面，并且给他提供力所能及的帮助，我将十分感谢。

我每次回想起你，总是充满敬意和感情。

你真诚的

保罗·班顿（Paul Bunton）

信件 061

1951 年 8 月 2 日

亲爱的莫迪:

非常感谢你向我的两个地址寄送的卡片。我很高兴你申请离开,我相信这一定会获得批准。我这封信将会寄到你在苏拉特的地址。

6 月 16 日,巴塔那迦(Bhatanagar)访问了我们在罗纳瓦拉的实验室。他对我们非常友善,并且请求浦那国家化学实验室的主任推荐我们的工作。巴塔那迦博士近期将会从海外回到印度。他回来之后,就会收到报告。我带着喜悦的心情期待事情的进展。

希望你一切顺利。

祝好。

你的

K.(库瓦拉亚南达)

信件 062

1951 年 8 月 31 日

亲爱的库瓦拉亚南达:

因为 J.R.D. 塔塔本人不在孟买,我代他收了你本月

30日的来信。

下个星期他到孟买的时候，才可以看到你的信。但是我借此机会告诉你，他回来后，过几天就要去欧洲，因为日程安排的很紧凑，所以他不太可能按照你信上的要求去做。

我能不能提出一个建议，因为塔塔先生现在不在，而且他工作非常繁忙，你能否考虑一下与R.D.乔克希教授见面，无疑你跟他很熟。塔塔先生回来之后，乔克希教授会将你所有的希望都转达给塔塔先生。

你真诚的

J.J.巴巴

主席执行助理

信件063

1951年9月25日

亲爱的阿帕·拉奥校长：

非常感谢你寄给我你的大作《恒河之波》(Ganga-Lahari)。我一口气读完了它。在欣赏着它那崇高的意象和流畅的措辞时，我感觉就像在读迦梨陀娑的诗作。它是如此气势磅礴！我衷心祝贺你创作出这样的杰作。

你能不能给我再寄送五本？我想让我的几位朋友也读

一读。同时请告诉我它的价格。

再次感谢,再次祝贺。

你真诚的

K.(库瓦拉亚南达)

信件 064

1951年11月2日

亲爱的斯瓦米吉:

因为办公室的人忘记把你1951年10月25日的来信转交给我,我在十分钟前才刚收到它,对此我表示歉意。你在信中所提到的梵文诗集我还没收到。收到后,我一定开心地阅读它。

因为我很长时间没听到你的消息,我正打算给你打电话。

我希望你身体非常健康。你的瑜伽学院还好吗?

顺祝时祺。

你的

B.G. 克尔

信件 065

1951 年 11 月 5 日

亲爱的斯瓦米吉：

我已经收到你本月 2 日寄来的信件，非常感谢你寄给我《恒河之波》(*Ganga Lahari*) 这本诗集。

致以最诚挚的祝愿。

B.G. 克尔

信件 066

1952 年 2 月 8 日

亲爱的莫迪：

非常感谢你上月 31 日的来信，并告知你于本月 5 日抵达苏拉特。

J.B.S. 霍尔丹教授访问了我们罗纳瓦拉的瑜伽实验室，你一定会很高兴。我发现他对参观的项目很感兴趣。他将从英国给巴塔那迦博士寄送他的报告，我希望他的这份报告有助于我们的事业。让我们拭目以待。

你如果访问孟买，请与我见面。维湿奴布瓦兄弟的健康稍微有点恶化，但是现在还很正常。他让我转达对你的问候。

祝好。

> 你真诚的
>
> K.（库瓦拉亚南达）

信件067

写给孟买首席部长莫拉吉拜·德赛的信件。

1952年11月27日

亲爱的莫拉吉拜：

那天在你办公室我们进行了亲密的交谈，这让我感到很高兴。不过，考虑到你对我的工作的印象，我认为最好以书面形式向你提交一份声明，以便你可以在闲暇时阅读。我希望借此向你表明我的立场。

早在吠陀时代，内学（Adhyatma）和科学就携手共进。虽然有些人只钟情于内学，但是也有一些人在内学的基础上强调科学的研究。然而，人们从来没有认为这两者是敌对的，甚至学习科学的人也是内学的学生，在某些情况下甚至被称为内明（Adhyatma-Vidya）研究的领袖。我在这里给你举一个例子。

投山仙人（Agastya）是一位伟大的探险家、航海家和科学家，他发现了电镀的过程。他能借助100个水瓮产生电能，所以他也被称为"瓮生"（Kumbhayoni）。因为电镀物质具有金色的光泽,所以黄金被称为"百瓷"（Shatakumbha）。美国的顶尖科学家也承认了这些事实,在20年前的《科学美国》杂志上就报道过他们的发现。投山仙人也是印度当时伟大的内明学领袖,即使是跋弥的弟子,都从印度北方去找他学习内学知识。

因此我们可以知道,内学学生学习科学是完全没有任何问题的。

我们所有的古圣先贤都会利用印度当时所发现的科学事实,并且用来它们阐述自己的哲学理论。磁铁就是一个突出的例子。

我正遵循着印度这个光荣的传统。科学本身是没有任何害处的。而自私地利用科学进行物质主义的追求是有害的。如果印度没有放弃科学研究,绝对不会有这个物质主义至上的世界。科学要永远做内学的忠实仆人。

而我正是将科学当做仆人,而不要将之视为主人。我们在科学方面所做的点滴工作,实际上给瑜伽带来千万倍的好处。当我阅读印度国内外的瑜伽论文时,我发现这些论文深深受到我们所做工作的影响。是的,这些都是身体方面的影响。但是我们目前的工作也仅限于此。如果我们触及更高的层次,带来的影响将会更大,人们就会越来越被瑜伽所吸引。

瑜伽给身体所带来的好处正越来越多地被大众所接

受，而你在此方面对我的协助是他人所不能及的。但是，即使是瑜伽对身体方面的影响，也需要更深的科学研究，因为它对人心理方面的影响比目前想象的要深刻得多。这些研究涉及实验工作的仪器、图书馆、住房、研究人员、实验对象，因此我们对瑜伽需要更多的资金投入。

还有一点——你觉得金钱可以不求自来。请允许我发表一下自己的看法。当我刚开始启动这项工作的时候，金钱是不求自来的……如果我将机构搬到某位王公所在邦国的首府，他愿意承担整个机构的费用。但是，我不想在印度某个邦国开展工作，后来，这位王公同意承担我们机构50%的费用，为期10年。从那以后，为了实现我的人生使命，我继续拓展我的工作，我开始募集资金。但是截止目前，较之于人们主动提供的资金，我所募集的资金只占很小的比例。即使是圣雄甘地，也在1926年邀请我去处理他的健康问题。我从来没有主动要求去为他调理身体。耶鲁大学和哈佛大学也主动找我帮助它们。如果我没有拓展我的科学和文献研究工作，没有坚持在印度的这些工作，一定没有人来邀请我。

但是我不相信单枪匹马能够发展事业。我认为我有责任竭尽所能让我的使命得以实现。如果山峰不走向默罕默德，默罕默德一定会走向山峰。

人类的未来掌握在研究内学者的手中，因为他们能够向世界科学地解释他们的理论和体验。如果我在这方面没有取得任何进展,主神一定会派另外一个更有能力的人来完成这个使命。这个使命终究会完成,主神一定会让这个使命完成。

凯瓦拉亚达玛所做的工作还非常有限。但是即使是涛涛江河,它们源头之水也是非常有限的。虽然如此,静修处永远不会放弃努力,它一定会越来越壮大。或是是由凯瓦拉亚达玛完成这个使命,或许是由其他机构。一切都在主神的安排之下。而我只是他的工具。

我想我的声明要就此结束。我想我最好再作一次尝试,使你对我的立场更清楚些。因此我就写了这份长篇大论。你可以慢慢阅读这封信,请你读完它后,对我依然保持着初次在艾哈迈达巴德见面时相同的感情。

祝好。

你真诚的

K.(库瓦拉亚南达)

信件 068

1953 年 6 月 24 日

亲爱的哈希博士:

附件是何怒教授对《布瑞哈德瑜伽祭言圣传经》的书评。我是否可以请你把它翻译成英文,并将原文和译文分别发一份寄到我在罗纳瓦拉的地址?

多有打扰,请包涵。

你真诚的

K.(库瓦拉亚南达)

信件069

比哈尔邦邦长R. R. 迪瓦卡(R.R.Diwakar)给库瓦拉亚南达的信件。

1954年1月25日

亲爱的斯瓦米吉:

我特别伤心地获悉某某先生的道德堕落现象,阿罗频多的瑜伽指导老师近些年在罗纳瓦拉有所减少。

我在孟买遇到的一位先生自称是他的学生,证实了你的说法。

但是这引出了一个重要的问题,我想听听你的意见。

(1)对那些在灵性方面取得很高成就的人来说,是否意味着可以与这种堕落共存,并且臣服于感官和欲望?

(2)是否瑜伽士也有可能在生前丧失已经获得的瑜伽成就,成为堕落的瑜伽士(Yogabhrishta)?

(3)是否永远保持警觉的金刚瑜伽士才有可能避免堕落?

（4）是否《薄伽梵歌》里的话（第2章）"rasavarjam rasopyasya param drishtvaa nivartate"（当体验至高灵魂之后，对感官之味的沉迷将消失殆尽）只是部分适用？

我非常期待像你这样具格的瑜伽士对我进行解答。

你真诚的

R.R.迪瓦卡

信件070

1954年1月25日

尊敬的教授：

非常谢谢你于本月12日给我的来信，我很晚才收到这封信。请原谅我这么晚才给你回信。

乔赏弥（Kosambi）教授可能会为了便利将体位分为两类。第1至第4在早上进行，第5至第11在晚上进行。早上的四个体位完成后，最好也对第11个体位进行练习。早上即使只练习五分钟也是很足够的。

乔赏弥教授下次来孟买的时候，我很乐意与他见面，我一直都在这里。

祝好。

你真诚的

K.（库瓦拉亚南达）

信件071

印度浦那班达卡东方研究所主管 P.K. 戈德的来信。

1954年1月28日

亲爱的斯瓦米吉：

非常感谢你1954年1月25日的来信，告诉我乔赏弥教授提供的体位练习。我也将这封信转寄给乔赏弥教授位于孟买的地址，以供他参考。

祝好。

你真诚的
P.K. 戈德

信件072

1954年2月4日

亲爱的迪瓦卡吉：

我只是一个灵性道路上的朝圣者，自己也只是初学者。但是，由于你急于了解我对你所提问题的看法，我今天就把自己的想法说出来。

在我们从罗纳瓦拉回孟买的路上，我不经意提到了我对生命解脱（Jeewanmukta）的看法，并说这仅仅是一个技术性的分类，它指具有高级灵性成就的人。但是生命的解脱并没有具体的所指。然后我引用《梵经》的说法——解脱在生命死亡时才有可能发生。我认为帕坦伽利也会同意这个观点。对于完全成就的瑜伽士，像贪、嗔之类的染污只是减轻。这些染污并不是像毗耶娑希望我们相信的那样，被完全消除。

所以我的观点是，瑜伽士需要用永远的警觉和对戒律的坚守才能避免堕落。

针对你第一和第二个问题，我觉得没有道德的进步，就不能获得真正的灵性成就。但是，如果灵性修行走了岔路，灵性成就也就萎缩了。

你所引用的《薄伽梵歌》说的没错。但是在对于无限之我的一瞥并不能保证永远不堕落，所以我在上面提到的"永远的警觉"是有必要的。

我这些看法仅供你的参考。虽然我给你提供了这些建议，但是我远远没有达到自己所期许的修行成就。

祝好。

K.（库瓦拉亚南达）

信件073

此封信件原文不完整。

1964年2月27日

尊敬的教授：

非常高兴收到你本月26日的信件，它对我的问题作出了及时的回答。你在信中讲得很详细，但我还是想了解一件事。你说法国医生在24小时之后给瑜伽士进行了检查，发现这位瑜伽士的脉搏跟平常一样，但同时又说禅定持续的时间是31小时。你是不是说法国医生检查的时候，瑜伽士还处在禅定中，这时候他的脉搏跟平常一样？

如果医生检查了这位瑜伽士的脉搏，发现跟平常一样，那么人们应该立即得出结论：这位瑜伽士并不在禅定中。那他怎么还能继续禅定，最后说禅定的时间是31个小时呢？如果你能就此进行解释，我将非常高兴。

除非在戈尔哈布尔的实验出现了失败，否则我对这位瑜伽士的科学研究兴趣不会消失。我从班加罗尔读到一份报道，其中提到班加罗尔有一位瑜伽士进入禅定120个小时，迈索尔的王公亲自见证了整个事件。我并不认为迈索尔的王公就不会被人欺骗，但是我肯定知道这位王公对瑜伽很感兴趣，对瑜伽有充分的理论知识，至少也有一些实践知识。任何一种瑜伽示范都可能会失败，但并不能因此说他们的声明是夸大其词或者毫无根据的。不能因为他示范失败就说他是骗子。

但是将这一观点进行扩展是不行的。如果你能解释我在信件开始部分提出的问题……

信件074

1954年7月30日

亲爱的迪瓦卡吉：

非常感谢你本月16日和23日的来信。

我今天早晨才收到中央政府的通知，他们非常好心，在本财政年度给我们的瑜伽科学研究提供了18000卢比的补助。我相信你给两位财政部副部长的信件促成了这次拨款。非常感谢你对此事如此热心，并且取得了如此好的效果。

收到纳拉衍那博士的委员会报告之后，我就要促使中央政府考虑该委员会提议的另外两项拨款。这两项拨款每项价值3万卢比。你已经向两位副部长推荐了凯瓦拉亚达玛，他们一定能够保证静修处的利益。

你应该知道拉金德拉·普拉萨德博士，他本月23日经过孟买。根据新德里和浦那的电话安排，我应该与他见面，如果有必要，还要陪他前往罗纳瓦拉。对于我所列出的练习方法，总统感到困难。但是我在达达尔下火车，通过15分钟的通话解决了他的困难，这样就避免了我随后亲自见面给他带来的尴尬。我很高兴获悉总统很乐于进行瑜伽练习。

你也知道,我们的图书馆位于罗纳瓦拉,我将要在孟买至少再呆三个星期。所以我回到罗纳瓦拉之后,你得给我一些时间,让我参考一些心理-生理学的文献,再回复你关于"愉悦"(Anand)的物理基础的问题。我知道你在这个阶段指的是"变化的愉悦"(Vrittigat Anand),不是"非变化的愉悦"(Nir-vrittik Anand)。

你的儿子还没有来见我。如果他有时间,他一定会来见我,我也会很高兴认识他。

祝好。

你真诚的

K(库瓦拉亚南达)

信件 075

1954 年 8 月 11 日

亲爱的斯瓦米吉:

今天早晨收到你的来信。我从 8 月 1 日就到德里参加联合委员会的会议,讨论印度婚姻和离婚法案。昨天晚上才坐飞机回来。作为政府代表团的成员,8 月 17 日我要从这里坐飞机去伦敦,参加在剑桥举行的第 23 届国际东方大会,会议时间为 8 月 21 日至 8 月 25 日。我非常忙。我不知道你在星期天能不能来见我。你可以在星期天之前的任何一天早晨8：30到10：00来看我。

> 你真诚的
>
> （签名无法辨认）

信件076

1954年10月16日

亲爱的迪瓦卡吉：

非常感谢你本月11日写给我的信。这是一封让人振奋和愉悦的信。

很感谢你和迦比尔的交谈，我很高兴地获悉他对我们的工作进行了支持和鼓励。

你的信写得很清楚。我也会相应地推动孟买政府尽量去影响中央政府。我确信邦政府会很好地发挥作用，因为这并不给他们造成任何开支。与邦政府的沟通工作完成后，我就会去新德里亲自与迦比尔和赛伊丹（Saiyidain）先生沟通，充分利用你已经为我打通的道路。

除非对方有要求，我从来不会朗诵我的诗作。在你的身上，我找到了相契的精神，我无法抵挡这种志气相投的诱惑，必须与你分享诗歌的乐趣。非常感谢你同意听我的朗诵，也感谢你在回信中对我表示欣赏。

我有很多雄心壮志,主神一直护佑我,给我许多机会。但是由于我个人的局限性,我没办法在主神的祝福之光中尽情徜徉。请为我祈祷,让我具有更大的力量。

向你致意。

你真诚的

K（库瓦拉亚南达）

信件077

1954年12月3日

亲爱的安贝德卡尔博士:

非常感谢你上月10日的来信,并帮助我让摩达瓦达萨灵性文化学院协会以慈善组织的身份获得税务豁免。

现在,我已经向教育部提交了针对瑜伽科学研究实验室的常规性和非常规性拨款申请,供其作最后审议。材料已经送到了孟买政府,以便于他们提交报告。据我所知,这份报告已经着重推荐了我申请的补助,文件已经交回教育部。

我在此向你请求帮助,请你在这个问题上让塔拉·钱德博士和穆拉纳萨赫布（Moulanasaheb）阁下伸出援助之手。即使在目前财政困难的情况下,你的推荐也一定是对我们最好的支持。

如果因为目前的财政状况无法给我提供上述补贴,请至少答应我如下的补助：

（1）提供本财政年度象征性启动赠款15000卢比，下一年的初步象征性赠款金额也差不多如此。

（2）重新考虑在下一个财政年度中，例如从明年9月或10月开始，给我全额常规和非常规性赠款。

请你尽量帮我申请到如上最低限度的款项。

相信你身体不错，如有打扰，多多包涵。

祝好。

你真诚的

K.（库瓦拉亚南达）

信件078

1955年10月31日

亲爱的马什卡任哈斯：

前些日子，我在电话里跟你谈到巴罗达地区修建的帕德拉－塔鲁卡路（Padra Taluka）。这条路叫做帕德拉－卡姜（Padra-Karjan）路。谨随函附上一份草图，说明原先的道路和拟议的改道。从图纸上可以看出，大部分土方工程已经完成，将有10个村子因此而受益。而原来的道路只能让萨迪和阿穆拉两个村子受益。因为萨迪这个村子的人将自己村庄的私利凌驾于其他十个村庄的利益之上，才让相关部门拟定了原来的计划。因为那个计划也已经开工,现在改了计划,给政府造成了很大的损失。

我请你考察这件事,对这件事提出公正的意见。

谢谢,祝好。

你真诚的

K(库瓦拉亚南达)

信件079

1957年2月11日

亲爱的阿纳萨赫布:

我知道你的竞选活动一定很忙,但我还是忍不住要麻烦你,向你问几个问题。

教育部特别批准了位于罗纳瓦拉的凯瓦拉亚达的玛摩达瓦达萨灵性文化学院协会的拨款,用于购买设备和图书馆书籍。据我所知,我的案卷早已提交到财政部,正在等待财政部的批准。

因此,我请求你好心替我们在马尼拉尔·舍布(Manilal Sheb)或者其他人面前美言几句,让我们获得批准。本财政年度快结束了,我必须在3月31日前收到这笔钱用来开支,因此需要你立即关注此事。

我们已向新德里教堂路进出口总负责人申请了两项进

口许可证,信的日期分别为1月31日和2月11日。我们需要一台桑伯恩心内科设备和一台脑电图检查仪的进口许可证。我们需要准时获得这些进口许可证,因为只有这样我们才能利用得到批准的赠款向美国公司下订单。只要你为我们说一句话,我们很快就能拿到许可证。桑伯恩心内科设备是通过皮克尔国际公司订购的,因此应签发给该公司授权书。

根据从进口公司收到的资料,我们必须为进口的设备支付相当昂贵的进口税。你也知道,我们只是用这些仪器做生理学的研究工作,所以我觉得我们应获得进口税的豁免。据可靠消息,加尔各答研究所没有为他们进口的生理研究设备缴纳任何进口税。尽管印度政府已将生理研究仪器列为电子医疗器械,并且需要交纳进口关税,但如果这些设备是用于纯粹的生理研究工作,则免征进口税。因此,请你仔细调查一下,让我知道确切的情况应该是怎样的。如果能免征进口税,我们就能省下几千卢比。

前两件事是紧急的。第三件毫无疑问也是很重要的,但是可以稍作延迟。

祝你在即将到来的投票中获胜。

祝好。

你真诚的

K.(*库瓦拉亚南达*)

信件 080

1957 年 5 月 10 日

亲爱的斯瓦米吉：

议会已经收到了关于两个美国教授要在印度进行瑜伽研究的事项。我想知道你是否可以提供一些资料，并以速递方式转交给我：

（1）有没有从美国来印度，在贵机构或其他机构从事瑜伽研究的教授？

（2）如果有，有哪些人？任务是什么？

（3）他们的研究课题具体是什么？

（4）他们从什么时候开始进行研究，已经研究了多久？

（5）他们在印度大概要呆多久？

（6）目前他们的工作取得了怎样的进展？

我也非常欢迎你提供其他信息。

你真诚的

S.J. 纳斯坦小姐

信件081

1957年6月13日

亲爱的斯瓦米吉：

谢谢你1957年6月11日的来信和附件。

我很高兴地获悉温格教授和巴格奇访问凯瓦拉亚达玛，并且对你所做的工作印象深刻。我也早告诉过你，我最佩服的就是你利用科学精神解决瑜伽问题的方式。即便有些人只是关注瑜伽的身体和生理领域，我肯定他们也会取得有趣和丰硕的成果。

如果你来德里，我随时愿意与你会面。

祝好。

你真诚的

卡比尔（Humayun Kabir）

信件082

1957年6月17日

亲爱的库瓦拉亚南达吉：

谢谢你6月13日的来信。你多年的工作得到两位国际知名的美国教授的认可，真是太让人开心了。这完全归功于你对工作一心一意的奉献。你由此也对我进行了不必要的夸奖。我当然很高兴你得到了这样好的认可,我相信你的工作将按照你既定的计划取得最令人满意的进展,我会一直非常开心地期待你们的佳音。

薄伽梵达斯(Bhagvandas)先生离开孟买已经快一个月了。他将在一周内回来,我相信他也一定非常开心。我很高兴地告诉你,他对凯瓦拉亚达玛感兴趣。

致以最亲切的问候,并祝你身体健康。

你真诚的

楚尼拉·V.梅塔爵士

信件 083

1957 年 6 月 17 日

亲爱的斯瓦米·库瓦拉亚南达:

谢谢你本月 13 日给我的来信。

我非常高兴地获悉加州大学和密歇根大学的温格教授和巴格奇教授的推荐,我就此向你道贺。这些优秀的教授都认可凯瓦拉亚达玛,觉得它是世界上独特的机构,还对你杰出的成就表示高度的赞赏——你的成就是举世无双的——瑜伽科学的学生们将因你们的成就而永远获益。我觉得自己很幸运,在瑜伽学院早期,我能略尽绵薄之力。

祝好。

你真诚的

博尔本德尔（Porbandar）的王公拉那萨赫布

（maharaja Ranasaheb）

信件 084

1958 年 1 月 27 日

亲爱的德斯穆克萨赫布：

非常感谢你前些日子抽出宝贵的时间在浦那与维内卡博士和舒克拉博士交谈，他们邀请你于本月 29 日访问凯瓦拉亚达玛的摩达瓦达萨灵性文化学院协会。如果不是我目前健康状态很差，并且即将要去新德里参加 31 日的政府会议，我一定会为此亲自与你见面。

我理解、赞赏并感谢你，因为你提出要抽出 3 到 4 个小时与我们交流，一起仔细研究我们目前进行的工作，你觉得为了这次会面特地坐飞机是浪费时间。我还是要感谢你在条件成熟的情况下愿意访问我们，这是我们的荣幸。我知道你很忙，日程已经排到几个月之后了。随后，我将与你面谈，讨论访问我们的详细情况。

我在此向你道歉，你一直主动对我们表示兴趣，而我们却没有邀请你访问凯瓦拉亚达玛。但是，在此也要允许我向你解释一下。

我一直把你视为一流的通才型学者。当我邀请你作特别的访问时，也有一些事情需要你特别留意。虽然一些政府委员会和其他个人对我们的工作表示满意，但是我自己却认为我们没有达到所需的效率。正是因为我这样的真实感觉，所以我一直没有邀请你来访问。我一直希望经过一定的发展，我们值得你的来访。但是很遗憾，目前还没有达到这样的程度。尽管如此，我还是想在浦那或者孟买有机会和你亲自详谈。同时，如果对你有所得罪，请你原谅。

谨致最崇高的敬意。

你真诚的

K.（库瓦拉亚南达）

信件085

1958年2月11日

亲爱的斯瓦米吉：

今天下午我从拉合尔回来的时候，收到了你10日的来信。就目前的情况，我将在这儿待到3月中旬左右。因此，如果你在2月18日来，你会在这里见到我。如果我碰巧由于某种不可预见的原因外出，我想我离开德里的时间不会超过一天。

听说美国空军对瑜伽系统感兴趣，并准备帮助你进行这方面的研究，我感到很高兴。

祝好。

你真诚的

H.N. 昆珠

信件 086

1958 年 4 月 25 日

先生：

针对你 1958 年 4 月 17 日编号为 1683 的信息，我在这里随信附上 130.78 卢比的即期汇票到你在浦那萨拉斯瓦蒂银行的户头，这是我们协会对行政基金的缴费。

请注意，我们付这种缴费是很不情愿的，因为凯瓦拉亚达玛的摩达瓦达萨灵性文化学院协会不应该出这份钱。根据《孟买公共信托规章》第 32 条，为促进和传播世俗教育而专门设立的公共信托组织均可免交行政基金。我们协会是按照 1860 年《社会团体注册法》第 21 条注册的，注册编号是：1943-44-1283。此外，我们协会还被认证为研究和教育机构，接受中央和孟买邦政府的拨款。此外，到目前为止，没有任何人要求我们缴纳任何行政基金的费用。

因此，此次我们带着不满缴纳了费用，你们应该给我们退款。你们还要知道，根据第58项条款，我们协会也不应该缴纳任何费用。

你真诚的

库瓦拉亚南达

信件087

1958年4月28日

亲爱的斯瓦米吉：

你4月22日关于山提库玛（Shantikumar）的信件已经收到，非常感谢。他患了精神分裂症，正在接受很好的照顾。你也知道，在这些精神分裂症患者的案例中，没有人能够预知结果可能是什么。我们只能祈祷主神，希望通过我们的努力，至少能够取得部分的成功。

我非常想拜访你们罗纳瓦拉的静修处，但是确定的日期对我来说非常不方便。就我所知，对另外一个人也不太方便，因此整个报告都由约瑟夫先生递交给印度政府。我希望这件事有所结果。当我下一次去孟买时，一定会利用机会访问你们的静修处，非常高兴看到你们在做非常有益的工作。

向你致敬。

此致。

你真诚的

M.V. 戈文达斯瓦米

信件 088

1958年7月19日，贝德卡（V.M. Bedekar）博士写给库瓦拉亚南达的信件。

信件 089

1958年9月3日

亲爱的萨海博士：

谢谢你上月30日给我的来信。我随信附上的是一个书单和你朋友给你的贺卡。我们需要购买书单上所有的书籍。至于其他事情，我去罗纳瓦拉的时候，需要与你讨论。

有一名新生缇瓦瑞先生明天会抵达那里，我们已经告诉他开学日期的延迟事项。但是，他已经到了那里，请安排他的食宿，并告知他的奖学金从本月4号开始。让他不要泄气。给一点东西给他阅读。

我的身体很好，

祝好。

你真诚的

K.（库瓦拉亚南达）

信件090

1958年9月23日

亲爱的侪达瑞：

我写这封信是要向你和你的同事表示感谢，在新德里，他们在我担任甄选委员会成员期间给予我如此友好的待遇。我很高兴看到你们都对瑜伽科学和实践产生了浓厚的兴趣。你知道这是我终生的事业，我想向你保证一件事：只要你和你的同事需要我，我随时会听命于你们。

在三军中引入瑜伽是非常重要的一件事。这将会使瑜伽进入一个新的时代。主神已经让你开启这个新时代，献身于瑜伽事业的所有人都有责任协助你进行这项工作。我祈求主神引领我们前往正确的方向，将武术、心理－身体－精神平衡地结合起来，这可以在你们军营营造一种振奋人心的氛围。

祝好。

你真诚的

K.（库瓦拉亚南达）

信件091

1959年1月6日

亲爱的斯瓦米吉:

我想提请你注意我从浦那德干学院借阅的一本新出版的德语瑜伽出版物。

这本书是: J.W. Hauer, Der Yoga : ein indischer Weg zum Selbst(出版公司: W. Kohlhammer Stuttgart, 1958)。这位作者是印度学专家,曾经在1932年出版过《瑜伽的解脱之道》(*Yoga als Heilsweg*)。他打算出版第二卷,目前还没有如愿。现在他将1932年的那一卷与第二卷合并在一起。这是一项重要的工作,是基于原始资料所做的瑜伽根本性研究。作者也留意了欧美学者进行的所有研究工作。

在第一部分,作者追溯了吠陀时代的瑜伽起源,然后介绍了如下几个阶段的瑜伽:奥义书、佛教、耆那教、《摩诃婆罗多》和《圣论瑜伽》(*Yogavassistha*)。第二部分对帕坦伽利的经典瑜伽进行了详细的解释,并且一直追溯它的发展轨迹,一直到哈达瑜伽著作。在第三部分,他讨论了作为自我觉悟手段的瑜伽,瑜伽的理论和实际层面。在最后一章《瑜伽和西方的心理治疗》里介绍了《薄伽梵歌》。他在这一章讨论了瑜伽在西方的实践价值,并且预测了瑜伽的光辉前景。这本书大概500页,采用的是皇家版式,包含了一个书目和出色的索引。

不用说,我想让你在我们瑜伽学院收藏一本。这本书很值得翻译成英语。但是同时,我计划在我们的杂志上对这本书进行摘要介绍(当然先要获得作者和出版社的允许)。你觉得这个想法怎么样?

如果能告诉我你什么时候在罗纳瓦拉,我将就此与你见面,给你看看这本书,并谈一谈我个人的看法。D.D. 瓦德卡教授也想见你。如果可能的话,我们两人一起见你。我希望维内卡博士在美国一切都好。

你真诚的
R.D. 瓦德卡

信件 092

1959 年 6 月 4 日

亲爱的舒克拉博士:

如果你能将你的注释从《高罗刹百咏》文档中分开,并且给我提供到目前为止的所有文本,我就能够在必要时关注你注释的修订工作。萨海博士已经给我寄送了他的《高罗刹百咏》文档。我收到你寄送的完整文档之后,就会仔细阅读你和萨海博士准备的注释。我会考虑我们两人或者三人一起坐下来,花几个小时完成这些注释。我希望能尽早完成这个工作,所以已经索要了你对目前文本的所有注释。

你可以将凯恩博士的《法论》的卷册交给持有我这个便条的人,该卷册中收录了凯恩博士论述"无害"的文章。

祝好。

你真诚的

K.(库瓦拉亚南达)

信件093

1959年6月26日

我亲爱的朋友:

非常感谢你本月15日写给我的信。作为答复,我想讲以下几点。

你已经知道,即使瑜伽修习者达到了最高的境界,三摩地也有很多形式,他也有堕落的可能。是否堕落完全取决于获得最高成就之后他的行为方式。你知道如下的名言:(此处字迹不清,译者注)。

这不仅适用于学者,也适用于瑜伽士。虽然我没有对你的信作出完整的回复,但是我希望这能够给你一些启发。顺便说一下,你也可以参考帕坦伽利的著作。

祝好。

你真诚的

K.（库瓦拉亚南达）

信件094

军队军官写给库瓦拉亚南达的信件。

1959年11月3日

亲爱的库瓦拉亚南达：

谢谢你10月29日的来信。

非常感谢在拉奥将军访问你们瑜伽学院时你和你员工所提供的便利。关于瑜伽体育训练和效果评估的问题，我们当时进行了坦率的讨论。

拉奥将军出了一场意外，导致他硬膜下出血。他接受了手术治疗，已经彻底恢复健康。乔杜瑞将军已经退休了，拉奥将军可能在几天后接替他的位置。你访问德里的时候可以与拉奥将军联系。

作为我们的指导员，他的体位示范并不是很好，但是他是一位很好的老师。他是一位诚实、勤勉的人。他认为，到了某个阶段之后，体位练习的作用是次要的，应该更多地注重调息。因为缺少练习，他的体位示范质量很差。

我们已经对不同年龄阶段的30名士兵进行了大约三个月的训练。体育训练军事学校分别在课程开始、六个星期和三个月的训练结束时,对他们的身体状况进行了评估。在上述各个阶段也进行了生理、血液和生化评估。还对他们进行了一些心理测试,该报告正在编写中。但正如预期的那样,这些数据没有显著的变化。事实上,如果他们的身体状态,血压、脉率和其他类似数据发生显著的变化,那才是奇怪的。数据已经过统计分析,评估报告编写好之后,我将给你寄送一份。毕竟,这些体位的目的是使身体习惯于某种静止的状态,以培养专注力和定力。体位练习不能替代军队里的体能训练。体能训练的目的是为了锻炼肌肉、强身健体、培养身体的协同能力,并且增强活力。我们有一个重要的发现,他们的整体健康得到了很大的改善,因为他们的身体变得更加柔软,身体感觉也似乎更好。他们的幸福感也有了很大的提高。对这些因素的定量评估是非常困难的,但目前意见调查是一种公认的科学调查方法。这些群士兵已经和指导员一起前往查谟和喀什米尔的雪地。根据乔杜瑞将军的指导,观察结果将在实验组和类似的对照组中进行,以便观察他们对高原适应和寒冷的反应。我们已经为他们制定了恶劣气候条件下的服装试验。现在预测结果还为时过早。大多数的观察结果都是主观的印象，因为以定量的方法来评估人类的舒适程度并不是一件容易的事。除了生理因素外，心理因素对人体舒适性的影响也相当大。

你们罗纳瓦拉的员工给我们提供了一套体位和调息的标准。他们还建议我们对两组人同时进行生理观察，一组是接受正常体能训练的对照组，另一组是只做瑜伽体位的实验组。这项试验将在本调查结束后的稍后日期进行审议。

我也将会访问德里，并且11月7日到13日都在那里。

祝好。

你的
纳拉瑞恩将军（Maj Gen S. Narain）

信件 095

1959年12月22日

亲爱的布尚吉：

你寄出的两张支票明天将由达塔吉兄弟归还给你。他将由浦那线路抵达孟买 V.T. 站，大概早晨11点50到达。请安排我们的仆人东都（Dhondu）去站台上接他。

我自己今天上午不得不承担长时间的额外工作。印度医学研究会（I.C.M.R.）的阿曼德和辛格博士访问我们，因为卡兰贝卡博士休假,我需要陪同他们。我很高兴地告诉你,一切都进展顺利,达塔吉兄弟到时候也会向你详细介绍。

请每天都告诉我你自己的健康状况,也告诉我亲爱的巴布和维希穆拜兄弟的健康状况。如果发生了紧急情况,请给我发电报。我自己也累坏了,不能冒冒失失地乘火车或汽车去孟买或任何地方。

你也不用担心我,因为我正在充分地休养。

祝好。

你亲密的

库瓦拉亚南达

信件 096

1960 年 12 月 30 日

亲爱的库瓦拉亚南达:

很高兴收到你 12 月 26 的来信,并获悉你在罗纳瓦拉创立的瑜伽医院所取得的进展。

毫无疑问,瑜伽疗法能够有效地治疗某些疾病,一些医务人员似乎已经开始注意到这点。然而,我们目前似乎更需要广大的公众和印度医学界对瑜伽治疗的作用有更积极的认识。你也很清楚,并没有人建议用瑜伽疗法取代常规疗法。但是，在所有其他对抗疗法束手无策的时候，它可以作为一个强大的辅助手段。无论如何，以上就是我的看法。

我最近还没有见到古内博士。在和葡萄牙的抗争中，他做了相当有价值的工作。你可能已经知道了，凭借他和其他学者的帮助，我们成功地击垮了葡萄牙人所提出的马拉塔文档。

你下次访问德里的时候请通知我。

在此，我代表妻子和我自己向你致意。

你真诚的

（M.C. Setalvad）

信件 097

1961 年 5 月 31 日

亲爱的斯瓦米吉：

今天下午，我被一个很不愉快的梦惊醒了——你遇到了意外，但是不是重大意外。我睁开我的眼睛看手表：下午 4 点 10 分。这是一个栩栩如生的梦境，我们见面的时候我再详细告诉你。

我相信，在主神的恩典里，你一定平安无事。我将在 7 日前往马德拉斯。在 6 月 20 日之前，我的地址是：圣莲池区高速公路516号，秘书处转交。

H.V. 卡玛特

信件098

1961年6月6日

亲爱的卡玛特：

我收到了你上月31日充满关切的信件，表达了对我健康状况的焦虑心情。我知道你的梦境大部分是反应了现实，但是在5月31日，我在罗纳瓦拉，正愉快地和他人相会。

如果非要说我有什么意外的话，那就是4月8日在新德里的时候，我乘坐在一辆快速飞奔的出租车上。当时车右边的前轮坏了，颠簸得很厉害。但是得益于我坐车的良好习惯，也得益于主神的护佑，我并没有受伤，虽然有一段时间我觉得有点头晕。所以，请不要为我担心。

我们下次在孟买或罗纳瓦拉见面时，如果你能详细讲讲你那个栩栩如生的梦，我将非常高兴。

祝好。

你真诚的
K.（库瓦拉亚南达）

信件099

1961年10月2日

尊敬的巴拉·萨赫:

你1961年9月26日的来信,我于次日收到。

……未来几个月,我们将非常繁忙,因为我们必须经常前往该选区出席选举会议和竞选活动。

实际上,政治和会议从来不会导致和平生活,热爱和平的人不会被积极的政治所吸引。这并不意味着舒适和安逸的生活比为国家奉献更令人向往。在早期的政治活动中,人们以进监狱为荣,而现在人们则热衷于拿到国会高级部门的选举票。他们乘飞机去抢进口许可证,也热衷于乘飞机前往首都,住在像阿育王旅馆这样高级的地方。政治体现在什么地方?哪里体现了对民族和国家的奉献?

旅行越来越麻烦。

普迦尼亚·维湿奴拜(Pujaniya Vishnubhai)正常工作,情况正在好转,这是一个非常好的消息。

向你致敬。

你谦卑的

C.S. 莫迪

信件100

1961年11月21日

亲爱的朋友：

惊闻你妻子去世的噩耗，我本该立即给你发送唁电的。但是不知怎么的，这件事就被忽略了。我现在向你写信，对你的遭遇表示深切的同情。你的妻子是一位多才多艺的女士，她的去世不仅是你的损失，也是所有艺术爱好者的损失。你是一位勇敢的人，我发现你不仅勇敢面对这样的遭遇，并且具有正确的态度。从你外在的表现来看，一切都是不错的。但我确实觉得，对于终生伴侣不幸刚刚离世，你的悲伤一定不能立刻消失，并且还会持续若干年。像我这样的人，只能祈求主神，让他给你力量，能够以尽可能轻松的心态承受这样重大的损失。

再次表示哀悼，并表示衷心的祝愿，

你真诚的

K.（库瓦拉亚南达）

信件 101

1962 年 8 月 9 日

亲爱的萨斯崔布瓦:

我正考虑撰写有关圣传调息方面的文章,如果你能特别为我提供如下的信息,我将十分感谢。

(1)《森林书》或者其他类似包含有念诵和咒语的文本。之前你给我一本从图书馆借来的教材,请将这本书和其他类似主题的书交由维迦衍德拉,让他带给我。

(2)萨亚纳萨亚(Sayanasharya)在注释书的某一处给音步(Gayatri)提出了三种解释。我记得现有的那些解释,但是我想了解关于这方面的详细文献。

(3)如果有其他任何相关的有用信息,你也可以寄给我。

至少你要将之前给我看的《森林书》立刻让维迦衍德拉带给我,其他的可以稍后再说。

对于"apo jyoti raso amritam"中的"rasah",我曾经解释为"大地",但是所有梵文辞典学家都没有将这个义项赋予"rasah",所以我有点犹豫。但是多亏了舒克拉博士好心向我提出,在古代文献里有将"rasa"解释为"大地"的地方。我想让你或者舒克拉博士告诉我将"rasah"解释成"大地"的确切引言或出处。

祝好。

你真诚的

K.（库瓦拉亚南达）

信件102

1962年8月9日

亲爱的斯里玛利博士：

根据我的承诺，我在和昆珠见面之后要写信给你汇报他的健康状况，所以我写了这封信。我昨天下午才在浦那的印度公仆社遇到昆珠先生。

他出了如下的事故：在某个铁路车站，当时他正和送别的朋友交谈。火车启动之后，他试图落座，他原以为座位就在他后面。但是后面并没有座位，所以他一屁股坐到地上。昆珠当时并没有感觉到疼痛，所以就完全没有在意这件事。按照多年来的习惯，他继续做肩倒立式。肩倒立式的练习并没有加重他的疼痛。但是，这样的练习恐怕也没有能够对他的伤情有所助益。如果他能够彻底休息，或许能够避免后来的麻烦。我说是"或许"，因为他的臀部并没有问题，但是腰部受了伤，而他当时却没注意到。后来，他觉得腰部下面有一点疼痛，在阿格拉（Agra）多次接受X光检查，但是负责的医生并没有在腰下部发现任何问题。因为在腰上部没有疼痛，所以就觉得没有必要对上部进行检查。根据我的看法，即便在后来，他如果得到了充分的休息，问题就不会这么严重。但是昆珠先生代表政府在非洲出访了很长时间。如你所知，他是一个非常认真的官员。他在非洲从一个州到另一个州的不断奔波加剧了他的伤情。回到浦那之后，他再次接受X光检查，浦那几个最好的医生对他进行了彻底检查。他们发现第五节腰椎是正常的，但是第五节腰椎和相邻椎骨之间的骶骨受到了撞击，这就是整个问题的所在。医生们在这两块腰椎之间发现了一些积液。医生对昆珠进行了治疗，并且要求他彻底休息。这次医疗检查并没有发现他的身体有其他任何问题。负责治疗他的医生目前觉得病情有20%的改善，但是疼痛仍然没有得到缓解。昆珠看起来很健康，如果他能得到彻底的护理并有足够时间卧床休息，不再为国事去奔波，我个人觉得他会恢复健康。但是他现在提出要在1号离开浦那前往新德里。我觉得这个决定不可取，我劝他好好照顾健康，不要管其他事情。昆珠还是保持着乐观的态度，这是他强有力的资本。

我与他待了一个小时左右。对我而言，相隔这么久能够再次见到他，我很满足。昆珠的医生们向他保证不存在结核杆菌感染的问题。

我祈祷他早日康复。

向你致意。

你真诚的

K.（库瓦拉亚南达）

信件103

1964年5月20日

尊敬的斯瓦米吉：

我收到了你上月20日的来信。非常谢谢你。你信件的副本原本打算放在办公室存档，现在连同这封信以及我写给你的信，通过你的办公室转给你。随信附上以上信函。

我提议等你在罗纳瓦拉的时候，我们一起去那里拜见你，在你的80岁生日上，通过吠陀和阿维斯陀赞颂亲自对你表示敬意，感谢你在瑜伽和神秘主义领域所作的贡献。这就是我一直以来想访问罗纳瓦拉的目的。所以，我们到访的那一天，能够与你见面是至关重要的。你是瑜伽学院的灵魂人物，能够见到你将会极大地激励我们。如果见不到你，到那里去也就没什么意义了。见面向你表达敬意，双方互相介绍之后，我们最好还要了解一下静修处的工作。

我提议我们在星期天——1964年5月31日上午访问

罗纳瓦拉。我们所乘当地火车的抵达时间大概是上午九点半。R.D. 瓦德卡会陪同我们一起前往。我们打算在罗纳瓦拉待到下午6点,之所以星期天去,是因为那天我们都休假。

如果星期天你不方便,那么请你选择一个26日以后对你合适的工作日,这样我们就按照你挑选的日子前往。但是,如果这样的话,我们就……

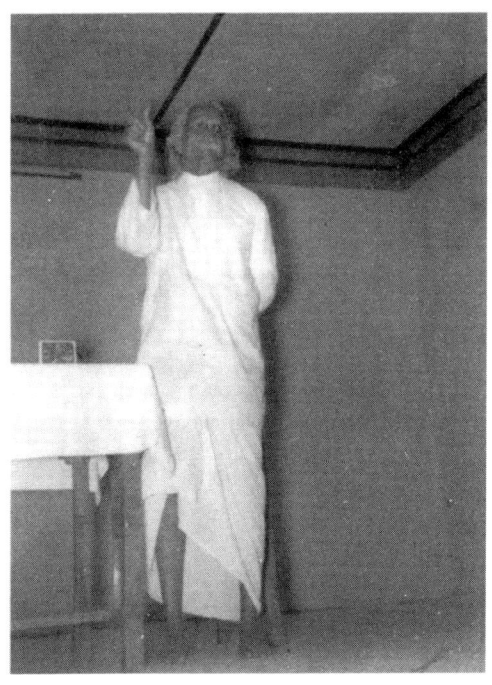

1953年7月28日在印多尔举行讲座

安贝德卡尔博士在凯瓦拉亚达玛接受斯瓦米吉的瑜伽调治

与贾瓦哈拉尔·尼赫鲁在一起

斯瓦米吉在孟买保健中心的卧室

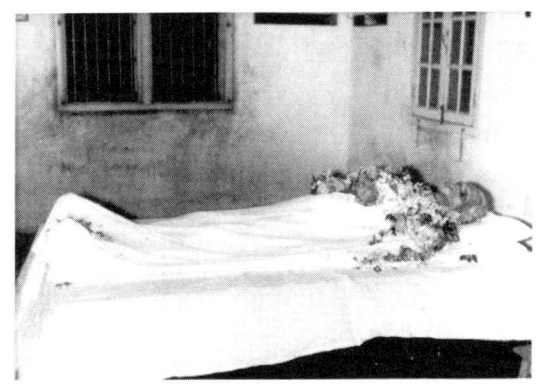

彼岸之旅

斯瓦米·库瓦拉亚南达的"三摩地"

---

① 本书附录收录103封信件,其中23封为手写,80封由打字机打印。由于清晰程度不佳,给辨识带来了一定的困难。译者虽然尽力释读,但是还有少量不可辨识。在此只译出信件正文内容,根据情况,译者在一些信前略加说明。

② 此处英文原文为"clinic",当指凯瓦拉亚达玛在孟买的保健中心。

《悠季丛书》出版物目录：

《哈他之光》[印]斯瓦特玛拉玛　著

《瑜伽体位法》[印]斯瓦米·库瓦拉亚南达　著

《瑜伽呼吸控制法》[印]斯瓦米·库瓦拉亚南达　著

《荣耀生命：斯瓦米·库瓦拉亚南达传记》

印度卡瓦拉亚达瀚慕瑜伽学院　著

《瑜伽末那识》[印]B.K.S.艾扬格　著

《生命之光：艾扬格传记》[印]拉什米·帕克希瓦拉 著

《瑜伽与心理健康》[印]R.S.博格　著

《瑜伽休息术》

[印]斯瓦米·萨特亚南达·萨拉斯沃蒂　著

《哈他瑜伽教育学师资认证基础·理论篇》

悠季瑜伽学院　著

《哈他瑜伽教育学师资认证基础·实践篇》

悠季瑜伽学院　著

《纯粹瑜伽——印度瑜伽习练手册》（全新修订版）

[印]默瀚　著（即将出版）

图书在版编目（CIP）数据

荣耀生命：瑜伽科学先驱库瓦拉亚南达传 / 印度卡瓦拉亚达瀚慕瑜伽学院著；邓育渠译. -- 北京：中国青年出版社，2020.4

书名原文：Yogi and Scientist: Biography of Swami Kuvalayananda

ISBN：978-7-5153-5984-7

I. ①荣… II. ①印… ②邓… III. ①库瓦拉亚南达（Kuvaiayananda, Swami 1883-?）- 传记 IV. ① K833.516.2

中国版本图书馆 CIP 数据核字（2020）第 042746 号

版权所有，翻印必究

荣耀生命

作　　者：印度卡瓦拉亚达瀚慕瑜伽学院
译　　者：邓育渠
责任编辑：吕　娜

出版发行：中国青年出版社
经　　销：新华书店
印　　刷：三河市少明印务有限公司
开　　本：787×1092 1/32 开
版　　次：2020 年 9 月北京第 1 版　2022 年 1 月河北第 2 次印刷
印　　张：17.5
字　　数：500 千字
定　　价：99.00 元
中国青年出版社 网址：www.cyp.com.cn
地址：北京市东城区东四 12 条 21 号
电话：010-65050585（编辑部）